甘肃省教育厅科研项目"高校大学生权益法律救济路径研究"（项目号：0808B-03）系列成果之一

法律与生活

刘建军　主　编
樊卫宾　副主编

西南交通大学出版社
·成　都·

图书在版编目（CIP）数据

法律与生活 / 刘建军主编 . —成都：西南交通大学出版社，2015.5（2017.8 重印）
ISBN 978-7-5643-3804-6

Ⅰ. ①法… Ⅱ. ①刘… Ⅲ. ①法律 – 中国 – 高等学校 – 教材 Ⅳ. ①D92

中国版本图书馆 CIP 数据核字（2015）第 049027 号

法律与生活
刘建军　主编

责 任 编 辑	罗小红
特 邀 编 辑	黄　欣
封 面 设 计	墨创文化
出 版 发 行	西南交通大学出版社 （四川省成都市二环路北一段 111 号 西南交通大学创新大厦 21 楼）
发 行 部 电 话	028-87600564　028-87600533
邮 政 编 码	610031
网　　　　址	http://www.xnjdcbs.com
印　　　　刷	四川森林印务有限责任公司
成 品 尺 寸	185 mm×260 mm
印　　　　张	20.5
字　　　　数	510 千
版　　　　次	2015 年 5 月第 1 版
印　　　　次	2017 年 8 月第 4 次
书　　　　号	ISBN 978-7-5643-3804-6
定　　　　价	42.00 元

图书如有印装质量问题　本社负责退换
版权所有　盗版必究　举报电话：028-87600562

前　言

　　《法律与生活》是为普通高校思想政治教育专业大学生未来从事中学思想政治课程教育教学编写的教材。

　　与法学专业学生接受系统完整的法学教育和训练不同，思想政治教育专业大学生通常没有受过系统的法学理论教育，而中学思想政治课程体系中又有相当分量的法律常识教育的内容要求。基于这种事实，编写相应的教材，使思想政治教育专业大学生在走向未来教学岗位前就了解、熟悉并掌握中学思想政治课程体系中法律常识是非常必要的。

　　本教材的编写既依托思想政治教育专业的学科背景和知识结构，又充分考虑到从事中学思想政治课程教学对法律知识的需要。在编写内容的选择和体系的编排上，紧密对接中学思想政治课程相关法律常识教学的内容，使思想政治教育专业大学生进一步了解并掌握从事中学思想政治课教学所需的法学理论和专业知识，促使他们达到中学教师专业标准规定的对思想政治学科知识的要求，帮助他们在未来更好地胜任中学思想政治课教学岗位。

　　为了满足中学思想政治课程中法律常识教学的需要，本教材在编写过程中，基于思想政治教育专业的性质与特点，坚持贴近实际的原则，不讲求法律知识体系的系统性和完整性，内容编排主要覆盖中学生特别是高中生走向社会后，亟待需要掌握的相关法学理论、法律知识及法律规定。以高中生走向社会后可能面临的社会问题为主线，围绕民事活动、职业选择、劳动合同、婚姻与家庭以及面临上述问题的法律救济等设立专题，进行有针对性的法制教育，帮助中学生树立法治理念，学会用法律思维方式解决可能遇到的社会问题，以期实现培养现代公民的教育目标。

　　本教材由刘建军任主编，制定编写思路，设计全书各专题框架结构，邀樊卫宾任副主编，合作编写。本书专题一、专题二、专题三、专题六由刘建军执笔，专题四、专题五由樊卫宾执笔，最后由刘建军负责全书的修改、统稿和统校。

　　本教材的编写得到了天水师范学院政法学院和科研处的关心和帮助，得到了出版社的紧密配合和协助。值此教材出版之际，一并致以诚挚的感谢。由于我们水平有限，编写经验不足，本教材中可能还存在不妥或错漏之处，敬请广大师生和读者在使用本教材的过程中提出批评性建议或意见，以使本教材不断更新和完善。

编　者
2014 年夏于天水

目 录

专题一 中国特色社会主义法治的基本理论 ········· 1

    第一讲　法律的产生及其本质 ········· 1
    第二讲　社会主义法律的特征与作用 ········· 12
    第三讲　社会主义法律的运行 ········· 20
    第四讲　法律与道德、宗教 ········· 27
    第五讲　建设社会主义法治国家 ········· 31

专题二 正确行使民事权利　依法履行民事义务 ········· 45

    第一讲　民事法律关系简论 ········· 45
    第二讲　民事权利与民事义务 ········· 49
    第三讲　正确行使民事权利 ········· 54

专题三 信守合同与违约 ········· 85

    第一讲　合同概说 ········· 85
    第二讲　合同的订立 ········· 91
    第三讲　合同的效力 ········· 101
    第四讲　合同的履行 ········· 106
    第五讲　合同违约及其责任 ········· 111

专题四 劳动就业与守法经营 ········· 119

    第一讲　就业之路 ········· 119
    第二讲　求职与劳动合同 ········· 128
    第三讲　劳动者维权之道 ········· 139
    第四讲　公平竞争与诚信经营 ········· 147

专题五 婚姻与家庭 ········· 164

    第一讲　婚姻与家庭概说 ········· 164
    第二讲　法律规制下的婚姻 ········· 168
    第三讲　夫妻间的人身和财产关系 ········· 187
    第四讲　家庭成员之间的关系 ········· 194

| 专题六 | 法律救济 | 202 |

　第一讲　法律救济概说 202
　第二讲　解决纠纷的非诉讼方式 204
　第三讲　解决纠纷的诉讼方式 217
　第四讲　律师与法律援助 232

参考文献 241

附　录 242
　中华人民共和国民法通则 242
　中华人民共和国物权法 254
　中华人民共和国合同法 273
　中华人民共和国劳动合同法 302
　中华人民共和国劳动争议调解仲裁法 312
　中华人民共和国婚姻法 318

专题一

中国特色社会主义法治的基本理论

第一讲 法律的产生及其本质

社会是由以共同的物质生产活动为基础而相互联系的人们所组成的有机整体。社会调整规则是指一定社会的组织,为了建立、保护和发展一定的社会关系和社会秩序,以实现特定的目标,而对集体的或个人的社会行为按照一定规则进行指导、管理、监督和制约的活动。任何社会作为一个整体都需要一定的规则,并通过实施这些规则而达成一定的秩序。社会调整规则不是单一的,它是包括法律、道德、习惯、宗教等规范在内的系统。它通过对人们行为的调整,把各种行为都纳入到一定的范围、目的和秩序之中。随着社会的变迁与发展,法律日益成为一种最基本的社会调整规则。

一、法律的概念

(一)法律的词源

关于"法",古今中外有许多种解释。法在古汉语中被写作"灋"。据我国第一部字说《说文解字》解释:"灋,刑也,平之如水,从水;廌(zhi),所以触不直者去之,从去。"①"水"代表着公平,所谓平之如水。"廌"是传说中的一种生着独角的神兽,它"性知有罪,有罪触,无罪则不触"。②也就是说"廌"能区分人们之间发生纠纷的是非曲直,并且会用其独角顶撞在纠纷中理亏之人。古代官服上的獬豸,其实就是这种动物。"去",就是在分清是非曲直的基础上,对理亏之人加以惩罚、制裁,所谓"触不直去之"。

在古代文献中,"法"除了与"刑"通用外,也往往与"律"通用。《说文解字》解释,"律,均布也"。"均布"是古代调音律的工具,把律解释为均布,说明律有规范人行为的作用,是人们应当普遍遵守的规范。据我国《尔雅·释诂》记载,在秦汉时期,"法"与"律"二字已经同义,都有常规、均布、划一的语义。《唐律疏议》更明确地指出,"法亦律也,故谓之为律",并称战国李悝"集诸国刑典,造《法经》六篇,……商鞅传授,改法为律"。③最早将"法""律"二字合而为"法律"一词以指称一种规范体系的人,是春秋时代的管仲。他指出:"法律政令者,吏民规矩绳墨也。"④不过,在中国古代更为通用的是"刑律","法律"主要是近

---

① 许慎:《说文解字·名例》,中华书局1963年影印本,第202页。
② 王充:《论衡》,上海人民出版社1974年版,第270页。
③ 长孙无忌等:《唐律疏议》,中华书局1983年版,第2页。
④ 引自《管子·七臣七主》。

代以后的用法。

在西方法文化传统中，人们将"法"与"法律"明确地区分开来。"法"兼有"权利""公平""正义"或"规律"等富有道德意味的抽象含义；而"法律"通常指技术性强的具体规则，主要被理解为人们依主观意志和认识而制定的法律规则，法律不过是法的真实或者虚假的表现形式。

在我国现代法律制度中，"法律"一词有广义和狭义两种含义。广义的法律是从抽象意义上而言的，指法的整体，包括由国家制定的宪法、法律、法令、条例、决议、指示、规章等规范性文件和国家认可的判例、习惯等。就我国现在的法律来说，主要是指作为根本法的宪法、全国人民代表大会及其常务委员会制定的法律、国务院制定的行政法规、某些地方国家机关制定的地方性法规等。狭义的法律是从特定或具体意义上而言的，专指拥有立法权的国家机关依照立法程序制定的规范性文件。在我国，狭义的法律仅指全国人民代表大会制定的基本法律和全国人民代表大会常务委员会制定的除基本法律以外的其他法律。为了避免上述两种意义混淆，我国多数学者习惯于把广义的法律称为"法"，而把狭义的法律仍称为"法律"。

（二）法律的一般含义

在人类的法律思想史上，不同时代不同民族的思想家、法学家站在不同的角度解释法律的概念，提出了各种法律的定义。这些定义可以分为两大类：一类是非马克思主义的，一类是马克思主义的。

1. 非马克思主义法律的定义

古罗马法学家界定法总是把它同善、正义、公平等道德观念联系起来。乌尔比安认为法来自正义，法的准则是诚实生活，不害他人，各得其所。古罗马法学家赛尔苏斯说："法是善良公正之艺术。"英国哲学家霍布斯说："法是国家对人民的命令，用口头说明，或用书面文字，或用其他方法所表示的规则或意志，用以辨别是非、指示从违。"美国法学家格雷认为："法只是指法院在其判决中所规定的东西，制定法、判例、专家意见、习惯、道德只是法的渊源。"哲学家阿奎那认为："法是人们赖以导致某些行为和不作其他一些行动的行为准则和尺度，法的目的是公共幸福。"柏拉图认为："法律是理性的命令或体现，因为人们无论在家庭还是在国家方面都要服从我们内心那永恒的素质，它就是理性的命令，我们称之为法律。"奥斯丁认为："法律是政治上的居上者对居下者的命令。"政治上的居上者指的应该是主权者，他强调了统治阶级的利益，而忽视了法应该具有哪些价值。美国法学家庞德说："我把法理解为发达的政治上组织起来的社会高度专门化的社会控制形式——一种通过有系统有秩序地适用社会强力的社会控制。"[①]

从上述法的定义可以看出，虽然非马克思主义法的定义也包含富有启迪的见解，但从总体上说，它们不是真正科学的定义。非马克思主义法的定义大都是以唯心主义或形而上学为其哲学基础的，并没有深刻揭示法的内在本质。而不能揭示法的内在本质，任何法的定义都是肤浅的，甚至是无益的。

---

① 张文显：《法理学》，高等教育出版社2003年版，第57页。

2. 马克思主义对法律的认识

马克思和恩格斯从唯物史观出发，从不同侧面和角度对"法律"做过不少定义式的解释，深刻地揭示了法的本质。

在《德意志意识形态》一文中，马克思和恩格斯指出，在一定的物质生产关系中"占统治地位的个人除了必须以国家的形式组织自己的力量外，他们还必须给予他们自己的由这些特定关系所决定的意志以国家意志即法律的一般表现形式"，"由他们的共同利益所决定的这种意志的表现，就是法律"。[①]在《共产党宣言》中论述到资产阶级观念时，马克思和恩格斯更为明确地指出："资产阶级的法不过是被奉为法律的资产阶级的意志，而这种意志的内容是由资产阶级的物质生活条件来决定的。"

马克思和恩格斯之后，列宁遵循马克思主义的思想路线发展了马克思、恩格斯关于法律的学说，也从不同侧面定义式地表述过对法律的认识。他鲜明地提出了马克思、恩格斯未曾直接表述的命题："法律是什么呢？法律是统治阶级意志的体现。"[②]就统治阶级意志与法律的关系而言，列宁认为前者起决定性作用，说："任何法律都不能限制统治阶级意志的表现。"[③]列宁虽认识到了统治阶级意志对法律的决定性作用，却没有简单地、机械地认为统治阶级意志就是法律。相反，列宁认为法律所体现的只是统治阶级意志的一部分内容。哪些内容能够制定为法律，又取决于当时各种力量的实际对比。

虽然马克思、恩格斯和列宁的上述言论都不是专门论述法律的，更不是给法律下一个学理性定义。但是，他们揭示了法律的概念的核心内涵与基本要素，也为研究法律的本质和基本特征提供了正确的立场、观点和方法。

上述论断明确指出，法律是国家意志的表现，而不是一般的统治阶级意志。需要注意的是，这里所讲到的国家意志，是指政权机关的意志，而不是指统治阶级本身的意志。政权机关的意志与统治阶级的意志不是同一概念。国家意志不等于统治阶级的意志，除因为国家意志是转换了的统治阶级意志外，还因为国家意志包含的内容和范围更为广泛。国家意志包括的成分有：统治阶级的意志，占绝对优势地位；同盟阶级的意志，占有一定地位；社会公共意志，占有必要地位；被统治阶级的意志，占有缓和矛盾的地位。

此外，上述事实也告诉我们，法律是被奉为法律的统治阶级意志，但并不是统治阶级意志就等于法律。只有通过特定程序，才能使阶级意志现象转变为法律。应当指出，法律是国家意志的表现，但国家意志不一定都是法律，法律只是国家意志中最集中、最基本的表现形式。只有国家政权机关在其权限范围内所制定的规范性文件，即要求人们普遍遵守的行为规范的文件才是"法律"；而所发布的非规范性文件，即只对个别人或个别事有效、不具有人人必须遵守的一般行为规则的文件则不是"法律"。

根据马克思主义关于法律的一般理论，吸收国内外法学研究的成果，一般将法律定义为：法是由国家制定或认可，体现国家意志和并由国家强制力保证实施的，反映由特定物质生活条件所决定的统治阶级（或人民）意志，以权利和义务为内容，以确认、保护和发展有利于统治阶级（或人民）的社会关系和社会秩序为目的的行为规范体系。该定义的特点：

第一，揭示了法律与统治阶级的内在关系。法律不仅是意志的体现，而且是统治阶级的

[①]《马克思恩格斯全集》第3卷，第378页。
[②][③]《列宁全集》第15卷，第146页。

意志的体现。法律不仅是以利益为基础，而且是以统治阶级的利益为出发点和归宿。法律是调整社会关系的准则，是根据统治阶级的要求来确立和调整社会关系的。

第二，揭示了法律与国家的关系。说明法律是一种国家意志，国家是统治阶级意志转化为法律过程的中介。国家的介入，使法律具有特殊的统一性、权威性和普遍性的约束力。统治阶级意志也得以更好地被维持和实现。

第三，揭示了法律与社会物质生活条件的因果关系。指明了法律的物质制约性，找到了法律的本源、揭示本质。统治阶级意志的内容是由与之相应的时代的物质生活条件决定的。

第四，揭示了法律的主要目的、作用和价值。即，确认、保护和发展统治阶级所期望的社会关系和社会秩序。法律是统治阶级有意识的创制，因此有一定的目的性。统治阶级创制法律时，它的根本标准是自己的价值观，所以有价值取向性。而法律的目的、价值是通过法律的作用体现出来的。法律的作用是维护有利于统治阶级的社会关系和社会秩序。

第五，揭示了法律的主体内容和调整机制。主体内容：以规范形式规定和确认法定权利和义务。调整机制：通过权利、义务机制实现对人们行为的指引和导向功能。

二、法律的本质

在马克思主义哲学中，本质是相对于现象的一个辩证法范畴。本质和现象是不同等级的范畴，分别从事物的根据和表现两个方面把握事物。本质是表示人对现象、对世界等的认识深化的概念，是决定客观事物存在和具有各种表现形式的根据，是构成某一事物的各要素的联系。法律的本质隐藏于法律的现象的背后，是法的内在的、深刻的、稳定的属性。有关法律的本质的探讨，从古至今，从西方到东方，都有讨论。法律的本质这一永恒论题，西方各历史阶段的不同学派和法学家都有着不同的见地，可谓众说纷纭，莫衷一是。

马克思和恩格斯在对法律的现象进行研究的过程中，以唯物史观为基础，把法律的现象放到整个社会大系统中加以考察，科学地确定了法律在社会大系统中的地位，从而真正揭示了法的本质及其发展规律。

（一）法律是统治阶级意志的反映

马克思主义法学运用辩证唯物主义和历史唯物主义对法律现象进行认真的观察，对法的社会阶级本质进行了深刻的分析和揭示。马克思和恩格斯在《共产党宣言》中指出了法律的本质："法不过是被奉为法律的统治阶级的意志，而这个意志的内容是由你们那个阶级的物质生活条件来决定的。"[①]这一论断对于认识法的社会阶级本质具有普遍的指导意义。

1. 法律是"意志"的体现或反映

法律是人们有意识活动的产物，因此，法律是意志的体现或反映。意志的形成和作用在一定程度上受世界观和价值观的影响，归根到底受制于客观规律。意志作为一种心理状态和过程，一种精神力量，本身并不是法律，只有表现为国家机关制定的法律、法规等规范性文件才是法律。所以说，法律是意志的反映、意志的结果、意志的产物。

[①]《马克思恩格斯选集》第1卷，第268页。

2. 法律体现统治阶级的意志

法律是统治阶级意志的反映，指出了法律的本源所在。在阶级对立的社会中，对立的阶级对于利益分配方案有不同的要求和愿望，法律所反映的是统治阶级的阶级利益和根本要求。

3. 法律体现统治阶级的整体意志

首先，既不能把国家意志看成是一国范围内所有社会成员个人意志的简单相加，也不能把它看成是全体社会成员的共同意志；其次，法律所体现的统治阶级意志，并不是个别统治者的个人意志，也不是统治阶级内部每个成员的意志之和，而是统治阶级作为一个整体在根本利益一致基础上所形成的共同意志，是统治阶级内部各个成员的意志相互作用而产生的"合力意志"。

4. 法律体现上升为国家意志的统治阶级的意志

法律所体现的统治阶级的意志，并不是统治阶级的意志的全部，而仅仅是上升为国家意志的那部分。统治阶级的意志还体现在国家政策、统治阶级道德、最高统治者的言论等形式中。

需要特别说明的是，法律反映统治阶级的意志，并不意味着法律对统治阶级内部的违法犯罪就不加管束；法律反映统治阶级的意志，并不意味着法律就完全不顾及被统治阶级的愿望和要求；法律反映统治阶级的意志。并不意味着法律就不保护社会公共利益。法律一方面体现了统治阶级意志，表现为法律的阶级性，另一方面，也不能将法律的阶级性泛化，而忽视法律的社会性。法律作为社会公共管理的手段，法律规范中有执行社会公共事务的规定，比如环境保护、交通安全、医疗健康、资源利用等技术性和公共性的规定，而且这类规定在现代社会法律中的比重日益增加。

（二）法律的内容由统治阶级的物质生活条件决定

法律的本质是统治阶级意志的反映，这仅仅揭示了法律的初级本质。马克思主义认为，社会存在决定社会意识，统治阶级的意志来源于他们生活于其中的社会的物质生活条件。在此意义上，凸显了法的物质制约性，即反映在法律中的统治阶级意志绝不是凭空产生的，也不是统治者个人随心所欲的结果；法律所体现的统治阶级意志的内容是由社会的物质生活条件所决定的。

也就是说，在一定的生产力发展水平和生产关系下，法律所规定的人们在相互关系中的自由和责任不是任意的。法律权利和义务，实际上是对直接社会权利和义务的认可，所以马克思主义法学认为立法者是在发现法律，而不是创造法律。从这个意义上说，法律虽然形式上是主观的，是统治阶级意志的产物，但这个意志本身的内容还是来自现实生活，特别是经济生活客观要求的反映。法律的物质制约性是法律的最深层的本质所在。

但是，需要强调的是，首先，法律有物质制约性并不意味着法律总是符合客观经济条件和经济规律的要求。其次，法律有物质制约性并不意味着社会物质生活条件以外的因素对法就没有影响。事实上，法律的内容除受经济生活影响外，也受其他因素的影响，如历史传统、特定价值观甚至某种理论学说等。最后，法律有物质制约性并不意味着法律就没有自己的相对独立性，作为观念、传统有其相对独立性，但它们本身也会随经济生活发展而变化。因此从根本上说，法律的本质内容和基本价值取向还是取决于一定社会的生产方式。

法律的积极意义在于使社会生活的客观要求上升为国家意志，使之规范化、普遍化并得到国家强制力的保障，使得社会生活所需要的社会自由和责任能够顺理成章地存在和发展，减少社会发展的许多障碍。

三、法律的产生

（一）法律产生前原始社会的社会调整

原始社会的社会调整是通过原始社会的社会组织和社会规范来实现的。

1. 原始社会的社会组织

原始社会的社会组织形式是氏族公社，氏族成员的关系是以血缘关系为基础的；氏族组织内部实行原始的公有制，一切财产均归氏族所有，氏族成员共同劳动，共同消费，没有贫富的差别；氏族的公共事务由氏族所有成员共同管理。氏族的最高权力机构是氏族议事会，由全体氏族成员组成，共同决定重大问题。氏族首领通常由选举产生，与其他氏族成员平等地从事劳动，参与分配，没有任何特权。氏族首领的权威来自于公众的认可。在氏族公社内部，没有专门从事对人管理的机构和人员。

2. 原始社会的社会规范

原始社会的社会规范主要表现为习惯，原始习惯是人们在长期共同劳动和生活的过程中自发形成和发展起来的。它们没有文字表现形式，靠口述和不断实践而世代相传。原始习惯的内容较为简单，有些是反映自然规律对人际关系的要求的，如禁止氏族成员的内部通婚；还有一些是反映最基本的社会关系的，如人们社会地位的平等。伴随着生产力水平的提高和社会经济的发展，这种社会组织和社会规范越来越受到冲击和挑战，随着社会的发展，原始社会的社会组织和社会规范也在逐步演变。

（二）法律产生的根源

马克思主义认为，法律不是原本就有的，也不会永恒存在，法是随着生产力的发展、私有制和阶级的产生、国家的出现而产生的社会现象。随着私有制和阶级的出现，原始氏族制度解体，由氏族习惯维系的原始社会秩序也因此而崩毁。在这种情况下，国家和法律应运而生。

1. 经济根源

社会分工、商品交换和私有制的出现和发展是法律产生的经济根源。原始社会发展到后期，由于生产力的发展，出现了三次社会大分工，并最终导致了阶级的分化，私有制、国家和法律的产生。所以说，法律归根到底是生产力发展到一定历史阶段引起生产关系发生变化的结果。随着商品生产和商品交换的发展，商品所有者的地位以及各种经济关系，如买卖、借贷、抵押等，都需要有新的行为规范来确认、调整和保护，这种新的行为规范就是法律，它是社会商品经济发展的客观要求。

2. 阶级根源

法律产生的阶级根源在于阶级的出现，阶级斗争不可调和，是为了适应阶级斗争的需要。

新兴的奴隶主阶级为了调整社会分裂为阶级以后的社会关系，镇压奴隶阶级的反抗，保障社会的安定，巩固自己在政治上、经济上的统治地位，在需要建立国家的同时，也需要建立一种新的反映本阶级意志、保护本阶级利益的行为规范代替原始习惯。同时，奴隶主阶级内部的各个阶层、集团和个别成员之间在根本利益一致的基础上也存在着矛盾和斗争。为了维护奴隶主阶级的整体利益，增强奴隶主阶级自身的力量，也需要用新的行为规范来调整和解决奴隶主阶级内部的矛盾。

此外，奴隶主阶级为了对付奴隶阶级这一主要的敌人，也需要有一种新的行为规范来调整同商人、手工业者和其他自由民之间的关系。这种为适应调整阶级关系的需要而产生的新的行为规范就是法律。

3. 社会根源

社会的发展是法律产生的社会根源。社会的发展，文明的进步，需要新的社会规范来解决社会资源有限与人的欲求无限之间的矛盾，解决社会冲突，分配社会资源，维持社会秩序。适应这种社会结构和社会需要，国家和法律这一新的社会组织和社会规范就出现了。

（三）法律产生的主要标志

1. 特殊公共权力系统即国家的产生

国家的产生彻底改变了社会规范的特征。在原始社会，社会规范即习惯是人们在共同生产和生活中自然形成的，是凭借氏族成员内心的信念、自幼养成的行为惯性以及氏族首领的威信来保证实施的，其作用的范围限于本氏族。而现在社会规范中的法律是国家这种凌驾于社会之上的特殊公共权力系统认可、制定、实行并用强制力保证实现的，法律的适用范围则依国家权力所及的地域来界定。

2. 权利和义务观念的形成

原始社会的习惯是在维护氏族生存的共同需要中形成的、世代沿袭并变成人们内在需要的行为模式。依习惯行事，是无所谓权利和义务的。现在，社会成员之间却形成了权利和义务观念，出现了权利和义务的分离。这种分离，首先表现为在财产归属上有了"我的""你的""他的"之类的区别；其次，在利益（权利）和负担（义务）的分配上出现了不平等，即出现了特权；最后，在享有权利履行义务上出现了明显的差别，有的人（贵族和富人）仅享受权利，而大多数人仅承担义务。

3. 解决纠纷的专门活动和机关的出现

在原始社会，氏族内部围绕着生产、分配、婚姻的纠纷或争执，一般情况下由氏族成员即当事人自行解决，氏族之间的争端和冲突如边界争执、人身伤害、财产抢夺，则往往通过战争来解决。

在法律产生之后，一切当事人不能自行解决的严重冲突需要通过法律诉讼来解决，由此出现了司法活动和不断专门化的司法机关。法律诉讼和司法的出现，标志着公力救济代替了私力救济，文明的诉讼程序取代了野蛮的暴力复仇，使得人们之间发生的争端可以通过非暴力方式解决，从而避免或极大地减少了给人类造成巨大灾难的恶性循环的暴力复仇现象，社会的发展建立在理性基础上。

四、法律的历史发展

人类社会从低级向高级发展，依次出现了原始社会、奴隶社会、封建社会、资本主义社会和社会主义社会五种基本社会形态。原始社会是一个没有法律的社会，这也是同原始社会的经济基础和社会形态相适应的，而同后来的四种基本社会形态和国家类型相适应，依次有四种不同历史类型的法律，即奴隶制法律、封建制法律、资本主义法律和社会主义法律。从历史发展来考察，四种历史类型的法律大体上代表了法律的四个发展阶段。它们在人类社会中产生和存在的时间有先有后，依次更替。

（一）奴隶制法律

奴隶社会是奴隶主阶级占有生产资料，同时也占有作为生产劳动者奴隶的社会。奴隶制法律表现为在经济上维护生产资料的奴隶主阶级所有制；在政治上体现奴隶主意志，维护奴隶主贵族的政治统治。

奴隶制法律特征：① 具有明显的原始习惯残留痕迹。② 否认奴隶的法律人格。③ 刑罚方式极其残酷。④ 确认自由民之间的等级划分。

（二）封建制法律

封建社会是以农业为基础的自然经济占主导地位的社会。封建制法律表现为：在经济上维护生产资料的封建地主阶级所有制；在政治上体现地主阶级意志，维护地主阶级的政治统治。

封建制法律的特征：① 维护农奴、农民对封建主的人身依附关系。② 确认等级制度。不同出身、不同血缘的人具有严格的等级制度。③ 维护王权和专制制度，宣称国王或君主是天或神的代表，拥有至高无上的权力。④ 刑罚的野蛮性。封建制的法律文化与奴隶制相比，有了进步，但总体上还是保留了不少野蛮的、蒙昧的东西。

（三）资本主义法律

资本主义社会是以发达的社会生产力和社会化大生产为基础建立起来的商品生产高度发展的社会。资本主义法律是人类法律文化发展的一个重要阶段，它对于法律的改革和发展有重大贡献。资本主义法律否定封建地主阶级的统治，否定等级特权；建立了市场经济和民主政治基础上的近现代法律制度，确立了一系列现代法律的基本原则。资本主义法律制度可分为自由资本主义与当代资本主义两个时期。

1. 自由资本主义时期的法律制度

自由资本主义时期的法是建立在以私有制为基础的商品经济关系上的法律制度，有以下特征：

（1）主张私有财产神圣不可侵犯原则。否定封建制法律的"不完全的私有制"，确认对私人财产所有权的彻底承认和保护。

（2）主张契约自由原则。承认每一个主体都能按自己的意志自由地处分自己的利益和权利，任何他人包括社会均无权干涉。

（3）确立和维护资产阶级民主和个人自由。自由资本主义时期的法对于政治民主和个人自由非常重视，并为保障天赋人权和主权在民确立了一系列资产阶级民主政治原则，如普选制、代议制、三权分立等。

（4）倡导法治原则。包括法律面前人人平等、法律至上、司法独立、无罪推定、罪刑法定、法律责任不溯及既往等一系列重要原则，这些为现代法治建设奠定了基础。

自由资本主义时期的法律制度从根本上否定了封建等级专制制度，对现代法治建设有重大的推动作用。但同时，它也有自身的局限性。最根本的问题在于它建立在私有制和剥削关系的基础上，体现着资产阶级的意志，以形式上的平等掩盖了事实上的不平等。

2. 当代资本主义时期的法律制度

同自由资本主义时期相比，当代资本主义法律制度有如下明显变化：

（1）加强国家对社会生活的干预。自由资本主义时期实行的是小政府、大社会，要求国家对经济的干预是越少越好。而随着经济的发展和社会的变化，国家在"保护社会利益"的名义下进入到私人生活领域，一方面调控经济发展，一方面参与社会财富再分配。

（2）从绝对私有制和契约自由发展到对财产所有权的行使和契约自由权进行限制。国家通过立法干预财产所有权行使和契约的内容。价值观念上由早期的个人本位发展到个人本位主义与社会本位主义相结合，在法律领域开始出现公法私法化和私法公法化的倾向。

（3）社会政策方面，通过法律大力推进社会福利措施，以缓解阶级矛盾。随着"福利国家理论"的诞生，原来由家庭和宗教组织承担主要责任的社会福利制度转变为由政府承担主要责任；社会保障的立法使福利由原来的家庭互助和慈善行为变成了劳动者的权益，一定程度上缓解了社会矛盾。

（4）传统的三权分立原则的具体内容发生变化。为了应对社会高速发展和激烈竞争的需要，立法机关不得不把越来越多的权力交给行政机关和司法机关。如行政立法和授权立法日益增加，行政权力日益强大；在司法活动中，法官自由裁量权日益加强；违宪审查制度大量建立，等等。

（5）法律责任原则的变化，在刑法和侵权行为法中体现法治精神的过错责任在某些领域逐步让位于严格责任原则。

（6）在法学理论上，从注重法律规则、注重立法到注重法外因素对法和法律实施过程的影响等。

3. 资本主义法律制度的两大法系

法系是依据法律制度的历史传统，法律在形式上、结构上的特征，法律实践的特点，法律意识以及法在社会生活中的地位等因素对不同国家和地区法律制度进行的分类。凡源于同一传统，在结构形式和法律意识、法律实践等方面有类似特点的不同国家或地区的法律制度，就属于同一法系。

资本主义国家的法律制度可以分为英美法系和大陆法系。英美法系又称英国法系、普通法系、判例法系、海洋法系等，是沿袭英国中世纪后期发展起来的普通法传统而形成的各国法律制度的总称。大陆法系又称罗马法系、民法法系，法典法系或罗马—日耳曼法系，是沿袭古罗马的法系传统，依照法国民法典和德国民法典的模式建立和发展起来的各国法律制度的总称。

英美法系和大陆法系主要有以下区别：

（1）历史传统不同。大陆法系法律文化源自罗马法，以1804年法国民法典和1896年德国民法典为代表；英美法系发端于英国中世纪，以法官在巡回审判中形成的普通法为代表。

（2）形式渊源不同。大陆法系以制定法为主要渊源；在英美法系，判例法是重要的法律渊源。

（3）立法技术不同。大陆法系国家倾向于按照一定的学说或部门法分类制定成文的部门法法典，法典化程度较高。英美法系国家的成文立法比较注重实用性，不太强调系统化的立法，成文法也往往是单行法规和判例的集合。

（4）诉讼程序不同。英美法系国家采用典型的对抗式诉讼，而大陆法系国家采用讯问式诉讼。

（5）适用法律的技术不同。大陆法系国家，法官适用法律的过程是一个演绎推理过程，依据法律规定和案件事实做出具体判决；英美法系国家的法官必须遵循先例，要从过去的个案判例中抽象出一般的法律原则，再将该原则运用于要处理的案件。

（6）法律体系结构不同。大陆法系的基本法律结构划分是公法和私法，而英美法系不注重这种理论上的划分，而是按诉讼的要求划分为普通法和衡平法。

此外，两大法系在法律概念、术语甚至法的理念上也有差别。虽然两大法系在传统上有显著差别，但是随着国际法律交往的增多，两大法系有融合的趋势。

4. 资本主义法律的基本特征

（1）维护以雇佣劳动为基础的资本主义私有制。私有财产神圣不可侵犯是所有资产阶级宪法的一项基本原则，也是资本主义法律制度的核心。

（2）维护资产阶级专政，确认资产阶级议会民主制。资产阶级是通过自己的政党来执掌政权的，政党制是资本主义政治制度中一项重要的制度。

（3）维护资产阶级自由、平等和人权。资本主义法律不同于以往私有制法律的一个重要特征就在于，在法律上，人人都处于"平等"地位，都"平等"地享有各种"自由"，这种"平等"和"自由"又被称为"人权"。

（四）社会主义法律

社会主义法律是在生产资料公有制基础上消灭了阶级剥削类型的法律，是以社会主义生产关系为经济基础而建立起来的上层建筑，是社会主义生产关系本质要求的反映和表现。社会主义生产关系是以生产资料公有制为基础，以按劳分配为原则，以劳动者共同占有生产成果为特征，以共同富裕为目标的经济制度。社会主义法律真正实现了人的政治自由与经济自由，消除了人对物的依赖性，为人的全面发展提供了保证。

五、我国社会主义法

我国社会主义法律，是在中国共产党领导的新民主主义革命时期孕育，在社会主义制度建立后确立并在社会主义建设中不断发展的。

在新民主主义革命时期，中国共产党领导的革命根据地政权，制定和实施了一批反映人民意志的法律，如土地法、政府组织法、选举法等，为新中国的法制建设积累了宝贵经验。新中国成立后，国家制定了《宪法》《婚姻法》等法律。

"文化大革命"时期，由于受"左"倾错误的严重干扰，社会主义法制建设一度遭到严重破坏，社会主义法制建设进程被迫中断。党的十一届三中全会以后，党和国家把社会主义法制建设摆在极其重要的位置，社会主义法制建设进入前所未有的快速发展时期，目前以宪法为核心的社会主义法律体系已经初步形成，国家政治、经济、文化、社会生活的主要方面基本做到了有法可依。

1. 从法律所体现的意志来看，我国社会主义法律是工人阶级领导下的广大人民意志的体现

我国的社会主义法律是工人阶级和广大人民共同意志的体现。同任何国家的法律一样，我国的社会主义法律也是统治阶级意志的体现，也是由国家机关制定或认可，并由国家强制力保证实施的行为规范的总和。不同的是，我国的法律集中反映了工人阶级和人民的愿望和要求，是工人阶级和广大人民共同意志的体现。

首先，我国社会主义法律是工人阶级意志的体现。我国社会主义法律既具有鲜明的阶级性，又具有广泛的人民性，体现了阶级性与人民性的统一。在全体人民当中，工人阶级作为新的生产方式的代表，在政治上居于领导地位。因此，我国社会主义法律是工人阶级意志的体现。

其次，我国社会主义法律是工人阶级领导下的全体人民共同意志的体现。由于工人阶级的意志和利益与全体人民的意志和利益在根本上是一致的，因此我国社会主义法律是工人阶级领导下的全体人民共同意志的体现。当然，我国社会主义法律所体现的共同意志，并不是人民中各个阶级和群体的意志的简单相加，也不是自发形成的，而是在工人阶级的先锋队——中国共产党的领导下逐步形成的。

2. 从法律的实质内容来看，我国社会主义法律是社会历史发展规律和自然规律的反映，具有鲜明的科学性和先进性

首先，社会主义法律更能够尊重和反映客观规律。在剥削阶级占统治地位的社会中，法律受少数人狭隘利益的局限，容易与客观规律和历史发展趋势相背离。社会主义法律反映的不是少数人的特殊利益，而是全体人民的共同利益，尽管这种共同利益的具体内容会随着社会的发展变化而发展变化，但它与历史发展的基本方向和基本规律是一致的。因此，从本质上说，社会主义法律更能够尊重和反映客观规律。

其次，我国社会主义法律具有鲜明的科学性和先进性。我国社会主义法律鲜明的科学性和先进性主要表现在：

一是我国社会主义法律以辩证唯物主义和历史唯物主义为世界观和方法论。辩证唯物主义和历史唯物主义指引人们去发现客观规律，在法律实践中尊重和反映客观规律。

二是我国社会主义法律善于借鉴我国传统法和外国法的成功经验。前人和他人的成功经验实际上是客观规律的反映，因而对前人和他人成功经验的吸收，就是对规律性认识的吸收。

三是我国社会主义法律的立法体制、立法程序和立法技术，适应时代发展而不断改革与创新，使立法的质量和水平不断提高。

第二讲 社会主义法律的特征与作用

一、社会主义法律的特征

（一）法律的基本特征

法律的特征是法律的外在表现形式的主要方面，是法律的本质的外化，是法律区别于其他事物和现象的征兆和标志。法律所表现的意志首先是一种社会意识形态，但又不单纯是意识形态，而是一种社会规范。社会规范很多，诸如道德、风俗习惯、宗教教规，以及各种社会团体的规章等。与上述社会规范不同，法律是一种特殊的社会规范，表现在法律具有下列特征。

1. 法律是调整人的行为的社会规范

首先，法律是调整人与人之间的行为关系的社会规范。法律是一种社会规范，调整的是人与人之间的社会关系，确定人们行为的准则。法律对社会关系的调整是通过对人们行为的调整来实现的，而不是通过对人们思想的调整来实现的。这是法律区别于其他社会规范的重要特征之一。

法律意义上的人，是指自然人和法人以及其他非法人社会组织。法律通过确定自然人和法人以及其他非法人社会组织的权利、义务和责任，来调整他们之间发生的各种社会关系，制裁违法行为和违法者，建立规范的法律秩序，保证社会的正常运转和发展。从这个意义上说，法律规范实际就是一种人与人关系的行为规则。

从法律所调整的社会对象的角度来说，根据所调整的对象的不同，规范可以分为技术规范和社会规范。社会规范调整人与人之间的关系，违反社会规范会影响到他人的利益；而单纯的技术规范则调整人与自然之间的关系，主要是人与劳动对象和劳动工具之间的关系。违反技术规范，会受到自然规律的惩罚。

社会规范和技术规范虽有明显区别，但有时两者是密切联系的。随着社会的发展，有些技术规范已经可能影响到他人的利益，因而也就具有了社会内容，从而成为社会技术规范。如果把这些社会技术规范确认为法律，就成为法律技术规范，构成法律的一部分。

其次，法律具有规范性。所谓规范性，是指法律本身是一种规则或范例，它为人们提供行为模式和行为判断标准，以指引人们的行为。法律规定了哪些行为是可以做的，哪些行为是必须做的，哪些行为是不能做的。法律作为一种社会规范，有以下三个特点：

（1）概括性。所谓规范，就是标准，针对不同的人有效。如果只针对特定的个人，则不是规范。法律并不规定社会中的某一件具体的事件或某一个具体的行为方案，而是从各种具体社会现象中抽象出某一类行为或某一类事件的标准，并进而规定这类行为或这类事件的法律意义。也就是说，法律规范是以类行为或类场合为对象的，具有概括性。

（2）普适性。普适性是指法律规范并不是针对某一特定主体的，而是对某一类具有共性的主体都具有效力，这就是效力上的普适性。当然，普适性并不是说在所有情况下对所有主体都适用相同的规则，在具体问题上对特殊的类主体也可以适用特殊的规则。

（3）可预测性。法律规范为人们提供了一套明确的行为模式和行为判断标准，而且，一般来说，这种行为模式是比较稳定的，人们可以根据法律规定预见自己将要实施的行为可能产生的后果，并据此作出合理的行为选择和规划，免于陷入不确定性或任意性。

此外，在各种社会规范中，法律对主体行为的规范作用最显著。法律规范只是社会规范的一种，除法律外还有道德、习惯等其他社会规范。与它们相比，法律规范在形式上最严格，提供的行为模式最为明确、具体，效力上最具普遍性、统一性和权威性。这些优点都是其他社会规范所不具备的，因而，法律是一种高度发达的社会规范。

2. 法律是由国家制定和认可的社会规范

国家的存在是法律存在的前提条件。社会生活当中存在着许多行为规范，但从行为规范的产生根源来看，唯有法律是国家通过立法程序制定和认可的。

法律与国家权力具有密切的联系，法律体现着国家意志。一个行为规则必须经由国家权力机关通过特定程序制定或认可才能成为法律，同时也就具有了"国家意志"属性，获得了普遍的效力和权威，国家的成员均应受到法律的约束。这是因为，国家在形式上是一种"社会公共权力"，凡是经国家认可的行为规范，均以全社会意志的名义颁布，具有统一性、普遍性和权威性。

一般来说，国家创制法律有两种基本方式，即制定和认可。法律的创制不是仅仅通过认可和制定，在某些情况下法律被认可或制定以后还有一个再度创造过程，这就是法律解释。

（1）制定是现代国家创制法最典型的、最常用的方式。制定是指通过特定的程序由专门国家机关将法律需求以法定形式转化为具体法律规则的过程和活动。简言之，制定是指特定国家机关通过立法活动产生新规范。

（2）认可是指将既有的社会规范上升为法律的国家行为。随着社会的不断发展，某些社会关系继续由习惯、道德、政策等调整已经不能适应现实要求，需要由法律手段来调整，国家政权便以特定的方式将原有的习惯、道德或政策赋予法律效力，即将它们认可为法律。认可又可以分为两种形式：

① 明示认可，是指立法机关以明确的方式表示将某一项习惯、道德或政策赋予法律意义，如很多国家的民法中所规定的"民事法律行为不得违反公序良俗"。

② 默示认可，是指国家不是通过专门的立法机关和程序，而是通过法律的适用机关（主要指法院）而赋予某一项习惯、道德或政策以法律效力。一般来说，法官的责任在于严格依照现有规定适用法律，但是，在法律对相关问题没有做出规定时，法官总是会根据一些其他社会规范，如地方或行业习惯等来做出判断和决策。如果某一项习惯、道德或政策被司法机关普遍认可，那么这一项规范在事实上也就被认可为法律，具有法律的效力。默示认可在以判例法为主要法律渊源的英美法系中比较普遍，而以成文法为主的大陆法系则较少采用。

3. 法律是规定权利和义务的社会规范

法律规范在内容上与其他社会规范不同，它是通过规定人们的权利和义务（或职权和职责），以权利和义务为机制，影响人们的行为动机，指引人们的行为，来实现其调整社会关系和社会秩序的目的的。

依据利益归属和行为方式的不同，可以将人们在交互关系中的一切行为都区分为两大类，一类是为实现自己的利益而可以从事的行为，另一类是为实现他人或社会的利益而必须从事（或不得从事）的行为。前者表现为主体的行为自由，后者则体现了主体的社会责任；前者是权利，后者称为义务。所谓权利，是指法所确认和保障的人们可以从事某种行为的权能。所谓义务，是指法所规定的人们必须履行某种行为的责任。法律上的权利和义务是由国家确认并予以保障的。

法律这种调整社会关系的方式，使其再次与其他社会规范相区别。宗教和道德一般强调的都是责任和义务，是对他人、对社会、对神的义务，以此为基准确定社会关系的准则。法律通过规定人们的权利和义务来分配利益，影响人们的动机和行为，进而影响社会关系。

法律上的权利与义务的规定具有确定性和可预测性的特点，它明确地告诉人们该怎样行为，不该怎样行为以及必须怎样行为；人们根据法律来预先估计自己与他人之间该怎样行为，并预见到行为的后果以及法律的态度。所以，权利和义务是表证法律进而使之区别于道德、宗教、习俗和纪律等其他社会规范的决定性因素。

4. 法律是以程序性为重要标志的社会规范

法律是强调程序、严格规定程序和实行程序的规范。也可以说，法律是一个程序制度化的体系或制度化解决问题的程序。程序是社会制度化最重要的基石，程序性也是法律的一个重要特征。

法律必须依程序进行，按照一定的顺序、方式和步骤作出法律决定，主要有：选举程序、立法程序、审判程序、行政程序。例如诉讼程序就是确认规范和认定事实的过程，也就是严格执法的过程，它的对立物是"任意"。法律的程序性是实现实体权利和义务的合法方式和必要条件。

5. 法律是由国家强制力保证实施的社会规范

任何一种社会规范，都有保证其实施的社会力量，即都有某种强制性。然而，不同社会规范的强制性在性质、范围、程度和方式等方面是不尽相同的。

法律的实施由国家强制力保证实施，如果没有国家强制力作后盾，那么法律在许多方面就变得毫无意义了。法律强制的特点在于它是一种国家强制，是以军队、宪兵、警察、法官、监狱等暴力手段为后盾的强制，是一种社会整体力量的强制。在此意义上，法的国家强制性就是指法依靠国家强制力保证实施、强迫人们遵守的性质。也就是说，不管人们的主观愿望如何，人们都必须遵守法律，否则将招致国家强制力的干涉，受到相应的法律制裁。

法律以外的其他社会规范虽然也具有不同性质、形式和程度的强制力，但不是国家强制性。如政党的章程靠政党的纪律保障实施，道德规范由社会舆论、人的良心及习惯和传统的力量加以维护，宗教规范也主要靠教徒的内心信念来维护。这种强制力不同于以国家名义并由国家专门机关实施的强制力。

法律的国家强制性，既表现为国家对违法行为的否定和制裁，也表现为国家对合法行为的肯定和保护；既表现为国家机关依法行使权力，也表现为公民可以依法请求国家保护其合法权利。是否具有国家强制力，是衡量一项规则是否是法律的决定性标准。

法律的实施有国家强制力的保障，对这一点可以从以下四个方面加以理解：

（1）是否可以运用国家强制力保障是法区别于其他行为规则的重要特征之一，除了法律以外的其他行为规范，均不可以运用国家权力而加以强制实现。

（2）国家强制力的具体体现就是各种形式的国家机器，如军队、监狱、警察等机构，这些机构是国家强制力的具体执行者，它们是法律调整社会关系的武力后盾。当出现违反法律和侵犯他人合法权益的行为时，国家便会以强制机构的面目出现来强制违法者和侵权人履行自己的法律义务，甚至追究其法律责任，对其施加惩罚，以此来保障权利的实现和义务的履行。

（3）有了国家强制力做后盾，法律便有了物质力量的保障，成为一种会产生实际结果的社会行为规范。社会冲突最根本的原因是人们之间经济利益的矛盾。因此，在进入文明社会以后，只要人们之间还存在着经济利益的冲突，就需要以"有组织的强制"来"定纷止争"，维持社会的整体性和正常运转。

（4）国家强制力是法律实现的有力保障，但它并不是法律实现的唯一决定因素。法的实现是多方面因素共同作用的结果，并非所有法律的实现都要依靠国家强制力的介入。大多数情况下，法的实现主要依靠法律主体的自觉遵守。反之，如果一项法律不是主要依靠其本身的合理性，而是主要靠国家强制力的威胁来迫使人们遵守的话，那就说明这项法律本身是不合理的，是恶法。所以说，国家强制力只是法律实现的最终保障，它不是法律实现过程中的必经阶段。

（二）我国社会主义法律的特征

当代我国社会主义法律除了具有法的基本特征外，还有自己的主要特征。

1. 阶级性和人民性的统一

我国法律是工人阶级共同意志体现，是实现人民民主专政的工具，因此它具有鲜明的阶级性。同时，我国法律又是广大人民群众共同意志的体现。工人阶级和广大人民群众的共同意志和根本利益是一致的，所以我国法律又具有最广泛的人民性。我国法律的阶级性和人民性统一的具体表现是：阶级性和人民性相互渗透，相互依存；人民性以阶级性为前提和基础，阶级性通过人民性来体现和保障；法律的阶级性和人民性将随着我国社会的不断发展而日趋一致。

2. 规范性和社会性的统一

任何法律都具有规范性和社会性。法律的规范性是指从形式上看法是一种特殊的行为规范。法律的社会性是指从内容上看法律体现一定的意志，而这种意志又是一定社会关系的反映。我国法律反映并服务于社会主义社会关系，在规范人们的行为和活动中有重要作用。同时，我国法律又执行着广泛的社会公共职能，越来越多的经济、文化、教育、环境保护、社会福利等方面的法律，都发挥着管理国家事务、管理经济文化事业、管理社会事务的作用。所以，我国法律的规范性和社会性是统一的，它们相互联系、相互促进、相互作用。

3. 科学性和公正性的统一

法律的科学性是指法律正确反映客观规律性的程度。法律的公正性是指法律反映着一定社会中占统治地位的正义观。在我国，工人阶级领导下的广大人民的根本利益同社会发展的要求是一致的，这就决定了我国法律有可能成为正确反映客观规律，始终起进步作用的法律。我国法律所体现的公正，是社会主义的公正，是绝大多数人公认的公正，是真正体现社会进步的公正。它确认了人民当家做主的地位，确认了公有制为主体、多种所有制经济共同发展的基本经济制度和按劳分配为主体、多种分配方式并存的分配制度，确认了公民在法律面前一律平等的原则，等等。所以，我国法律是科学性和公正性的统一。

4. 权利和义务的统一

不同国家的法律，对公民的权利和义务有不同的规定。在我国，人民群众是国家的主人，国家、集体和个人的利益是一致的，因此公民的权利和义务也是统一的。在我国，公民在法律面前一律平等，全体公民既平等地享有权利，也平等地履行义务，不允许只享有权利而不履行义务或是只履行义务而不享有权利的现象存在。

5. 国家强制力和人民自觉遵守相结合的统一

我国法律是工人阶级领导下广大人民群众的共同意志的体现，它的实施过程就是人民意志的实现过程，所以广大人民群众基本上是能够自觉遵守的。但是我国法律的实施不能没有国家的强制力，这是多数人对少数人、广大人民对极少数敌对分子和违法犯罪分子的强制。将国家强制力同人民的自觉遵守结合起来，能够有效地保证我国社会主义法的实施。

6. 党的主张和人民意志的统一

在我国，中国共产党是社会主义事业的领导核心，党的领导地位决定了党的主张在国家生活中具有重要作用。我们党的主张是以马克思列宁主义、毛泽东思想与中国特色社会主义理论体系为指导，根据社会主义建设的客观需要和广大人民的意愿以及利益而形成的。从这一意义上讲，党的主张和人民意志是一致的。

二、社会主义法律的作用

通俗来讲，法律的作用是指法律作为一种特殊的社会规范对人们的行为和社会生活所产生的影响和结果。其实质是国家权力运行和国家意志实现的具体表现，是社会经济状况的具体表现。法律的作用可以有多种不同的划分。从形式和内容、手段与目的的角度入手，一般将其区分为法律的规范作用和法律的社会作用。前者是实现后者的手段和方式，后者是前者所要达到的目的。

（一）法律的规范作用

法律的规范作用，也称法律本身的作用，是指法律通过提供普遍的、权威性的行为标准并保障其实现，从而对人们的行为所发生的作用。根据法律作用于主体行为的不同方式，法律的规范作用又可以细分为以下五种。

1. 指引作用

指引作用，是指法律通过规定人们可以做什么、不可以做什么以及应当做什么，从而确定一定的行为模式，为人们提供行为准则和行为尺度。

指引有两种情况：第一，确定性的指引，即通过规定法律义务，要求人们做出或抑制一定行为；第二，不确定的指引，即通过授予法律权利，给人们创造一种选择的机会。从立法的意图来说，这两种指引所包括的法律后果都是促使人们行为时所考虑的因素。但不同的是，就确定的指引来说，法的目的是防止人们做出违反法指明的行为；而就不确定的指引来说，法的目的是鼓励人们从事法所容许的行为。

2. 评价作用

评价作用，是指法律通过规定一定的行为标准和行为尺度，评价人们的行为是否符合法律要求，即评价行为的合法性，进而表明对该行为的肯定或否定态度。通过这种评价，影响人们的价值观念和是非标准，从而达到指引人们行为的效果。

法律的评价作用同其指引作用是分不开的。如果说法律的指引作用可以视为法的一种自律作用的话，那么法律的评价作用可以视为法的一种他律作用。正因为法律能够指引人们的行为方向，才表明其属于一种带有价值倾向和判断的行为标准。同理，也正因为法律对自己或他人的行为提供了判断是非曲直的标准，所以才具有指引人们行为的作用。而且法律通过这些标准，影响人们的价值观念，达到引导人们行为的作用。

当然，在现实生活中，法律并不是唯一的评价人们行为的标准，道德规范、宗教规范、风俗习惯和社会团体的规章等也具有对行为的评价作用。但是，法律所做出的评价却有着与它们不同的特点。

首先，法律的评价具有比较突出的客观性。也就是说，什么行为是正当的，什么行为是不正当的；什么行为是可做的，什么行为是不可做的，在法律规范中有明确的规定。因此，法律对行为的评价大体上说来是不会因人而异的。

其次，法律的评价具有普遍的有效性。在同一个社会，由于人们的道德观念和宗教信仰不同，或者由于接受的风俗和纪律不同，每个人对一定的行为所做的评价只有在与该人具有相同标准的那些人中间才是有效的。对法律规范来说则不同，不论人们的主观愿望如何，只要他们的行为进入了法律行为的范畴，法律规范的评价对他们来说就是有效的。如果不想受到法的制裁，他们的行为必须在客观上与法律的评价协调起来。

3. 预测作用

预测作用，是指人们可以根据法律的规定预测彼此间的交互行为将会产生什么后果，并据以选择自己的行为方式。在社会生活中，每个人的行为都可能对他人的行为发生影响，同时也可能受到他人行为的影响。在这种复杂的互动关系中，如果没有一定的公认的规则，据以预测自己行为和安排的后果，社会生活就会陷入无序状态。法的预测作用可以减少行动的偶然性、盲目性，提高行动的实际效果。

法律的预测作用表现为人们可以根据法律规范的规定事先估计到当事人双方将如何行为及行为的法律后果。它分为两种情况：第一，对如何行为的预测，即当事人根据法律规范的规定预计对方当事人将如何行为，自己将如何采取相应的行为；第二，对行为后果的预测，由于法律规范的存在，人们可以预见到自己的行为在法律上是合法的，还是非法的，在法律上是有效的，还是无效的，是会受到国家肯定、鼓励、保护或奖励的，还是应受法律撤销、否定或制裁的。

4. 教育作用

教育作用，是指法律的制定和实施，可以使人们最终形成一定的法律价值观，确立法律信仰，进而把法律的外部规定内化为自己的内在要求。由于法是人们在日常生活、生产、交往中反复实践的东西，人们可以不知不觉地达到对法律的认同，被法律所同化，形成守法习惯。

法律的教育作用表现为通过法律的实施，法律规范对人们今后的行为发生直接或间接的诱导影响。法律具有这样的影响力,即把体现在自己的规则和原则中的某种思想、观念和价值灌输给社会成员,使社会成员在内心中确立对法律的信念,从而达到使法的外在规范内化,形成尊重法和遵守法的习惯。

法律的教育作用主要是通过以下方式来实现的:第一,反面教育,即通过对违法行为实施制裁,对包括违法者本人在内的一般人均起到警示和警戒的作用;第二,正面教育,即通过对合法行为加以保护、赞许或奖励,对一般人的行为起到表率、示范作用。

5. 强制作用

强制作用,是指在出现违反法律或侵犯合法权益的情况下,法律可以借助于国家权力机关,强制违法者履行义务或对其施加一定制裁,以保护权利得以实现。法的强制作用在于制裁违法行为,它是其他作用的重要保障。通过制裁可以加强法律的权威性,保护人们的正当权利,增强人们的安全感。

法律的强制作用是以国家的强制力为后盾的,因此,它以有形的物质性的力量为表现形式,而道德、习惯一般是以无形的精神性的力量为表现形式。

(二)法律的社会作用

法律的社会作用是法律为实现一定的社会目的和任务而发挥的作用。法律的社会作用是法律的规范作用的目的,法律通过规范人们的行为确认、维护和发展一定社会关系。如果说法律的规范作用是从法律自身来分析法律的作用,那么法律的社会作用则是从法律的目的和性质的角度来考察法律的作用问题。概括起来,法律的社会作用表现为以下几个方面。

(1)维护社会秩序与和平。法律的产生的首要功能就在于它能禁止专横、制止暴力、维护和平与秩序。

(2)推进社会变迁或变化。法律不仅具有维护社会稳定与秩序的作用,也具有促进社会变迁和变化的作用。

(3)保障社会整合或融合。随着社会分工和职业分工的不断细密化,社会不断分化为以不同利益为纽带的不同集团、阶层、组织和阶级。分工是为了提高劳动生产率,从而为人类的生存和延续提供各种物质和精神保障。也就是说分工的成功依赖于人们之间相互合作和协作的成功。其中,法律发挥着不可替代的作用。

(4)控制和解决社会纠纷和争端。国家和法律的基本作用之一就是将人类社会的纠纷和争端控制在一定的程度内,在一定的秩序范围内和平地解决,从而减少它们的危险性。

(5)促进社会价值和目标的实现。法律可以促进制定和实施它的人所主张的价值和目标。既然人不仅是作为一般生物存在着,而且是作为追问意义和追寻价值的主体存在着,那么作为人类工具的法律(我们不否认法律具有内在价值)就必然会成为一定的社会实现其价值和目标的手段。

(三)法律的作用的局限性

上述所说的都是法律的积极作用,但是,法律也不是万能的。我们在肯定法律在现代社会中所具有的强大的积极作用的同时,也要看到法律所固有的内在局限性。这种局限性主要表现在:

1. 法律调整社会关系的范围有限

法律并不能有效地干预或解决所有的社会问题。法律通常只能有效地控制公开的、外显的、可观察的社会行为，而很难控制个人隐秘的隐私行为，更难控制人们内心的思想、情感、信仰。那些试图控制人的私生活、思想的法律，强制信仰某一思想的法律，从来不可能取得真正的成功，这是由法律的属性和特征所决定的。

2. 法律不是调整社会关系的唯一手段，只是许多社会调整方法中的一种

法律是用以调整社会关系的重要方法，但法律并不是万能的，调整社会关系的手段是多种多样的，除法律规范之外，还有市场机制、行业自律、习惯规则、道德规范以及先进的管理、技术手段等。虽然在现代社会，就建立和维护整个社会秩序而言，法律是最主要的方法，但在某些社会关系和社会生活领域，法律并不是主要的方法。在解决社会纠纷方面，法律虽然是一种最正式、最权威的解决纠纷的机制，但同时也是一种最繁琐、最复杂的解决纠纷的机制。

3. 法律的作用受法律自身的局限性的制约

法律具有保守性、僵化性和限制性。法律的保守性表现为：法律必须保持一定的稳定性，不能频繁变动，更不能朝令夕改，但社会生活又是易变的、多变的，因而法律有可能落后于社会生活的发展，如果严格按落后于社会生活的法办事，法律就有可能成为社会进步和发展的阻碍。

法律的僵化性表现为：法律考虑的是社会生活中经常出现的一般情形，法律的内容是抽象的、概括的、简洁的，而社会生活又是千姿百态、纷繁复杂的，因此在某些特殊的情形中，如果严格地适用法律，反而会出现不合理、不公正甚至荒唐的结果。

法律的限制性表现为：法律为维护某种秩序而对人们的行为所施加的约束，有可能转化为限制人们进行有益的创新和改革的枷锁。

4. 法律的作用的实现需要客观条件的配合

其一是良好的政治法律体制。政治法律体制是正式法得以存在和运行的框架结构。良好的政治法律体制的基本标志是有权威的立法机关、依法行政的行政机关、独立的司法机关。

其二是良好的法律和法律体系。良好的法律的基本标志是反映人民意志，充分尊重人权，制约国家权力，保持稳定性和连续性。良好的法律体系的基本标志是部门齐全、结构严谨、内部和谐、体例科学。

其三是高素质的法律职业群体。法律职业群体是正式法的操作者。即使有良好的法律，但如果缺乏具有良好法律素质和职业道德的法律职业群体，正式法也难以实现预期的作用。

其四是良好的法律文化氛围。法律文化是正式法存在及运行的文化环境。良好的法律文化氛围包括对法律的尊重、认同和信仰，民主观念，宪政意识，权利和义务观念等。

其五是良好的物质条件。国家的立法、行政执法和司法等法律活动需要有物质设施、技术装备和经费开支。因此，良好的物质条件是正式法运行的物质基础。正式法的运行情况受这些条件及其他一些条件的直接或间接的影响或制约。这些条件在任何一个国家都是不容易齐备的。

在现代社会中，法律的作用是不容低估的，但法律的作用不是万能的，而是具有一定的局限性的。在认识法律的作用时，必须注意"两点论"：对法律的作用既不能夸大，也不能忽视；既认识到法律不是无用的，又要认识到法律不是万能的；既要反对"法律无用论"，又要

防止"法律万能论"。

（四）社会主义法律的社会作用

社会主义法律是社会主义经济基础的上层建筑，它的社会作用是其阶级本质和经济基础的集中体现，对于确立和维护人民民主专政的国家制度、经济制度、社会秩序和推动社会改革与进步都具有重要的作用，是中国特色社会主义事业顺利发展，社会主义和谐社会建设的法律保障。

1. 确立和维护人民民主专政的国家制度

法律与国家是紧密联系的。我国社会主义法律确立和维护人民民主专政的国家制度，确立国家的性质，确立国家政权结构形式和组织形式，为国家不同权力的运行提供法律根据，通过履行社会公共事务的职能，维护政治统治所需的社会秩序。

2. 确立和维护社会主义经济制度

任何社会的法律都把维护一定的经济制度作为重要任务。我国社会主义法律确立和维护社会主义经济制度，确立和维护人民民主专政的国家政权赖以存在的经济基础。

3. 确立和维护和谐稳定的社会秩序

社会和谐是中国特色社会主义的本质属性，维护社会的和谐稳定是我国社会主义法律的重要职能。我国社会主义法律具有保障人民群众享有广泛权利、协调社会利益关系、维护人与自然和谐等重要作用。

4. 推动社会改革与进步

通过法律的立、改、废，推动社会改革与进步，既是我国社会主义法律的一项重要职能，也是实现社会改革与进步的有效途径。在中国特色社会主义法律体系基本形成、社会生活的各个方面做到了有法可依的情况下，更要通过对现行法律的修改完善来推动社会改革与进步。

第三讲　社会主义法律的运行

法律的运行是指法律按照一定的意图和特有方式的运动状态，即从创制到实施，再到实现的运动过程。这个过程主要包括法律制定（立法）、法律遵守（守法）、法律执行（执法）、法律适用（司法）等环节。法律制定是国家对权利和义务，即社会利益和负担进行的权威性分配；法律的遵守、执行、适用，则是把法定的权利和义务转化为现实的权利和义务，把文本上的法律转化为现实中的法律。

一、法律制定

1. 法律制定的概念

法律制定又称立法，是指国家专门机关遵循掌握国家政权的社会集团的意志，根据一定的指导思想和基本原则，以法定的权限和程序，使之上升为国家意志，从而创制、修改和废止法律的专门活动。简言之，就是有立法权的国家机关依照法定职权和程序制定规范性法律文件的活动，是法律运行的起始性和关键性环节。

2. 法律制定的特征

（1）立法是国家履行职能的重要方式之一。

（2）立法既包括有立法权的专门国家机关进行的立法活动，也包括经授权的国家机关进行的立法活动。

（3）立法既包括创造性地制定法律，也包括对已有的法律进行补充、修改甚至废止。

（4）现代社会的立法活动是一种以法定程序进行的活动。

3. 我国现行的立法体制

根据我国《宪法》《立法法》等的规定，全国人民代表大会及其常务委员会行使国家立法权。国务院有权根据宪法和法律制定行政法规。国务院各部门可以根据宪法、法律和行政法规，在本部门的权限范围内，制定部门规章。

省、自治区、直辖市的人民代表大会及其常委会根据本行政区域的具体情况和实际需要，在不同宪法、法律和行政法规相抵触的前提下，可以制定地方性法规。

较大的市的人民代表大会及其常委会根据本市的具体情况和实际需要，在不同宪法、法律、行政法规和本省、自治区的地方性法规相抵触的前提下，可以制定地方性法规，报省、自治区的人民代表大会常委会批准后施行。

省、自治区、直辖市、较大的市的人民政府可以根据法律、行政法规和本省、自治区、直辖市的地方性法规，制定地方政府规章。

自治区、自治州、自治县的人民代表大会可以根据当地民族的具体情况制定自治条例和单行条例。

特别行政区立法机关有权根据特别行政区基本法自主地制定本行政区的法律。

4. 法律制定的程序

国家机关的立法活动必须遵循法定程序。就全国人民代表大会的立法程序而言，基本按以下程序进行：

（1）法律案的提出。法律案的提出是指依法有专门权限的国家机关和有关团体向立法机关提出创制、修改、补充或废止某项法律的法律案。

（2）法律案的审议。法律案的审议是指立法机关对已列入会议议程的法律案进行审查和讨论。列入全国人大常委会会议议程的法律案，一般经过三次常务委员会会议审议后交付表决。

（3）法律草案表决稿的表决。这是指立法机关对法律案经过审议后提出的表决稿，正式表示同意或不同意的活动。这是整个立法活动中最有决定意义的一步。

（4）法律的公布。这是立法机关将获得通过的法律依法定形式公之于众的一个法定程序。

二、法律遵守

1. 法律遵守的概念

法律遵守又称守法，是指国家机关、社会组织和公民个人依照法律规定行使权力和权利以及履行职责和义务的活动。

在法律运行过程中，守法是法律实施和实现的基本途径。立法者制定法的目的，就是要使法在社会生活中得到实施。如果法制定出来了，却不能在社会生活中得到遵守和执行，那必将无法达到立法的目的，也失去了法的权威和尊严。

2. 法律遵守的要求

守法通常指做法要求做、允许做的事情，不做法禁止做的事。在理解守法的含义的时候，要防止从消极的角度理解守法。做法要求做、允许做的事情，不做法禁止做的事，不等于守法主体在法面前都是消极被动的，守法也意味着积极主动地去行使自己的权利。也就是说守法包括两层含义：一是依法享有并行使权利，二是依法承担并履行义务。

在社会主义国家，一切组织和个人都是守法的主体。包括：我国一切国家机关、武装力量、政党、社会团体、企业事业组织；中华人民共和国公民；在我国领域内的外国组织、外国人和无国籍人（根据我国有关法律规定、国际法和国际惯例，在中国境内的外国组织、外国人和无国籍人也必须遵守我国的法律，在我国法律允许的范围内从事各种活动。这既是维护我国主权和利益的体现，也是国际法的要求和国际惯例中的通例）。

三、法律执行

法律执行又称为执法，在日常生活中，人们通常在广义与狭义两种含义上使用这个概念。在广义上，法律执行是指国家机关及其公职人员，在国家和公共事务管理中依照法定职权和程序，贯彻和实施法律的活动；在狭义上，法律执行专指国家行政机关及其公职人员依法行使管理职权、履行职责、实施法律的活动。

行政执法是法律实施和实现的重要环节。在我国，大部分的法律法规都是由行政机关贯彻执行的。在法律运行中，行政执法是最大量、最经常的工作，是实现国家职能和法律价值的重要环节。

行政执法的主体通常是国家行政机关及其公职人员。在我国，行政执法的主体大体分为两类：一类是中央和地方各级政府，包括国务院和地方各级人民政府；另一类是各级政府中享有执法权的下属行政机构。此外，法律授权的社会组织、行政机关依法委托的社会组织可以在一定范围内执行法律。

四、法律适用

法律适用，又称司法，是指国家司法机关依据法定职权和程序，具体运用法律处理案件的活动，是法的实施的重要方式之一。

司法的概念有广义和狭义之分。狭义的司法，特指法院的权限及其审判活动；广义的司法，是指与立法和行政相对的、通过适用具体法律规范解决争讼的一种国家的专门活动。

在我国，司法机关是指国家检察机关和审判机关。人民检察院代表国家行使法律监督权，人民法院代表国家行使审判权。其他任何国家机关、社会组织和个人，不得行使国家司法权。人民法院和人民检察院根据法律法规，公正司法，保护公民、法人和其他组织的合法权利，解决法律纠纷，惩治违法犯罪行为，从而捍卫法律权威，维护法律秩序。

（一）司法的特征

司法也是法的实施的重要方式，但它不同于立法与执法，有自身的一些特点。

1. 专属性

司法是国家司法机关依照法定职权和法定程序运用法律处理案件的专门活动，也就是以国家名义行使司法权的活动。这项权力只能由国家司法机关及其司法人员行使，其他任何国家机关、社会组织和个人都不能行使此项权力。因此，司法权是一种专有权，具有专属性。在我国，司法权专属于人民法院和人民检察院。

2. 程序性

司法是司法机关严格按照法定程序所进行的专门活动，因此，程序性是司法最重要、最显著的特点之一。按照我国目前司法的种类，可分为三大类，即刑事司法、民事经济司法、行政司法，因此，也就相应的有三大类法定诉讼程序，即审理刑事案件要依照刑事诉讼程序法进行，审理民事、经济案件要依照民事诉讼程序法进行，审理行政案件要依照行政诉讼程序法进行。这些诉讼程序法是保证司法公正的重要条件。离开了这些法定程序，就难以保障诉讼当事人的合法权益，也难以保证法律的正确适用。

3. 专业性

"法律是一门艺术，它需经长期的学习和实践才能掌握，在未达到这一水平前，任何人都不能从事案件的审判工作。"[①]司法是司法机关运用法律处理案件的专门活动，它需要专业的判断，这就要求司法人员必须具有精深的法律专业知识和丰富的经验，因此，司法具有很强的专业性。

4. 权威性

司法是国家司法机关依靠国家强制力为后盾，以国家的名义运用法律处理案件的专门活动，因此，它所作出的裁决具有权威性。即司法机关依照法定职权和法定程序对案件所作出的裁决是具有法律效力的裁决，任何组织和个人都必须执行，不得擅自修改和违抗。

（二）司法与执法的区别

1. 主体不同

司法是由司法机关及其公职人员适用法律的活动，而执法是由国家行政机关及其公职人员来执行法律的活动，二者具有各不相同的特定主体。

2. 内容不同

司法活动的对象是案件，主要内容是裁决涉及法律问题的纠纷和争议，对有关案件进行处理。而执法是以国家的名义对社会进行全面管理。行政管理的事务涉及社会生活方方面面，执法的内容远比司法广泛。

---

① [美]罗斯科·庞德著，唐前宏等译：《普通法的精神》，法律出版社2001年版，第42页。

3. 程序性要求不同

司法活动有严格的程序性要求，司法机关的活动一般都有相应的较为严格的程序性规定，如果违反程序，将导致司法行为的无效和不合法。而执法活动虽然也有相应的程序规定，但由于执法活动本身的特点，特别是基于执法效能的要求，其程序性规定没有司法活动那样严格和细致。

4. 主动性不同

司法活动具有被动性，案件的受理是引起司法活动的前提，司法机关（尤其是审判机关）不能主动去实施法律，只有在受理案件后才能进行应用法律的专门活动。而执法则具有较强的主动性，对社会进行行政管理的职责要求行政机关应积极主动地去实施法律，而并不基于相对人的意志引起和发动。

（三）司法的基本要求

司法的基本要求可以归结为准确、合法、及时三个方面。

1. 准　确

准确首先是指各级国家司法机关适用法律时，对案件事实的确认要准确，即对确认的案件事实要清楚，案件证据要确凿可靠。这是正确适用法律规范的前提和基础。其次是对案件适用法律要准确，即在确认事实清楚的基础上，根据国家法律规定，区别刑事、民事、经济、行政案件，分清合法与违法、此案与彼案、罪与非罪、此罪与彼罪的界限，实事求是地加以认定。根据违法行为的性质、行为人的主观过错以及危害后果等，决定应适用的法律。最后要求实事求是，有错必纠。

2. 合　法

合法是指各级国家司法机关审理案件要合乎法律规定，既要符合实体法的规定，也要符合程序法的规定，从行使司法权的主体到行使司法权的步骤、期限、方式，再到行使司法权的结果即案件事实的认定、法律的适用，司法文书的执行等每一个环节和步骤都要严格依照法律规定进行操作。

3. 及　时

及时是指司法活动的各个环节和步骤都要遵守法定期限，以提高办案效率。国家司法机关审理案件时，在准确、合法的前提下，还必须提高工作效率，保证办案质量，及时办案，及时结案。

（四）当代中国司法的原则

司法原则是指在司法过程中必须遵循的基本原则。当代中国法的适用必须坚持以下的司法原则才能真正达到准确、合法、及时的基本要求。这些基本原则包括：

1. 司法法治

司法法治原则是指在司法过程中，要严格依法司法。依法司法既指依实体法司法，也要依程序法司法。在我国，这条原则具体地体现为"以事实为根据，以法律为准绳"的原则。

以事实为根据,就是司法机关对案件作出处理决定,只能以被合法证据证明了的事实和依法推定的事实作为适用法律的依据。前一种事实属于客观事实的范围,它是已经被具有证明力的并且合法的证据所确定的事实。后一种事实是在案件客观事实真相无法查明的情况下,依照法律中有关举证责任和法律原则推定的事实。尽管这种事实可能与客观事实有所不同,但是,在法律上能够引起同样的效果。

以法律为准绳,就是指司法机关在司法时,要严格按照法律规定办事,把法律作为处理案件的唯一标准和尺度。在查办案件的全过程中,都要按照法定权限和法定程序,在查明事实的基础上,依据法律的有关规定,确定案件性质,区分合法与违法、一般违法和犯罪等,并根据案件的性质,作出公正合理的裁决。以法律为准绳,意味着在整个司法活动中,法律是最高的标准,这是现代法治对司法提出的必然要求。

以事实为根据,以法律为准绳,是一个有机的整体,两者相互依存,不可偏废,必须在司法中全面贯彻执行。

2. 司法平等原则

司法平等原则是现代法律平等原则——法律面前人人平等原则在司法活动中的具体体现。在我国,司法平等原则具体地体现为"公民在法律面前一律平等"的原则。"法律面前一律平等"实际上是我国宪法赋予公民的一项基本权利,又是宪法和社会主义法治的一项基本原则,基本涵义:

第一,在我国,法律对于全体公民,不分民族、种族、性别、职业、社会出身、宗教信仰、财产状况等,都是统一适用的,所有公民依法享有同等的权利并承担同等的义务。

第二,任何权利受到侵犯的公民一律平等地受到法律保护,不能歧视任何公民。

第三,在诉讼活动(主要指民事诉讼和行政诉讼)中,要保证诉讼活动中的当事人享有平等的诉讼权利,不能偏袒任何一方当事人;在刑事诉讼中,要切实保障诉讼参加人依法享有的诉讼权利。

第四,对任何公民的违法犯罪行为,都必须同样地追究法律责任,依法给予相应的法律制裁,不允许有不受法律约束或凌驾于法律之上的特殊公民,任何超出法律之外的特殊待遇都是违法的。

司法平等原则是我国司法的一项重要原则。实行这一原则,对于切实保障公民在适用法律上的平等权利,反对特权思想和行为,惩治司法腐败行为,维护社会主义法制的权威、尊严和统一,保护国家和人民的利益,调动广大人民的积极性,加速实现法治,有其重要意义。

3. 司法独立原则

司法独立原则,即司法权独立行使原则,是指司法机关在办案过程中,依照法律规定独立行使司法权。

在我国,司法独立不仅是一项宪法原则,也是司法的一项重要原则。我国《宪法》规定:人民法院、人民检察院依照法律规定独立行使审判权、检察权,不受行政机关、社会团体和个人的干涉。人民法院组织法、人民检察院组织法和三大诉讼法也作了相同的规定。

司法独立的基本内容是:国家的司法权只能由国家的司法机关统一行使,其他任何组织和个人都无权行使此项权力;司法机关行使司法权只服从法律,不受其他行政机关、社会团体和个人的干涉;司法机关行使司法权时,必须严格依照法律规定,准确地适用法律。

坚持司法独立原则，并不意味着司法机关行使司法权可以不受任何监督和约束。司法权如同其他任何权力一样，都要接受监督和制约。不受监督和制约的权力（包括司法权力），会导致腐败。对司法权的监督表现在以下几个方面：

其一，司法权要接受党的领导和监督，这是司法权正确行使的政治保证。

其二，司法权要接受国家权力机关的监督，司法权由国家权力机关产生，并对国家权力机关负责。因此，国家权力机关有权监督司法权的行使，司法机关也有义务接受国家权力机关的监督。

其三，司法机关的上、下级之间以及同级之间也存在监督和约束，这种监督和约束是通过司法制度中的一系列制度来体现和实现的。

其四，司法权也要接受行政机关、企事业单位、社会团体、民主党派和人民群众的监督，还要接受舆论的监督。通过这些种类广泛的监督形式和监督机制，有利于更好地行使司法权，并防止司法权的滥用等司法腐败现象和行为。

4. 司法责任原则

司法责任原则，是指司法机关和司法人员在行使司法权过程中侵犯了公民、法人和其他社会组织的合法权益，造成严重后果而应承担责任。

司法责任原则是根据权力与责任相统一的法治原则而提出的一个权力约束机制。司法机关和司法人员接受人民权力的委托，行使国家的司法权，负有重大的职责和权力。按照权力与责任相一致的原则，一方面对司法机关和司法人员行使国家司法权给予法律保障，另一方面对司法机关及其司法人员的违法和犯罪行为给予严惩。

只有将司法权力与司法责任结合起来，才能更好地增强司法机关和司法人员的责任感，防止司法过程中的违法行为，并对违法行为进行法律制裁，以更好地维护社会主义司法的威信和社会主义法制的权威和尊严。在我国，已颁布的《国家赔偿法》《法官法》《检察官法》等法律确立了司法责任制度，对于实现公正司法、廉洁司法必将产生深远的影响。

5. 司法公正原则

正义是人类的理想与目标，是人类评价是非的标准，也是法所追求的基本价值目标。自从有了法律和司法以来，人们就开始对正义与公平的追求，又由于司法是法律与社会实际生活连接的桥梁和纽带，它将一般性的法律规范适用于具体的个案，实现对个案的正义与公正的追求。可以说司法现代化的目标就是对公平与正义的永恒追求。

司法公正具体指司法机关在行使司法权的过程中严格依法独立地、不偏不倚地进行司法活动。司法公正的实质含义是指司法人员在司法和审判过程中和结果中应该坚持和体现公平与正义的原则。

司法公正是社会正义的重要组成部分，它包括实体公正和程序公正，其中实体公正主要是指司法裁判的结果公正，当事人的权益得到了充分的保障，违法犯罪受到了应有惩罚和制裁。程序公正主要是指司法过程的公正，司法程序具有正当性，当事人在司法过程中受到公平的对待。司法活动的合法性、独立性、有效性，裁判人员的中立性，当事人地位的平等性以及裁判结果的公正性，都是司法公正的必然要求和体现。

司法公正是司法的生命和灵魂，是司法的本质要求和终极价值准则。追求司法公正是司法的永恒主题，也是民众对司法的期望。公正的司法对法治的实现也是很重要的，起最后防线的作用，正如培根所说："一次不公正的（司法）判断比多次不平的举动为祸尤烈。因为这些不平的举动不过是弄脏了水流，而不公的裁决则把水源给败坏了。"①

当今中国正在进行司法改革，包括制度、程序和体制的改革以及建立现代司法制度，其最终目的就是为了实现司法公正。

第四讲 法律与道德、宗教

人类社会是错综复杂的矛盾统一体，总是充满了三大矛盾：人与自我的矛盾、人与社会的矛盾、人与自然的矛盾。人类社会发展的过程，即三大矛盾不断产生、不断解决的过程，是一个永无止境的过程。

东西方社会的历史告诉我们，在相当长的时期内，宗教和道德曾是社会控制的主要工具，它们往往是对人类行为内在动力的支持。事实上，古代社会的法律与宗教和道德是难以区分的，宗教和道德品质往往决定了法律的性质。当历史步入现代社会时，法律制度与宗教制度、道德习惯才发生了分离。但是无论是东方，还是西方，无论是古代社会，还是现代社会，作为解决人类社会种种矛盾、实现社会控制的主要方式和手段，法律、道德和宗教的相互作用贯穿了人类社会发展的过程。

一、法律与道德

简单来说，道德是以善恶为评价标准，依靠人们的内心信念、传统习惯和社会舆论来调整人们之间以及人与社会之间关系的行为准则和规范。

1. 法律与道德的联系

法律与道德有密切的联系。它们作为社会规范在功能上相辅相成，共同调整社会关系。它们从合法与合理，从国家与社会，从外在与内在，从低层次到高层次，多方位、多角度地调整人的行为。尽管在不同的历史时期，有的社会强调以道德为主，以法律为辅；有的社会强调以法律为主，以道德为辅，但在共同使用二者方面概莫能外。即使在强调和实行法治的现代社会，道德的功能也是不能否认的，二者仍然表现出相辅相成的关系。

2. 法律与道德的区别

法律与道德既有联系也有区别，作为两种社会规范，它们的区别在于：

（1）产生的历史与方式不同。

从产生的历史过程看，法律是人类社会一定历史阶段的产物，原始社会没有法律，而道德风俗则存在于人类社会的各个历史时期，是任何社会都有的行为准则。另外，道德随民族、种族、宗教、习俗的不同而不同，而法律在一国或一定区域内，是统一的。从他们产生的方式看，法律是通过国家立法机关制定修改和废止的，只有掌握国家政权的阶级，才能将本阶级的

---

① 培根：《培根论说文集》，商务印书馆1983年版，第193页。

意志转化为具有国家强制性、普遍约束力的法律；而道德则是由人们长期的生活习惯转化而来。

（2）调整的范围不同。

首先，道德的调整范围比法律的调整范围广。法律是划分罪与非罪、合法与违法的标准，道德则主要是划分善与恶的界限，这两种界限在一定的范围内可以互相重叠，也可以互相独立。法律调整的社会关系，道德要调整；法律不调整的社会关系，如友谊关系、爱情关系等，道德也要调整。

其次，道德对人的行为比法律的调整更有深度。法律要求的主要是人的外部行为的合法性，人的思想等内部行为不受法律调控管理。道德要求的不仅仅是人们的外部行为合乎常理，更重要的是内部行为，要求人们行为时要善良，对人们心理的影响是道德所发挥的特殊功能。

（3）内容结构不同。

法律有明确具体的权利义务，且有明确法律后果。通过为人们确定在社会生活中的权利和义务，在公民与公民、公民与组织、公民与国家间建立权利义务关系（即法律关系）来调整人们之间的关系。

道德内容一般比较概括和原则，主要是通过为人们指出在社会生活中的义务，在人们中间建立起以义务为纽带的道德关系而调整人们之间的关系。

在调整社会关系的意义上来讲，法律是以权利为本位的，而道德则是以义务为本位的。与法律义务总是同一定的权利相联系或相对应不同，道德更强调对他人、对社会集体履行义务，承担责任，并不一定要求社会或者他人对其承担等量的义务为前提。

（4）实施的方式不同。

法律依国家强制力保证实施，道德则依靠人们的内心信念和社会舆论等方式实施。

二、法律与宗教

宗教泛指信奉超自然神灵的意识形态，是人们关于社会生活的终极意义和目的的直觉知识以及对此终极意义的个人信仰，是自然力量和社会力量在人们意识中的一种虚幻的反映，其宗旨在于对超自然力的信仰，并由此获得一种精神上的慰藉。宗教的特质是重信仰。一般而言，宗教都主张神灵崇拜、祈求转生彼岸世界、相信来世和灵魂不灭，并有相应的宗教道德规范和修行生活，普遍提倡断除妄念、去恶从善、慈悲济世、利益众人的宗教实践。

实质上，宗教作为一种重要的社会现象，反映了人们对制约其生存和发展的某些自然力量与社会力量的不理解，把这些力量视为某种神秘的、完全异己的东西，因而感到困惑不解。

一般说来，宗教由宗教教义、宗教礼仪和宗教组织三部分组成。在人类历史上，随着社会形态的发展和各种政权形式的出现，曾出现过各种各样的宗教，并且由拜神教发展到多神教，由图腾崇拜发展到民族神和民族宗教，最后又出现了世界性宗教。目前世界上比较流行的宗教有基督教、佛教和伊斯兰教，并称为世界三大宗教。

1. 法律与宗教的相同之处

宗教与法律具有较大的相似性，二者均为社会价值观的表现形态，都对社会行为具有一定的规范作用。一般说来，宗教戒律与法律有一些共同之处：

首先，法律在起源阶段同宗教有着一致性关系，每一种法律体系确立之初，总是与宗教典礼和仪式密切相关；其次，在人类早期阶段，公共权力借助于神的力量的支撑，君主为了论证自己统治的合法性，往往把其统治的渊源归结于上帝、归结于神；再次，宗教同法律的价值有某些相通之处，两者的出发点和目的都包括"使人向善"，使社会有其秩序而不发生混乱，甚至使人们精神上有所依赖与寄托；最后，法律和宗教都是实现社会控制的规范体系。

2. 法律与宗教的区别

尽管法律与宗教之间有上述相同的方面，但法律同宗教戒律之间又有许多区别。一般说来，法律与宗教的区别表现为：

（1）二者产生的历史条件不同。

宗教的产生远早于法律，法律的产生是社会发展到更高阶段的产物。"这些东方的和西方的法典的遗迹，也都明显地证明不管它们的主要性质是如何的不同，它们中间都混杂着宗教的、民事的以及仅仅是道德的各种命令；……至于把法律从道德中分离出来，把宗教从法律中分离出来，则非常明显是属于智力发展的较后阶段的事。"①

（2）二者的产生方式不同。

法律是社会系统强制性的产物，它以一定的社会物质生活条件为内容，又通过相应的国家机关制定和认可，其基础是人的理性的自觉力量；宗教是在社会生活中自行萌发或对先知学说经典化的产物，是与科学相悖的社会异己力量，其基础是迷信和盲目的信仰。

（3）二者的调控范围和作用不同。

法律只调整那些对社会生活秩序的稳定有较高价值的社会关系，而宗教规范则覆盖了几乎全部的社会关系；法律规范一般只规范人的外部行为；宗教规范不但规范人的外部行为，而且更侧重于规范人的内心活动。

（4）二者的调整方式和实现的方式不同。

宗教和法律虽然都是人们的行为规范，但法律是通过国家强制来进行调控；宗教主要通过控制人的良心来控制、调节人的行为，通过说教和人的内心感悟来达到社会调控的目的。

（5）二者的形式不同。

法律通过规定明确的权利和义务，给人们的行动指明方向，有权利性规范和义务性规范两种基本形式；宗教规范则以强调人对神的服从义务为主，人在神的面前是没有权利可言的，所以宗教规范大都是义务性规范。

3. 不同历史时期宗教与法律的关系

由于宗教在不同历史时期、不同国家所处的地位不同，故它与法律规范的关系也不相同。但宗教与法的关系基本上可分为以下两种情况：

（1）政教合一国家中的法律和宗教。

政教合一的神权政治，主要盛行于奴隶社会和封建社会，现在世界上也还有极少数政教合一的国家，像西亚一些信奉伊斯兰教的国家。在这种国家中，法律与宗教教义互相渗透，宗教教义也具有法律效力，甚至是法律的主要渊源。

（2）政教分离国家中的法律与宗教。

资产阶级国家，大多在宪法中规定了政教分离的原则。但是宗教对政治的影响仍很明显，

---

① [英]梅因：《古代法》，商务印书馆1959年版，第9-10页。

某些宗教习俗在许多国家的社会生活中作为惯例被国家机关认可，纳入成文法或不成文法体系。

4. 我国社会主义法律与宗教

我国是一个多民族、多宗教的国家，尊重各民族的宗教信仰，对于改善和发展民族关系，加强民族团结有极大的意义。

在我国，理论和实践都坚持政教分离原则。我国宪法以根本大法的形式确认了宗教信仰自由政策。现行《宪法》第三十六条明确规定："中华人民共和国公民有宗教信仰自由。任何国家机关、社会团体和个人不得强制公民信仰宗教或者不信仰宗教。不得歧视信仰宗教的公民和不信仰宗教的公民。国家保护正常的宗教活动。任何人不得利用宗教进行破坏社会秩序、损害公民身体健康、妨碍国家教育制度的活动。宗教团体和宗教事务不受外国势力的支配。"这一规定充分表明：

第一，宗教信仰纯属公民个人的私事。每个公民既有信仰宗教的自由，也有不信仰宗教的自由；有信仰这种宗教的自由，也有信仰那种宗教的自由；在同一宗教中，有信仰这个教派的自由，也有信仰那个教派的自由；有过去不信教现在信教的自由，也有过去信教现在不信教的自由。因此，任何国家机关、社会团体和个人，都不得强制公民信仰宗教或者不信仰宗教，不得歧视信仰宗教的公民和不信仰宗教的公民。

第二，国家保护正常的宗教活动。在我国，法律保护公民正常合法的宗教活动，禁止利用宗教反对社会主义制度，破坏民族团结和祖国统一，破坏社会秩序。禁止借宗教信仰之名搞封建迷信，坚决取缔和制裁利用封建迷信进行违法犯罪活动的行为，禁止并严厉打击邪教组织的反社会反人类活动。

第三，实行"政教分离"的原则。在我国社会主义条件下，必须坚定不移地坚持和实行宗教同国家政治生活及教育相分离的原则，决不允许宗教干预国家政治生活和国家行政、司法事务，也不允许宗教妨碍或干预学校的教育事业。

第四，坚持宗教独立自主、自办教会的方针。宗教现象具有广泛的国际性。国家允许开展宗教事务的国际友好往来，但是，在我国，宗教团体和宗教事务不受外国势力的支配，这是宗教活动的一个基本准则。必须防止和抵御国外敌对势力利用宗教关系进行危害国家安全的活动，不允许外国教会和宗教界人士干预我国的宗教事务。

三、法律与道德、宗教共同维系和助推社会和谐

法律、道德、宗教是维系、推动人类社会和谐的三个重要环节，这是几千年来人类历史经验的总结。法律、道德、宗教从不同角度规范人们的行为，三者均指向规范个人行为，也都指向维护社会秩序。其中，法律、道德分别以法律规定或道德观念来协调人际关系、维护社会秩序，宗教则以其崇拜神灵和宗教道德实践而在客观上维护社会秩序。法律、道德、宗教三者特质虽有所不同，但有相通的社会价值。就三者的功能、作用及其实现方式的差异而言，法律是人人必须遵守的，法律的实行带有强制性、外在性，而道德、宗教的实践则凭借道德素质、宗教信仰的驱动，带有自觉性、内在性。法律主要涉及人们的权利、义务问题；道德是协调人际关系，提倡超越物质利益，提升人格品位；宗教重信仰，追求心性完善、灵

性完美、神性圆满。法律、道德、宗教三者实现主要社会职能及方式方法的差异，不仅反映了三者对社会生活的不同作用，而且在一定意义上也反映社会不同人群对人生不同境界的追求。

从总体来说，法律重在治理国家，道德关注协调人际关系，宗教则偏于个人心灵修养；在社会生活中，三者互相协调、配合，以缓和、解决人类社会的矛盾、冲突，维系、推动人类社会的和谐发展。①

第五讲　建设社会主义法治国家

一、法治的基本含义

法治通常的理解就是法律之治，即通过法律治理国家；同时，法治又是指通过法律使权力和权利得到合理配置的社会状态。亚里士多德认为，法治就是法律得到普遍遵守，而大家普遍遵守的法律又是制定得良好的法律。即法治有两个基本原则，一是制定的法律得到普遍遵守，二是制定的法律是良好的法律。这就是说，所谓法治，即良法与守法的结合。

（一）现代意义的"法治"

（1）法治指一种以法律作为治国基本方式的治国方略。它要求确认法律在实现社会治理和国家管理中的权威性，把法律作为社会调整的最主要的方式和手段。即在治理国家的不同方式中，应当是"法律至上"。作为治国方略，它除了强调依法治国，还注重对国家权力的限制和制约，以极大的限度保护公民的民主权利，是与"人治"相对应的治理国家的原则和方式。

（2）法治指一定价值理念指导下的制度形态。在这个意义上，它是治国方略的具体化。包括两方面含义。

① 法律至上的原则必须具体化为一系列的制度，包括立法、执法、司法、法律监督制度。没有这些具体的制度，就不是法治；或者虽然有规定，但没有得到遵守，也不是法治。

② 这些制度在内容上必须体现一定的价值观念，一定的原则精神。制度是这些观念的具体化。也就是说法治之法必须是"良法"，包括肯定和维护自由、平等、民主、人权保障、权力制约等。既有原则，同时具体化为制度，二者缺一不可。

（3）法治是指在严格依法办事基础上形成的法律秩序。法治不仅是指治国方略，不仅表现为一系列原则和制度，还可以理解为这些原则和制度实现后所形成的一种社会秩序的状态，即"良好的法律得到普遍遵守，国家权力得到有效制约，公民权利和自由得到充分保障，法律在社会生活中具有至上地位"的社会秩序。我们平时所说的"社会主义法治国家"就是指这样一种状态。

---

① 方立天：《法律、道德与宗教共同维系、助推社会和谐》，新疆哲学社会科学网，2012年6月5日。

（二）法治与法制的区别

法制，相当于英文中的"Legal System"，一是指法律制度的简称，二是指法律的体系、体制与架构的整体。法治和法制有密切的联系。任何法治都是以法制作为基础建立起来的。没有法制作为基础，法治就不可能建立和继续存在。所以，法制是法治的前提和基础之一。法治与法制，我们可以简要地区分如下：

1. 是否强调法律至上的不同

法治强调的是法律的统治，就必然具有法律至上的含义。在法治的视野中，任何行为规则在与法律并存的时候都必须服从法律，任何人的任何行为都必须遵守法律、服从法律，而不得违法。一旦出现违法的情形，违法者，无论身份如何都必须承担法律责任。而法制则不包含着法律至上的含义。

2. 产生和存在的时代不同

法治，从严格的意义上讲，是资产阶级革命的产物，是资本主义时代才产生并建立的，只有在资本主义社会和社会主义社会才存在。而法制是从法律出现以来就产生了，甚至是法律的另一种表述，它早在奴隶制社会初期就已经产生，并伴随着人类社会走过整个法律社会，即奴隶制社会、封建制社会、资本主义社会和社会主义社会。

3. 与权力之间的关系不同

这是法治与法制的重要区别。对于公共权力或者国家权力的约束，是法治的基本特征。法治要求一切权力都必须服从法律，在法律之下活动。但是法制则不具有这样的要求。一般所说的法制，可能是能够约束权力的法治之下的法制，也可能是为权力所左右的人治之中的法制。

4. 具有的价值观念不同

法治必然地具有民主、自由、平等、人权的价值观念，但是法制则不一定。具体来说，在法治中的法制具有这样的价值观念，而在人治中的法制则不具有这样的价值观念。如果说法治具有明显的价值取向的话，法制的价值取向则是中性的。

5. 与民主的关系不同

法治都是与民主相联系的。没有民主，就没有法治。民主既是法治的价值观念，也是法治的政治基础和目标追求。但是法制则不要求必须有民主的政治基础，也不必然以民主作为自己的政治目标。

二、法治、人治、德治

（一）法治与人治

人治是儒家的政治主张，指依靠统治者个人的权威治理国家的一种政治理想。这种政治主张的核心内容就是统治者或执政者个人的素质决定着国家和政治的好坏，因此特别强调统治者或执政者个人的道德修养与示范作用。

人治论认为,"为政在人","政""刑"的效果有限,只有"德""礼"才能从根本上解决问题。人总有德行和智力的高下之分,治理国家的关键是使贤者在高位。当然,人治论者也不否认法律的作用,但认为法律仅是治国之器,只是君主用来实现"人治"的一个手段。强调圣人在法律之上,法律不应限制治国者。

1. 人治与法治的比较

法治与人治的区别关键不在于是否承认人的作用,法治也承认人的作用。二者区别的关键在于:治国的基础究竟是什么。是依靠个人或少数人的聪明才智治国,还是依靠反映广大人民共同意志的法律治国?

2. 人治与法治的优劣

(1)人治说将人的差别绝对化,这容易导致等级制度。

(2)人治说建立在没有约束的权力之上,贤人、圣人处于法律之上,不受法律约束,从而极易导致专制制度。

(3)人治的基础是专制政治,因为贤人高于法律,而法治的基础是民主政治,由民众自己决定自己,自己管理国家。

(4)人治是个别性调整,不容易形成可预见的、稳定的社会秩序;而法治是用法律进行规范性调整(社会调整手段是民主基础上的、事先的、确定而稳定的规范性尺度)。

(二)德 治

德治也是儒家的政治主张,其核心是以礼乐教化来提高被统治者的道德素质,将遵守社会等级秩序及其行为规范变为一种自觉行为,进而达到治国平天下目的的一种治理国家的统治方式。

德治的中心思想就是对人施行道德教化,即以仁义为本,施行王道而非霸道。孟子讲,"善政不如善教之得民也,善政民畏之,善教民爱之,善政得民财,善教得民心",从而将政治化为一种道德说教、德治教育。我国唐代就从法律上规定,德礼为政教之本,刑罚为政教之用。

德治从本质上讲仍然属于人治的范围。中国古代的人治主要包含"贤能之治"和"德治"两方面。前者强调领导人的才能,后者强调领导人的品德。德才兼备是理想的人治。相比贤能之治,德治其实是人治的内核或主要表现形式,实质上是人治的理想模式。

1. 儒家提倡的"德治"的基本特点

(1)重视道德教化的作用,主张德主刑辅,认为"德"优于法,德可以治心、治本,而法只能治事、治表。因此德治才是治国的根本,而法律只是器物;当道德和法律冲突时,以德为本。

(2)提倡以德服人,为政以德。主要有以下两点要求:一是修身。君主必须以身作则,作道德楷模,以其身教化天下。要求统治者集团以身作则,注意修身和勤政,充分发挥道德感化作用。"君仁莫不仁,君义莫不义,君正莫不正,一正君而国定矣。"因此,治国的关键是要有一个可作道德楷模的明君。二是行仁政。主张行王道,反霸道;省刑罚,薄赋税;反对严刑峻法,苛捐杂税。

(3)德的具体表现是"礼"。礼是指以人伦关系为基础形成的一整套思想和行为规范,中心是等级秩序，如君君臣臣、父父子子、孝悌忠恕、三从四德之类。儒家认为，只要人们都严格做到这一点，就可以齐家、治国、平天下了，所以从此意义上说，德治其实是"礼治"。

2. 儒家提倡的"德治"说的缺陷

儒家提倡的"德治"说作为治国方略不适应现代社会发展的要求，具体表现在：

（1）德治往往与人治结合在一起，主张人有道德高下之分；事实证明，儒家的德治在很大程度上只是一种理想，期望达到一个"人人皆可以为尧舜"的目标几乎是空想。

（2）德治强调的"礼"，实际上是以等级制为核心内容。

（3）德治不重视法律的作用，反对法律至上；"德主刑辅"成为历代政权奉行的一条基本准则。

（4）德治强调义务，轻视、否定权利和自由。臣民的义务是封建道德的中心，目的是维护君主的至上权力，而不是肯定和保护公民的权利和自由。

三、依法治国是治理国家的基本方略

（一）新中国法制建设的历程及其成就

新中国的法制建设可以溯源于新民主主义革命时期。在这一时期，中国共产党领导根据地的人民进行了一系列法制创建活动，为新中国法制建设和发展积累了丰富的经验。比较重要的宪法性文件有《中华苏维埃共和国宪法大纲》《陕甘宁边区抗战时期施政纲领》《陕甘宁边区宪法原则》等；比较重要的土地立法有1947年7月制定的《中国土地法大纲》等，这些法律对新中国成立后的法律制度产生了重要的影响。

1949年中华人民共和国的建立，为社会主义法制建设奠定了政治基础。以毛泽东同志为核心的党的第一代中央领导集体，在新中国成立初期非常重视社会主义民主法制建设。在这一时期，国家制定了《中国人民政治协商会议共同纲领》和其他一系列法律、法令，对巩固新生的共和国政权，维护社会秩序和恢复国民经济，起到了重要作用。1954年制定的《中华人民共和国宪法》，以及随后制定的有关法律，规定了国家政治制度、经济制度和公民的权利与自由，规范了国家机关的组织和职权，确立了国家法制的基本原则，初步奠定了中国法治建设的基础，使新生的人民民主国家政权获得了法律上的确认和保障。20世纪50年代后期以后，特别是"文化大革命"十年（1966—1976年）动乱，中国社会主义法制遭到严重破坏。

1978年12月，党的十一届三中全会召开，开创了新中国社会主义法制建设的崭新历史时期。20世纪90年代，中国开始全面推进社会主义市场经济建设，由此进一步奠定了法制建设的经济基础，也对法制建设提出了更高的要求。进入21世纪，中国法制建设沿着依法治国方略继续前进。

（二）依法治国是党领导人民治理国家的基本方略

1997年9月12日，党的十五大报告正式提出"依法治国，是党领导人民治理国家"的基本方略。1999年3月，第九届全国人民代表大会第二次会议通过的《宪法修正案》明文规定："中华人民共和国实行依法治国，建设社会主义法治国家。"这一规定表明，依法治国是党领导人民群众治理国家、管理社会的基本方略。依法治国方略写入《宪法》，赋予依法治国方略以宪法地位，使依法治国方略的实施获得宪法性的根本保障，将加速推进法治。

1. 依法治国的含义

依法治国就是依照宪法和法律来治理国家，就是广大人民群众在党的领导下，依照宪法和法律规定，通过各种途径和形式管理国家事务、管理经济文化事业、管理社会事务，保证国家各项工作都依法进行，逐步实现社会主义民主的制度化、规范化、程序化。

（1）依法治国的主体是党领导下的人民群众，也就是党领导人民实行依法治国。人民群众是依法治国的主体。我国《宪法》明确规定，中华人民共和国的一切权力属于人民，人民通过法律形式把自己的意志上升为国家意志，行使当家做主的各项权力，国家机关及其工作人员只是代表人民具体行使国家管理职能。

（2）依法治国的客体是国家事务、经济文化事业和社会事务。依法治国就是要保证对所有这些事业、事务的管理工作都要依法进行。包括依法惩处各种犯罪行为，也包括维护每个人的法律权利

（3）依法治国所依的法，最重要的是宪法和法律。我国宪法和法律体现了党的主张和人民利益、人民意志的统一。宪法是国家的根本大法，体现了党的主张和人民的根本利益、根本意志的统一，具有最高的权威和至上的效力。任何组织和个人都必须严格依照宪法和法律办事，自觉维护宪法和法律的尊严。

（4）依法治国的根本目的是保证人民充分行使当家做主的权利，维护人民当家做主的地位。因为我国的宪法和法律是共产党领导人民通过一定的法律程序制定的，是人民意志的体现，所以，依法治国就是按照人民的利益和意志治理国家。

2. 依法治国的意义

（1）依法治国是我党领导人民治理国家的基本方略。

我们的国家是社会主义国家。坚持党的领导，是保证国家能够沿着社会主义方向前进，各项制度和方针、政策能够符合全体人民的意志和利益的根本条件。实行依法治国，能够更好地加强和改善党的领导。社会主义民主是有人类社会以来最高类型的民主，这种优越的民主要真正成为现实，这要靠法制来保障，正如邓小平同志讲的，必须使民主制度化、法律化。

（2）依法治国是实现人民当家做主的根本保证。

人民的民主权利只有上升为制度和法制，并使之具有稳定性、连续性和权威性，才能有保障。实行依法治国，保障人民民主，既有利于充分发挥人民群众的主动性、积极性和创造性，又有利于保证国家政治、经济、文化等各项事业有秩序地推进步。发展社会主义民主政治，建设社会主义政治文明，最根本的是要把坚持党的领导、人民当家做主和依法治国有机统一起来。这是推进政治文明建设必须遵循的基本方针。

（3）依法治国是发展社会主义市场经济的客观需要。

市场经济是法制经济。市场中的一切活动都要依法规范、引导、制约和保障。在对外经济交往中，也需要按国与国之间约定的法则和国际惯例办事。实行依法治国，就能适应市场经济的要求，充分发挥社会主义市场经济的优势，推动生产力不断发展。历史经验证明，市场经济愈发展，就愈需要法制。社会主义市场经济体制的建立和维护，需要有完备的法制来保障。

市场经济对法治的要求是由市场经济自身的性质决定的。市场经济的自主、平等、诚信

等属性，必然要求法治的引导、规范、保障和约束。没有法治，就不可能有市场经济的正常运行，在任何一种经济体制下，要使经济生活正常化，就要有一定的经济秩序。计划经济秩序是和行政秩序同一的。可以说，计划经济实质上是行政经济，而市场经济的一个显著特点在于它的经济秩序是通过实行法治来形成和维持的，或者说，是一种法治状态的经济秩序。现代市场经济并不是单纯的自由竞争，而是一个有序化、制度化过程，这一过程是通过一系列具体的法律制度来实现的。与计划经济相比，市场经济可以更有效地配置资源，但是，市场只有具备合理而完备的法律前提，才能发挥有效配置资源的功能。没有这一前提，市场就不会产生任何体现价值最大化意义上的效率。在这个意义上可以说，市场经济就是法制经济，或者说，法治是市场经济的法律特征。

（4）依法治国是社会主义文明进步的重要标志。

自人类社会诞生以来，社会形态就遵循着发展的规律，人类文明不断进步着。而法律就是人类进入文明社会的一个重要标志。法律在一个国家中的地位和作用，反映着一个国家的文明程度。实行依法治国，建设法治国家，是中国社会进步的重要标志。实行和坚持依法治国，是社会主义国家的必然选择。文明的进步增加了社会的复杂性，现代社会的经济秩序要求法律运用必须具有确定性、一致性和稳定性，不然任何高度的经济发展都没有可能性。我们必须看到，党和国家现行的一些具体制度中还存在不少弊端，妨碍着社会主义政治制度优越性的充分发挥。

社会生活要求在司法上有系统、有秩序、有规划。在保证人民依法享有广泛的权利和自由，在处理民主和专政、民主和集中、民主和法制、民主和纪律关系方面，都还有大量的工作要做。实行依法治国，是中国迈向富强、民主、文明、和谐的社会主义现代化国家的必然选择。

（5）依法治国是国家长治久安的重要保证。

国家和社会的长治久安要靠法治。如果没有完备的法律进行控制，就很容易导致国家权力失控，从而危及社会主义国家的政权性质。改革开放以来，我国经济发展，政治稳定，人民群众安居乐业。但是，也要看到，在体制转变过程中，出现了一些新的矛盾和问题，存在一些不安定因素。要保持一个稳定的局面，就必须保证人民充分享有民主权利，各种破坏、犯罪活动都能受到有力打击和有效控制，各种人民内部矛盾能得到正确有效的处理。要做到这一点，最关键最可靠的办法就是实行依法治国，充分运用法律手段，及时解决各种社会矛盾，保证国家和社会生活的有序运转，实现国家长治久安。

3. 建设社会主义法治国家的基本要求

"法治"意指依法办事。在现代法治社会，依法办事不仅要求普通社会成员要依法办事，国家机关及其工作人员也不能例外。其核心是人人依法办事，接受法律的约束。

建设社会主义法治国家，实施依法治国方略的基本要求是有法可依、有法必依、执法必严、违法必究。有法可依是前提，有法必依是中心环节，执法必严是关键，违法必究是重要保障。

（1）有法可依是实现依法治国的前提条件。立法机关要加强和改进立法工作，不断提高立法质量。严格按照《立法法》制定法律，逐步建立起完备的法律体系，使国家各项事业有法可依。

（2）有法必依是实现依法治国的中心环节。有法必依指一切国家机关、政党、社会团体、企事业单位、武装力量和一切国家机关工作人员及公民，都必须严格依法办事，严格遵守法律。有法必依要求"治国者必先受治于法"，党领导人民制定宪法和法律，也带头遵守法律。

（3）执法必严是实现依法治国的关键。执法必严是指行使国家行政执法权和司法权的国家机关及工作人员，必须严格按法律的规定实施法律，坚决维护法律权威和尊严。执法必严要求行使国家行政执法权和司法权的国家机关及工作人员在执行法律时，必须严格、严肃地按照法定权限和程序行使职权、履行职责，做到认真准确，不徇私情，不枉不纵。既不冤枉遵纪守法的人，也不姑息纵容违法犯罪行为。

（4）违法必究是实现依法治国的重要保障，有利于维护法律的尊严。违法必究是指对一切违法行为都要依法认真追究法律责任，予以相应的处理和制裁。它要求司法机关坚持公民在法律面前一律平等等原则。对一切违法犯罪行为都要遵照"以事实为依据，以法律为准绳"的原则给予惩处。不允许任何人有凌驾于法律之上或超脱于法律之外的特权。

有法可依、有法必依、执法必严、违法必究是相互联系的。只有实现这四个方面的统一，社会主义法制的作用才能充分发挥，国家的长治久安才有保证。

（三）中国特色社会主义法律体系的形成是实现依法治国的前提

依法治国，建设社会主义法治国家，是中国共产党领导人民治理国家的基本方略。形成符合改革开放和现代化建设需要的、比较科学完备的中国特色社会主义法律体系，保证国家和社会生活各方面有法可依，是全面落实依法治国基本方略的前提和基础，是中国发展进步的制度保障。它的形成，是中国社会主义民主法制建设的一个重要里程碑，体现了改革开放和社会主义现代化建设的伟大成果，具有重大的现实意义和深远的历史意义。

1. 中国特色社会主义法律体系的概念

法律体系是一国全部法律规范按照一定的原则和要求，根据不同法律规范的调整对象和调整方法，划分为若干法律门类，并由这些法律门类及其包括的不同法律规范形成有机联系的统一整体。

中国特色社会主义法律体系，是指我国自改革开放以来，享有立法权和司法解释权的国家机关，坚持在中国共产党的领导下，为保障人民民主专政的国家政权及国家、集体和公民个人的合法权利而制定并修正的宪法、法律、行政法规和地方性法规的法律体系的总称。

2. 中国特色社会主义法律体系的构成

中国特色社会主义法律体系，是以宪法为统帅，以法律为主干，以行政法规、地方性法规为重要组成部分，由七个法律部门即宪法、民法商法、行政法、经济法、社会法、刑法、诉讼与非诉讼程序法等组成的有机统一整体。

（1）宪法。

我国宪法部门包括宪法和宪法相关法。宪法是国家的根本大法，规定国家的根本制度和根本任务、公民的基本权利和义务等内容。

宪法相关法是与宪法相配套、直接保障宪法实施的宪法性法律规范的总和。主要包括有关国家机构的产生、组织、职权和基本工作制度的法律，有关民族区域自治制度、特别行政区制度、基层群众自治制度的法律，有关维护国家主权、领土完整和国家安全的法律，以及

有关保障公民基本政治权利的法律。

（2）民法商法。

民法商法部门包含了民事活动的一般规范和市场经济的基本准则。1986年颁布的《民法通则》对民事商事活动的一些共同性问题作了规定，明确了民法的调整对象、基本原则、主体制度、行为制度、权利制度和责任制度，开启了中国民法商法的发展完善之路。经过多年努力，民法商法在财产权、侵权责任、婚姻家庭、知识产权、商事主体、商事行为等各个方面都建立了较为完备的法律制度。

（3）行政法。

行政法是关于行政权的授予、行政权的行使以及对行政权的监督的法律规范总和，也是调整国家行政管理活动的法律规范的总和，包括有关行政管理主体、行政行为、行政程序以及行政监督等方面的法律规范。随着行政复议法、行政许可法、行政处罚法和部门行政法以及配套行政法规、地方性法规的先后出台，各级行政机关及其工作人员依法行政有了更全面、更坚实的法律基础。

（4）经济法。

经济法是调整因国家从社会整体利益出发对经济活动实行干预、管理或调控所产生的社会经济关系的法律规范的总和。市场经济发展的基本规律表明，只有充分发挥市场配置资源的基础性作用，才能提高效率，充分竞争，经济才富有活力。与此同时，市场本身也存在着自发性、滞后性、盲目性，并不是万能的。改善宏观经济环境，合理利用公共资源，建立公平、公正的竞争秩序，维护有效竞争，保持合理的经济结构，促进经济协调发展，单靠市场是难以解决的，还需要国家通过必要的法律手段进行适度调节。改革开放以来，中国根据市场经济发展的需要，不断总结经验，制定和完善经济方面的法律制度。

（5）社会法。

社会法是在国家干预社会生活过程中逐渐发展起来的一个法律门类，是调整劳动关系、社会保障、社会福利和特殊群体权益保障等方面关系的法律规范的总和。制定社会法的目的在于，从社会整体利益出发，对劳动者、失业者、丧失劳动能力的人和其他需要扶助的人的权益实行必需的、切实的保障。它包括劳动用工、工资福利、职业安全卫生、社会保险、社会救济、特殊保障等方面的法律。

（6）刑法。

刑法是规定犯罪、刑事责任与刑罚的法律。我国的刑法是国家的基本法律之一，既是中国特色社会主义法律体系中重要的法律部门，也是其中具有支架作用的法律。

（7）诉讼与非诉讼程序法。

诉讼与非诉讼程序法是规范解决社会纠纷的诉讼活动与非诉讼活动的法律规范的总和。我国诉讼程序法包括刑事诉讼、民事诉讼、行政诉讼三个方面。非诉讼程序法包括仲裁法、人民调解法等。

3. 中国特色社会主义法律体系的形成

1949年，中华人民共和国成立，实现了中国从几千年封建专制制度向人民民主制度的伟大跨越，彻底结束了旧中国半殖民地半封建社会的历史，人民成为国家、社会和自己命运的主人。

60多年来,中国共产党领导中国人民制定宪法和法律,经过各方面坚持不懈的共同努力,到 2010 年年底,中国已制定现行有效法律 236 件、行政法规 690 多件、地方性法规 8 600 多件,并全面完成对现行法律和行政法规、地方性法规的集中清理工作。目前,涵盖社会关系各个方面的法律部门已经齐全,各法律部门中基本的、主要的法律已经制定,相应的行政法规和地方性法规比较完备,法律体系内部总体做到科学和谐统一。一个立足中国国情和实际、适应改革开放和社会主义现代化建设需要、集中体现中国共产党和中国人民意志,以宪法为统帅,以宪法相关法、民法商法等多个法律部门的法律为主干,由法律、行政法规、地方性法规等多个层次法律规范构成的中国特色社会主义法律体系已经形成,国家经济建设、政治建设、文化建设、社会建设以及生态文明建设的各个方面实现有法可依。

中国特色社会主义法律体系的形成,总体上解决了有法可依的问题,对有法必依、执法必严、违法必究提出了更为突出、更加紧迫的要求。中国将积极采取有效措施,切实保障宪法和法律的有效实施,加快推进依法治国、建设社会主义法治国家的进程。

(四)依法办事,树立社会主义权利义务观是实现依法治国的思想基础

1. 依法办事的重要意义

"依法办事"是董必武先生在新中国成立初期针对国家法制建设事业说的一句经典的名言。依法办事作为民主政治建设的重要基础,至今仍具有重要的意义。

依法办事,关系到国家和社会的安定,也关系到每个社会成员的切身利益。坚持依法办事,就要坚持尊重个人合法权益与承担社会责任相统一。每个公民既要依法行使政治、经济、文化、社会生活等方面的权利,通过合法的劳动和经营获取正当物质利益;又要自觉履行宪法和法律规定的各项义务,积极承担自己应尽的社会责任。把权利和义务统一起来,树立社会主义的权利义务观,是实行依法治国、建设社会主义法治国家的思想基础。

2. 坚持依法办事,依法行使权利,自觉履行义务

在我国,公民的权利和义务具有一致性,是密不可分的。任何一项法律权利都有相对应的法律义务。没有无义务的权利,也没有无权利的义务。我们每个人既是享受权利的主体,又是履行义务的主体。因此,我们不仅要增强权利观念,依法行使权利、维护权利,而且要增强义务观念,依法履行义务。公民既享有权利,又履行义务。在享有权利的时候,必须履行相应的义务。不允许只享有权利而不履行义务。

坚持依法办事,就要正确行使公民权利。公民在行使权利时,首先必须在宪法和法律许可的范围内,不得超越法律许可的范围,不得损害国家、社会、集体的利益和其他公民的合法权益;其次,要尊重他人的权利,不能在合法权利之外谋取非法利益;最后,公民还应掌握与自身日常生活相关的法律知识,养成遵守法律、依法积极行使权利和自觉履行义务的观念和习惯。当自身的人身权、财产权、劳动权、知识产权等受不法侵害时,有权运用合法的方式,根据法律规定的程序依法维护自己的合法权益,不能采取非法手段。

四、树立社会主义法治理念,建设社会主义法治国家

法治理念是一定的组织(在现代特别是政党)和个人对法治的核心内容、本质要求、价

值追求、重要使命以及根本保证等法治基本问题的集中概括和系统认识，是谋划法治战略的基准，是指导立法、执法、司法和守法实践的思想基础和主导价值追求，引导、统摄、支配和决定着法治活动，决定着法治行为及法治效果。

法治理念根植于一国法治实践之中，反映法治现实，对法治实践起着指导和推动作用。在法治国家建设过程中，法治理念是法治发展的内在动力。没有法治理念，法治建设就缺乏理论基础和主导价值观，难以把握正确的方向、遵循科学的道路，难以向广度深度推进，法治的终极目的也就无法实现。

我国的社会主义法治理念是中国特色社会主义的系统化的法治意识形态，反映和指引着社会主义法治的性质、功能、目标方向、价值取向和实现途径，是马克思主义法律思想中国化的最新成果，是社会主义法治的精髓和灵魂，是我国社会主义法治事业必须长期遵循的指导思想。

社会主义法治理念的基本内涵，集中概括为"依法治国、执法为民、公平正义、服务大局、党的领导"五个方面。依法治国是社会主义法治的核心内容，执法为民是社会主义法治的本质要求，公平正义是社会主义法治的价值追求，服务大局是社会主义法治的重要使命，党的领导是社会主义法治的根本保证。社会主义法治理念这五个方面的内涵，有机统一，相辅相成，各自从不同侧面系统地揭示出社会主义法治的主要原理，同时又完整地描绘出社会主义法治的基本图景。

（一）依法治国

依法治国是党领导人民治理国家的基本方略，是社会主义法治的核心内容。树立依法治国的理念，就是在全社会和全体公民，特别是执法者中养成自觉尊重法律、维护法律的权威、严格依法办事的思想意识，使广大人民群众在党的领导下依照宪法和法律规定，通过各种途径和形式管理国家事务，管理经济文化事务，管理社会事务，保证国家各项工作的依法进行，逐步实现社会主义民主政治的规范化、程序化和法制化。依法治国理念的基本内涵：

1. 人民民主是依法治国的政治基础

人民民主的本质就是人民当家做主。国家的一切权力属于人民，广大人民充分享有民主权利，实行民主选举、民主决策、民主管理、民主监督。

人民民主是依法治国的政治基础和政治前提。依法治国的前提是要有法可依，依法治国的"法"应当是体现人民的意志和利益的"法"，是中国共产党领导人民制定和实施的"法"，而不是当权者的个人意志和工具。人民民主与社会主义法治是唇齿相依、相辅相成的。在我国，人民代表大会是人民当家做主的主要组织形式，也是依法治国的主要组织保障。

2. 法制完备是法治国家的重要标志

法治完备是指一个国家法律体系的健全、完善、规范、系统、协调和统一。法律制度是法治的基础，完备的法律制度是法治建设的重要先决条件。法制完备是法治国家的重要标志，也是法治建设的首要目标。依法治国，建设社会主义法治国家的基础和前提是完善中国特色社会主义法律体系。法制完备首先是指形式意义上的完备，即法律制度的类别齐全、规范系统、内在统一；实质意义上的完备指法律制度适应社会发展的需要，满足社会发展的客观要求，同时符合公平正义的价值要求。

3. 树立宪法法律权威是依法治国的必然要求

树立宪法法律权威，是指宪法和法律在国家和社会生活中享有崇高的威望，得到广泛的认同和普遍的遵守；宪法和法律在调控社会生活方面发挥基础和主导的作用，一切国家权力和其他社会规范只能在宪法和法律的支配下发挥作用。主要内容有：

第一，宪法法律是人民利益的集中表达和体现，是党巩固执政地位的法制保障。

第二，树立宪法法律权威，对推进依法治国，加快建设社会主义法治国家具有根本的意义和作用。

第三，树立宪法法律权威，必须切实维护社会主义法律体系的统一和尊严。

第四，树立宪法法律权威，必须树立和维护执法部门的权威和公信力。

4. 权力制约是依法治国的关键环节

依法治国关键在于依法制规范约束公权力，防止其滥用和扩张，保障人民权益。没有权力制约，依法治国也就无从谈起。建立健全决策权、执行权、监督权既相互制约又相互协调的权力结构和运行机制，是建设社会主义法治国家的基本要求和特征。权力制约，要求职权由法定，有权必有责，用权受监督，违法受追究。

（二）执法为民

执法为民是社会主义法治的本质要求，是执政为民理念的具体体现。这里的"执法"是在广泛的内涵和外延意义上讲的，是指社会主义法治实践的全部活动，不仅仅局限于行政机关或者司法机关的执法司法行为。

在社会主义法治理念体系中，执法为民理念是社会主义法治的宗旨和目的的体现，不仅对执法活动有着明确的指向作用，而且对立法、公民法律意识的培养等整个法治建设都有着重要意义。执法为民理念不仅鲜明地反映了社会主义法治的本质要求，而且科学明确地界定了社会主义法治的性质、本质和目的，因此是社会主义法治的核心理念之一。执法为民理念的基本内涵：

1. 以人为本是执法为民的根本出发点

以人为本，是科学发展观的核心，也是执法为民的根本出发点。坚持以人为本，就是在执法目的上要以维护最广大人民群众的根本利益为本，在执法标准上以人民满意为本，在执法方式上充分依靠人民群众，实行专门机关和群众路线相结合。

2. 保障人权是执法为民的基本要求

尊重和保障人权，是我国宪法规定的一项基本原则。执法为民最基本的要求就是尊重和保障人权，切实维护公民的合法权利。其具体内容包括：保障人民群众的生存权和发展权；保障人民群众的公民和政治权利；保障人民群众的经济、社会、文化权利；保障特定群体的权利。

3. 文明执法是执法为民的客观需要

文明执法是社会主义道德规范对执法机关的基本要求，是落实执法为民、构建社会主义和谐社会的客观需要，是社会主义政治文明和法治进步的表现。具体体现为执法理念文明、执法制度文明、执法行为文明和执法形象文明。

（三）公平正义

公平正义，是人类社会的共同理想，是社会主义法治的价值追求，是社会主义和谐社会的基石，也是中国共产党人的一贯主张。

公平的朴素含义是公允持平、不偏不倚、办事公道、利益均衡；正义则意味着惩恶扬善、激浊扬清、是非清楚、道义分明。社会主义法治理念中的公平正义涵盖了这些朴素意蕴，并使之法律化，通过法治实践活动，使每一个社会成员的正当利益和合理诉求平等地在法律中得到表达和体现，公平地得到法律的保障和维护，并在法律的支持下公正地得到实现和满足。公平正义理念的基本内涵：

1. 法律面前人人平等是公平正义的首要内涵

我国《宪法》第三十三条规定："中华人民共和国公民在法律面前一律平等。任何公民享有宪法和法律规定的权利，同时必须履行宪法和法律规定的义务。"法律面前人人平等，是社会主义法治的基本原则，是公平正义的首要内涵，也是实现公平正义的前提和基础。具体内容为：

第一，平等对待，就是指法律对所有社会成员一视同仁，以同样的标准对待。

第二，反对特权，是法律面前人人平等的必然要求。

第三，禁止歧视，不允许任何在社会关系中处于弱势地位的公民受到歧视待遇。

2. 合法合理是公平正义的内在品质

合法就是合乎宪法和法律规定，合理就是合乎理性，符合事物的内在规律。一切组织或个人追求的公平正义和实现公平正义的方式，只有既合法又合理，反映社会整体价值观和公众利益，才能为社会公众所认可和接受。这就要求做到合乎法律、利益均衡和理性兼顾。

3. 程序正当是实现公平正义的方式与载体

正义不仅应当实现，而且应当以人们看得见的方式实现。程序是运送正义的方式。程序正当，是指立法、行政和执法司法机关的活动必须严格遵守法定程序，保障法律制定的科学性，保证案件及时正确处理，确保公正、民主、效率、人权保障、权力制约与监督等价值目标得以实现。确保充分参与、裁判中立、程序公开和程序约束。

4. 及时高效是衡量公平正义的重要标尺

迟来的正义为非正义。这一法律谚语表明了执法效率对于实现公平正义的重要性。一场旷日持久的官司，可以把一个家庭、一个企业拖垮，虽然最终可能赢得官司，但公平正义就已经大打折扣。及时高效，要求在最短的时间内，以最小的成本投入、最低的资源消耗实现最大程度的公平正义。要求做到完善体制、节约成本和提高效率。

（四）服务大局

这是社会主义法治的重要使命。把握大局，围绕大局，立足本职，必须紧紧围绕党和国家大局开展工作，全面正确履行职责，致力于推进全面建设小康社会进程，努力创造和谐稳定的社会环境和公正高效的法治环境。服务大局理念的基本内涵：

1. 把握大局是服务大局的前提条件

正确认识大局,牢牢把握大局,是服务大局的首要前提。大局具有根本性、统领性、历史性和层次性,深刻认识大局的特征,才能正确认识和把握大局。

大局集中代表和体现整体与全局,是整体的核心和关键所在,其地位具有根本性,代表着整个国家和全体人民的共同愿望和根本利益,决定和主导着国家、社会生活的各个方面,体现社会的发展方向和根本要求。

2. 围绕大局是服务大局的根本保证

围绕大局,就是要坚持决策部署以服务大局为目标方向,具体工作以服务大局为基本准则,工作成效以服务大局为检验标准,全面保障服务社会主义经济建设、政治建设、文化建设、社会建设以及生态文明建设。

3. 立足本职是服务大局的基本要求

服务大局不是一个空洞抽象的概念,而应是具体行为的表现。社会主义法治服务大局的要求,落实到部门、单位和个人,就是要立足本职,切实履行好岗位职责,发挥好职能作用。主要内容包括打牢思想基础、全面充分履职和依法正确履职。

(五)党的领导

建设社会主义法治国家,最根本的是要把坚持党的领导、人民当家做主和依法治国有机统一起来。坚持党的领导是建设社会主义法治的根本保证。党的领导,主要是思想领导、政治领导和组织领导。党的领导理念的基本内涵:

1. 坚持党对社会主义法治的思想领导

坚持党对社会主义法治的思想领导,就是要坚持马克思主义在法治领域的指导地位。马克思主义是我们立党立国的根本指导思想。中国社会主义法治建设必须坚持以马克思主义为指导,绝不能搞指导思想多元化。要求做到坚持马克思主义的立场、观点和方法,坚持中国特色社会主义理论体系,坚持解放思想、实事求是、与时俱进。

2. 坚持党对社会主义法治的政治领导

党对社会主义法治的政治领导,主要是政治原则、政治方向、重大决策的领导,核心是路线、方针和政策的领导。

(1)坚持走中国特色社会主义法治发展道路。我国的国情和社会主义制度决定了我们必须坚持中国特色社会主义法治发展道路,而不是其他发展道路。首先,必须坚持中国特色社会主义的国家制度;其次,必须立足我国的经济制度、经济社会发展现状;最后,必须积极借鉴和吸收古今中外各种优秀法律文化成果,尤其不可忽视本国法律文化传统。

(2)坚持和完善中国特色社会主义司法制度。中国特色社会主义司法制度,是以马克思主义法律观为指导,在充分考虑中国国情,总结我国社会主义司法实践的成功经验,积极吸收人类法治文明优秀成果的基础上建立起来的,是人类法治发展史上的伟大创造,具有鲜明的中国特色:

在司法制度的本质上,坚持党的领导、人民当家做主、依法治国有机统一。在司法权的来源上，司法权来自人民，属于人民；在司法权的配置上，侦查权、检察权、审判权、执行权既相互制约，又相互配合；在司法权的行使上，审判机关、检察机关既依法独立公正行使职权，又自觉接受党的监督、人大监督、政协监督、群众监督；在司法权的运行方式上，坚持专门机关工作与群众路线相结合等。

（3）坚持党的路线、方针、政策。政党的政策和国家法律是两种最重要的社会调整机制，本质上高度一致。用政策指引立法方向，实现政策的法律化，是实现党的政治领导的根本途径。必须正确把握党的路线方针政策和国家法律的关系，克服把党的路线方针政策与国家法律割裂开来、对立起来或完全等同等错误观念，不断增强贯彻落实党的路线方针政策的自觉性和坚定性，不断增强严格执行国家法律的自觉性和坚定性。

3. 坚持党对社会主义法治的组织领导

党对社会主义法治的组织领导，主要就是通过推荐重要干部，加强立法、执法、司法机关党的组织建设，充分发挥党组织的作用，推动党的路线方针政策在法治领域得到贯彻落实。

学习思考：

1. 法的基本特征是什么？
2. 怎样认识法的本质？
3. 简述法在不同历史发展时期的特点。
4. 简述法的作用及其局限性。
5. 简述社会主义法律的运行。
6. 怎样认识法律、道德和宗教的关系？
7. 怎么理解法治、人治和德治？
8. 社会主义法治理念的基本内涵是什么？

专题二

正确行使民事权利　依法履行民事义务

第一讲　民事法律关系简论

一、民法与人类生活

社会不是以法律为基础的，相反地，法律应该以社会为基础。[①]民法正是这样一部和我们每一个普通人关系密切的法律。生活在社会中的每个人都离不开衣、食、住、行这些人类生活的基本要素，而这些基本要素和民法须臾不可分离。"住"，离不开房屋；"行"，依靠交通工具；而"衣""食"本身就体现为物质形态，衣服、食物、房屋、交通工具存在于人身之外，为人力所能支配并且能够满足人类的某种需求，民法上用一个抽象名词"物"来概括它们。人们从事任何生产活动都存在着人与物的占有关系，这种关系就是民法上的物权制度。

人们要穿衣、吃饭、住房、旅行，必须对有关的物享有一定的权利，这种权利主要表现为物权或具有物权性质的权利（如占有），尤其是所有权，否则就会构成无权处分，而给自己带来法律上不利的后果。采摘野果充饥，猎取兽皮遮身避寒，是原始的取得所有权的方式，随着社会的发展，生产则成为所有权取得方式中最重要的一种。随着商品经济日渐发达，买卖日益成为所有权取得的最常见的主要形式；买方交付货币、取得商品；卖方则交付商品，取得货币，人们维持生活及生活质量所需的一切商品，都可以通过这种方式得到。所有这些，都需有合同来明确各方当事人间的权利义务关系，而合同正是民法债编的主体部分。随着商品交易活动日易频繁，其内容也愈加丰富，单一的银行信用越来越难以适应经济生活的需要，这就要求运用票据形式并建立票据制度，使人们可以利用汇票、本票、支票来购物、娱乐、旅游，《票据法》于是应运而生。保险事业具有防灾补损、支援社会生产、安定群众生活、集聚建设资金等多种社会功能，使人们的衣、食、住、行没有后顾之忧，于是国家制定《保险法》，对保险活动和保险公司加以规范；普通大众要满足日常生活需要，必然从事消费活动，成为消费者，如何保护消费者利益，节制作为强者的企业，已成为民法在当代面临的重大课题。[②]

民法通过积极地规范社会经济生活，对现存的社会关系加以认可和疏导，维护着正常的民事活动秩序。它规定人们被允许做什么，怎么做，给人们提供进行民事活动的各种选择方案，鼓励当事人之间进行平等协商，以实现其民事权利和义务。所以，可以毫不夸张地说，

[①] 《马克思恩格斯全集》第6卷，第291-292页。
[②] 赵中，孚汤欣，查松：《论民法的生命力——纪念〈中华人民共和国民法通则〉颁布十周年》，载《法学家》1996年第3期。

我们每个人的生活都和民法息息相关。

那么，什么是民法呢？作为一部体现公民财产权、人身权、自由权的法律，我国民法是指调整平等主体的公民之间、法人之间、公民和法人之间的财产关系和人身关系的法律规范的总称。

二、民事法律关系

（一）民事法律关系的概念

法律关系是以法律上的权利、义务为纽带而形成的社会关系。换言之，法律关系就是人们按照法律规范的要求行使权利、履行义务并由此而发生特定的法律上的联系。民事法律关系是由民事法律规范所确认和保护的以民事权利和民事义务为基本内容的社会关系。具体而言，民法调整的是平等主体之间的财产关系与人身关系所形成的社会关系，但主要是财产关系。

（1）财产关系，是指民事主体之间因财产的归属和财产流转而发生的民事法律关系。它直接以物质利益为内容，如财产所有权关系、债权关系、租赁关系等。

（2）人身关系，是指民事主体之间因人格利益和身份关系而形成的民事法律关系。如因人的姓名、名称、名誉而发生的关系，因发明以及创造出科学、文学、艺术作品而发生的法律关系中的人身权利义务方面，都属于人身法律关系。这类关系虽然不具有直接的物质利益内容，但并不是不与人的物质利益发生联系。

（二）民事法律关系的要素

民事法律关系的要素是指构成民事法律关系的必要因素或必要条件，民事法律关系包括主体、内容和客体三个要素。任何民事法律关系都是由上述要素构成，否则民事法律关系便不存在，而且，民事法律关系的要素发生变化，民事法律关系也会随之变更。

1. 民事主体

民事主体指参与民事法律关系之中，并享有民事权利、承担民事义务的人。作为民法中的"人"既可以是公民（自然人），也可以是依法成立的法人或者其他组织。特殊情况下，国家也可以成为民事主体，例如，国家是国家财产的所有人，是国债的债务人。

（1）自然人（公民）。

自然人是指生物学意义上的人，即依自然规律出生而取得民事主体资格的人，包括具有中国国籍的自然人、具有外国国籍的自然人以及无国籍的自然人。自然人是与法人相对应的法律概念，在法人概念产生前，民法上的主体就是人，即"自然人"。随着社会的发展，团体在社会生活中的地位越来越重要，法律确认其为民事主体，于是民法上的主体——"人"，便有了"自然人"和"法人"两种类型。

公民是指具有一国国籍，根据该国法律规范享有权利和承担义务的自然人。从这一定义中我们可以发现公民是从属于自然人的，是自然人中的一部分。

民法作为一部权利法，主要规定在法律上民事主体有哪些权利，又如何才能取得这些权利。这一切都取决于民法中关于自然人民事权利能力和民事行为能力的规定。

自然人的民事权利能力是指法律赋予自然人享受权利和承担义务的资格。它是自然人取得民事权利,承担民事义务的前提条件。根据《民法通则》规定,我国公民的民事权利能力始于出生,终于死亡。

自然人的民事行为能力是指自然人能够以自己的行为参与民事法律关系,取得民事权利和承担民事义务的能力。既包括自然人为合法行为的资格(独立地取得民事权利和承担民事义务,独立地行使民事权利和履行民事义务),也包括自然人对自己实施的违法行为承担民事责任的资格(如因非法侵害他人利益而承担的损害赔偿责任)。

自然人具有民事权利能力,是具有民事行为能力的前提,而自然人的民事行为能力又是民事权利能力转化为具体民事权利的手段。

自然人要有民事行为能力,就必须有正确识别事物、判断事物的能力,即有意思能力。人的意思能力是指对事物的认识能力和判断能力。所谓认识能力是指人对人及事物是非的分辨能力;所谓判断能力是对自己行为的后果和利害关系的预见能力。

意思能力是自然人具有行为能力的基础。自然人具有意思能力,一方面要达到一定的年龄,具备一定的社会活动经验;另一方面还要有正常的精神状态,能理智地进行民事活动。依《民法通则》规定,自然人的民事行为能力分为:完全民事行为能力、限制民事行为能力和无民事行为能力。

第一,完全民事行为能力,是指达到一定年龄的人,具有以自己的行为取得民事权利和承担民事义务的资格。一般而言,成年人生理和心理发育成熟,具有一定的社会经验和对事物的认识能力和判断能力,具有独立生活的能力,不仅能够有意识地实施法律行为,而且能够估计到实施某种行为可能发生的后果及对自己和他人的影响。因此,具备完全民事行为能力的自然人,可以独立地实施法律规定自然人有权实施的一切民事行为。根据我国《民法通则》的规定,年满18周岁的自然人具有完全民事行为能力。此外,年满16周岁不满18周岁,以自己的劳动收入为主要生活来源的自然人也被视为完全民事行为能力人。

第二,限制民事行为能力,又称不完全民事行为能力,指当事人的民事行为能力不完全,在法定范围内,当事人具有民事行为能力,可以独立地实施民事行为;在法定范围之外,其民事行为能力有所欠缺,不能独立地实施民事行为。按照《民法通则》的规定,10周岁以上的未成年人和不能完全辨认自己行为的精神病人是限制民事行为能力人。

10周岁以上的未成年人,生理与心理有一定程度地发育,并且已接受了一定程度的正规而有系统的社会教育,具备了一定的认识能力与判断能力,具有一定的独立生活能力,并且随着年龄的增长,各方面的能力也在不断地增强。具备了一定的从事民事活动的能力。因此,法律应当赋予他们一定的民事行为能力。但是,这些未成年人虽然有一定的行为能力,但智力发展还不全面,社会生活经验还不够丰富,认识能力与判断能力还比较弱,对某些较为复杂的事情还不能完全进行成熟地认识与判断,也不完全具备有效地保护自己的能力。因此,法律不能赋予他们完全的民事行为能力,而是赋予他们一定的、与其认识能力和判断能力相适应的行为能力。他们可以进行与其年龄、智力相适应的民事活动。其他民事活动要由其法定代理人代理进行,或者进行民事活动时要征得法定代理人的同意。

就精神病人而言,并非所有精神病人都是完全没有民事行为能力的人。有的精神病人并未完全丧失行为能力,具有一定的认识与判断能力,应当赋予一定的民事行为能力。因此,《民法通则》规定,不能完全辨认自己行为的精神病人是限制民事行为能力人,可以进行与其精神健康状况相适应的民事活动;其他民事活动由其法定代理人代理,或者征得其法定代理人的同意。

第三，无民事行为能力，是指公民不具有以自己的行为参与民事法律关系取得民事权利和承担民事义务的资格，原则上不能参加任何民事活动。按照《民法通则》的规定，未满10周岁的儿童和不能辨认自己行为的精神病人为无民事行为能力人。

不满10周岁的儿童，由于年龄太小，认识能力与判断能力太差，还不能有意识、有目的地进行民事活动，从保护他们的利益和保障社会经济秩序出发，法律不赋予他们民事行为能力。他们所需要进行的民事活动，由他们的父母或者其他法定代理人代为进行。

不能辨认自己行为的精神病人，由于他们丧失了认识能力和判断能力，无法独立进行民事活动，从维护他们的利益与保障社会经济秩序出发，法律也不赋予他们民事行为能力。他们所需要进行的民事活动，由其法定代理人代为进行。不过，为保护无民事行为能力人的利益，有关司法解释规定，无民事行为能力人接受奖励、赠与及报酬的行为有效。

（2）法人。

法人是具有民事权利能力和民事行为能力，依法独立享有民事权利和承担民事义务的组织。法人的成立应当具备以下条件：依法成立，有必要的财产或者经费，有自己的名称、组织机构和场所，能够独立承担民事责任。依据法人的宗旨不同，法人分为企业法人、机关法人、事业单位法人和社会团体法人。

法人是法律设定的民事主体，与自然人有很大不同。法人的民事权利能力与行为能力，取决于有关法律、法规的规定以及有关部门对法人设立等的审查批准，不同法人的权利能力、行为能力的范围是不同的。一般来说，法人的业务范围或者经营范围就是法人的民事权利能力与行为能力的范围。法人的民事权利能力的大小、范围，取决于成立的宗旨和任务，差别可能是很大的。某些民事权利能力只有自然人才能享有，如婚姻、收养、继承等，而某些民事权利能力只有法人才能享有，如烟草、黄金等只有法人才能经营。

与自然人相比，法人的权利能力和行为能力具有自己的特点，即法人的权利能力和行为能力同时产生，同时消灭。一般来说，始于法人的成立，终于法人的撤销或解散。

（3）自然人主体的特殊形式：个体工商户、农村承包经营户和个人合伙。

2. 民事法律关系的客体

民事法律关系的客体是民事主体所享有的民事权利和承担的民事义务所共同指向的对象，也就是民事权利的客体，又称为民事权利的标的，主要有物、行为、智力成果、人身利益。

（1）物。物是能满足人的需要，能够被人支配或控制的物质实体或自然力。民法上的物虽具有物理属性，但与物理学意义上的物不同，要求有可支配性、存在性和效用性。物在民法中具有重要意义，大多数民事法律关系与物有密切联系，有的以物为客体，如所有权、担保物权等，有的虽以行为为客体，但仍以物为利益体现，如交付物的买卖合同。

（2）行为。作为客体的行为特指能满足债权人利益的行为，通常也称给付。行为主要是债这一民事法律关系的客体，因为债权是请求权，债权人只能就自己的利益请求债务人为给付，如交付物、完成工作，而不能对债务人的物或其他财产直接加以支配。

（3）智力成果。智力成果是人脑力劳动创造的精神财富，是知识产权的客体，包括文学、艺术、科技作品、发明、实用新型、外观设计以及商标等。知识产权保护的不是智力成果的载体，而是载体上的信息，载体本身属物权保护对象。

（4）人身利益。人身利益包括生命健康、姓名、肖像、名誉、尊严、荣誉、身份等。人身利益虽然与主体人身不能分离，但并非主体本身，而只是能够满足主体人身需求的客观事物，因此它是人身权关系的客体。

除此而外，有的民事法律关系的客体还可以是某种民事权利（如权利质押关系的客体是权利）或者民事义务（如债务移转合同的客体即是被移转的债务）。

3. 民事法律关系的内容

民事法律关系的内容是指民事主体所享有的权利和承担的义务，即民事权利和民事义务。任何个人和组织作为民事主体，参与民事法律关系，必然要享受民事权利、承担民事义务。

民事法律关系中的权利义务有些是民法规范直接规定的，有些是在法定范围内由当事人协商确定。不同的民事权利义务是民事法律关系的具体体现，决定了民事法律关系的性质。

在民事法律关系中，权利和义务既是相互对立的，也是相互联系的。往往一方的权利就是另一方的义务、一方的义务就是另一方的权利，二者通常是等价有偿和对等互利的。

第二讲　民事权利与民事义务

权利和义务伴随着每个公民的一生，从其出生到其死亡，每一个人都拥有自己所享有的权利和所应尽的义务。但是，并不是每个人都了解应该如何正确地行使权利和履行义务。在民事法律关系中，如果要了解民事权利和民事义务的正确行使和履行方法，那首要的就是了解民事权利和民事义务。

一、民事权利与民事义务的涵义

（一）民事权利

权利是法律规范许可人为了实现其利益而实施的行为范围，是人实现正当利益的行为依据。

民事权利是指自然人、法人或其他组织在民事法律关系中享有的具体权益。民事权利所包含的利益，可以分为财产利益和非财产利益。因此，民事权利可以分为财产权和非财产权两大类。我国《民法通则》所规定的民事权利，主要有财产权、人身权、知识产权等。

1. 财产权

财产权是以财产利益为内容的权利。财产权的特点：权利所体现的利益具有经济价值，可予以经济评价；权利可以依法转让。

传统民法理论认为财产权包括以所有权为主的物权、准物权、债权、继承权以及知识产权等，但是现代社会人们享有利益的范围和种类日益丰富，简单地把知识产权和继承权归入财产权体系，明显属于对知识产权重视不够和对继承权界定不清。知识产权应另立一类，继承权则归入身份权体系中。因此，财产权只包含物权、准物权和债权。

物权是指权利人依法直接支配特定物和享受其利益,并得排除他人干涉的权利,包括所有权和他物权,他物权又包括担保物权、用益物权。

债权是请求他人为一定行为(作为或不作为)的权利。债权划分为合同债权、侵权行为之债权、不当得利之债权、无因管理之债权、缔约过失之债权五类。

准物权貌似物权又不是物权,一般认为准物权至少应该包括矿业权、水权、渔业权、狩猎权等。

2. 人身权

人身权是民事主体所享有的与其人身不可分离,且无直接财产内容的法定民事权利。人身权特点是:人身权与其主体不可分离,一般不可转让;无直接的财产内容,一般不可予以经济评价,但受侵害不能回复原状时,可借助财产手段加以救济。

人身权包括人格权和身份权。人格权包括:一般人格权和具体人格权。具体人格权包括生命权、健康权、身体权、姓名权、名称权、信用权、肖像权、名誉权、隐私权、人身自由权;身份权包括荣誉权、亲权、亲属权和配偶权等。

3. 知识产权

知识产权是以对于人的智力成果独占排他的利用从而取得利益为内容的权利。与上述民事权利相比,知识产权有如下特点:知识产权的客体是人的智力成果,是精神的(智慧的)产出物;权利主体对智力成果为独占的排他的利用,在这一点,因似于物权中的所有权,所以过去将之归入财产权;权利人从知识产权取得的利益既有财产性质的,也有非财产性的。这两方面结合在一起,不可分。因此,知识产权既与人身权不同,也与财产权不同。知识产权应该与人格权、财产权并立而自成一类。

知识产权一般包括:著作权、专利权、商标权、商号权等。现在,由于科学技术的进步,人类智能产物应受法律保护的日益增多,知识产权的范围也逐渐扩大。例如受保护对象增加了版面设计、计算机软件、专有技术、商业秘密、集成电路、植物新品种等,而且还在增加。

(二)民事义务

作为与民事权利相对应的概念,民事义务是指民事法律规范规定或当事人依法约定,义务人为一定的行为或不为一定的行为,以满足权利人利益的法律拘束。否则,义务人就会承担相应的民事责任。尽管民法是以权利为本位的,但义务作为保障权利实现的手段,在民法体系中也具有重要的地位。民事义务的特点主要表现在:

1. 民事义务具有利他性

民事义务与民事权利相对应,民事权利以利益为要素,民事义务则表现为"不利益",义务人以作为或不作为的方式履行民事义务,从而保障民事权利的实现,满足权利人的利益。如债务人的给付在于满足债权人债权的实现,若以满足自己的利益作为或不作为,就不是履行义务,而是行使权利。当然多数情况下,民事义务的履行也间接满足了义务人的利益,因为通常义务人负有义务的同时也享有权利,义务的履行是其主张权利的前提。

2. 民事义务具有限定性

义务有边界,民事义务的产生和内容以法律的规定和当事人的约定为依据,如契约中的义务与权利人的请求权相对应，体现为权利人意思的拘束，债权人不能超越债权的权益和权能范围要求债务人履行义务；物权关系、人格权关系中的义务与支配权相对应，直接体现为法律的拘束。

3. 民事义务具有法律拘束力

义务是以"不利益"为内容的法律拘束，无论拘束来源于法律还是来源于当事人的约定，义务都必须履行，不能随意变更或自行免除。权利可以放弃，义务不能放弃。义务人故意或过失不履行义务，就要承担法律责任，民事责任是第二性的义务，是第一性的义务不履行的法律后果。

二、民事权利的实现

（一）民事权利实现的法律途径

就民事权利的实现，一般来说主要为非救济手段和救济手段。非救济手段就是指权利人直接要求义务人履行义务；救济手段主要指义务人不履行义务时权利人寻求公力救济和自力救济。

公力救济通俗来讲，就是指权利人请求国家以法定程序帮助实现其权利，比如向行政机构申请行政救济（行政申诉、行政复议和行政诉讼），或向司法机关申请司法救济（民事诉讼、申请再审、申请强制执行、申请支付令等）；或向仲裁机构申请仲裁等。

自力救济是在权利人的某一特定利益遭受侵害或与某一特定利益相联系的权利被侵犯之后，在法律许可的范围内权利人依靠自己的力量强制他人捍卫自己权利的行为，包括自卫行为和自助行为。前者如紧急避险和正当防卫等，后者指为保护自己的权利，而以自己的力量对加害人的自由、财务进行约束或扣押的行为，如公共汽车售票员扣留逃票的乘客等。

相比公力救济和自卫行为在立法上的明确规定，自助行为目前还存在较大的争议。依通说，实施该行为需要具备以下要件：

（1）权利受到不法侵害。

（2）时间紧迫，来不及请求公力救济。

（3）须采取恰当的方式。是否恰当与必要，应根据客观情况确定，一般包括收押债务人的财产，如为了阻止义务人将物转移或带到其他任何权利人所无法控制的地方，或者为阻止义务人逃走，权利人可以将物拿走（如拿走自行车、拿走汽车钥匙）。若是对财产控制不足以维护权利的情况下，还可以适当地对有逃亡嫌疑的债务人的人身施以约束。

（4）不超过必要限度。在具有多种可能时，只能采取给义务人造成尽可能小的损失的措施。

（5）自助行为实施后应立即请求公力救济。自助行为要保全权利效力，需要法院确认。自助只为促进纠纷的解决条件，其行为并未解决纠纷本身。因此，在行为人实施自助行为（扣留债务人的财产、限制债务人的自由）后，还应当积极地寻求纠纷解决的方法，既可以在新条件下协商，也可以直接请求司法救济。自助行为的强制措施只是临时的，而债权人与债务人之间在新的条件下达成了协议，或得到司法机关的裁决才具有终局性。

（二）利用法律武器，积极维护自身合法权益

由于大多数人的维权纠纷主要集中在民事领域，比如说，一般的人身损害、债权债务、婚姻家庭纠纷、消费纠纷等，而公民维护自身合法权益途径又很多。因此，在自己的合法权益受到侵害时，我们应当根据实际情况有针对性地选择维权途径，并及时有效地、理性地维护自己的合法权益。

要依法理性维权，就是要学习和了解民事生活中常见的和解、调解、仲裁、诉讼等维权的方式，选择对自己最有利、最便捷、最有效的途径，在最短的时间内最好地维护自己的权益。

（三）在诉讼时效的期间内主张自己的权利

民事权利应当受到法律的保护，这表现为，当民事权利受到不法侵害时，侵害人必须依法承担民事责任。所以当权利受到损害时，权利人有权寻求法律保护。

但是，如果权利受到侵害后，权利人不闻不问，时间一长，就会形成一定的事实状态。例如，某甲的财产被某乙非法占有，但某甲长期不向某乙要求返还，也不向法院提起诉讼。这样一来，某乙占有该项财产就会在社会公众中形成一种印象，即该项财产就是某乙的，并有可能依此事实状态而发生各种新的法律关系（如某丙向某乙购买该项财产）。在这种情况下，如果法律仍然无条件地、永久地对权利人受到侵犯的权利加以保护，就有可能破坏已经稳定的社会经济秩序。因此，民法上设置了时效制度，使权利人在法定期间届满之后丧失其权利或法律对其权利不再加以保护。这样，可以使长期存在的事实合法化，从而使法律秩序得以稳定。

正是基于这样的规定，如果人们疏于注意维权的时效性要求，往往失去了保护自己合法权益的机会。为此，我们还应特别学习和了解民法中的诉讼时效制度，以便公民在权利受到侵害时，及时维权，主张自己的权利，寻求法律的保护。

1. 诉讼时效的概念

诉讼时效是指权利人在法定的时效期间内不行使权利，即丧失请求司法机关依照诉讼程序强制义务人履行义务的权利的法律制度。所以，当事人在自己的权益受到侵害后，应当及时提出相关请求。超过诉讼时效，法院不再支持。

2. 诉讼时效的分类

（1）普通诉讼时效。《民法通则》第一百三十五条规定，一般民事纠纷的诉讼时效为2年，即向人民法院请求保护民事权利的诉讼时效期间一般为2年。

（2）特别诉讼时效。《民法通则》第一百三十六条规定，身体受到伤害要求赔偿的；出售不合格的产品未声明的；延付或拒付租金的；寄存财物被丢失或损毁的，诉讼时效期间为1年。

（3）最长诉讼时效。《民法通则》第一百三十七条规定，最长时效为20年，从权利被侵害之日起计算，适用于一切民事纠纷。即从权利被侵害之日起超过20年的，人民法院不予保护。

3. 诉讼时效的起算、中止与中断

（1）诉讼时效的起算：诉讼时效从权利人知道或者应当知道权利被侵害之日起计算。如借款合同规定有还款期限的，从还款期限届满之日起计算；没有规定还款期限的即不受此限。

需要注意的是，与其他诉讼时效相比，最长诉讼时效期间从权利被侵害时计算，而非从权利人知道或者应当知道之时起算。最长诉讼时效期间可以适用诉讼时效的延长，但不适用诉讼时效期间中断、中止的规定。

（2）特殊起诉点：《民法通则意见》第一百六十八条规定，人身损害赔偿的诉讼时效期间，伤害明显的，从受伤害之日起算；伤害当时未曾发现，后经检查确诊并能证明是由侵害引起的，从伤势确诊之日起算。

（3）诉讼时效的中止：中止也称暂停，是指在诉讼时效期间的最后六个月内，由于发生了天灾、战争等不可抗力事件或者其他障碍使权利人不能行使请求权时，诉讼时效暂停计算，从中止时效的原因消除之日起，才又接着计算。

（4）诉讼时效的中断：是指在诉讼时效进行期间，因权利人向义务人提出权利"请求"或者向法院"起诉"或者义务人向权利人"承认"债务存在，即可使诉讼时效中断，从中断时开始重新计算2年。诉讼时效的中断可以数次进行，但是不得超过20年最长诉讼时效的限制。

三、违反义务须承担法律责任

任何公民的违法行为都要受到法律制裁。不容许滥用权利。《宪法》第五十一条明确规定，中华人民共和国公民在行使权利和自由的时候，不得损害国家的、社会的、集体的利益和其他公民的合法的自由和权利。国家在依法实施处罚方面对任何公民一律平等，任何人都不得有超宪法和法律的特权。

（一）违反民事义务的法律后果——承担民事责任

法律保护各类民事主体的人身权和财产权，要求人们尊重他人的权利，自觉履行义务。若民事主体违反了约定或法定的民事义务依法就应承担相应的法律后果，也即民事责任。

在民事责任与民事义务之间，民事义务是民事责任的前提，无义务就无责任。民事责任的本质是促使义务人履行民事义务，旨在使受害人被侵犯的权益得以恢复。民事责任具有如下特征：

1. 强制性

法律责任的强制性是其区别于道德责任和其他社会责任的根本标志。民事责任作为法律责任之一，也以国家强制力为保障，具有强制性。主要体现在：

第一，在民事主体违反合同或者不履行其他义务，或者由于过错侵害国家、集体的财产，侵害他人财产、人身时，法律规定应当承担民事责任；

第二，当民事主体不主动承担民事责任时，国家通过有关机构强制其承担责任，履行民事义务。

2. 财产性

民事责任以财产责任为主，非财产责任为辅。一方不履行民事义务的行为，给他方造成财产和精神上的损失，通常通过财产性赔偿的方式予以恢复。但是，对人格权和身份权的侵害，仅通过财产性的赔偿，难以完全消除侵害所造成的后果。以侵害名誉权为例，仅有财产赔偿，对受害人的社会评价难以恢复到受侵害之前的状态。因此《民法通则》规定了一些辅助性的非财产责任，如赔礼道歉、消除影响、恢复名誉等。

3. 补偿性

所谓补偿性，是指民事责任以补足民事主体所受损失为限。就违约责任而言，旨在使当事人的利益达到合同获得适当履行的状态；就侵权民事责任而言，旨在使当事人的利益恢复到受损害以前的状态。

（二）民事责任的承担方式

民事责任是民事主体因违反民事义务所应承担的民事法律后果，它主要是一种民事救济手段，旨在使受害人，被侵犯的权益得以恢复。民事责任的承担方式，又称为民事责任的形式，是指民事主体承担民事责任的具体措施。

根据《民法通则》第一百三十四条规定，承担民事责任的方式主要有停止侵害、排除妨碍、消除危险、返还财产、恢复原状、修理、重作、更换、赔偿损失、支付违约金、消除影响、恢复名誉、赔礼道歉。以上承担民事责任的方式，可以单独适用，也可以合并适用。

第三讲　正确行使民事权利

一、积极维护人身权

人身权是指与人身相联系或不可分离的没有直接财产内容的权利，亦称人身非财产权。人身权可分为人格权与身份权，它们共同构成了民法中的两大类基本人身权利。

人格权包括生命权、健康权、姓名权、（法人的）名称权、肖像权、名誉权、隐私权（其主体可以是自然人，也可以是法人）等。

身份权包括亲权、亲属权、配偶权（其主体只有自然人）。亲权即父母对子女的权利，亲属权是因血缘、收养等特定关系产生的，配偶权是因婚姻关系产生的。

（一）生命权和健康权

人最宝贵的是生命，健康是人们幸福生活乃至生命安全的重要前提。生命一旦丧失，任何权利都失去了意义。所以说生命健康权是公民所有权利中最基本的一项。我国《民法通则》第九十八条规定"公民享有生命健康权"，这里的生命健康权，实际上是生命权、身体权、健康权的总称。

1. 生命权

生命权即公民享有生命延续，不受非法剥夺的权利。是指人身不受伤害和杀害的权利或得到保护以免遭伤害和杀害的权利，取得维持生命和获得最低限度健康保护的物质必需的权利，也是人权最基本的权利。生命安全是公民从事一切活动的物质前提和基本条件，生命一旦丧失,任何权利对于受害人而言均无价值。

2. 身体权

身体权是指自然人对保持其肢体、器官和其他组织的完整而依法享有的权利。身体权最重要的就是保持身体的完整性、完全性。身体权有其独特的保护范围,对身体权的侵害行为,不以对身体的侵害造成生命、健康的损害为必要。

3. 健康权

健康是指维持人体生命生活的生理机能的正常运作和功能的完善发挥以及心理状态的良好状态。健康权是指自然人依法享有的保持身体机能正常和维护健康利益的权利。对公民身体器质健康、生理健康、心理健康的侵害均构成侵害公民的健康权。由于健康与公民生命、身体的密切关系,侵害公民身体,剥夺公民生命的同时也构成对公民健康的侵害。

按照《民法通则》规定,侵害公民身体健康造成伤害的,应当赔偿医疗费、因误工减少的收入、残疾者生活补助费等费用;造成死亡的,还应当支付丧葬费、死者生前抚养的人必要的生活费等费用。

(二)姓名权

姓名权是指公民决定其姓名、使用其姓名和变更其姓名并要求他人尊重自己姓名的权利。作为以姓名利益为内容的权利,主要包括姓名的命名、使用、变更并排除他人的妨碍和侵害。

《民法通则》第九十九条规定,公民享有姓名权,有权决定、使用和依照规定改变自己的姓名,禁止他人干涉、盗用、假冒。

《户口登记条例》第十八条规定,公民变更姓名,依照下列规定办理:18 周岁以上公民需要变更姓名时,由本人向户口登记机关申请变更登记。

1. 自我命名权

自我命名权就是自然人决定自己姓名的权利,任何人无权干涉。自然人的姓,原则上不能选择。在中国现实生活中有子女随父姓的习惯,中国现行《婚姻法》第二十二条也规定,"子女可以随父姓,可以随母姓。"不过,根据 2014 年 11 月 1 日第十二届全国人民代表大会常务委员会第十一次会议通过的"关于《中华人民共和国民法通则》第九十九条第一款、《中华人民共和国婚姻法》第二十二条的解释"规定,公民依法享有姓名权,公民行使姓名权,还应当尊重社会公德,不得损害社会公共利益。公民原则上应当随父姓或者母姓。有下列情形之一的,可以在父姓和母姓之外选取姓氏:① 选取其他直系长辈血亲的姓氏;② 因由法定扶养人以外的人扶养而选取扶养人姓氏;③ 有不违反公序良俗的其他正当理由。少数民族公民的姓氏可以遵从本民族的文化传统和风俗习惯。

姓名一般都是自然人出生时其父母确定,但这不是对自我命名权的否定,实际上是父母亲权的表现,是父母实施亲权的代理行为。自然人成年后,也可以通过姓名变更手续,变更自己的名字。自我命名权的另一个表现是自然人选择自己别名的权利,可以根据自己的意志和愿望,来确定登记姓名以外的笔名、艺名以及其他相应的名字,任何人都不得干涉。

2. 姓名使用权

姓名使用权就是自然人对自己的姓名的专有使用权。使用自己的姓名是自然人姓名权的重要内容，自然人在民事活动中，除法律另有规定的，可以使用本名，也可以使用自己的笔名、艺名或化名等。任何组织与个人都不得强迫自然人使用或不使用某一姓名。

姓名使用权是一种专有的使用权，他人不得故意使用别人的姓名。在现实中有重名的现象，并不是侵权行为。重名也叫姓名的平行，即数人合法取得同一姓名。在这样的情形下，各人都有权使用自己的姓名，也都是正当行使权利，但是故意混同的除外。

姓名也可以转让他人使用。通常情况下，名人的姓名往往蕴涵着巨大的商业价值。值得注意的是，姓名使用权的转让通常限于商业领域，严格要求身份属性的，不能转让姓名使用权，即不得准许他人冒名顶替。

3. 改名权

改名权就是自然人按照法律规定改变自己姓名的权利，也称为姓名变更权。其含义为，自然人可以按照自己的意愿依照规定改变自己的姓名，不受其他限制。这种变更姓名的行为，虽然仅依单方意思表示就可以生效，但是不经过公示，不得对抗第三人。姓名的变更，也必须经过登记，非依变更登记程序不产生效力。

侵害姓名权的表现：① 干涉他人决定、使用、改变姓名；② 盗用他人姓名，指的是未经他人同意或授权，擅自以他人的名义实施某种活动，以抬高自己身价或谋求不正当的利益；③ 冒用他人姓名，指的是使用他人的姓名，冒充他人进行活动，以达到某种目的。

公民如发现上述姓名权受到侵害情形时，有权要求侵害人停止侵害，恢复名誉，消除影响，赔礼道歉。

（三）肖像权

肖像是指公民身体的外部表现，并通过传统美术和现代科学将人身体的外部表现在客观上再现，如通过雕塑、摄影、画像等。肖像反映的是肖像者的真实形象和个性特征，所以肖像与特定人的人格不可分离。

肖像权是公民对自己的肖像享有利益并排斥他人侵犯的一种人身权利，是以公民的形象、特征利益为内容的人格权。公民对自己的肖像享有再现、使用和排除他人侵害的权利。

《民法通则》第一百条规定："公民享有肖像权，未经本人同意，不得以营利为目的使用公民的肖像。"所谓"以营利为目的"，是指使用他人的肖像来达到自己一定的经济目的。如未经本人同意，将其照片陈列在照相馆的橱窗内，或用来做广告、商标等。《最高人民法院关于贯彻执行〈中华人民共和国民法通则〉若干问题的意见（试行）》第一百三十九条规定："以营利为目的，未经公民同意利用其肖像做广告、商标、装饰橱窗等，应当认定为侵犯公民肖像权的行为。"

《民法通则》第一百二十条规定，公民的姓名权、肖像权、名誉权、荣誉权受到侵害的，有权要求停止侵害，恢复名誉，消除影响，赔礼道歉，并可以要求赔偿损失。

（四）名誉权

名誉是指社会或他人对特定公民、法人的品德、才干、信誉、商誉、资历、功绩等方面的评价和总和。名誉直接关系到公民、法人的人格尊严，它是民事主体进行民事活动，乃至其他社会活动的基本条件。

名誉权是民事主体的一项重要的人身权利,是公民、法人依法享有的,有关自己的社会评价不受他人侵犯的一种人身权利。《民法通则》第一百零一条规定:"公民、法人享有名誉权,公民的人格尊严受法律保护,禁止用侮辱、诽谤等方式损害公民、法人的名誉。"以书面、口头等形式宣扬他人隐私,或者捏造事实公然丑化他人人格,以及用侮辱、诽谤等方式损害他人名誉造成一定影响的,应当认定为侵害公民名誉权的行为。

名誉侵权主要有下列几种方式:侮辱、诽谤、泄露他人隐私等。侮辱是指用语言(包括书面和口头)或行动,公然损害他人人格、毁坏他人名誉的行为,如用大字报、小字报、漫画或极其下流、肮脏的语言等形式辱骂、嘲讽他人、使他人的心灵蒙受耻辱等;诽谤是指捏造并散布某些虚假的事实,破坏他人名誉的行为,如毫无根据或捕风捉影地捏造他人作风不好,并四处张扬、损坏他人名誉,使他人精神受到很大痛苦。侮辱、诽谤是常见的名誉侵权行为,《民法通则》第一百零一条明令禁止用侮辱、诽谤的方式损害他人名誉。

对法人名誉的侵害,主要表现在散布有损法人名誉的虚假消息,如虚构某种事实,诬说某工厂的产品质量如何低劣,企图用不正当的竞争手段搞垮对方等,这些都是侵害法人名誉权的侵权行为。

依照《民法通则》第一百二十条和第一百三十四条的规定,可以责令侵权人停止侵害、恢复名誉、消除影响、赔礼道歉、赔偿损失。

(五)隐私权

在生活中,每个人都有不愿让他人知道的个人生活的秘密,这个秘密在法律上称为隐私,如个人的私生活、日记、照相簿、生活习惯、通信秘密、身体缺陷等。因此,通俗来讲,隐私就是指公民个人生活中不愿为他人公开或知悉的秘密。自己的秘密不愿让他人知道,是自己的权利,这个权利就叫隐私权。作为一种基本人格权利,隐私权是指公民享有的私人生活安宁与私人信息依法受到保护,不被他人非法侵扰、知悉、搜集、利用和公开的一种人格权。

根据隐私权的特征,隐私权有以下四项权利:

(1)隐私保密权。即特定公民对其情报、信息依法享有保密的权利,未经许可,任何人不得刺探、公开和传播。

(2)隐私利用权。公民对其隐私依法得积极利用,以满足其精神和物质方面的需要。

(3)隐私支配权。隐私权是绝对权,权利主体依法可自主支配,无需其他任何人的配合与协助,即可独自完成。权利主体亦可公开自己的部分或全部隐私,可准许他人知悉或利用自己的隐私。

(4)隐私维护权。权利主体行使权利时得排除他人非法干涉、侵扰。权利主体为保护隐私权在排除侵扰过程中的自助行为依法受保护。在隐私权受侵害后,权利主体得寻求司法保护。

我国法律对公民隐私权保护的有关规定:

《宪法》第三十八条规定:"中华人民共和国公民的人格尊严不受侵犯。禁止用任何方式对公民进行非法侮辱、诽谤和诬告陷害。"

《宪法》第三十九条规定:"中华人民共和国公民的住宅不受侵犯。禁止非法搜查或者非法侵入公民的住宅。"

《宪法》第四十九条规定:"中华人民共和国公民的通信自由和通信秘密受法律的保护,

除因国家安全或者追查刑事犯罪的需要，由公安机关或者检察机关依照法律规定的程序对通信进行检查外，任何组织或者个人不得以任何理由侵犯公民的通信自由和通信秘密。"

《刑法》第二百四十五条规定："非法搜查他人身体、住宅，或者非法侵入他人住宅的，处三年以下有期徒刑或者拘役。"

《刑法》的第二百五十二条规定："隐匿、毁弃或者非法开拆他人信件，侵犯公民通信自由权利，情节严重的，处一年以下有期徒刑或者拘役。"

《刑法》第二百五十三条规定："邮政工作人员私自开拆或者隐匿、毁弃邮件、电报的，处二年以下有期徒刑或拘役。""国家机关或者金融、电信、交通、教育、医疗等单位的工作人员，违反国家规定，将本单位在履行职责或者提供服务过程中获得的公民个人信息，出售或者非法提供给他人，情节严重的，处三年以下有期徒刑或者拘役，并处或者单处罚金。"

《未成年人保护法》第三十九条规定："任何组织或者个人不得披露未成年人的个人隐私。对未成年人的信件、日记、电子邮件，任何组织或者个人不得隐匿、毁弃；除因追查犯罪的需要，由公安机关或者人民检察院依法进行检查，或者对无行为能力的未成年人的信件、日记、电子邮件由其父母或者其他监护人代为开拆、查阅外，任何组织或者个人不得开拆、查阅。"

《未成年人保护法》第五十八条规定："对未成年人犯罪案件，新闻报道、影视节目、公开出版物不得披露该未成年人的姓名、住所、照片及可能推断出该未成年人的资料。"

《民事诉讼法》第六十六条规定："证据应当在法庭上出示，并由当事人互相质证。对涉及国家秘密、商业秘密和个人隐私的证据应当保密，需要在法庭出示的，不得在公开开庭时出示。"

《民事诉讼法》第一百二十条规定："人民法院审理民事案件，除涉及国家秘密、个人隐私或者得法律另有规定的以外，应当公开进行。离婚案件，涉及商业秘密的案件，当事人申请不公开审理的，可以不公开审理。"

《刑事诉讼法》第一百三十条规定："检查妇女的身体，应当由女工作人员或者医师进行。"

《刑事诉讼法》第一百八十三条规定："人民法院审判第一审案件应当公开进行。但是有关国家秘密或者个人隐私的案件，不公开审理。"第二百七十四条规定："审判的时候被告人不满十八周岁的案件，不公开审理。"

《人民警察法》第二十二条规定："人民警察不得有下列行为……（五）非法剥夺、限制他人人身自由，非法搜查他人的身体、物品、住所或者场所……"

《艾滋病监测管理的若干规定》规定："不得将病人和感染者姓名、地址等有关情况公布和传播。"

此外，我国银行为储户保密，律师有责任对公民的个人隐私保密，医生、公证人、会计师、新闻工作者对其在职务活动中获得的他人隐私材料，负有保密义务。

在我国《民法通则》中没有直接涉及隐私权的规定，但第一百零一条规定，公民的人格尊严受法律保护。为了弥补立法的不足。《最高人民法院关于贯彻执行〈中华人民共和国民法通则〉若干问题的意见（试行）》第一百四十条中规定，以书面、口头形式宣扬他人的隐私，或者捏造事实公然丑化他人人格，以及用侮辱、诽谤等方式侵害他人名誉，造成一定影响的，应当认定为侵害公民名誉权的行为。同时，在《最高人民法院关于审理名誉权案件若干问题的解答》第七条中规定，对未经他人同意，擅自公布他人的隐私材料，或以书面、口头形式宣扬他人隐私，致他人名誉受到损害的，按照损害他人名誉权处理。

公民如发现隐私权受到侵害时，有权要求侵害人停止侵害、赔礼道歉和赔偿损失。

二、依法行使财产权

（一）财产权

财产（property），是属于某人所有的具有金钱价值的物质的总称，通常所说的财产仅包含积极财产，主要是指动产、不动产和知识产权。在民法上，财产权是与人身权相对应的概念。财产权是指以财产利益为内容，直接体现财产利益的民事权利。财产权是一个总概念，物权是其中的一个大概念，而所有权是这个大概念中的一个小概念。所有权是物权的核心内容，但不是物权的全部内容。因为物权还包括除所有权以外的，基于所有权衍生出来的其他物权种类。

1. 财产权制度的意义

财产权制度的确立，是人类文明史进程和社会发展的一个重大拐点。作为现代社会一项极其重要的法律制度，对于社会稳定和经济发展都有极其重要的影响。

（1）财产权是人类生存的基础。

人类要生存，必须不断地从外界获得物质来源，才能维系生存和繁衍。人类生存的权利体现在法理上就是生存权。生存权是人类最为基础的人权。人类生存所要获得的外界物质，体现在社会科学上就是财产。

自然界物质的稀缺性决定了财产本身就是一种稀缺性的资源，因此，人与人之间就会产生对财产的争夺。如果对这种争夺不加以限制，人类社会就会陷入无序的状态，人类的生存就会受到威胁。法律通过确认财产权，不仅确立了对财产权进行保障的原则，还通过各种法律规范调整各种纠纷，保障每一个人的财产权，并且通过对国家权力的限制，保障财产权不受侵犯，从而保障每一个人生存的权利。

（2）财产权是人格的基础。

在近代社会之前，奴隶社会、封建社会中存在着不同程度的人身依附关系，除了政治制度的原因之外，其中很重要的一个缘由在于其私人财产权没有得到保障。没有受到保障的财产权，就没有独立自主的人格，更没有平等地参与社会事务的机会。

近代以来，随着法律对财产权的保障的逐步确立和完善，人们以其财产为基础，为独立人格的形成提供了契机。人格权不仅是民法上的人身权利，而且也是宪法上的权利，人格关涉到人的尊严，除了生存之外，人格权是最为人之所以成为人的最基本的权利之一。民法上说，没有财产就没有独立的人格，我们可以从更广泛的意义上讲，财产权也是人格的基础。

2. 法律规定财产权的目的

财产权是由法律创设的，其直接目的是定纷止争，解决财产的归属和流通使用。从实质上而言，财产权只是一种与经济体制结合在一起的资源配置手段，并由此完成资源的配置和私人福利的分配，最终价值在于满足人的最大福利。

3. 财产权的范围

由于受不同的体制与思想的影响，财产权是很难界说的，但财产权作为在人类发展的长时期内很重要的民事权利,必须要将之规范化。笼统来讲,财产权以财产利益为内容,是直接体现财产利益的民事权利。

财产权有广义和狭义之分,广义的财产权包括了物权、债权、知识产权。狭义的财产权仅指物权。这里的债权是指按照合同约定或者法律规定,一方当事人享有的请求另一方当事人为或不为特定行为的权利。合同当事人享有的权利就是典型的债权,其他的债权还包括基于不当得利、无因管理或者侵权行为而产生的请求权。

4. 我国财产权制度的相关内容

我国宪法规定,社会主义的公共财产神圣不可侵犯。国家保护社会主义的公共财产。禁止任何组织或者个人用任何手段侵占或者破坏国家的和集体的财产。公民的合法私有财产权不受侵犯。国家依照法律规定保护公民的私有财产权和继承权。国家为了公共利益的需要,可以依照法律规定对公民的私有财产实行征收或者征用并给予补偿。

作为我国法律体系中的基础性法律,《中华人民共和国物权法》已由中华人民共和国第十届全国人民代表大会第五次会议于2007年3月16日通过,自2007年10月1日起施行。物权法明确了财产的归属与利用规则,使民众通过自己的辛勤劳动和其他合法方式所获得的财富有了进一步的法律保障,激发了社会公众获取财富的热情,从而极大地推动社会主义市场经济的进步。

(二)物 权

1. 物与物权

(1)什么是"物"?

物是民事法律关系客体的一种,物为一切财产关系最基本的要素,在民事法律关系中占有十分重要的地位。在民法理论中,物是存在于人体之外,能够为人力所支配并且能满足人类某种需要,具有稀缺性的物质对象。民法上所说的物与日常生活中的物不尽相同,后者泛指世间一切物理上所称之物,前者则必须是能够成为民事权利的客体。物一般具有如下特征:

① 须存在于人身之外。民法上的物只能是存在于人身之外的物,而不能是人身。现代法上的人只能为主体,而不能为客体。不仅人身不能成为客体,人身上的某一部分包括各种器官在未与人体脱离前也不能成为物。物的这一特征表明物须具有非人格性。但与身体分离的毛发、牙齿,属于物。人死亡后的遗体也属于物。随着科学技术的发展,活人的身体不属于物的观念受到挑战。如器官移植、器官捐赠等,均是以活人的器官作为合同的标的物。但对于这一类合同,债权人无权请求强制执行。

② 须能够为人力所实际控制或支配。只有能够为人力所支配和控制的物,才为民法上的物。因为只有这样的物,才能满足主体的个体需要,才能用于交易。

③ 须能够满足人们的社会生活需要。民法上的物须具有可使用性,具有价值和使用价值。因为只有能够满足人们的生产或生活需要,才可为主体所有,才可用于交换。不能满足人们生产或生活的实际需要的物,在法律上没有意义。

④ 须为独成一体的有体物。民法上的物一般仅指有体物。有体物是相对于无体物而言的。所谓有体,是指具有一定的形体,能够为人的感官感触到。所谓物须独立成为一体,是指物应能独立地满足人们生产、生活的需要。如不能独成一体,则不能单独用于交易,不为民法上的物。

(2) 物的最基本的分类。

物权法中物依据不同的标准，可以有不同的分类。物主要可分为动产和不动产、流通物、限制流通物和禁止流通物、特定物和种类物、主物和从物、可分物和不可分物、原物和孳息、可消耗物和不可消耗物、单一物、结合物和集合物。最基本、最重要的分类就是将物分为动产和不动产。

动产和不动产的区分标准主要是物理性的。在空间上占有固定位置，移动后会影响其经济价值的物为不动产，如土地、房屋；凡是能在空间上移动而不会损害其经济价值的物为动产，如桌子、电视机等。依我国法律规定，土地及房屋、林木等地上定着物为不动产，不动产以外的物为动产。法律上区分动产和不动产的意义在于：

第一，物权变动的条件不同。动产物权的变动，一般仅依交付即可产生相应的法律效果；而不动产非经登记，不产生物权变动的法律效果。《物权法》第六条规定，不动产物权的设立、变更、转让和消灭，应当依照法律规定登记。动产物权的设立和转让，应当依照法律规定交付。

第二，权属转让的形式要件不同。法律对不动产的权属转让有特殊规定，如权属转让为要式行为，动产则没有这些限制。动产的转让不仅可以采用书面形式和口头形式，还可以采用其他形式，如推定和沉默等；而不动产交易则为要式行为，需要作成书面形式。

第三，法律适用及诉讼管辖不同。在法律适用上，不动产争议和动产争议使用不同的规则。不动产所有权和不动产继承，适用不动产所在地法律；在诉讼管辖上，不动产纠纷由不动产所在地法院专属管辖，动产纠纷则一般由被告所在地法院管辖。我国《民事诉讼法》第三十四条就确认，因不动产纠纷提起的诉讼，由不动产所在地人民法院管辖。

(3) 什么是"物权"？

物权作为一个法律范畴，通常指权利人依法对特定的物享有直接支配，并排斥他人干涉的权利。或者说，物权指自然人、法人直接支配不动产或者动产的权利，一般包括所有权、用益物权和担保物权。

（三）所有权

所有权也就是财产所有权，就是所有权人自己对物所享有的物权，即所有权人依法支配其所有物，依照自己的意愿占有、使用、收益和处分，并享受其利益的权利。所有权意味着人对物最充分、最完全的支配，是最完整的物权形式，明确了从法律的角度判定财产归属以及相关权益，是一种直接与经济利益相联系的民事权利。

所有权在本质上是一定社会的所有制形式在法律上的表现。我国实行以社会主义公有制为主体的所有制形式，决定了我国财产所有权按主体划分为三类：国家所有权、集体所有权和个人所有权。除法律特别规定某些财产只能归国家或者集体所有外，其余财产（包括生产资料）可以由各类主体享有所有权。

1. 所有权的内容

(1) 占有。

占有是指所有人对物的实际控制的事实状态。占有权即对所有物加以实际管领或控制的权利。所有权的占有权既可以由所有人自己行使，也可以由他人行使。占有是行使物的支配权的基础与前提条件。在民法理论和司法实践中通常把占有分成不同的种类，以区分不同的占有状态。

第一，所有人占有和非所有人占有。所有人占有即所有人在行使所有权过程中亲自控制自己的财产。非所有人占有则指所有人以外的其他人实际控制和管领所有物。

第二，合法占有和非法占有。这是对非所有人占有的进一步分类。合法占有是指基于法律的规定或所有人的意志而享有的占有权利。非法占有则指无合法依据亦未取得所有人同意的占有。

第三，善意占有和恶意占有。这是对非法占有的再分类。善意占有是指非法占有人在占有时不知道或不应当知道其占有为非法。恶意占有则指非法占有人在占有时已经知道或应当知道其占有为非法。

（2）使用。

使用权是指依照物的属性及用途对物进行利用从而实现权利人利益的权利。所有人对物的使用是所有权存在的基本目的，人们通过对物的使用来满足生产和生活的基本需要。所有人在法律上享有当然的使用权，另外，使用权也可依法律的规定或当事人的意思移转给非所有人享有，从而产生非所有权人使用。

（3）收益。

收益是指民事主体通过合法途径收取物所生的物质利益。收益权即民事主体收取物所生利益的权利。在民法上，物所生利益主要指物的孳息。原物是指依自然属性或法律规定产生新物的物，孳息是原物产生的物。孳息包括天然孳息和法定孳息两类。天然孳息是指因物的自然属性而生之物，如母牛所生牛仔；法定孳息是指依一定的法律关系而生之利益，如股票的股息。天然孳息在没有与原物分离之前，由原物所有人所有；法定孳息的取得则需依据一定的法律规定进行。

《物权法》第一百一十六条规定，天然孳息，由所有权人取得；既有所有权人又有用益物权人的，由用益物权人取得。当事人另有约定的，按照约定。法定孳息，当事人有约定的，按照约定取得；没有约定或者约定不明确的，按照交易习惯取得。

（4）处分。

处分是指所有人对物进行处置，即对物的消费和转让。处分包括事实上的处分和法律上的处分。事实上的处分是指通过一定的事实行为对物进行处置，如消费、加工、改造、毁损等。法律上的处分是指依照法律的规定对物的所有权进行移转、限制或消灭，使所有权发生变动的行为，如转让、租借等。

处分权是所有权内容的核心，是拥有所有权的根本标志，是决定物之命运的一项权能。因此，在通常情况下，处分权均由所有人来行使，但在特殊情况下，处分权可以基于法律的规定和所有人的意志而与所有权分离。如国有企业依法处分国有财产。

占有、使用、收益、处分一起构成了所有权的内容。但在实际生活中，占有、使用、收益、处分都能够且经常地与所有人发生分离，而所有人仍不丧失对于财产的所有权。

2. 所有权的取得

所有权的取得是指民事主体获得财产所有权的合法方式和根据。一般来说，包括两种方式：原始取得和继受取得。

（1）原始取得。

原始取得，是指根据法律规定，最初取得财产的所有权或不依赖于原所有人的意志而取得财产的所有权。根据法律的规定，原始取得的方式主要有：

第一，生产。这是指民事主体通过自己的劳动创造出新的财产进而取得该财产的所有权的方式。

第二，先占。这是指民事主体以所有的意思占有无主动产而取得其所有权的法律事实。先占应具备以下构成要件：标的须为无主物；标的须为动产；行为人须以所有的意思占有无主物。

第三，添附。这是指不同所有人的物因一定的行为而结合在一起形成不可分割的物或具有新质的物。添附包括三种情形：混合、附合和加工。混合，指不同所有人的动产因相互掺杂或融合而难以分开而形成新的财产；附合，指不同所有人的财产密切结合在一起而形成新的财产；加工，指一方使用他人的财产加工改造为具有更高价值的财产。

第四，善意取得。又称即时取得，是指不法占有他人动产的人将其无权处分的动产转让给第三人时，如果该受让人取得财产是出于善意，则可取得该财产的所有权。受让人在取得动产的所有权以后，原所有人不得要求受让人返还财产，而只能请求转让人（占有人）赔偿损失。

《物权法》第一百零六条规定，无处分权人将不动产或者动产转让给受让人的，所有权人有权追回；除法律另有规定外，符合下列情形的，受让人取得该不动产或者动产的所有权：受让人受让该不动产或者动产时是善意的；以合理的价格转让；转让的不动产或者动产依照法律规定应当登记的已经登记，不需要登记的已经交付给受让人。受让人依照前款规定取得不动产或者动产的所有权的，原所有权人有权向无处分权人请求赔偿损失。当事人善意取得其他物权的，参照前两款规定。

最高人民法院《关于贯彻执行〈中华人民共和国民法通则〉若干问题的意见（试行）》第八十九条指出："第三人善意、有偿取得该项财产的，应当维护第三人的合法权益。"但是，根据我国法律和司法实践，对于赃物、遗失物等不适用善意取得。我国法律严格禁止销售和购买赃物，即使买受人购买赃物时出于善意，也不能取得对该物的所有权。所以，如果所有人因为被盗、遗失等原因而丧失对其财产的占有以后，不问财产几经转手，所有人都有权请求最后占有人返还。如果最后占有人是善意的，所有人在取回该物时，应该补偿占有人的损失。同时，根据我国司法实践，如果受让人是无偿取得某项财产的，则不论其取得财产时是善意还是恶意，所有人都有权要求受让人返还原物。

第五，发现埋藏物和隐藏物。埋藏物和隐藏物是指埋藏或隐藏于他物之中，其所有权归属不明的动产。根据我国《民法通则》的规定，所有权人不明的埋藏物和隐藏物归国家所有。

第六，拾得遗失物。这是指发现他人不慎丧失占有的动产而予以占有的法律事实。根据我国《民法通则》的规定，拾得遗失物应当归还失主，拾得人不能取得遗失物的所有权。

第七，国有化和没收。国家根据法律、法规的强行性规定，采取强制措施将一定的财产收归国有的法律事实。

（2）继受取得。

继受取得是指财产所有人通过民事法律行为从原所有人那里取得财产所有权，也称传来取得。

根据法律的规定，所有权继受取得主要包括如下情形：① 因一定的法律行为而取得所有权，法律行为具体包括买卖合同、赠与、互易等；② 因法律行为以外的事实而取得所有权，例如继承遗产，接受他人遗赠等；③ 因其他合法原因取得所有权，如合作经济组织的成员通过合股集资的方式形成新的所有权形式。

3. 所有权的行使

财产所有权的行使，是指民事主体依照法律规定实现所有权各项权能的行为。财产所有权的行使方式可以分为所有人直接行使和授权他人行使两种。

（1）所有人直接行使。

所有人直接行使，是指财产所有权人在法律允许的范围内直接对其财产行使占有、使用、收益和处分的权利。所有人在行使其财产所有权时，一般并不需要义务人的积极帮助行为，便可实现自己对财产的自主支配，从而满足其生产或生活的需要。

（2）所有人授权他人行使。

所有人授权他人行使，是指财产所有人根据法律规定或合同约定，授权他人依法占有、使用、收益或处分自己的财产，从而使所有权权能与所有权分离。这种方式，有利于最大限度地发挥财产的经济效益和社会效益，同时从根本上实现了财产所有权人的意志和利益。

尽管所有人在法定范围内有权依自己的意志行使所有权，但所有人在行使所有权的过程中，必须遵守法律、法规和社会公德。同时，必须以善意的方式行使所有权，不得滥用所有权，致他人损害。例如，在自己使用的土地上挖洞而使他人的房屋有倒塌的危险，此种滥用权利的行为将构成侵权，行为人应承担民事责任。

4. 共　有

所谓共有，是指某项财产由两个或两个以上的权利主体共同享有所有权，换言之，是指多个权利主体对一物共同享有所有权。例如，两个人共同所有一间房屋，三人共同所有一台机器。共有的主体称为共有人，客体称为共有财产或共有物。各共有人之间因财产共有形成的权利义务关系，称为共有关系。

财产共有是社会经济生活中大量存在的财产形式。我国《民法通则》和《物权法》确认了两种共有形式，即按份共有和共同共有。

（1）按份共有。按份共有又称为分别所有，是指两个以上的共有人按照各自的份额分别对共有财产享有权利和承担义务的一种共有关系。其主要特征为共有人对共有物享有权利和承担义务是按照一定的份额，共有人之间有明确的比例关系。还须注意的是共有人之间的份额关系是共有人的内部关系，因共有物对外需要承担责任时，共有人应当承担连带责任。

《物权法》第一百零二条规定，因共有的不动产或者动产产生的债权债务，在对外关系上，共有人享有连带债权、承担连带债务，但法律另有规定或者第三人知道共有人不具有连带债权债务关系的除外；在共有人内部关系上，除共有人另有约定外，按份共有人按照份额享有债权、承担债务，共同共有人共同享有债权、承担债务。偿还债务超过自己应当承担份额的按份共有人，有权向其他共有人追偿。

（2）共同共有。是指共有人之间不分份额地享有权利或者承担义务。共同共有因某种共同关系而形成，如家庭关系、夫妻关系等。在共同共有中，共有财产不分份额，各共有人之间不分份额、平等地享有权利和承担义务。只有在共同共有关系终止以后，才能确定各共有人的份额，以分割共有财产。在我国，共同共有的基本形式有两种，即夫妻共有财产和家庭共有财产。

夫妻的婚前财产属于个人所有，不是夫妻共同财产。在婚姻关系存续期间，夫妻一方或双方的劳动所得，夫妻双方继承和受赠的财产，双方用合法收入共同购买的财产，以及难以确定为个人所有还是共有的财产，都是夫妻共有财产。婚前是个人财产，婚后双方用共有财产进行了重大修理和改造的，也属于夫妻共有财产。

家庭共有财产是指家庭成员在家庭共同生活关系存续期间，共同创造、共同所得的财产。例如，家庭成员交给家庭的财产，家庭成员共同受赠的财产，以及在此基础上购置和积累起来的财产等。概言之，家庭共有财产是家庭成员的共同劳动收入和所得。家庭共有财产不包括家庭成员各自所有的财产。

当共有关系解除时，需要分割共有财产。分割共有财产的方式有：实物分割、变价分割、折价补偿等。

（四）用益物权

1. 用益物权的含义

用益物权是指非所有人对他人之物所享有的占有、使用、收益的他物权。简单来说，用益物权就是以财产的使用收益为目的的物权。《中华人民共和国物权法》第一百一十七条规定，用益物权人对他人所有的不动产或者动产，依法享有占有、使用和收益的权利。用益物权的标的物是不动产和动产，目的就是对他人所有的财产进行使用、收益，即为了追求物的使用价值而对他人的物在一定范围内进行支配。

2. 用益物权的分类

在我国，用益物权主要包括建设用地使用权、农村宅基地使用权、土地承包经营权等。用益物权仅仅是使用、经营权，并不是所有权。而且用益物权主要是与土地有关的。

（1）建设用地使用权，就是建设用地使用权人依法对国家所有的土地享有占有、使用和收益的权利，有权利用该土地建造建筑物、构筑物及其附属设施。《物权法》第一百三十五条规定："建设用地使用权人依法对国家所有的土地享有占有、使用和收益的权利，有权利用该土地建造建筑物、构筑物及其附属设施。"

通过土地使用权出让取得的，根据其不同用途，土地使用权的最高年限：居住用地为70年，工业用地为50年，教育、科技、文化、卫生、体育用地为50年，商业、旅游、娱乐用地为40年，综合或其他用地为50年。

对于公民个人来说，建设用地使用权往往与商品房的所有权相联系。人们从房地产开发商那里购买商品房，并且办理产权过户手续，取得《房屋所有权证》之后，就拥有了该商品房的所有权。但是，开发商应当办理《国有土地使用权证》，才能保证商品房用地的合法性。

（2）农村宅基地使用权，是农村村民在集体所有的土地上建造住房及其他附着物的权利。它是农民个人的重要财产权，关系到农民的切身利益。按照法律规定，农村村民住宅用地，经乡（镇）人民政府审核，由县级人民政府批准。农村村民有权长期占有和使用宅基地。

（3）土地承包经营权。土地承包经营权是农牧民的另一项重要的财产权利，是指农村土地承包人依法对集体所有或国家所有由集体使用的农业土地所享有占有、使用、收益和一定处分的权利。土地承包经营权人依法对其承包经营的耕地、林地、草地有权从事种植业、林业、畜牧业等农业生产。

农村耕地、林地、草地是农牧民的基本生产资料，也是农牧民最可靠的生活保障。2002年通过的《农村土地承包法》赋予农民长期而有保障的土地承包经营权。农民承包的土地被依法征用、占用的，有权依法获得相应的补偿。《农村土地承包法》第二十条规定，耕地的承包期为30年；草地的承包期为30年至50年；林地的承包期为30年至70年，特殊林木的林地承包期，经国务院林业行政主管部门批准可以延长。《物权法》第一百二十六条还规定，土地承包期届满后，由土地承包经营权人按照国家有关规定继续承包。

（五）担保物权

1. 担保物权的含义

担保，即担当保证。担保物权是指以保证债权的实现为目的而在债务人或第三人的特定财产上设立的他物权。在债务人不履行到期债务或者发生当事人约定的实现担保物权的情形，债权人依法享有就担保财产优先受偿的权利。

在借贷、买卖等民事活动中，债务人或债务人以外的第三人将特定的财产作为履行债务的担保。债务人未履行债务时，债权人依照法律规定的程序就该财产优先受偿。这种以担保债权的实现为目的而产生的一类财产权就是担保物权。

担保物权所利用的是物的交换价值。财产的所有人可以将其财产（如房屋、汽车、电脑、股票等）设定抵押或者质押，一旦债务不能得到清偿，债权人就可以将该财产折价或者以拍卖、变卖该财产的价款优先受偿。

2. 担保物权的法律特征

（1）担保物权设立的目的是保证债权的实现。担保物权的设立，使债权人对于担保财产享有变价处分及优先受偿权，是对主债权效力的加强和补充。

（2）担保物权是在债务人或第三人的特定财产上设定的他物权。担保物权的标的物，必须是特定物，否则就无法从其价值中优先受清偿。

（3）担保物权的内容表现为对担保物的期待处分权及优先受偿权。担保物权的主要内容或权能：

第一，对担保物的期待处分权。无论担保物权人是否占有担保物，担保物的处分权只有在债务人不履行到期债务时方能行使。

第二，对担保物变价的优先受偿权。债务人不履行到期债务，担保物权人可处分担保物，以所得价金实现其债权。如债务人同时对多人负有债务，该价金应首先用来清偿有担保物权的债权人的债务，有剩余时，方可用来偿还其他债权人。

担保物权也可以包括对担保物所有权的取得权。即债务人不履行到期债务时，经合理折价，担保物权人可将担保物取为己有。折价金额超过债务额的，担保物权人退还差价，不足的，债务人另行清偿。

（4）担保物权是从权利。担保物权以主债权的存在为其存在前提，随主债权的转移而转移，随主债权的消灭而消灭。担保物权不能独立存在，是作为主权利的主债权的从权利。

3. 担保物权的分类

根据我国《民法通则》《担保法》等法律的规定，担保物权包括抵押权、质权、留置权等。

（1）抵押权。

抵押权指债务人或者第三人不转移财产（通常为不动产或者价值大的动产）的占有，将该财产作为债权的担保，债务人未履行债务时，债权人依照法律规定的程序有权以该财产折价或者以拍卖、变卖该财产的价款优先受偿的权利。

（2）质权。

质权是指债权人与债务人或债务人提供的第三人以协商订立书面合同的方式，移转债务人或者债务人提供的第三人的动产或权利的占有，在债务人不履行债务时，债权人有权以该动产折价或者以拍卖、变卖该动产的价款优先受偿。

质权分为动产质权和权利质权。动产质权指债务人或者第三人将其动产移交债权人占有，以该动产作为债权的担保，债务人未履行债务时，债权人依照法律规定的程序享有就该动产优先受偿的权利。债务人或者第三人为出质人，债权人为质权人，移交的动产为质押财产。出质人也可以将法律规定可以转让的股权、仓单、提单等财产权利出质，这时质权称为权利质权。

（3）留置权。

留置权是指债权人因保管合同、运输合同、加工承揽合同依法占有债务人的动产，在债权未能如期获得清偿前，留置该动产作为债权的担保。债务人不按照合同约定的期限履行债务的，债权人享有可以以该财产折价或者以拍卖、变卖该财产的价款优先受偿的权利。

依《民法通则》规定及最高人民法院的解释，债务人到期不履行义务，经债权人催告，在合理期限内仍不履行义务的，债权人有权依法变卖留置物，以变卖财产的价款优先受偿。

4. 抵押权与留置权的区别

留置权是当债务人逾期不履行债务时，合法占有债务人财产的债权人有权扣留物品并享有对该物品的优先受偿权（优先受偿占有物）。抵押权和留置权都是担保物权，都可以动产为标的物。两者的区别主要在于：

（1）设立的条件不同。留置权直接依据法律的规定发生，属于法定担保物权；而抵押权由当事人自由设定，依双方当事人合意而发生，属于约定担保物权。

（2）标的物的范围不同。留置权的标的物只能是动产；而抵押权的标的物可以是动产，也可以是不动产。

（3）标的物与债权的关系不同。留置权的标的物应当与债权属于同一法律关系，只有企业之间留置的才能除外；而抵押权无此限制。

（4）权利的实现不同。债务人不履行到期债务时，留置权人不能当然地实现留置权，而应当先与债务人约定留置财产后的债务履行期间。通常来说，留置权人应当给债务人两个月以上履行债务的期间，但鲜活易腐等不易保管的动产除外。债务人逾期未履行时，留置权人才可以留置财产折价或者直接拍卖、变卖留置财产。而抵押权只需债务人不履行到期债务或者发生当事人约定的实现抵押权的情形便可以行使；但抵押权人应当与抵押人协议以抵押财产折价或者以拍卖、变卖该抵押财产所得的价款清偿债权，协议不成的抵押权人可以请求人民法院拍卖、变卖抵押财产。

（5）消灭的原因有所不同。留置权人对留置财产丧失占有或者留置权人接受债务人另行提供担保的，留置权消灭；而抵押权不因这两种原因而消灭。

5. 抵押权与质权的区别

抵押权与质权是基于当事人的约定而产生的，抵押权与质权的区别是：

（1）抵押标的为动产与不动产；质权标的为动产与权利。

（2）抵押物不移转占有；质物移转占有。

（3）当事人可以自愿办理抵押登记的，抵押合同自签订之日起生效；当事人不必办理质押登记的，质押合同自质物或权利凭证交付之日起生效。没有权利凭证的，质权自有关部门办理出质登记时设立。

（4）当事人办理抵押登记的，登记部门为抵押物的相应管理部门；以股票、知识产权出质的，当事人应向其相应的管理机构办理出质登记。

（5）债务履行期届满，抵押权人未受清偿的，可与抵押人协商以抵押物折价或以拍卖、变卖该抵押物的所得价款受偿，协议不成的，可向人民法院提起诉讼；债务履行期届满，质权人未受清偿的，可与出质人协议以质物折价或依法拍卖、变卖质物清偿债权。

6. 质权与留置权的区别

（1）成立的条件不同。质权依双方当事人的合意而成立；而留置权是依法律直接规定。

（2）占有的条件不同。两者虽然都是以担保物的占有及移转为要件，但质权在设定时才移转占有，担保物与债权事先没有占有的关系；而留置权的债权事先就与担保物有法律上的牵连，即债权人事先占有是留置权成立的前提条件。

（3）法律关系的客体不同。质权的标的包括动产还有财产权利；而留置权的标的仅为动产。

（4）权利的实现不同。质权的实现，是当债权已届清偿期而未受清偿，质权人通知出质人后，即可处置质物，实现债权，无须给出质人规定清偿债务的期限；而留置权的实现，须留置权人给债务人规定一定的期限，并通知债务人在此期限内清偿债务，当债务人不为清偿时，留置权人方可处置该留置物，实现债权。

（5）消灭不同。质权不因债务人另行提供担保而消灭；而留置权则在债务人另行提供担保时消灭。

三、切实保护知识产权

知识产权，英文为"intellectual property"，其原意为"知识（财产）所有权"或者"智慧（财产）所有权"，也称为智力成果权，指权利人对其所创作的智力劳动成果所享有的专有权利。各种智力创造比如发明、文学和艺术作品，以及在商业中使用的标志、名称、图像以及外观设计，都可被认为是某一个人或组织所拥有的知识产权，它通常是国家赋予创造者对其智力成果在一定时期内享有的专有权或独占权，其主要功能是保护知识拥有者和创新者的利益，它是法律赋予知识产品所有人对其智力创造成果所享有的某种专有权利。

从本质上说，知识产权是一种有别于财产所有权的无形财产权，它的客体是智力成果或者知识产品，是一种无形财产或者一种没有形体的精神财富，是创造性的智力劳动所创造的劳动成果。它与房屋、汽车等有形财产一样，都受到国家法律的保护，都具有价值和使用价值。在现代社会，有些重大专利、驰名商标或作品的价值远远高于房屋、汽车等有形财产。一般说来，知识产权包括著作权、专利权、商标权、商业秘密、植物新品种权、集成电力布图设计权等。

（一）著作权

1. 著作权的概念

著作权是指作者或其他著作权人依法对文学、艺术和科学作品享有的支配和获取利益的权利。一般情况下创作者是著作权人,特定情况下,著作权亦可依法属于作者以外的其他个人或法人。

作品,是指文学、文艺和科学领域内,具有独创性并能以某种有形形式复制的智力创造成果。著作权法保护的作品应具备的条件:

(1) 独创性,亦称原创性,是作品成为著作权客体的首要条件。指由作者独立构思而成的,作品的内容或表现形式完全或基本不同于他人已经发表的作品,即不是抄袭、剽窃、篡改他人的作品。

(2) 可复制性。符合著作权法保护条件的作品,通常都是能以某种物质复制形式表现的智力创作成果。复制形式包括印刷、绘画、摄影、录制等。

(3) 作品的表现形式应当符合法律的规定。著作作品是作者的思想表现形式。单纯的思想或情感本身而不具有文学、艺术等客观表现形式的,不能称为作品,不能成为著作权客体。著作权要保障的是思想的表达形式,而不是保护思想本身。

2. 著作权法保护的范围

(1) 受著作权法保护的对象。

我国《著作权法》规定,在文学、艺术和自然科学、社会科学、工程技术等领域内创作的作品,均属著作权法保护范围。包括:文字作品,口述作品,音乐、戏剧、曲艺、舞蹈、杂技艺术作品,美术、建筑作品,摄影作品,电影和以类似制作电影的方法创作的作品,工程设计图、产品设计图、地图、示意图等图形作品和模型作品。此外,民间文学艺术作品、计算机软件以及法律、行政法规规定的其他作品也是著作权的客体。

(2) 不受著作权法保护的对象。

① 依法禁止出版、传播的作品。比如违背法律、宣传反科学、反人类、危害公共安全、破坏社会善良风俗的反动、淫秽的言论等作品。

② 不适用于著作权法保护的对象。为了国家或公众的利益,《著作权法》专门规定了某些不适用于该法保护的对象。我国《著作权法》规定了以下三种:

第一,法律规定,国家机关的决议、决定、命令和其他具有立法、行政、司法性质的文件及其官方正式译文。规定这类客体不适用于著作权法保护,是为了有助于这类客体的广泛传播。

第二,时事新闻,指通过期刊、报纸、电台、电视台等传播媒介报道的单纯事实消息。一是为了有利于时事新闻的传播,二是其只是单纯地反映客观现实,不能成为作品。但是,如果报道者对时事新闻做出了加工,即付出了创造性劳动时,该报道可以构成作品。

第三,历法、通用数表、通用表格和公式。这些客体因其在日常生活、学习中的工具性质,不适用于著作权法保护。作为工具,显然不适合用著作权法加以保护,否则违背著作权法的基本原理,妨碍科学技术的进步和文化的发展。

此外,保护期届满的作品以及著作权人正式声明放弃其著作权的作品也属于不受著作权法保护的对象。

3. 著作权的内容

(1) 著作人身权。

著作人身权,又称精神权利,指作者对其作品所享有的各种与人身相联系或密不可分而无直接财产内容的权利。作者终身享有著作人身权，没有时间的限制。作者死后，作者的著作人身权可依法由其继承人、受遗赠人或国家的著作权保护机关予以保护。一般认为，它不能转让、剥夺或继承。具体包括：

①发表权，作者（著作权人）有权决定是否发表、何时发表、以什么方式发表作品；

②署名权，作者在发表作品时有权决定是否署名、署真名还是署笔名；

③修改权，作者有权修改自己的作品，他人均无权修改著作权人的作品；

④保护作品完整权，作者有权对作品的完整性进行维护，他人未经著作权人的许可，无权擅自修改该作品。

（2）著作财产权。

著作财产权，又称经济权利，是著作人身权的对称，指作者及传播者通过某种形式使用作品，从而依法获得经济报酬的权利。具体包括：

①使用权。著作权人有权使用自己的作品或者许可他人使用自己的作品，使用方式有复制、表演、播放、展览、发行、改编、翻译、注释、汇编、出租、放映、网络传播、拍摄电影电视及录像等。

②获得报酬权。著作权人有权基于以上方式使用自己的作品获得收益，或者许可别人使用自己的作品而获得一定的报酬。

（二）专利权

专利制度是依据专利法而形成的保障发明创造人的利益、鼓励发明创造，促进发明创造成果推广利用，从而推动技术进步和经济发展的法律制度。专利制度的基本内容是依据专利法对申请专利的发明创造进行科学审查，并授予其专利权，同时将该发明创造公诸世，以促进技术信息的交流和技术的有偿转让，从而确保专利权人的合法权益，促进社会进步和发展。

1. 专利权的含义

"专利"英文为 Patent，源自英国中世纪国王常使用的"letters patent"，即可以打开的文件。现一般认为，专利是指经过国务院专利行政部门依照专利法进行审查，认定符合专利条件的发明创造。

专利权，是指法律赋予专利权人对其获得专利的发明创造在一定期限内依法享有的专有权利。它是国家主管机关授予特定人生产经营其发明创造并禁止他人生产经营其发明创造的某种特权，是对发明创造的独占的排他权。也可以说，公民、法人或者其他组织对其发明创造在一定期限内依法享有的垄断权。

发明人以公开其发明内容为条件，换取国家在限定时间内给予强有力的法律保护；一个发明创造只能被授予一项专利，即一项技术信息不能同时为多个专利权利主体享有，其他人即使独立做出了相同的发明，也不得实施该发明。

2. 专利的内容——发明、实用新型和外观设计

我国专利制度保护的专利有发明、实用新型和工业品外观设计三种，其中发明和实用新型有其特定的技术性要求，而外观设计所保护的是一种美学思想，不在技术范围之内。

（1）发明是人们通过创造性劳动所创制或者设计出来的某种前所未有的产品或者技术。我国专利法将发明分为产品发明、方法发明和改进发明三种。

① 产品发明指通过智力劳动创造的，能以有形形式表现的各种制成品或产品。

② 方法发明指把一种物品或者物质改变成另一种状态或另一种物品或物质所利用的手段和步骤的发明。

③ 改进发明指对已有的产品发明或方法发明所作出的实质性革新的技术方案。

（2）实用新型是指对产品的形状、构造或者他们的结合所提出的适于实用的新技术。

（3）外观设计，是指对产品的形状、图案色彩或者其结合所做出的富有美感并适合于工业上应用的新设计。

3. 专利权的保护期限

专利权期限是指专利权的法定有效时间。专利权在有效时间内受法律保护。

（1）规定专利权期限原因。

与普通财产权不同，专利权是一种无形财产权，不会因客体消失而自然终止。基于专利技术自身具有随着时间推移和技术水平提高而逐渐失去其财产价值的特性，以及专利权长期被独占，不利于整个社会科学技术的进步和产业的发展事由之考虑，大多数国家专利法均规定了专利权的期限。

（2）我国专利权的保护期限。

我国《专利法》第四十五条规定，发明专利权的期限为20年，实用新型专利权和外观设计专利权的期限为10年。以上法定有效时间均自申请之日起计算。

专利权保护期届满，没有按照规定缴纳年费或者专利权人以书面声明放弃其专利权的，将导致专利权保护期终止。这些发明创造就进入公共领域，任何人都可以免费使用。

4. 专利权的申请与审批

发明人或者设计人完成发明创造后，可以向国家知识产权局以书面形式或者国家知识产权局专利局规定的其他形式申请专利。国家知识产权局经过审查，认为该申请符合条件的，则颁发专利证书，授予专利权。他人未经专利权人同意，不得实施其享有专利的发明创造。否则，构成专利侵权行为，须承担相应的法律责任。

5. 专利与商业秘密之比较

（1）商业秘密的概念。

我国《反不正当竞争法》第十条明确规定，商业秘密是指不为公众所知悉，能为权利人带来经济利益，具有实用性并经权利人采取保密措施的技术信息和经营信息。其中，不为公众知悉，是指该信息是不能从公开渠道直接获取的；能为权利人带来经济利益，具有实用性，是指该信息具有可确定的可应用性，能为权利人带来现实的或者潜在的经济利益或者竞争优势；权利人采取保密措施，包括订立保密协议，建立保密制度及采取其他合理的保密措施。

从上述定义来看，商业秘密主要包括两方面的信息：一是技术信息，二是经营信息。技术信息（又称为技术秘密）是从经验或者技艺中得来的，能在实际中特别是工业中应用的信息。"技术"一词限定了它的范围，它与发明和实用新型有相似的部分，这种信息可以是发明，也可以包含了技术发明。这种技术发明也许是可以获得专利的，也许是因为不具备必要的条件而不能获得专利的。对于具备专利申请条件的技术信息，如果权利人以之申请专利，则该信息不再是商业秘密意义上的技术信息；如果权利人不申请专利，则可能因其被保密而成为商业秘密。

（2）专利与商业秘密的关系。

商业秘密与专利一样，都是知识产权的一种，是一种无形财产。实际上，商业秘密保护制度是对专利制度的一种补充，以保护专利保护制度无法涉及的某些信息。事实上，专利和商业秘密都属于凝结了人类智力劳动成果的无形财产，本身都是作为一种信息而存在，二者有交叉的地方。在对信息的保护方面，应该说商业秘密权与专利权是具有互补性的，两者可以共存并共同对人类科学技术的进步和经济的发展起促进作用，有时权利人需在进行专利保护还是商业秘密保护之间进行选择。

（3）专利权与商业秘密权的区别。

专利权与商业秘密权同属于知识产权，除具有专有性等共同特征外，二者之间存在着诸多不同。

① 两种权利的产生条件不同。相较于专利权而言，商业秘密权的获得是以不公开技术信息为要件的，即对于技术信息的保密是商业秘密产生的最基本条件。对于专利权而言，其垄断性权利的获得必须以向社会公众公开其专利为前提。

② 同商业秘密权相比，专利权具有很强的垄断性，他人未经专利权人同意，不得实施其享有专利的发明创造。而商业秘密权则不同，目前司法和理论界一致认为，只要不是非法获取，他人均可自由使用相应的商业秘密。

③ 从保护的时间上来看，商业秘密的保护是没有期限限制的，只要该商业秘密不被泄露出去为公众所知，则永远受到保护。但专利权作为一种垄断性权利所付出的代价为受到保护时间的限制，其保护期限一般为 10 年到 20 年不等，不同国家有不同的法律规定。

④ 在权利保护方面，商业秘密权利人有权以所有的方式去支配商业秘密权，可以对其合法享有的商业秘密行使占有、使用、收益、处分权，有权在保密状态下独自享有商业秘密的垄断使用权，也有权允许他人有偿使用，可以将商业秘密权转让他人，还可以将商业秘密公诸世，使之进入公有领域。而专利权则要受到强制许可使用的限制。

（三）商标权

1. 商标的含义

在市场经济中，商品的生产者、经营者或者服务的提供者为了标明自己的产品或服务的来源，采用由文字、图形、三维标志或其组合构成的，具有显著特征、便于识别同类或类似的商品或服务来源的一种专用标记就是商标。使用商标的目的主要是识别不同经营者的商品或者服务项目。根据识别对象不同，商标划分为商品商标和服务商标。

根据构成要素的不同，商标划分为文字商标、图形商标、立体商标和组合商标。

（1）文字商标是指以文字、字母、数字组成的商标。

（2）图形商标是指由图形构成的商标。

（3）立体商标是指以三维标志为构成要素的商标。

（4）组合商标是指由文字、图形、三维标志、颜色组合等组合而成的商标。

2. 注册商标及其规定

如果经营者向国家商标局申请并且获得注册，该标记就成为注册商标，权利人可以在相应的产品或者包装上使用"注册商标"字样或者"®"标记。

根据我国《商标法》的规定，可以用于注册商标的有文字、图形、字母、数字、三维标志、颜色组合以及这些要素的结合。申请注册的商标必须具有显著性，能够把利用该商标的商品或服务与他人的区别开来，但是下列标志不得作为商标使用：

（1）同中华人民共和国的国家名称、国旗、国徽、军旗、勋章相同或者近似的，以及同中央国家机关所在地特定地点的名称或者标志性建筑物的名称、图形相同的；

（2）同外国的国家名称、国旗、国徽、军旗相同或者近似的，但该国政府同意的除外；

（3）同政府间国际组织的名称、旗帜、徽记相同或者近似的，但经该组织同意或者不易误导公众的除外；

（4）与表明实施控制、予以保证的官方标志、检验印记相同或者近似的，但经授权的除外；

（5）同"红十字""红新月"的名称、标志相同或者近似的；

（6）带有民族歧视性的；

（7）带有欺骗性，容易使公众对商品的质量等特点或者产地产生误认的；

（8）有害于社会主义道德风尚或者有其他不良影响的。

县级以上行政区划的地名或者公众知晓的外国地名，不得作为商标。但是，地名具有其他含义或者作为集体商标、证明商标组成部分的除外；已经注册的使用地名的商标继续有效。

3. 驰名商标

（1）驰名商标的含义。

驰名商标是中国国家工商行政管理局商标局和中国工商行政管理总局商标评审委员会或人民法院，根据企业的申请，官方认定的一种商标类型。具体是指经过长期使用，在市场上享有较高信誉，为公众普遍知晓的商标。其特征包括：一是在市场上享有较高的声誉；二是为相关公众所熟知；三是注册商标。

（2）驰名商标的重要意义。

驰名商标是一种无形财富，谁拥有了驰名商标，谁就等于掌握了点金术。在市场竞争日益激烈的今天，驰名商标所起的作用与日俱增。对消费者而言，驰名商标意味着优良的商品品质和较高的企业信誉；对驰名商标所有人而言，驰名商标是宝贵财富，意味着广泛的市场占有率和超常的创业能力。在现代社会，消费者对商品的需求已不仅仅注重质量、外观等，而且讲究品位、时尚，代表着一定的身份和地位。因此，在科技日益发达、知识信息不断膨胀、生活水平不断提高的今天，商标本身蕴藏着巨大的无形资产，是企业不可或缺的宝贵财富。

（3）驰名商标的特殊保护。

一般各国对驰名商标都有特殊的规定予以保护。我国对驰名商标的保护有：

① 就相同或者类似商品申请注册的商标，是复制、摹仿或者翻译他人未在中国注册的驰名商标，容易导致混淆的，不予注册并禁止使用。

② 就不相同或者不相类似商品申请注册的商标，是复制、摹仿或者翻译他人已经在中国注册的驰名商标，误导公众，致使该驰名商标注册人的利益可能受到损害的，不予注册并禁止使用。已经注册的，自商标注册之日起 5 年内，驰名商标所有人可以请求商标评审委员会裁定撤销该注册商标。对恶意注册的不受 5 年的时间限制。

4. 商标权的法律特征

商标权，又称注册商标专用权，是指商标所有人对其在国家商标局依法注册的商标所享有的权利。其法律特征包括：

（1）独占性。独占性又称专用性，是指商标注册人对注册商标所享有的独占使用权。商标注册人对其注册商标享有独占使用的权利，任何人未经商标注册人同意，不得使用该商标。商标注册人有权禁止他人在同一种商品或者类似商品上使用与其注册商标相同或者近似的商标。

（2）时间性。法律对商标权的保护有一定的期限，过了法定期限即丧失法律效力。我国《商标法》规定注册商标的有效期限为10年，同时规定期限届满可请求续展，每次续展注册的有效期也是10年，续展的次数不受限制。所以，注册人只要按期申请续展，就可以长久地获得注册商标权的保护。

（3）地域性。商标权的地域性，是指商标权在一定的地域范围内具有效力，离开一定的地域则失去专有使用权的法律效力。注册商标的所有人只能在授予该商标权的国家使用并受法律保护；如需在另一个国家受到保护，即需要在那个国家依照该国法律规定申请商标注册。

四、民事权利行使的界限

自人类社会产生以来，人与人之间利益冲突不可避免，最初的利益冲突来源于生存压力，冲突解决靠的是群体的首领或者族长。随着社会的发展，社会分工越来越复杂，社会结构也越来越复杂，利益冲突越来越复杂多样。利益冲突的产生既违背了社会秩序的本质，也打乱了社会关系的相对稳定性。与之相适应，通过制定和实施规则，来合理分配利益、保障利益和协调利益，使各利益主体在一定的制度框架内平等有序地实现自己的利益的法律制度，就成为利益关系调整的基本手段。

近代以来，民法以人为本位，并围绕着人这一主体确定权利义务等基本内容和有关制度。其中，权利已成为民法的核心概念，可以说民法的一切制度均是以权利为中心而构建的。但是，任何一种权利的行使都要依据法律的规定。如果突破法律所规定的范围与内容，则构成违规行使权利，就会侵害其他权利主体的合法权益和社会秩序。

（一）遵循民法基本原则，合法合理地行使权利

民事活动指民事主体为了自己的生存利益，依据法律或者约定在自己的意志支配之下进行的民事权利取得、享有、行使以及救济等一系列行为或者行为过程。

1. 民事活动应当遵循平等、自愿、公平、等价有偿、诚实信用的原则

（1）平等原则。

《民法通则》第三条规定，当事人在民事活动中的地位平等。这是民法平等原则的体现。民法中平等原则的含义是，参与民事活动的当事人，无论是自然人或法人，无论其所有制性质，无论其经济实力强弱，其在法律上的地位一律平等，任何一方不得把自己的意志强加给对方，同时法律也为双方提供平等的法律保护。

（2）自愿（意思自治）原则。

《民法通则》第四条规定，民事活动应当遵循自愿原则。所谓自愿，是指主体的意志自由，

按照通行的表述，就是意思自治。

自愿是指在民事活动中体现当事人的意志，排除他人强迫、欺诈及其他不当影响和压力自己做主。我国民法的自愿原则主要表现为合同自由、婚姻自由、遗嘱自由。

自愿原则的实质，就是在民事活动中当事人的意思自治。即当事人可以根据自己的判断，去从事民事活动，国家一般不干预当事人的自由意志，充分尊重当事人的选择。自愿原则的内容应该包括自己行为和自己责任两个方面。自己行为，即当事人可以根据自己的意愿决定是否参与民事活动，以及参与的内容、行为方式等；自己责任，即民事主体要对自己参与民事活动所导致的结果负担责任。也就是说，每个人对自己的行为负责，享受自己的行为带来的福利，承担自己的行为的风险。

（3）公平原则。

《民法通则》第四条规定，民事活动应当遵循公平的原则。公平原则是进步和正义的道德观在法律上的体现，对于弥补法律规定的不足和纠正贯彻自愿原则过程中可能出现的一些弊端，具有重要意义。

公平原则是指民事主体应依据社会公认的公平合理的价值观念从事民事活动，并遵循文明社会所公认的价值观念去分享从事民事活动之所得，正当行使权利和履行义务，兼顾他人利益和社会公共利益，以维持当事人之间的利益均衡。公平原则在民法上主要是针对当事人间的合同关系提出的要求，是当事人缔结合同关系，尤其是确定合同内容时，所应遵循的指导性原则。

但是要注意，公平原则的具体运用，必须以自愿原则的具体运用作为基础和前提，如果当事人之间利益关系的不均衡，系自主自愿的产物，就不能谓为有违公平。

（4）等价有偿原则。

《民法通则》第四条也规定，民事活动应当遵循等价有偿的原则。等价有偿实质是平等原则在经济利益上的反映，是价值规律在民法上的集中体现，主要适用于财产关系。

等价有偿指民事主体在民事活动中实现自己的经济利益，应按照价值规律的要求，付出相应的代价；除法律另有规定或合同另有约定外，取得他人的财产利益或得到他人的劳务，都应当向对方支付相应的价款或酬金。不得无偿占有、剥夺他方的财产，不得非法侵害他方的利益。当然，在双方当事人自愿且不损害社会公共利益的情况下，财产移转也可以是不等价的或无偿的。

（5）诚实信用原则。

《民法通则》第四条也规定，民事活动应当遵循诚实信用的原则。诚实信用原则最初是一种道德规范，后来成为民法的基本原则。其立法目的在于反对一切非道德的、不正当的行为，维护商品经济和社会生活的正常秩序和交易安全。它要求民事主体以善意的主观心理态度进行民事活动，像对待自己的事务一样对待他人的事务。

所谓诚实信用原则，又称诚信原则，是指民事主体参加民事活动，行使权利和履行义务，都应当诚实守信，以善意的方式履行义务，不得滥用权力去规避法律或合同规定的义务。同时，诚信原则不仅要求维持当事人之间的利益，还要求必须使当事人利益与社会利益之间得到平衡。诚实信用原则的内容体现为：

① 任何当事人在民事活动中都要诚实不欺，恪守诺言，讲究信用。例如：甲有一栋可以眺望海的房屋，乙希望购买。甲明知乙买房主要是因为风景，也明知附近将有另一栋房屋建

起，建成后自己的房屋将看不到大海，可是仍然将房屋卖给乙。此例中甲违反了民法的诚实信用原则，该买卖行为无效。

②当事人应依善意的方式行使权利，在不损害他人利益和社会利益的前提下追求自己的利益。

③当事人应以诚实信用的方式履行义务，对于约定的义务要忠实地履行。那些见利忘义、掺杂使假、欺诈蒙骗以及不讲信用、擅自毁约的行为，都严重地违背了诚实信用原则的要求。

究其实质，诚实信用原则原本是经济规律的内在要求，并因此被确立为市场经济活动的道德准则和最终上升为一项民事法律原则，成为民法的"帝王条款"，这是典型的道德准则的法律化。

2. 民事活动要合法、遵守国家政策

民事主体的民事活动应当遵守法律和行政法规。《民法通则》第六条规定，民事活动必须遵守法律，法律没有规定的，应当遵守国家政策。该规定其实就是作为民法基本原则的守法原则的体现。

前面已经述及，民法的一切制度均是以权利为中心而构建的。但是，任何一种权利的行使都要依据法律的规定。民法作为私法，着重于对私人人身利益和财产利益的法律调整，因而在规范形态上存在许多可以经由当事人特别协商予以排除的任意性规范，以及为保护当事人的利益所设置的倡导性规范。任意性规范仅在当事人对有关事项未作约定或约定不明确的情况下，方可作为补充性规范，弥补当事人意思表示上的欠缺。倡导性规范也不具有强制当事人遵循的效力。不遵守倡导性规范，属于自甘冒险的行为，当事人有可能承受由此带来的不利后果。

因而，守法原则一般不包括法律和行政法规中的任意性规范和倡导性规范，而是指民事主体的民事活动应当遵守法律和行政法规中的强行性规范，不得有所违反。一旦违反，法律和行政法规将作出否定性评价，使民事主体的民事活动不按照民事主体的预期发生相应的法律效果。

3. 民事活动不得滥用权利

《民法通则》第七条规定，民事活动应当尊重社会公德，不得损害社会公共利益，扰乱社会经济秩序。该规定既体现了公序良俗原则，也体现了禁止权利滥用原则。

（1）公序良俗原则。

公序良俗是公共秩序与善良风俗的简称。公序良俗原则是现代民法一项重要的法律原则，是指一切民事活动应当遵守公共秩序，符合善良风俗，不得违反国家的公共秩序和社会的一般道德。

公共秩序是指国家社会的存在及其发展所必需的一般秩序，在我国现行法上包括国家利益、社会经济秩序和社会公共利益；善良风俗，是指国家社会的存在及其发展所必需的一般道德或良好道德风尚，包括我国现行法上所称的社会公德、商业道德和社会良好风尚。二者均以国家社会的健康发展为目标，对违反此目标的法律行为进行否定性的评价，即为公序良俗原则。

在民事法律中，"法无明文禁止即可为"意味着民事主体在不违背强制性法律规则和法律不禁止的条件下，可自愿选择满足或有利于自身利益的行为。非基于正当的重大事由，国家

不应加以干涉。但在法律不足以评价主体行为时，公序良俗原则的作用在于可以限制民事主体的意思自治及权利滥用。民事法律调整的固有缺陷，即市民社会生活交往的广泛性、复杂性、不稳定性与法律的不可穷尽性之间的矛盾。公序良俗原则的任务则是解决这一矛盾，以弥补法律的不足，维护社会公共利益，实现社会正义。

一般认为，违反公序良俗原则的行为类型主要有危害国家公序行为、危害家庭关系行为、违反性道德行为、射幸行为（如赌博行为）、违反人权和人格尊严的行为、限制经济自由的行为、违反公平竞争的行为、违反消费者保护的行为、违反劳动者保护的行为、暴力行为等十种。

（2）禁止权利滥用原则。

禁止权利滥用原则，是指民事主体在进行民事活动中必须正确行使民事权利，如果行使权利损害同样受到保护的他人利益和社会公共利益时，即构成权利滥用。当事人的权利将依法被限制、剥夺或承担民事责任。通俗来讲，禁止权利滥用原则是指民事主体不得以不正当的方式行使权利加害于他人的原则。

权利滥用的特征在于行为人原本享有该权利，行使该权利是正当、合法行为，但在行使权利时，行为人有意超越权利的目的和社会所容许的界限，对社会公共利益和他人权利造成损害，应当为法律禁止。

对于如何判断权利滥用，除了《民法通则》的规定外，其他法律也有相关规定。我国《宪法》第五十一条规定："中华人民共和国公民在行使自由和权利的时候，不得损害国家的、社会的、集体的利益和其他公民的合法的自由和权利"；

《合同法》第七条规定："当事人订立、履行合同，应当遵守法律、行政法规，尊重社会公德，不得扰乱社会经济秩序，损害社会公共利益"；

《专利法》第五条规定："对违反国家法律、社会公德或者妨害公共利益的发明创造，不授予专利权"等。

判断权利滥用的标准：在主观方面，应看权利人有无滥用权利的故意和过失；在客观方面，要看权利人滥用权利的行为是否造成他人的或社会的损害。如果两方面条件具备，就可以认定构成滥用权利。

（二）行使民事权利的界限与限制

依权利行使的自由原则，权利作为法律所赋予的享受利益的力量，权利的行使应当依权利人的自由意思，原则上不应受干涉。但现代法律表明，凡权利皆有界限，没有哪一项权利是没有任何限制的。权利人行使其权利，都应遵守一个"度"，任何一项权利都存在一个行使适当与否的问题，拥有权利也就拥有了权利的限度。因此，法律不仅可以限制权利的行使，而且必须限制权利的行使。

限制权利主要的目的就是维护社会秩序、保障国家安全和维护公共利益。法律在必要时可以对公民的权利进行限制，以取得权利主体之间的平衡。所谓权利限制是指为确保权利人正当行使其权利，权利人行使权利的范围、方式等受到法律的限制。权利滥用之禁止是现代民法的一项基本原则，权利人违反权利行使的限制即构成权利滥用，为法所阻止。权利滥用之禁止目的是使权利之行使符合正当性的要求，不致损害公共利益和他人利益。

与世界各国、各地区的立法趋势相一致，我国《宪法》《民法通则》《合同法》等法律对民事权利限制制度作出了规定，这有利于督促民事主体正当地行使权利，有利于维护社会公共利益。对公民行使自由和权利的总的限制性规定，如我国《宪法》第五十一条，该条规定同时也表明了限制的基本目的。具体到民事权利的限制，如《民法通则》第七条、《专利法》第五条等。

1. 法律对物权中不动产相邻关系保护的限制

不动产权利人在行使权利时，应当注意到相邻不动产权利人的利益，否则就可能侵犯他人的正当权益。这就是法律关于"相邻关系"的规定。

《民法通则》第八十三条规定，不动产的相邻各方，应当按照有利生产、方便生活、团结互助、公平合理的精神，正确处理截水、排水、通行、通风、采光等方面的相邻关系。给邻方造成妨碍或者损失的，应当停止侵害，排除妨碍，赔偿损失。《物权法》第八十四条也规定，不动产的相邻权利人应当按照有利生产、方便生活、团结互助、公平合理的原则，正确处理相邻关系。

（1）相邻关系的概念。

相邻关系，是指两个或两个以上相互毗邻的不动产的所有人或使用人，在行使不动产的所有权或使用权时，因相邻各方应当给予便利和接受限制而发生的权利义务关系。这种权利义务关系历来都是一种极为重要的民事法律关系，也是人类社会中除血缘关系外最早发生的一种财产关系。如果处理不好，就会发生矛盾，产生纠纷，影响正常的社会秩序。

相邻关系的特点，一是相邻关系的主体必须是两个或两个以上的人。因为一人不可能构成相邻。相邻关系可以在公民之间，也可以在法人之间，或在公民与法人之间发生。二是相邻关系是因为主体所有或使用的不动产相邻而发生的，例如因为房屋相邻产生了通风采光的相邻关系。在许多情况下，相邻关系的发生也与自然环境有关。如甲、乙处于一条河流的上下两个相连的地段，就自然构成了甲、乙各方互相利用水流灌溉和水力资源的相邻关系问题。三是相邻关系的客体主要是行使不动产的所有权或使用权所体现的财产利益或其他利益。相邻关系的任何一方都要以自己的财产为对方提供某种方便，在行使权利时，既要考虑自己的合法利益，又要为邻人提供方便，考虑到他人的合法权益。

（2）相邻关系的种类。

相邻关系产生的原因很多，种类复杂，主要相邻关系的基本内容有以下几个方面：

一是土地、山林、草原等的使用或所有关系。相邻各方对其享有使用权或所有权的土地、山林、草原等，都必须对之合理利用、加以认真保护和管理，不得滥用其所有权或使用权，损害相邻的他方利益。

二是因宅基地的使用而引起了相邻关系。相邻各方对宅基地的地界发生争议时，四至明确的，应以四至为准，四至不清或土地证上所载面积与实际丈量面积不符的，应当首先查明在四至上的院墙、墙桩、界石、树木等历史遗留下来的标记，作为确定宅基地的根据。对于历史形成的通道、流水，在没有同意规划前，宅基地使用人不得擅自堵塞、妨碍邻人的正常通行或流水。

三是相邻各方因用水、排水产生的相邻关系。相邻各方对于自然流水的排放，应当尊重流水自然形成的流向。

四是相邻管线设置关系。相邻一方因架设电线、埋设管道、建筑施工等需要通过或使用他人土地时，他人应当允许。

五是相邻防险关系。相邻的一方在自己的土地上施工，挖掘沟渠、地窖、水井和建房的地基等时，应注意对方房屋、地基以及其他建筑物的安全。一方的建筑物有倒塌的危险，严重威胁对方的人身、财产安全时，对方有权请求采取措施排除危险来源、解除威胁。如因此已经造成损害的，还应赔偿损失。

六是相邻排污关系。相邻的一方在修建厕所、粪池、污水池或堆放腐朽物、有毒物、恶臭物、垃圾等的时候，应当与邻人生活居住的建筑物保持一定的距离或采取相应的防护措施，防止空气污染、影响邻人的生产和生活。排放废水、废渣、废气必须遵守国家规定的排放标准。

七是相邻各方因通风、采光而产生的关系。相邻各方修建房屋和其他建筑物，必须与邻居保持适当距离，不得妨碍邻居的通风和采光。相邻各方在自己使用的土地上生长的竹、木根枝，伸长至邻人使用的土地的，应当及时剪除，不得影响邻人的利益。

（3）处理相邻关系的原则。

相邻关系发生在人们的生产和生活中，处理得不好，容易发生纠纷，影响人们的生产和生活，严重的甚至会造成人身伤亡和财产重大损害，影响社会生产和生活秩序的稳定。正确处理好相邻关系对于保护相邻人的合法权益，合理使用社会财富，稳定社会正常秩序，构建和谐社会具有十分重大意义。根据《民法通则》和《物权法》的规定，在处理相邻关系时，应遵循如下原则：

第一，兼顾各方的利益，互谅互让，团结互助，促进安定团结，正确处理相邻各方因使用权或所有权发生的争议。相邻关系各方的矛盾解决不了，必然会影响社会的安定，破坏国家、集体、公民三者之间的正常关系，正确规定和处理相邻关系对于稳定社会秩序、促进人民团结具有不容忽视的作用。

第二，促进生产发展。相邻关系深入到社会生活和劳动生产的许多环节。所以，正确处理相邻关系问题，还会促进生产发展。首先，它可以减少不必要的损失和浪费。其次，它可以从客观上维系和加强国家、集体、公民之间的和谐联系与合作，最大限度地发挥社会主义经济机制的能动作用，从而提高劳动生产效率。最后，它还能促进、提高社会成员的社会责任感，使之坚定对社会主义制度的信念，从而调动社会成员的劳动生产积极性。

第三，公平合理。相邻关系种类繁多，法律很难对各种相邻关系都作出具体规定，在处理因相邻关系发生的纠纷时，应当从实际情况出发，进行深入的调查研究，对无据可查的问题，应兼顾各方面的利益，根据公平原则，适当考虑历史的习惯，合情合理地处理纠纷。

2. 法律对人身权保护的限制

人身权制度是现代各国民法的一项重要内容，并随着社会的进步愈来愈为各国所重视。民法通过设定公民、法人的人格权和身份权，确认人身权，宣示人作为社会上的人的资格和地位，对人身权进行一般保护，保障公民、法人在法律规定的范围内充分行使自己的人身权利，并依法追究侵害他人人身权利的侵权行为人的法律责任。

如前所述，任何自由都不是绝对的，法律在赋予权利主体以自由权的时候，都规定行使自由权的必要限制，以防止其滥用。人身权也不例外，法律在必要时可以对其进行限制。在我国司法实践中，对公众人物的名誉权、隐私权的保护就作出了一些限制。

（1）公众人物名誉权、隐私权保护的限制。

公众人物是在一定范围内为人们所广泛知晓和关注，并与社会公共利益密切相关的人物。

包括以下几类：

第一，党政官员、公职候选人等政要人物。他们因在政治领域享有较高的社会地位，处于权力阶层，为社会知晓和关注，与社会公共利益密切相关。为防止这些人物滥用权力，应对其名誉权、隐私权的行使加以限制，以制约他们滥用职权。

第二，文艺界、影视界、体育界等明星。他们作为公众人物，社会知名度较高，其工作、生活等往往与社会公共利益密切联系，对社会公序良俗有着深刻的影响，因此，也必须对其名誉权、隐私权的行使加以限制。

第三，劳动模范、先进工作者和科技界、企业界等社会各界知名人士。他们一方面为社会做出了贡献，是社会公共利益的创造者；另一方面他们成名后，受到社会关注，一言一行都对社会公共利益有着深远的影响，其名誉权、隐私权的保护也因此受到一定的限制。

第四，其他公众人物，一般包括附属性公众人物和偶然性公众人物等非自愿性公众人物。前者包括高级领导人的家庭成员、身边工作人员以及领导干部犯罪案件中的共同犯，他们都有可能成为公众知晓的人物。后者主要是指因一些偶然性因素而一夜成名的人物。

此外，罪犯、被告人、犯罪嫌疑人和严重违纪人员及其他公序良俗的违背者属于转化型公众人物。他们因其犯罪、违法、违犯和反道德行为受到社会关注，使其成为反面的社会公众人物。他们本身就是社会公共秩序的破坏者、危害者，所以，因其不良行为而导致名誉权、隐私权的保护被削弱。

公众人物作为社会的特殊群体，其社会知名度、关注度、影响力、号召力和政治、文化各方面的权力乃至某些特权，都不是普通公民所能享有的。因此，社会就要建立一定的制约机制，限制公众人物对某些权利的行使。也就是说，公众人物一方面拥有更多的权利和地位；另一方面，他们的权利的行使特别是名誉权、隐私权要受到限制，其保护范围要比普通公民小。特别是政治人物的名誉权、隐私权保护应受到严格地限制。

（2）知情权和舆论监督权保护原则。

知情权（Right to Know），又称为知的权利、知悉权、资讯权、信息权或了解权。作为现代政治民主化发展演变的一种必然要求和结果，知情权通常是指公民接受、寻求和获取官方所掌握的情报信息的自由和权利。知情权一般包括公民知情权、法人知情权和法定知情权。

公民知情权主要指公民的知政权、社会知情权和对个人信息的知情权，即公民有权知晓国家政策，事务活动以及高级领导干部、公职候选人的工作经历、财产状况乃至家庭婚姻状况，有权知道社会所发生的、所感兴趣的问题和情况，因而党和政府官员、公职候选人和其他社会公众人物不得以个人隐私权保护相对抗。公民还有知悉有关自己的各方面信息的权利。

法人知情权是指法人机构在不妨碍他人利益和社会利益的前提下，有权获得其内部成员以及加入其组织人员的有关情况，包括个人经历、家庭婚姻状况等。

法定知情权主要指司法机关为侦查案件、审判案件收集证据享有依法了解有关涉案人员情况的权利，相对人员不得以名誉权、隐私权保护相对抗。

舆论监督是宪法赋予公民的一项基本权利，通过新闻媒体开展新闻批评是社会监督最有效的形式之一。舆论监督的重点是对党和国家机关、企事业单位、社会团体中掌握重要权力成员的监督。近年来舆论监督在促进国家工作人员廉洁高效和依法履行公职等方面发挥了极为重要的作用。

因此，现实生活中常常遇到知情权、舆论监督权与公民人格保障权的冲突。在这种情况下，从维护公共利益原则出发，被涉及的公民特别是公众人物不得以名誉权、隐私权保护为抗辩事由对抗知情权、舆论监督权。需要注意的是，公民在行使知情权、大众传媒在行使舆论监督权时，需要服从国家机密保护原则，涉及国家军事、外交、对社会经济生活带来重大影响的未公开的政策、重大人事变动等信息均属于机密保护的范围，公民和媒体不得随意触及。

此外，最高人民法院在就自然人、法人名誉权纠纷所做的司法解释中明确指出：消费者对生产者、经营者、销售者的产品质量或者服务质量进行批评、评论，不应当认定为侵害他人名誉权，但借机诽谤、诋毁，损害其名誉的，应当认定为侵害名誉权。新闻单位正确行使新闻监督权，对生产者、经营者、销售者的产品质量或者服务质量进行批评、评论，报道内容基本属实，没有侮辱性内容的，不认定侵害名誉权。若报道主要内容失实，损害其名誉的，应当认定为侵害名誉权。这主要是为了解决人身权与公众知情权、消费者批评监督权等之间的冲突，防止自然人、法人滥用权利，侵害他人的名誉权。

3. 法律对知识产权保护的限制

知识产品的产生具有双重性。一方面，它是创造者个人创造性劳动的产物；另一方面，它的创造也离不开对先前和同代人已有的知识产品的借鉴、吸收，具有在内容上的继受性和时间上的继承性。基于此，知识产品在由知识产品的创造者享有的同时，社会公众对之也有合法的利益。知识产品最终具有成为人类共同的财富的特点。在这个意义上，知识财富本质上是人类共有的。为了保障社会对知识产品接近和使用，对知识产权进行适当限制就成为必要了。

1）著作权的限制

（1）著作权的时间限制。

著作权的时间限制，是指著作权受法律保护的时间界限。具体来说，时间限制是对著作财产权和著作人身权中的发表权的限制，而著作人身权中的署名、修改和保护作品完整权没有时间限制。在著作权的保护期限内，著作权人享有相对完全的著作权；期限届满后，受限制部分的著作权就丧失，不再受法律保护。我国《著作权法》第二十一条对不同类型的作品保护期限作出了明确的规定，具体如下：

① 公民的作品保护期限。

公民的作品，其发表权、财产权的保护期为作者有生之年加死亡后 50 年，截至于作者死亡后第 50 年的 12 月 31 日，如果是合作作品，则截至于最后一个作者死亡后第 50 年的 12 月 31 日。

② 法人或其他组织的作品保护期限。

法人或其他组织的作品、著作权（署名权除外）由法人或者其他组织享有的职务作品，其发表权、财产权的保护期为 50 年，截至于作品首次发表后第 50 年的 12 月 31 日，作品自创作完成后 50 年内未发表的，著作权法不再保护。

③ 电影作品或以类似摄制电影的方法创作的作品、摄影作品保护期限。

电影作品或以类似摄制电影的方法创作的作品、摄影作品的保护期限，与法人或其他组织的作品保护期限相同。

④ 作者身份不明的作品保护期限。

作者身份不明的作品，发表权和财产权的保护期为 50 年，截至于作品发表后第 50 年的 12 月 31 日。但作者的身份明确后，则适用于公民的作品保护期限的规定。

（2）著作权的地域限制。

著作权的地域限制，主要是指著作权只在某国或一定地区受到法律保护，超越一国或一定地域就不能受到保护。这是因为著作权法是国内法，只有在颁布该法的主权范围内有效。即在本国所创作完成的作品，只能受到本国法律的保护，不能适用于其他国家和地区。但知识产权的国际化趋势使得著作权保护已跨越国境。要解除著作权的地域限制并不十分困难，只要该国加入了世界性的保护著作权的组织，就可打破这一地域限制。

其原因是世界上绝大多数国家签订了双边协议或参加了著作权方面的国际公约，如伯尔尼公约和世界版权公约，根据其"国民待遇原则""互惠原则"等基本实现了著作权的国际保护，即成员国国民的作品在其他成员国可得到与本国国民相同的保护，使著作权的地域性不那么明显。而未参加国际公约的国家在著作权保护方面才受到地域的限制。

（3）著作权的权能限制——合理使用和法定许可使用。

著作权的权能限制，是指可以不经著作权人许可，而使用享有著作权的作品，且不构成侵权的法律规定。我国著作权的权能限制主要包括合理使用和法定许可使用。

首先，著作权的合理使用是指在特定的条件下，法律允许他人自由使用享有著作权的作品，而不必征得著作权人的许可，并且也无须支付报酬，但应当指明作者的姓名、作品名称，同时不得侵犯著作权人享有的其他权利。根据《著作权法》的规定，著作权的合理使用主要体现在：

① 为个人学习、研究或者欣赏，使用他人已经发表的作品；

② 为介绍、评论某一作品或者说明某一问题，在作品中适当引用他人已经发表的作品；

③ 为报道时事新闻，在报纸、期刊、广播电台、电视台等媒体中不可避免地再现或者引用已经发表的作品（还应当包括网站）；

④ 报纸、期刊、广播电台、电视台等媒体刊登或者播放其他报纸、期刊、广播电台、电视台等媒体已经发表的关于政治、经济、宗教问题的时事性文章，但作者声明不许刊登、播放的除外；

⑤ 报纸、期刊、广播电台、电视台等媒体刊登或者播放在公共集会上发表的讲话，作者声明不许刊登、播放的除外；

⑥ 为学校课堂教学或者科学研究，翻译或者少量复制已经发表的作品，供教学或者科学研究人员使用，但不得出版发行；

⑦ 国家机关为执行公务在合理范围内使用已经发表的作品；

⑧ 图书馆、档案馆、纪念馆、博物馆、美术馆等为陈列或者保存版本的需要，复制本馆收藏的作品；

⑨ 免费表演已经发表的作品，该表演未向公众收取费用，也未向表演者支付报酬；

⑩ 对设置或者陈列在室外公共场所的艺术作品进行临摹、绘画、摄影、录像；

此处还包括将中国公民、法人或者其他组织已经发表的以汉语言文字创作的作品翻译成少数民族语言文字作品在国内出版发行；将已经发表的作品改成盲文出版。

其次，著作权的法定许可使用是指依照法律的规定，使用他人享有著作权的作品，可以不经著作权人同意，但事后必须向著作权人支付报酬而使用作品的行为，即"许可的付费使用"。法律规定法定许可目的是为了教育与科研，或为了公共利益。它是一种著作权的使用范围虽已超出了合理使用的界限，但仍旧被法律所允许的使用方式。

根据《著作权法》的规定，法定许可主要表现在以下方面：

① 作品刊登后，除著作权人声明不得转载、摘编的以外，其他报刊可以转载，或者作为

文摘、资料刊登，但应当按照规定向著作权人支付报酬；

② 录音制作者使用他人已经合法录制为录音制品的音乐作品制作录音制品，可以不必征得权利人许可，但应当按照规定向其支付报酬；著作权人声明不许使用的不得使用；

③ 广播电台、电视台播放已经出版的作品和录音制品，可以不经著作权人许可，但应当支付报酬；

④ 为实施九年制义务教育和国家教育规划而编写出版教科书，除作者事先声明不许使用的外，可以不经著作权人许可，在教科书中汇编已经发表的作品片段或者短小的文字作品、音乐作品或者单幅的美术作品、摄影作品，但应按照规定支付报酬，指明作者姓名、作品名称，并不得侵犯著作权人依照本法所享有的其他权利。

2）专利权的限制

专利权意味着排除他人使用自己的智力成果这一稀有资源。专利是企业通过使其难以为潜在的竞争对手复制或模仿而扩大其垄断利润的手段。专利权的享有就意味着垄断，因此，为了防止过度的垄断，对于专利权也应进行必要的限制。目前专利权主要受到以下限制：

（1）对权利客体的范围进行限制。

根据我国《专利法》第二条的规定，专利法的客体包括发明、实用新型和外观设计三种。我国《专利法》规定下列各项不得授予专利：① 科学发现，② 智力活动的规则和方法，③ 疾病的诊断和治疗方法，④ 动物和植物品种，⑤ 用原子核变换方法获得的物质，⑥ 对平面印刷品的图案、色彩或者二者的结合作出的主要起标识作用的设计。对前款第④项所列产品的生产方法，可以依照本法规定授予专利权。

（2）对授予专利权的条件进行限制。

发明创造要取得专利权，必须满足实质条件和形式条件。实质条件是指申请专利的发明创造自身必须具备的属性要求，形式条件是指申请专利的发明创造在申请文件和手续等程序方面的要求。仅就我国目前发明和实用新型实质方面进行一个说明，包括：

① 新颖性。《专利法》第二十二条规定，新颖性是指该发明或者实用新型不属于现有技术；也没有任何单位或者个人就同样的发明或者实用新型在申请日以前向国务院专利行政部门提出过申请，并记载在申请日以后公布的专利申请文件或者公告的专利文件中。

② 创造性。《专利法》第二十二条规定，创造性是指与申请日以前在国内外为公所知的技术相比，该发明有突出的实质性特点和显著的进步，该实用新型有实质性特点和进步。

③ 实用性。《专利法》第二十二条规定，实用性是指该发明或者实用新型能够制造或者使用，并且能够产生积极效果。

（3）对权利行使的内容进行限制。

① 强制实施许可。强制许可也称非自愿许可，是指国务院专利行政部门根据具体情况，不经专利权人同意，通过行政程序授权他人实施发明或者实用新型专利的一种法律制度。

② 不构成专利侵权的使用行为，包括先用权人的实施、专利权的用尽、为科学研究和实验目的的使用、临时过境。

③ 国家计划许可。对国家利益或者公共利益具有重大意义的国有企事业单位的发明专利，国务院有关主管部门和省级人民政府经国务院批准，可以决定在批准的范围内推广应用，允许指定的单位实施，由实施单位按照国家规定向专利权人支付使用费。对于中国集体所有制单位和个人的发明专利，参照前述规定办理。

（4）对专利权行使期限的限制。

我国《专利法》第四十二条明确规定，发明专利权的期限为20年，实用新型专利权和外观设计专利权的期限为10年，均自申请日起计算。

3）商标权的限制

（1）商标权的合理使用制度。

商标权合理使用是指商标权人以外的人在生产经营活动中以叙述性使用、指示性使用、说明性使用或平行使用的方式善意使用商标权人的商标而不构成侵犯商标专用权的行为。

《商标法》（2013年修正）第五十九条规定，注册商标中含有的本商品的通用名称、图形、型号，或者直接表示商品的质量、主要原料、功能、用途、重量、数量及其他特点，或者含有地名，注册商标专用权人无权禁止他人正当使用；三维标志注册商标中含有的商品自身的性质产生的形状、为获得技术效果而需有的商品形状或者使商品具有实质性价值的形状，注册商标专用权人无权禁止他人正当使用。

（2）先使用权人的使用。

在商标法领域，先使用权是指某人在他人申请商标注册前已经在相同或者类似商品上使用与注册商标相同或近似商标，当他人申请注册的商标被核准注册后，该先用人享有在原有的范围内继续使用其商标的权利。

《商标法》（2013年修正）第三十二条规定，申请商标注册不得损害他人现有的在先权利，也不得以不正当手段抢先注册他人已经使用并有一定影响的商标。第五十九条还规定，商标注册人申请商标注册前，他人已经在同一种商品或者类似商品上先于商标注册人使用与注册商标相同或者近似并有一定影响的商标的，注册商标专用权人无权禁止该使用人在原使用范围内继续使用该商标，但可以要求其附加适当区别标识。

学习思考：

1. 民事法律关系的概念和要素是什么？
2. 简述自然人的民事行为能力。
3. 简述民事权利实现的法律途径。
4. 违反民事义务的后果是什么？
5. 自然人的人身权包括哪些内容？
6. 自然人的财产权包括哪些内容？
7. 简述对知识产权的理解？
8. 谈谈对民事权利的行使与界限的认识。

专题三

信守合同与违约

第一讲 合同概说

在当今社会，我们生活在一个合同关系的网络中，衣食住行时时处处都离不开合同。合同无处不在，合同和国家与国家之间、公司企业之间，乃至社会的每一个自然人都有着息息相关的联系。

一、合同的概念与特征

（一）合同的概念

合同也称为契约，是商品经济发展的产物，古已有之。它是一种商品交换的法律形式。根据考证，在我国，"合同"一词早在 2000 年前即已存在，但一直未被广泛采用。新中国成立以前，著述中都使用"契约"而不使用"合同"一词。自 20 世纪 50 年代初期至现在，除我国台湾之外，我国民事立法和司法实践主要采用了合同而不是契约的概念。

合同是指平等主体的自然人、法人、其他组织之间设立、变更、终止民事权利义务关系的协议。在合同关系中，享有合同权利的人称为债权人，负有合同义务的人称为债务人。

根据民法理论，民事权利义务关系包括财产关系和人身关系，这里所说的民事权利义务关系是指财产关系，不包括有关婚姻、收养、监护等身份关系的协议，因此《合同法》第二条规定，婚姻、收养、监护等有关身份关系的协议，适用其他法律的规定。

合同既然是设立、变更、终止民事权利义务关系的协议，那么最根本的作用就是变"不确定"为"确定"，明确双方的权利与义务。因此，合同一旦确立，就对当事人双方产生了法律的约束力，签约双方的权利、义务就受到了国家强制力的保护和监督。任何一方如不履行合同，都要承担由此引起的法律后果。

（二）合同的特征

1. 合同是一种民事法律行为

民事法律行为，是指以意思表示为要素，依其意思表示的内容而引起民事法律关系设立、变更和终止的行为。而合同是合同当事人意思表示的结果，是以设立、变更、终止财产性的民事权利义务为目的，且合同的内容即合同当事人之间的权利义务是由意思表示的内容来确定的。因而，合同是一种民事法律行为。

2. 合同是一种双方或多方或共同的民事法律行为

首先,合同的成立须有两个或两个以上的当事人;其次,合同的各方当事人须互相或平行作出意思表示;最后,各方当事人的意思表示须达成一致,即达成合意或协议,且这种合意或协议是当事人平等自愿协商的结果。因而,合同是一种双方、多方或共同的民事法律行为。

3. 合同以设立、变更、终止民事权利义务关系为目的

当事人订立合同的目的,是为了设立、变更、终止民事权利义务关系,这种权利义务关系是为了满足当事人的某种需求或实现某种愿望。

所谓合同的设立,指当事人订立合同以形成某种法律关系,设定某种民事权利和民事义务。当事人订立合同,应当具有相应的民事权利能力和民事行为能力。所谓合同的变更,是指当事人通过订立合同使原有的合同关系在内容、当事人上发生变化。所谓合同的终止,是指合同当事人双方在合同关系建立以后,因一定的法律事实的出现,使合同确立的权利义务关系消灭。

4. 合同依法成立,即具有法律约束力

所谓法律约束力,是指当事人应当按照合同的约定履行自己的义务,非依法律规定或者取得对方同意,不得擅自变更或者解除合同。如果不履行合同义务或者履行合同义务不符合约定,从而使对方当事人的权益受到损害,就要承担违约责任。受损害方向人民法院起诉要求维护自己的权益时,法院应依法维护,对擅自变更或者解除合同的一方当事人强制其履行合同义务并承担违约责任。

合同的法律约束力主要体现在以下几个方面:

(1)自成立起,合同当事人都要接受合同的约束;

(2)如果情况发生变化,需要变更或解除合同时,应协商解决,任何一方不得擅自变更或解除合同;

(3)除不可抗力等法律规定的情况以外,当事人不履行合同义务或履行合同义务不符合约定的,应承担违约责任;

(4)合同书是一种法律文书,当事人发生合同纠纷时,合同书就是解决纠纷的根据。

(三)合同与债的关系

1. 债的概念

在日常生活中,债有多种含义。例如,有时债是指欠钱,如"债台高筑""欠债还钱""三角债";有时债是指情感上或行为上的赊欠,如"情债""诗债""画债"等。但这些均非法律意义上所说的债。

法律上的债,是指民事主体之间以权利义务为内容的法律关系。我国《民法通则》第八十四条规定,债是按照合同的约定或者依照法律的规定,在当事人之间产生的特定的权利和义务关系。一般来说,可发生债的法律事实主要有合同、不当得利、无因管理、侵权行为及其他行为。

合同是当事人在平等基础上自愿设定的,它是民事主体主动参与民事活动,积极开展各种经济交往的法律表现。同时,只有依法成立的合同才能产生合同之债。合同之债维系着正常的经济联系,维护着正常的经济秩序。所以,合同在社会经济生活中占有重要的地位,是

最常见的、最主要的债的发生原因。

2. 债权人与债务人

合同是发生在当事人之间的一种法律关系。合同关系和一般民事法律关系一样，也是由主体、内容、客体三个要素组成。合同关系的主体又称为合同的当事人，包括债权人和债务人。享有权利的人是债权人，负有义务的人是债务人。债权人有权请求债务人按照合同的约定或法律的规定履行其义务；债务人有义务按照合同的约定或者法律的规定为特定行为以满足债权人的请求。

3. 合同中的权利义务关系

当事人订立合同的行为使当事人之间形成了合同关系，合同关系以权利和义务为基本内容。同时，当事人订立合同的目的，也必须通过各方当事人履行各自的义务来实现。因此，作为确认当事人之间法律关系的合同书，其核心内容也就是界定合同各方当事人权利与义务的范围。

合同权利是债权人依据合同约定或者法律规定所享有的得以请求另一方为或不为一定行为的资格。合同权利表现为一种请求权。即合同履行过程中，在债务人完成给付义务之前，债权人既不能直接支配给付标的，更不能直接支配债务人的人身，而只能通过请求债务人做出相应的行为以实现债权，达到合同的目的。

合同义务是合同债务人应债权人的请求必须为某种给付行为。合同义务主要表现为债务人的给付义务，这是债权得以实现的基础。合同当事人的权利义务通常是相对应的，对一方而言是权利，对另一方而言即为义务。

不同的交易中，当事人合同目的并不完全一致，因此当事人需要根据自身所要达到的合同目的，在不违反法律强制性规定的前提下约定各方的权利义务。这种权利义务受法律保护，对当事人各方都有约束力，不得擅自变更或解除合同；任何一方违反了约定的义务，都要承担相应的法律责任。

二、合同的内容和形式

（一）合同的内容

合同的内容可以从两个方面理解，一方面如果将合同理解为一种法律关系，则合同的内容是指依据法律和合同的约定所产生的权利义务关系，简称为合同权利和合同义务；另一方面如果将合同理解为法律文书，则合同的内容是指由当事人约定的合同条款。合同的条款是合同内容的外在的具体表现。《合同法》第二十条规定，合同的内容由当事人约定，一般包括以下条款：

1. 当事人的名称或者姓名和住所

当事人是合同权利和合同义务的承受者，没有当事人，合同权利义务就失去存在的意义，给付和受领给付也无从谈起。因此，订立合同必须有当事人这一条款。所以，具体合同条款的拟定必须注明当事人的名称或姓名和住所。

2. 标　的

标的是合同权利义务指向的对象，是一切合同的主要条款。标的条款必须清楚地写明标的名称，以使标的特定化。

3. 质量和数量

标的质量和数量是确定合同标的的具体条件，是这一标的区别于同类另一标的的具体特征。标的数量要确切。首先，标的数量要确切，应选择双方共同接受的计量单位；其次要确定双方认可的计量方法，还应允许规定合理的磅差或尾差。同时，标的质量需订得详细具体，如标的技术指标、质量要求、规格等都要明确。

4. 价款或酬金

价款或酬金是有偿合同的主要条款。价款是取得标的物所支付的代价，酬金是获得服务所应支付的代价。价款，通常指标的物本身的价款。合同中明确约定价款和报酬，可以有效预防纠纷的发生。

5. 履行的期限

履行期限直接关系到合同义务完成的时间，涉及当事人的民事利益，也是确定合同当事人违约与否的因素之一，因而是重要的条款。履行期限可以规定为即时履行，也可以规定为定时履行，还可以规定为在一定期限内履行。如果是分期履行，还应写明每期的准确时间。

6. 履行地点和方式

履行地点是确定标的物验收地点的依据，是运输费用由谁负担、风险由谁承受的依据，也是确定标的物所有权是否移转、何时转移的依据，也是确定诉讼管辖的依据之一。

7. 违约责任

违约责任是促使当事人履行债务，使守约方免受或少受损失的法律措施，对当事人的利益关系重大，合同对此应予明确。当然，违约责任是法律责任，即使合同中没有违约责任条款，只要未依法免除违约责任，违约方仍应负责。

8. 解决争议的方法

解决争议的方法，是指有关解决争议运用什么程序、适用何种法律、选择哪家检验或鉴定机构等内容。

一般认为，当事人、标的和数量是必要条款，缺少则合同不成立。其他条款是非必要条款，缺少了也不要紧，可以由合同法的任意性规定来补充。

按照合同自由原则，当事人可以在法律规定的范围内，自由约定合同条款，因此当事人可以在合同中约定合同义务和合同责任，也可以在合同中约定免责条款。免责条款是当事人在合同中事先约定的，旨在限制或免除其未来责任的条款。免责条款订入合同，意味着当事人已经就免责条款达成合意，但当事人已经达成的免责条款并不是当然有效的。我国法律从合同自由及经济效益考虑，允许当事人达成免责条款，但并不意味着当事人可以对免责条款任意作出规定。对此，法律做了一定限制：

我国《合同法》第五十二条第五款规定，违反法律、行政法规的强制性规定的合同无效，这一规定同样适用于免责条款。如招工登记表中注明"工伤概不负责"的规定违反了宪法和有关劳动法规，属于无效的条款。同时，免责条款也不得违反公共秩序和善良风俗。公共秩序和善良风俗体现的是人们的共同利益，对此种利益的维护直接关系到社会的安定与秩序的建立。

此外，《合同法》第五十三条规定，合同中的下列免责条款无效：
① 造成对方人身伤害的；
② 因故意或者重大过失造成对方财产损失的。

对人类而言，最宝贵和最重要的利益就是人身的安全利益。公民的生命健康权是人权的最核心权利，如果允许当事人通过免责条款免除对对方人身伤害的责任不仅使侵权法上关于不得侵害他人财产和人身权利的强制性义务形同虚设，使法律对人身权利的保护难以实现，而且将会严重危及法律秩序和社会公共道德。因此各国合同法大都规定，禁止当事人通过免责条款免除故意和重大过失造成的人身伤害的责任。

再者，免责条款不得免除因故意或者重大过失造成对方财产损失的责任。如当事人在合同中约定"卖方交付的货物所造成的损失一概由买方负责"，再如"运输过程中货物损坏不予赔偿"，均属无效条款。我国《合同法》采纳这一规则的依据在于：因故意或重大过失致人财产损失的，不仅表明行为人的过错程度是重大的，而且表明行为人的行为具有不法性。

（二）合同的形式

合同的形式，又称合同的方式，是指作为合同内容的合意的外观方法和手段，是合同当事人意思表示一致的外在表现形式。

合同是当事人之间设立、变更、终止民事权利义务关系"意思"的表示，但是法律难以获知当事人纯粹内心的"意思"，该"意思"只有以一定形式表现出来，能被人们把握和认定时，法律才能准确地评价。所以在任何社会，合同的形式都不可或缺。我国《合同法》第十条规定，当事人订立合同，有书面形式、口头形式和其他形式。法律、行政法规规定采用书面形式的，应该采用书面形式。当事人约定采用书面形式的，应当采用书面形式。

1. 口头形式

口头形式，是指当事人只用语言为意思表示订立合同，而不用文字表达协议内容的合同形式。口头形式简便易行，在日常生活中经常被采用。集市的现货交易、商店里的零售等一般都采用口头形式。合同采取口头形式，无须当事人特别指明。凡当事人无约定、法律未规定须采用特定形式的合同，均可采用口头形式。但发生争议时当事人必须举证证明合同的存在及合同关系的内容。

合同采取口头形式并不意味着不能产生任何文字的凭证。人们到商店购物，有时也会要求商店开具发票或其他购物凭证，但这类文字材料只能视为合同成立的证明，不能作为合同成立的要件。口头形式的缺点是发生合同纠纷时难以取证，不易分清责任。所以，对于不能即时清结的合同和标的数额较大的合同，不宜采用这种形式。

2. 书面形式

（1）书面形式的概念。

书面形式，是指以文字表现当事人所订合同的形式。合同书以及任何记载当事人要约、承诺和权利义务内容的文件,都是合同的书面形式的具体表现。书面形式是合同订立的主要形式。《合同法》第十一条规定,书面形式是指合同书、信件以及数据电文(包括电报、电传、传真、电子数据交换和电子邮件)等可以有形地表现所载内容的形式。

书面合同必由文字凭证组成,但并非一切文字凭证都是书面合同的组成部分。成为书面合同的文字凭证,必须符合以下要求:须有某种文字凭证;当事人或其代理人在文字凭证上签字或盖章;文字凭证上载有合同权利义务。

(2)书面合同的优点。

较之口头形式,书面合同有这样几个优点:第一,它可以提醒人们认真地签订合同。第二,由于书面形式的确定性,它有助于纠纷的解决。在发生纠纷的情况下,依据书面合同可以清楚地确定当事人之间的权利义务,及时解决合同纠纷。第三,有利于实现政府对特定交易的必要监管。因此,对于关系复杂的合同、重要的合同,最好采取书面形式。但双方当事人均承认的口头合同,已经履行了主要义务的口头合同,法律认可的其他口头合同也有效。

(3)书面合同的形式。

合同的书面形式可以分为当事人约定的形式和法定形式。约定的书面形式是指当事人在合同中明确规定合同必须采用书面形式。法定的书面形式,是指法律和行政法规规定在某种合同关系中应当采用书面形式。例如我国《担保法》规定,保证合同、抵押合同、质押合同应当采用书面形式。

(4)书面合同的分类。

书面合同除了最常见的直接用文字记载当事人权利和义务的最普通的表现形式之外,其他常见的表现形式还有以下几类:

① 表格合同。

表格合同是指用一定的表格来记载当事人双方合意的内容及条件,不能全面反映当事人权利义务的简易合同。表格合同及其附件、有关文书、通用条款组成了完整的合同。

② 车票、保险单等合同凭证。

合同凭证是借以确认双方权利义务的一种载体。它本身不是合同,其功能在于表明当事人之间已存在合同关系。虽然合同凭证并未完全反映双方的权利义务,但因法律及有关机关制定的规章已有明确规定,因而可以确认合同凭证标示着双方的权利义务关系。

③ 合同确认书。

合同确认书是确认合同存在的书面文件,当事人一方可以对通过信件、电传、电报等方式签订的合同要求签订合同确认书,即以书面形式加以确认合同的内容。签订合同确认书的目的在于把分散的合同文件统一起来,使合同内容更加具体、明确,便于确定双方的权利和义务,也便于履行。

④ 定式合同。

定式合同是指合同的条款事先由一方当事人拟定好,在订立合同时,另一方当事人要么全部接受,要么全部不接受的合同,又称为格式合同、标准合同、定型化合同。

⑤ 公证形式。

公证形式是依照法律规定或当事人双方约定由公证机关对合同内容的合法性和真实性加以审查并予以证明的合同形式。我国的公证采用自愿原则,法律并不强制要求当事人公证。

⑥ 鉴证形式。

鉴证形式是依照法律规定或双方当事人约定由国家合同管理机关对合同内容的合法性和真实性进行审查并予以证明的方式作为合同有效要件的形式。我国的鉴证也是实行自愿原则。

3. 推定（默示）形式

当事人未用语言、文字表达其意思表示，而是通过实施某种行为进行意思表示。例如商店安装自动售货机，顾客将规定的货币投入机器内，买卖合同即成立。

第二讲　合同的订立

合同的订立又称缔约，是当事人通过平等协商就合同条款达成协议的过程。《合同法》第十三条规定，当事人订立合同，采取要约、承诺方式。依此规定，合同的订立包括要约和承诺两个阶段，当事人为要约和承诺的意思表示均为合同订立的程序。

一、要　约

（一）要约的概念

从一般意义上说，要约就是一方当事人希望和他人订立合同的意思表示。要约是一种订约行为，是订立合同的必经阶段。发出要约的一方称为"要约人"，接受要约的一方称为"受要约人"或"相对人"。

（二）要约的有效条件

1. 要约人有订约能力

要约人是将来的合同的一方当事人，因此，其意思表示生效的条件首先是行为人有相应的民事行为能力。

《合同法》第九条规定："当事人订立合同，应当具有相应的民事权利能力和民事行为能力。""当事人依法可以委托代理人订立合同。"也就是说，订立合同的当事人必须是具有相应民事权利能力和民事行为能力的自然人、法人或其他组织。所以，年满18周岁且精神、智力状况正常的自然人具有完全的民事行为能力，可以独立缔约；年满16周岁且以自己的劳动收入为主要生活来源的未成年人，视为完全民事行为能力人，也可以独立缔约。

限制民事行为能力由于受其民事权利能力和民事行为能力的限制，为保障他方当事人民事权益和社会秩序，法律对其订立合同做了特殊规定。《合同法》第四十七条第一款规定：限制民事行为能力人订立的合同，经法定代理人追认后，该合同有效，但纯获利益的合同或者与其年龄、智力、精神健康状况相适应而订立的合同，不必经法定代理人追认。

《最高人民法院关于贯彻执行〈中华人民共和国民法通则〉若干问题的意见（试行）》第六条规定：无民事行为能力人、限制民事行为能力人接受奖励、赠与、报酬，他人不得以行为人无民事行为能力、限制民事行为能力为由，主张以上行为无效。也就是所有未成年人都可以订立纯获利的合同，接受奖励、赠与、报酬。

2. 要约必须具有订立合同的意图

发出要约的目的在于订立合同，而这种定约意图一定要由通过发出的要约充分表达出来，才能在承诺的情况下成立合同。这是要约与要约邀请的一个重大区别。发出要约是为了唤起受要约人的承诺，从而订立合同；发出要约邀请是为了宣传引诱，以诱使他人向自己发出要约。

如何判定要约人所发出的要约具有定约意图并且成为一项有效的要约呢？这就要根据要约所实际使用的语言文字等其他情况来确定要约人是否已经决定订立合同，决定定约意味着要约人并不是打算准备和正在考虑"订约"而是"决定"。要约不包括初步磋商、要约邀请或是很显然开玩笑的行为或并无产生法律关系目的的行为。要约必须具有订立合同的意图，要约人以缔结合同为直接目的。

3. 要约需向受要约人发出

要约是由特定的人向他方作出"定约"的意思表示。"特定的人"是指要约人能为外界确定的人。唯有如此，受要约人才能对之作出承诺。这里需要注意，受要约人（相对人）可以是特定的，也可以是不特定的。如正在工作的自动售货机、超市标价陈列的自选商品（现物要约）等都是针对不特定的相对人发出的要约，即受要约人是不特定的。

向不特定的相对人发出要约必须具备两个条件：第一，必须明确表明其作出的建议是一项要约而非要约邀请，如申明"本广告构成要约"；第二，必须明确表明承担向不特定相对人发出要约的责任，同时具有履行合同的能力。

4. 要约的内容必须具体、确定

所谓具体，是指要约内容必须包含能使合同成立的必需条款，如买卖合同中的标的、数量、价金等条款；所谓确定，是指要约内容必须明确，不能含糊不清，使相对人难辨其意。

5. 要约必须送达受要约人

要约只有在送达受要约人以后才能为要约人所知悉，才能产生约束力。何谓送达？一般指只要将表示要约意思的信件或数据电文等送达到受要约人通常的地址、住所或者能够控制的地方（如信箱等）即视为送达，并不是指一定实际送达到受要约人或者其代理人手中，至于受要约人是否实际拆阅了这些信件或文件则不必考虑。如果要约在发出以后，信件丢失或没有传达，不能认为要约已经送达。当然对话要约不存在送达问题。

（三）要约邀请

1. 要约邀请的概念和特点

要约邀请又称要约引诱，是指当事人希望对方当事人向自己发出订立合同的意思表示的一种意思表示。《合同法》第十五条明确表明，要约邀请是希望他人向自己发出要约的意思表示。

与要约相比，要约邀请具有如下特点：

首先，要约邀请是一种意思表示，应具备意思表示的一般成立要件；其次，要约邀请的目的在于诱使他人向自己发出要约，而非与他人订立合同，是订立合同的预备行为，而非订约行为，不产生任何法律效果；最后，发出要约邀请的当事人随时可以撤回要约邀请。只要没有给善意相对人造成信赖利益的损失,不承担法律责任。

2. 要约邀请的常见形式

《合同法》第十五条规定,寄送的价目表、拍卖公告、招标公告、招股说明书、商业广告等为要约邀请。

(1) 寄送的价目表。

商品价目表的发送,是商品生产者或者销售者推销商品的一种方式。价目表仅指明什么商品、什么价格,并没有指明数量,对方不能以"是""对"或者"同意"等肯定词语答复成立合同,不符合作为要约的构成要件,只能视作要约邀请。

(2) 拍卖公告。

拍卖是一种特殊买卖方式。一般认为,在拍卖活动中,竞买人的出价为要约,拍卖人击锤(或者以其他方式)拍定为承诺。拍卖人通过报纸刊登或者其他新闻媒介发布的拍卖公告、对拍卖物的宣传介绍或者宣布拍卖物的价格等,都属于要约邀请。

(3) 招标公告。

招标投标是一种特殊的签订合同的方式,广泛应用于货物买卖、建设工程、土地使用权出让与转让、租赁、技术转让等领域。

所谓招标是指招标人采取招标通知或者招标公告的方式,向不特定的人发出,以吸引投标人投标的意思表示;所谓投标是指投标人按照招标人的要求,在规定的期限内向招标人发出的包括合同全部条款的意思表示。对于招标公告或者招标通知,一般都认为属于要约邀请,不是要约。而投标是要约,招标人选定中标人,为承诺。

(4) 招股说明书。

招股说明书是股份有限公司在公司设立时由公司发起人向社会公开募集股份时或者公司经批准向社会公开发行新股时,向社会公众公开的说明书,其目的是让社会公众了解发起人或者公司的情况和认股人自己所享有的权利和承担的义务。

招股说明书是向社会发出的要约邀请,邀请公众向公司发出要约,购买公司的股份。认股人认购股份,为要约,公司卖出股份,为承诺,买卖股份的合同成立。不过,招股说明书并非一般的要约邀请,是具有法律意义的文件。如果发起人逾期未募足股份,则依法失去承诺的权利,认股人有权撤回所认购的股份,这一点与一般的要约邀请不同。

(5) 商业广告。

商业广告是指商品经营者或者服务提供者通过一定的媒介和形式直接或间接地介绍自己所推销的商品或者所提供的服务的广告,目的在于宣传商品或者服务的优越性,并以此引诱顾客购买商品或者接受服务。对于商业广告,均认为是要约邀请。

不过,法律并不排除商业广告如果符合要约的要件也可以成为要约。《合同法》第十五条就规定,商业广告的内容符合要约规定的,视为要约。像这则广告:"我公司现有某型号的水泥 1 000 吨,每吨价格 200 元,先来先买,欲购从速",可视为该公司向公众发出的要约。

3. 要约邀请与要约的区分

区分要约与要约邀请既十分重要,又相当复杂,各国立法和实践也不完全一致。根据我国合同法理论和实践,区分二者的标准主要有:

第一,根据法律规定区分,即法律直接规定某种意思表示形式是要约或要约邀请,如《合同法》第十五条的规定。

第二，根据当事人的意愿区分。如果当事人在其订约建议中申明"以我方最后确认为准"，则此项建议为要约邀请。

第三，根据订约提议的内容是否包含了合同的主要条款加以区分。根据《合同法》第十四条的规定，要约要具备两个条件，一是内容具体确定（合同的必备条款齐全）；二是表明经受要约人承诺，要约人即受该意思表示约束。欠缺其中任何一个条件，都不构成要约；欠缺其中一个条件可以构成要约邀请。例如，甲对乙称"我有位于某处的房屋一栋，愿以低价出售，你是否愿意购买"，因没有标明价款，不能认为是要约；若甲明确提出以20万元出售该房屋，则构成要约。

第四，依交易习惯，特别是特定当事人之间的交易习惯区分。如出租车开亮空车灯，行业惯例通常视为向不特定人发出要约，而非要约邀请，因此乘客上车只需告诉司机目的地即可，无需另行协商。若两个当事人在以往的交易中形成固定的交易习惯，则可能一方"需要300吨"的电报也可以构成要约。

（四）要约的效力

要约从何时对要约人产生约束力。对此，学术界有两种看法：一是发信主义或者信筒规则，即要约人发出要约以后，只要要约已处于要约人控制范围之外，要约即产生效力；二是到达主义（受信主义），要约必须到达受要约人时才能产生效力。我国《合同法》采用了"到达主义"。

1. 要约的生效

《合同法》第十六条第一款规定：要约到达受要约人时生效。《合同法》第十六条第二款规定：采用数据电文形式订立合同，收件人指定特定系统接收数据电文的，该数据电文进入该特定系统的时间，视为到达时间；未指定特定系统的，该数据电文进入收件人的任何系统的首次时间，视为到达时间。

需要再次强调的是，送达并不一定实际送达受要约人及其代理人手里，只要送达受要约人所能够控制的地方（如受要约人的信箱）即为到达。如果要约人未特别限制时间，则应以要约能够到达的合理时间为准。

2. 要约的效力期间

要约的效力期间是指要约的有效期间。要约的效力期间一般由要约人确定，如要约中申明"本要约3个月内有效""请在15日内答复""请在10天内将水泥送至工地""25天之内款到发货"等都是对要约效力期间的确定。

要特别注意，对要约有效期的规定，即是对受要约人承诺期的规定有两个方面的法律效果：其一，受要约人必须在规定的期限内作出承诺；其二，在规定的期限内，要约人不得撤销要约。如未预先确定，则应区分以下两种情况：①口头要约，如果受要约人未即时作出承诺，即失去效力。②书面要约，如要约中未规定有效期间，应确定一个合理的期间作为要约的存续期间，该期间的确定应考虑以下因素：要约到达所需时间；作出承诺所需时间；承诺到达要约人所需时间。

3. 要约的效力

要约的效力又称要约的约束力，表现在对要约人的约束力和对受要约人的约束力两方面。

首先，要约对要约人的效力（要约的形式拘束力，指要约的不可撤销性）。要约一经生效，要约人即受到拘束。除非符合法定条件，要约人不得随意撤回、撤销要约或对要约加以限制、变更和扩张。此约束力对于保护受要约人的利益，维护正常的交易安全是十分必要的。

其次，要约对受要约人的拘束力（要约的实质拘束力）。受要约人于要约生效时取得依其承诺而成立合同的法律地位，具体表现在：

① 要约生效以后，只有受要约人才享有对要约人作出承诺的权利。当然，该项权利由于受要约人的特定性而具有人身性质，不能转让。

② 承诺权是受要约人享有的权利，是否行使这项权利应由受要约人自己决定，也就是说受要约人可以行使也可以放弃该项权利。他在收到要约以后并不负有必须承诺的义务。

③ 一旦受要约人作出承诺的意思表示，合同即告成立，在要约人和承诺人之间形成合同权利义务关系。

需要强调的是，按照我国《合同法》的规定，要约原则上不具有形式拘束力，即原则上可以撤销，例外情况下不得撤销。

（五）要约的撤回与撤销

1. 要约的撤回

要约的撤回是指要约人在发出要约后，未到达受要约人之前，宣告取消其要约。在此情形下，被撤回的要约实际上是尚未生效的要约。撤回要约的实质是要阻止要约生效。

根据要约的形式约束力，任何一项要约都是可以撤回的，只要撤回的通知先于或同时与要约到达受要约人，便能产生撤回的效力，视为要约人未发出要约。允许要约人撤回要约，是尊重要约人的意志和利益的体现。由于撤回是在要约到达受要约人之前作出的，因此在撤回时要约并没有生效，撤回要约也不会影响到受要约人的利益。《合同法》第十七条规定，要约可以撤回。撤回要约的通知应当在要约到达受要约人之前或者与要约同时到达受要约人。

2. 要约的撤销

要约的撤销是指要约人在要约到达受要约人并生效以后，将该项要约取消，从而使要约的效力归于消灭的行为。

关于要约的撤销，《合同法》第十八条规定了要约撤销的条件：撤销要约的通知应当在受要约人发出承诺通知之前到达受要约人；第十九条规定了要约不得撤销的情形：要约人确定了承诺期限或者以其他形式明示要约不可撤销；受要约人有理由认为要约是不可撤销的，并已经为履行合同作了准备工作。如果受要约人在收到要约以后，基于对要约的信赖，已为准备承诺支付了一定的费用，在要约撤销以后有权要求要约人给予适当补偿。

3. 要约撤回与要约撤销的区别

要约撤回与要约撤销都旨在使要约作废，或取消要约，并且都只能在承诺作出之前实施。但两者存在一定的区别，表现在：

（1）目的不同。要约的撤回，目的是阻止要约生效；要约的撤销，目的是消灭要约的效力。

（2）时间不同。要约的撤回，是在要约生效之前；要约的撤销是在要约生效之后、承诺发出之前。如果承诺生效（承诺到达要约人），则合同成立。撤销发生在要约生效后的行为，对其不加限制有时会损害受要约人的利益，因而必须加以限制。在此情形下，要约既不可撤回也不可撤销，否则就等同于要约人撕毁合同。相较而言，法律对要约的撤回没有这些限制。

（六）要约的失效

要约的失效指要约丧失了法律约束力，即不再对要约人产生约束。要约消灭后，受要约人也丧失了承诺的权利，即使其向要约人表示了承诺也不能导致合同的成立。要约消灭的原因主要有以下几种：

（1）要约有效期限的经过。凡是在要约中明确规定了承诺期限的，则承诺必须在该期限内作出，超过了该期限，则要约自动失效，不可再接受承诺。

（2）受要约人拒绝要约。拒绝方式有多种，既可以明确表示，也可以在规定的时间内不作答复而拒绝，还可以表现为对要约实质内容作出限制、更改或扩张从而形成反要约，同时也向要约人提出了一项反要约。若受要约人作出的承诺中，并没有更改要约的实质内容，只是对要约的非实质性内容予以变更，而要约人没有及时表示反对，则此种承诺不应视为对要约的拒绝。

（3）要约人撤回或撤销要约。一旦撤回或撤销，将终止效力。

（4）发出要约之后，受要约人作出承诺之前，要约人死亡而使要约失效。如果未来需要由要约人本人来履行，则要约人死亡将使要约自动失效；如无须亲自履行，则死亡不影响要约的效力。一般来说如果法人解散或被撤销，该法人所发出的要约，自然失去效力。

《合同法》第二十条规定，有下列情形之一的，要约失效：拒绝要约的通知到达要约人；要约人依法撤销要约；承诺期限届满，受要约人未作出承诺；受要约人对要约的内容作出实质性变更。

二、承　诺

（一）承诺的概念

承诺是受要约人同意要约的意思表示。与要约一样，承诺也是当事人的一种意思表示，也是合同订立的必要程序，承诺与要约结合，才能形成合同。与要约不同，承诺是受要约人向要约人发出的意思表示；要约是要约人向受要约人发出的意思表示。承诺的法律效力在于，一经承诺，合同即告成立。

（二）承诺的要件

1. 承诺必须由受要约人作出

承诺必须是受要约人的意思表示，只有受要约人才能承诺，但是应区别要约所发出的对象，如是向某个特定人作出的，则该特定人具有承诺资格；如果是向数人发出，则数人为特定人，他们均可成为承诺人；第三人不能发出承诺，如作出视为发出要约；承诺可以由受要约人作出，也可以由其授权的代理人作出。

2. 承诺须向要约人作出

承诺是对要约的同意，是受要约人与要约人订立合同，当然要向要约人作出。如果承诺不是向要约人作出，则作出的承诺不视为承诺，达不到与要约人订立合同的目的。

3. 承诺的内容须与要约保持一致

承诺的内容须与要约保持一致是承诺最核心的要件，承诺必须是对要约完全的、单纯的同意。因为受要约人如果想与要约人签订合同，必须在内容上与要约的内容一致，否则要约人就可能拒绝受要约人而使合同不能成立。

如果受要约人在承诺中对要约的内容加以扩张、限制或者变更，便不能构成承诺，而应当视为对要约的拒绝。但认为同时提出了一项新的要约，称为反要约。在这种情况下，受要约人变成了要约人，原来的要约人变成了受要约人。在实际的民事活动中，要讨价还价，一项交易可能要经过要约、反要约的反复多次才能成功。

4. 承诺必须在合理期限内向要约人发出

根据前述，要约的有效期也就是受要约人的承诺期。实践中，有些要约明确地规定了承诺期，有些则没有规定。《合同法》第二十三条规定，承诺应当在要约确定的期限内到达要约人。要约没有确定承诺期限的，承诺应当依照下列规定到达：要约以对话方式作出的，应当即时作出承诺，但当事人另有约定的除外；要约以非对话方式作出的，承诺应当在合理期限内到达。

如果要约中如果规定了承诺期，就存在"承诺期的起算"问题。《合同法》第二十四条规定，要约以信件或者电报作出的，承诺期限自信件载明的日期或者电报交发之日开始计算。信件未载明日期的，自投寄该信件的邮戳日期开始计算。要约以电话、传真等快速通讯方式作出的，承诺期限自要约到达受要约人时开始计算。这就规定了四种情形下承诺期的起算。

（三）承诺的方式

承诺的方式，是指受要约人通过何种形式将承诺的意思送达给要约人所采用的方式。对一项要约作出承诺即可使合同成立，因此承诺以何种方式作出是很重要的事情。

一般说来，如果要约中明确规定承诺必须以一定方式作出，则承诺人作出承诺时，必须符合要约人规定的承诺方式。如果承诺人未以这种方式承诺，则不构成有效的承诺；如果要约没有对承诺方式作出特别规定，但是根据当事人双方的交易习惯能够确定要约人关于承诺方式的意图，则承诺人也应当按照该方式承诺；如果要约中没有规定承诺的方式，根据交易习惯也不能确定承诺的方式，则受要约人可以通过以下方式进行承诺：其一，以口头或书面的方式表示承诺，这是表示承诺的一般方式；其二，以行为方式表示承诺。

《合同法》第二十二条规定，承诺应当以通知的方式作出，但根据交易习惯或者要约表明可以通过行为作出承诺的除外。也就是说，承诺的法律形式是通知。通知的方式是指受要约人以明示的方式作出承诺，包括采用对话、信件、电报、电传明确表达承诺的意图。沉默和不作为一般不构成承诺。

但是，《合同法》关于承诺方式的规定属于任意性规定，要约人完全可以在要约中确定其他特殊的承诺方式。同时，根据交易习惯，也可以采用法律不禁止的承诺方式。如果根据交易习惯或者要约的内容并不禁止以行为承诺,则受要约人可通过一定的行为作出承诺。

(四)承诺的效力

承诺的效力是指承诺所产生的法律效果。承诺的法律效果在于,承诺一经作出,并送达要约人,合同即告成立,要约人不得加以拒绝。

1. 承诺生效时合同成立

《合同法》第二十五条规定,承诺生效时合同成立。合同成立了,合同之债就确立了,也就是说当事人之间就确立了债权债务关系。这里要注意两种不同性质合同:对于诺成合同,承诺生效合同即告成立。对于实践合同,若交付标的物先于承诺生效,承诺同样使合同成立;若交付标的物后于承诺生效,则合同自交付标的物时成立。因此,承诺生效时间在合同法上有重要意义。

2. 承诺生效时间的确定

由于生效与否关系到合同是否成立以及当事人之间的权利义务关系,因而,确定承诺生效时间是过程中的最后一步也是极重要的一步。

《合同法》第二十六条规定,承诺通知到达要约人时生效。当承诺需要通知时,承诺通知到达人时生效。对需要通知的承诺,若受要约人未通知,或承诺通知到达时已超过承诺期限,都不能对要约人发生约束力。

承诺不需要通知的,根据交易习惯或者要约的要求作出承诺的行为时生效。采用数据电文形式订立合同的,若收件人指定特定系统接收数据电文,该数据电文进入该特定系统的时间,为承诺到达时间;未指定特定系统的,该数据电文进入收件人的任何系统的首次时间,视为到达时间。

(五)承诺的撤回

不同于要约撤回和撤销,承诺只能撤回,不能撤销。撤回通知应当在承诺到达要约人处之前或同时到达要约人处,且撤回只适用于书面形式。

承诺的撤回是指受要约人在其作出的承诺生效之前将其撤回的行为。法律规定,承诺通知到达要约人时生效。因此,撤回承诺的通知应当在承诺通知到达要约人之前或者与承诺通知同时到达要约人。承诺一经撤回,就阻止了合同的成立。

(六)承诺迟延

承诺迟延,又称迟到的承诺,指受要约人作出的承诺超过承诺期限到达要约人,延迟的承诺不发生承诺效力。《合同法》第二十八条作了规定,受要约人超过承诺期限发出承诺的,除要约人及时通知受要约人该承诺有效的以外,为新要约。这就是说,承诺通知应在承诺期内发出并到达受要约人,否则不构成承诺,只能构成新要约。

但是,承诺因意外原因而迟延,并非一概无效。若受要约人已在要约规定的承诺期限内作出承诺,但由于邮政等其他原因,没有及时到达要约人,《合同法》第二十九条规定,受要约人在承诺期限内发出承诺,按照通常情形能够及时到达要约人,但因其他原因承诺到达要约人时超过承诺期限的,除要约人及时通知受要约人因承诺超过期限不接受该承诺的以外,该承诺有效。这一规定照顾了受要约人的利益。

(七)承诺的内容

《合同法》第三十条对承诺的内容作了明确的规定,承诺的内容应当与要约的内容一致。受要约人对要约的内容作出实质性变更的,为新要约。有关合同标的、数量、质量、价款或者报酬、履行期限、履行地点和方式、违约责任和解决争议方法等的变更,是对要约内容的实质性变更。

与对承诺内容作"实质性变更"相对应的,是"非实质性变更",指虽有表面上变更,但这种变更没有实质改变要约的内容,即没有提出新的权利义务的设计或者虽有变更但没有增加要约人的负担。"非实质性变更"通常有以下几种情形:一是在承诺中提出了要约人的法定义务;二是在承诺中增加了说明性条款;三是承诺在授权范围内对要约作了修改。《合同法》第三十一条对非实质性变更的承诺通知的效力认定问题作了规定,承诺对要约的内容作出非实质性变更的,除要约人及时表示反对或者要约表明承诺不得对要约的内容作出任何变更的以外,该承诺有效,合同的内容以承诺的内容为准。

三、合同的特殊订立方式

(一)悬赏广告

一般说来,悬赏广告是指广告人以广告的方法,声明对完成特定行为的人给予一定报酬的意思表示,广告人对完成特定行为的人负有给付报酬之义务的法律行为。

从常见的社会现象来看,人们发布悬赏广告的目的往往是为了让社会上不特定人帮助广告人完成广告中规定的行为,如提供破案线索,找回遗失物或失散、失踪的亲属等。应该说,悬赏广告在帮助人们提高工作效率和效益方面发挥了积极的作用。但是,我国现行《民法通则》及《合同法》对悬赏广告均未作出明确规定,导致在实际生活中因悬赏而引起的纠纷也时有发生。

关于悬赏广告的性质,我国学界的看法有较大分歧。代表性的有契约说及单独行为说两种不同见解。

(1)契约说(合同说)。该学说认为,悬赏广告的性质是单独契约,即合同性质。悬赏广告是广告人以不特定的多数人为对象所发出的要约,只要某人完成指定的行为即构成承诺,双方成立合同。完成广告行为的人享有报酬请求权,广告人负有按照悬赏广告的约定支付报酬的义务。这种主张是多数学者的意见,在实务上,大多数人采纳这样的主张。

(2)单独民事法律行为说。这种主张认为,悬赏广告是一种单方法律行为,广告人对完成一定行为的人单方面负有支付报酬的义务,而不需要完成行为的人做出有效的承诺。

不过,较之合同说,单方民事法律行为说对维护当事人的权益和交易安全更为有利,亦有许多学者认为采用单独行为说更为妥当。

(二)招标、投标

招标、投标是指向数人或公众发出招标通知或公告,在诸多投标中选择自己认为最优的投标人并与之订立合同的方式。招标、投标是一种竞争缔约方式。招标、投标一般包括以下几个阶段。

（1）招标阶段。

招标是指招标人采取招标公告或招标通知的形式向多数人或公众发出的投标邀请，分为公开招标、邀请招标，其性质为要约邀请。

（2）投标阶段。

投标是指投标人按照招标文件的要求向招标人提出报价的行为，其性质为要约。

（3）开标、评标、定标阶段。

开标是招标人在其召开的投标人会议上当众启封标书，公开标书内容。评标是由招标人依法组织的评标委员会对有效标书进行评审，并推荐合格的中标候选人。定标是招标人根据评审委员会提出的评标报告，从其推荐的中标候选人中确定中标人。定标若是对投标人的完全接受，即构成承诺。中标通知书的送达，是承诺的送达。

（三）拍　卖

（1）拍卖的概念。

拍卖是指以公开竞价的形式，将特定物品或者财产权利转让给最高应价者的买卖方式。拍卖也体现了以要约、承诺方式订立合同的过程。竞买人之间进行公开竞争，因此，拍卖也是一种竞争缔约方式。

（2）拍卖法的相关规则。

拍卖标的应是委托人所有或依法可以处分的物品或者财产权利。依照法律或者按照国务院规定须经审批才能转让的物品或财产权利，在拍卖前，应当依法办理审批手续。

根据《拍卖法》（1997年实施，2004年修正）第四十五至第四十八条规定，拍卖人为拍卖，应当于拍卖日7日前发布拍卖公告，该公告必须载明：拍卖的时间、地点；拍卖标的；拍卖标的展示时间、地点；参与竞买应当办理的手续；需要公告的其他事项。拍卖公告应当通过报纸或者其他新闻媒体发布。拍卖标的的展示时间不得少于2日。

根据《拍卖法》第四十九条至第五十二条规定，拍卖师应当于拍卖前宣布拍卖规则和注意事项；拍卖标的无保留价的，拍卖师应当在拍卖前予以说明；拍卖标的有保留价的，竞买人的最高应价未达到保留价时，该应价不发生效力，拍卖师应当停止拍卖标的的拍卖；竞买人的最高应价经拍卖师落槌或者以其他公开表示买定的方式确认后，拍卖成交；拍卖成交后，买受人和拍卖人应当签署成交确认书。

（3）拍卖的理论分析。

竞买是以应价的方式向拍卖人作出应买的意思表示。理论上一致认为，应买的意思表示的性质是要约。竞买人的最高应价经拍卖师落槌或以其他方式表示卖定的方式确认后，拍卖成交。确认，又称卖定，是对应买的承诺。

（四）事实合同

依学理上而言，所谓事实合同是指民事主体通过一定的法律行为或准法律行为相互达成缔约合意或符合法律规定的构成要件而成就的合同。或者说，事实合同关系是指双方当事人并未签订书面的协议，但是已经以实际行动履行了合同义务的交易形式。如《合同法》第三十六条规定，法律、行政法规规定或者当事人约定采用书面形式订立合同，当事人未采用书面形式但一方已经履行主要义务，对方接受的，该合同成立；第二百三十六条规定，租赁期间届满，承租人继续使用租赁物，出租人没有提出异议的，原租赁合同继续有效，但租赁期限为不定期。

在事实合同中，行为接触是合同成立的方式。一方的行为作出缔结合同的意思表示，另一方根据一定的程序以符合该方要求的行为作出接受的意思表示，合同遂因此告立。即使未经事前协商，一方发货另一方以买受的意思接收即可成立买卖合同。如超市购物，搭乘公交车，使用煤气管道、城市自来水等，都是在交易习惯的作用下，由诚实信用原则辅佐，以行为构成合意而成立合同。

第三讲　合同的效力

一、合同效力

合同效力是法律赋予依法成立的合同所产生的约束力。《合同法》第八条规定，依法成立的合同，对当事人具有法律约束力。当事人应当按照约定履行自己的义务，不得擅自变更或者解除合同。依法成立的合同，受法律保护。

合同的约束力主要体现在对当事人的约束力上，具体体现为权利和义务两个方面。合同权利包括请求和接受债务人履行债务的权利，以及在一方不履行合同时而获得补救的权利、诉请强制执行的权利等。合同义务对当事人的约束力一是表现为根据合同所产生的义务具有法律的强制性，二是表现为当事人违反合同义务则应当承担的违约责任。

依法成立的含义，不仅包括合同订立过程应符合法律规定，而且包括已经成立的合同应当符合法律规定的生效要件。凡不符合法律规定的生效要件的合同，不能产生合同的法律效力，从而属于无效合同。

所谓无效合同是相对于有效合同而言的，是指合同虽然成立，但因其违反法律、行政法规、社会公共利益，被确认为无效。可见，无效合同是已经成立的合同，是欠缺生效要件、不具有法律约束力的合同，不受国家法律保护。

二、合同成立与合同生效

在法律上，合同成立与合同生效是两个不同的概念。合同成立并不意味着合同就生效。简单来说，合同成立是指当事人就合同的主要条款达成了合意。一般而言，合同成立的要件有三：

（1）当事人意思表示须一致，即合意，这是合同成立的根本要件。凡意思表示不一致，即虽经协议但未达合意者，合同不能成立。

（2）合意则须有两个或两个以上的当事人。仅有一方当事人是不可能产生合意的，因而也就不可能成立合同。

（3）当事人的意思表示须以订立合同为目的。不以订立合同为目的的意思表示，即使达成合意，也不能成立合同。

合同生效是指已经成立的合同在当事人之间产生了一定的法律拘束力，并产生预期的法律后果。合同生效意味着双方当事人享有合同中约定的权利和承担合同中约定的应当履行的义务，任何一方不得擅自变更和解除合同；一旦当事人一方不履行合同规定的义务，另一方当事人可寻求法律保护；合同生效后，对合同当事人之外的第三人也具有法律约束力，第三人（包括单位、个人）均不得对合同当事人进行非法干涉，合同当事人对妨碍合同履行的第三人可以请求法院排除妨害；合同生效后，合同条款成为处理合同纠纷的重要依据。

因而，合同成立是合同生效的前提条件，合同生效是当事人双方订立合同实现预期目标必然要追求的结果。合同的成立是第一步，合同的生效是第二步，可以这样说，合同的成立是合同生效的逻辑前提。如果合同不成立就谈不上合同生效的问题，但成立的合同并不当然有效。合同成立时，符合生效条件的同时生效。一般而言，合同依法成立，便具有法律效力。《合同法》第四十四条规定，依法成立的合同，自成立时生效。法律、行政法规规定应当办理批准、登记等手续生效的，依照其规定。

三、有效合同

当事人订立合同的目的，就是要使合同产生拘束力，从而实现合同所规定的权利和利益，如果合同不能生效，则合同等于一纸空文，当事人也就失去了订约目的。所以说，合同的生效是合同法中的一个非常重要的制度。

合同成立后，能否发生法律效力，能否产生当事人所预期的法律后果，非合同当事人意思所能完全决定，只有符合生效条件的合同，才能受到法律的保护。所以，合同生效有着与合同成立完全不同的法律要件，包括适用于一般合同生效的普通要件和适用于某些特殊合同生效的特别要件。

（一）合同生效的普通要件

（1）合同当事人订立合同时具有相应的缔约行为能力。这实质上是法律对合同主体资格作出的一种规定。所谓缔约行为能力，是指民事主体据以独立订立合同，以自己的行为取得民事权利或承担民事义务的法律资格。合同作为民事法律行为，只有具备相应民事行为能力的当事人才有资格订立。不具有相应的民事行为能力的当事人所订立的合同为效力待定的合同。若主体不合格，所订立的合同不能发生法律效力。

订立合同的主体一般是自然人、法人和非法人组织。自然人作为合同主体，其合同行为能力的有无，应根据其民事行为能力的状况来确定。不过，限制民事行为能力人实施的与其年龄、智力或精神状况相适应的合同行为，或经过其法定代理人同意的合同行为时，可以作为合同的主体；无民事行为能力人实施的接受奖励、赠与、报酬等纯获利益的合同行为时，也可以作为合同的主体。

作为合同主体的法人、非法人组织，它们的行为能力是不同的。法人、非法人组织通常只有在登记核准的经营范围内从事经济活动，才具有法律效力，法人、非法人组织只有在它们的经营范围内签订的合同，才受法律保护。如《民法通则》第四十二条规定：企业法人应当在核准登记的经营范围内从事经营。不过，随着现代社会经济的飞速发展和交易的日趋频繁，一概认定超越经营范围就无效的做法日显其弊端，往往带来很多消极后果。所以，现行司法解释又规定"当事人超越经营范围订立合同，人民法院不应因此认定合同无效。但是违反国家限制经营，特许经营以及法律，行政法规禁止经营规定的除外"就弥补了上述缺陷。

（2）外在表示行为与内心意思相一致，即合同当事人的意思表示真实。这是合同有效的另一个要件。所谓意思表示真实，是指当事人在缔约过程所作的要约和承诺都是自己独立且真实意志的表现。在正常情况下，行为人的意志，就是与其外在的表现相符的。但是，由于某些主观上或客观上的原因，也可能发生两者不相符的情形。

意思表示真实是构成有效合同的先决条件之一，一方在被欺诈、胁迫或者重大错误下订立的合同往往非其真实意思表示，属于无效或可撤销的合同。

（3）合同不违反法律或社会公共利益。这是合同生效要件中最为重要的。合同欠缺合法性，没有补救的余地，只能归于完全无效。合同违反法律和社会公共利益，其所指包括合同的目的和内容两个方面，即合同的目的和内容都不得违反法律或社会公共利益。这里所说的"法律"，既包括现行法律、法规和行政规章中的强制性规定，也应包括国家政策的禁止性规定和命令性规定。

（二）合同生效的特别要件

一般来说，合同只要具备民事法律行为有效的条件即合同具备一般要件时，根据《合同法》第四十四条第一款的规定，"依法成立的合同，自成立时生效"；但《合同法》第四十四条第二款同时也规定，"法律、行政法规规定应当办理批准、登记等手续生效的，依照其规定"。因而，有些合同除具备上述普通要件的内容外，还须具有特别要件：

（1）附生效条件或期限的合同，条件的成就或期限的到来；
（2）法律、法规规定应办理批准、登记等手续的合同，手续的完成。

四、无效合同

无效合同是相对于有效合同而言的，它是指合同虽然已经成立，但因其在内容和形式上违反了法律、行政法规的强制性规定和社会公共利益，因此应确认为无效，不发生法律效力，不产生当事人预期法律效果的合同。例如，当事人订立的非法买卖枪支弹药、妇女儿童这类的合同等属于违法的无效的合同。

（一）无效合同的特征

1. 无效合同的违法性

无效合同种类很多，但都具有违法性。所谓违法性，是指违反了法律和行政法规的强制性规定以及社会公共利益。这就意味着：

第一，无效合同必须是违反了法律和行政法规的强制性规定。判断无效的标准，应当以法律和行政法规的规定为依据。至于行政规章以及地方性法规等地方性文件，可以作为判断合同无效的参考依据，但在许多情况下不应作为判定合同无效的唯一依据，特别是对于那些不合理的，甚至与法律、行政法规的规定明显冲突的地方性法规或规章规定，显然不应该作为判定无效的依据。

第二，所谓违法是指违反了法律和行政法规的强行性规定，而并非指违反了法律和行政法规的任意性规定，对于法律的任意性规定，当事人是可以通过协议而加以改变的。

第三，违法性还包括合同的内容违反了社会公共利益。例如当事人订立进口"洋垃圾"的合同，即使其内容并未违反现行法律规定，但因其内容违反了社会公共利益和公共道德，因此是无效的。无效合同的违法性表明此类合同根本不符合国家意志，因此不能使此类合同发生法律效力。

2. 对无效合同的国家干预

由于无效合同具有违法性，因此对此类合同应实行国家干预。这种干预主要体现在，法院和仲裁机构不待当事人请求合同无效，便可以主动审查合同是否具有无效的因素，如发现合同属于无效合同，便应主动地确认合同无效。正是从这个意义上说，无效合同是当然无效的。对无效合同的国家干预还体现在，有关国家行政机关可以对一些无效合同予以查处，追究有关无效合同当事人的行政责任。

3. 无效合同具有不得履行性

所谓无效合同的不得履行性，是指当事人在订立无效合同以后，不得依据合同继续履行，也不承担不履行合同的违约责任。即使当事人在订立合同时不知该合同的内容违法（如不知合同标的物为法律禁止流转的标的物），当事人也不得履行无效合同。若允许履行，则意味着允许当事人实施不法行为。当然，尽管当事人不能继续履行无效合同，但当事人可以依据法律的规定，对无效合同予以修正，如果经过修正使合同在内容上已符合法律的规定，则该合同已转化为有效合同。

4. 无效合同自始无效

由于无效合同从本质上违反了法律规定，因此国家不承认此类合同的法律效力。合同一旦确认无效，就将产生追溯力，使合同自订立之时起就不具有法律效力，以后也不能转化为有效合同。对已经履行的，应当通过返还财产、赔偿损失等方式使当事人的财产恢复到合同订立之前的状态。当然，之所以确认为无效合同，是因为当事人一方或双方在订立合同时违反了法律的强行性规定或社会公共利益。

（二）无效合同的情形

归纳起来，无效合同的情形主要包括以下几种：

1. 一方以欺诈、胁迫的手段订立的合同，损害国家利益

所谓欺诈是指一方当事人故意告知对方虚假情况，或者故意隐瞒真实情况，诱使对方当事人作出错误的意思表示。因欺诈而订立的合同，是在受欺诈人因欺诈行为发生错误认识而作意思表示的基础上产生的；所谓胁迫，是以给公民及其亲友的生命健康、荣誉、名誉、财产等造成损害或者以给法人的荣誉、名誉、财产等造成损害为要挟，迫使相对方作出违背真实意思表示的行为。胁迫也是影响合同效力的原因之一。依《合同法》第五十二条规定，一方以欺诈、胁迫等手段订立的合同，只有在有损于国家利益时，该合同才为无效。

2. 恶意串通，损害国家、集体或第三者利益

所谓恶意串通，是指当事人为实现某种目的，串通一气，共同实施订方合同的民事行为，造成国家、集体或者第三人的利益损害的违法行为。

恶意串通，损害国家、集体或者第三人利益的合同，生活中并不少见，例如债务人为规避强制执行，而与相对方订立虚伪的买卖合同、虚伪抵押合同或虚伪赠与合同等；代理人与第三人勾结而订立合同，损害被代理人的利益的行为，亦为典型的恶意串通行为。该类合同损害了国家、集体或者第三人的利益，也具有违法性，对社会危害也大，因而合同法其纳入到无效合同之中，以维护国家、集体或者第三人利益，维护正常的合同交易。

恶意串通所订立的合同，是绝对无效的合同。按照《合同法》第五十九条的规定，将双方当事人因该合同所取得的财产，收归国有或者返还集体或者个人。

3. 以合法形式掩盖非法目的

以合法形式掩盖非法目的，也称为隐匿行为，是指当事人通过实施合法的行为来掩盖其真实的非法目的，或者实施的行为在形式上是合法的，但是在内容上是非法的行为。

当事人实施以合法形式掩盖非法目的的行为，当事人在行为的外在表现形式上，并不是违反法律的。但是这个形式并不是当事人所要达到的目的，不是当事人的真实意图，而是通过这样的合法形式，来掩盖和达到其真实的非法目的。比如，通过合法的买卖行为达到隐匿财产、逃避债务的目的；以合作的形式变相移转、划拨土地使用权等。这种行为就其外表来看是合法的，但是外表行为只是达到非法目的的手段。由于被掩盖的目的是非法的，且将造成对国家、集体或第三者的损害，因此这种行为是无效的。

应当指出，如果当事人所掩盖的目的并不是违法的，而是合法的（如公民之间通过租赁私人房屋的办法掩盖借用的目的），则应按照行为人的真实意图处理，使被掩盖的行为生效。

4. 损害社会公共利益

社会公共利益体现了全体社会成员的最高利益，违反社会公共利益或公序良俗的合同无效，这是各国立法普遍确认的原则。我国民法虽未采纳公共秩序和善良风俗的概念，但确立了社会公共利益的概念，根据我国《合同法》第五十二条第四款，损害社会公共利益的合同无效，因此凡订立合同危害国家公共安全和秩序（如走私军火、买卖枪支和毒品等），损害公共道德、危害公共健康和环境以及其他损害公共利益的行为，无论当事人是否主张无效，法律和仲裁机构都应主动宣告合同无效。

5. 违反法律、行政法规的强制性规定

违反法律、行政法规的强制性规定的合同，是指当事人在订约目的、订约内容都违反法律和行政法规强制性规定的合同。这种合同属于最典型的无效合同。此处所说的法律是指由全国人大及其常委会制订的法律，行政法规是指由国务院制订的法规，违反这些全国性的法律和法规的行为是当然无效的。需要说明的是，违反法律、行政法规的强制性的合同，无论是当事人在主观上是故意所为，还是过失所致，均无需过问。只要合同违反法律、行政法规的强制性规定，就确认该合同无效。

《合同法解释》第四条明确规定："《合同法》实施以后，人民法院确认合同无效，应当以全国人大及其常委会制定的法律和国务院制定的行政法规为依据，不得以地方性法规、行政

规章为依据。"值得注意的是，我国《合同法》仅规定违反全国性的法律和国务院规定的行政法规强行性规定的合同无效，而并没有提及违反行政规章、地方性法规及地方性规章的合同是否无效的问题。这并不是说，违反这些规定的合同都是有效的，而只是意味着违反这些规定的合同并非当然无效的合同，是否应当宣告这些合同无效应当考虑各种因素，例如，所违反的规定是否符合全国性的法律和法规、是否符合宪法和法律的基本精神等。

另外，《合同法》第五十三条还规定，合同中对于造成对方人身伤害或者因故意或重大过失造成对方财产损失免责的条款无效；同时，在格式合同（指当事人一方预先拟定合同条款，对方只能表示全部同意或者不同意的合同。对于格式合同的非拟定条款的一方当事人而言，要订立格式合同，就必须全部接受合同条件；否则就不订立合同。现实生活中的车票、船票、飞机票等都是格式合同）中，提供格式条款一方免除责任、加重对方责任、排除对方主要权利的条款也无效。

第四讲　合同的履行

一、合同重在履行

合同的全部意义和终极目的在于履行。合同成立生效后，当事人应按照合同的约定或者法律的规定，全面适当地履行合同义务。

1. 合同的履行的概念

合同的履行是指合同生效后，双方当事人按照合同规定的各项条款，完成各自承担的义务和实现各自享有的权利，使当事人的合同目的得以实现的行为。简言之，合同的履行就是合同当事人按照合同完成约定的义务，如交付货物、提供服务、支付报酬或价款、完成工作、保守秘密等。

任何合同规定义务的执行，都是合同的履行行为；相应地，凡是不执行合同规定义务的行为，都是合同的不履行。因此，合同的履行，表现为当事人执行合同义务的行为。当合同义务执行完毕时，合同也就履行完毕。

2. 合同的履行的意义

合同的履行是合同制度的中心内容，它是合同当事人订立合同的目的得以实现的途径。合同的履行是合同法律约束力的首要表现。合同成立生效后，当事人应按照合同的约定或者法律的规定，全面适当地履行合同义务。

从合同成立的目的来看，任何当事人订立合同，都是为了能够实现合同的内容。而合同内容的实现，有赖于合同义务的执行。当合同规定的义务被执行时，就是合同当事人正在履行合同；当合同规定的全部义务都被执行完毕时，当事人订立合同的目的也就得以实现，合同也就因目的实现而消灭。因此，合同的履行是合同目的实现的根本条件，也是合同关系消灭的最正常的原因。换言之，没有履行行为，合同债权就无法实现，合同目的就会落空。

二、合同履行的原则

合同履行的原则，指法律规定的合同当事人在履行合同的整个过程中所必须遵循的一般准则。它可以指导当事人具体地去实现合同，处理现实的履行过程中发生的各种问题，来实现合同当事人订立合同的目的。

从一般意义上言，合同的履行应遵循信守合同、如实履约原则。信守合同就是要在订立合同、执行合同的全部过程中，以诚待人，注重讲究信用。要做到立约以诚，如实履约，按约赔偿。

首先，立约以诚。要以诚挚、负责的态度去订立合同。合同在规定当事人的权利的同时也包含着当事人应尽的义务。

其次，如实履约。契约一经订立，当事人就应当如实地按照契约所列条款尽心尽力地付诸实行，不折不扣地兑现自己应尽的义务。

最后，按约补偿。一旦出现不能履约的情况，除人力不可抗拒因素外，都应承担责任，处理好善后事务，严格履行合同中经济赔偿的约定。

根据我国合同立法及司法实践，合同的履行除应遵守上述一般规定外，具体来说，还应遵循下列合同履行的特有原则。

1. 诚实信用原则

诚实信用原则，是履行合同的重要原则，指当事人按照合同约定的条件，切实履行自己所承担的义务，取得另一方当事人的信任，相互配合履行，共同全面地实现合同签订目的。根据诚实信用原则，合同当事人在订立、履行、变更、解除合同时应该恪守信用，言行一致，既不能滥用自己的权利，也不应规避自己的义务，而应该尽最大的善意履行自己的合同义务，实现对方的合同权利。

《合同法》第六十条第二款规定，当事人应当遵循诚实信用原则，根据合同的性质、目的和交易习惯履行通知、协助、保密等义务。此规定可以理解为在合同履行问题上将诚实信用作为基本原则的确认。

从字面上看，诚实信用原则就是要求人们在市场活动中讲究信用，恪守诺言，诚实不欺，在不损害他人利益和社会利益的前提下追求自己的利益，以"诚实者"的形象参加经济活动。

从内容上看，诚实信用原则并没有确定的内涵，因而有无限的适用范围。即它实际上是一个抽象的法律概念，内容极富于弹性和不确定，有待于就特定案件予以具体化，并随着社会的变迁而不断修正自己的价值观和道德标准。

从功能上看，诚实信用原则兼有法律调节和道德调节的双重功能，在当事人就合同发生争执时，赋予法官较大的公平裁量权，如同给予了法官一张空白委任书，可以由法官根据合同履行过程中出现的具体情况，作出不同的解释，直接调整合同当事人的权利义务。

根据诚实信用原则的要求，当事人在履行合同时至少应做到以下几点：

（1）债务人不得履行自己已知有害于债权人的合同，于此种情形，债权人可以请求撤销合同；

（2）在以给付特定物为义务的合同中，债务人于交付物之前，应以善良管理人的注意，妥善保存该物；

（3）在发生不可抗力或者其他原因致使合同不能履行或者不能按预定条件履行时，债务人应及时通知债权人，以便双方协商处理合同债务；

（4）在合同就某一有关事项未规定明确时，债务人应依公平原则并考虑事实状况合理履行。

2. 实际履行原则

实际履行原则，是指合同当事人必须严格按照合同规定的标的履行自己的义务，未经权利人同意，不得以其他标的代替履行或者以支付违约金和赔偿金来免除合同规定的义务。

实际履行的基本含义为两个方面：一是当事人应自觉按约定的标的履行，不得任意以其他标的代替约定标的，尤其不能简单地用货币代替合同规定的实物或行为；二是当事人一方不履行或不完全履行时，首先应承担按约履行的责任，不得以偿付违约金或赔偿损失来代替合同标的履行，对方当事人有权要求其实际履行。如果允许合同债务人随意以支付违约金和赔偿损失来代替实际履行，合同的法律效力也就不存在了，商品交易的秩序也就难以维持。

当然，采用实际履行原则也并非坚持一切合同都必须实际履行，双方经协商可以变更或解除合同，债权人如并不要求必须实际履行，也可以用支付违约金和赔偿损失的方法免除债务人的合同义务。在贯彻实际履行原则时，应从实际出发，根据合同的性质和债权人的实际要求确定是否必须履行。

在下列情况下，可以排除实际履行原则的适用：

（1）以特定物为标的的合同，当标的物灭失时，实际履行标的已不可能；

（2）义务人不能按期交付标的，使实际履行对权利人已不必要或还会损害权利人自己的利益；

（3）标的质量不符合合同要求，权利人放弃实际履行的请求。

3. 全面履行原则

《合同法》第六十条第一款规定，当事人应当按照约定全面履行自己的义务。这一规定，确立了全面履行原则。依法成立的合同，在订立合同的当事人间具有相当于法律的效力，因此，合同当事人受合同的约束，履行合同约定的义务应是自明之理。《民法通则》第八十八条第一款也规定，合同的当事人应当按照合同的约定，全部履行自己的义务。

全面履行原则，又称正确履行原则或适当履行原则，它要求当事人必须按照合同约定的标的、数量、质量、价款和报酬、履行地点、履行期限、履行方式等要求正确履行自己的合同义务，保证合同义务得到全面履行。只有合同得到全面履行，合同的订立才有意义。

合同是双方当事人根据自己的实际需要而订的，合同中的各项条款都反映了当事人所追求的目的和实际承受能力，如果不严格按照合同条款全面履行，权利人的合同目的就可能落空，从而造成很大的经济损失。所以，当事人应全面履行自己的义务。全面履行原则包括以下内容：

（1）履行的主体。

合同的履行必须由双方当事人来亲自完成。由他人代替自己履行，即债务承担，应经合同债权人的同意，否则，债权人可拒绝接受履行。特殊情况下，合同义务也可以由第三人代替其履行。有些合同由其性质决定了只能由合同债务人亲自履行，如承揽合同，承揽人必须以自己的机器设备、技术和力量，完成加工成果。在基于双方对人身的信任而订立的合同，其义务也不能代替履行,如基于信任而请某人授课。

(2) 履行的标的。

合同债务人应按照合同规定的品种、质量、期限、交货地点等履行自己的义务。

① 产品数量。产品数量由双方在合同中确定。数量的计量方法,应按国家规定执行;没有国家规定的,按双方商定的方法执行。

② 产品的质量。双方应对产品质量作出明确规定。如规定不明确,按照国家质量标准执行,没有国家质量标准的,按照通常标准执行。

③ 履行地点。如双方约定不明确,给付货币的,在接受给付一方的所在地履行,其他标的在履行义务一方的所在地履行。

④ 价款。如双方约定不明确,按照国家规定的价格履行;没有国家规定价格的,参照市场价格或者同类物品的价格或者同类劳务的报酬标准履行。

⑤ 期限。履行期限不明确的,债务人可以随时向债权人履行义务,债权人也可以随时要求债务人履行义务,但应当给对方必要的准备时间。

(3) 履行的方法。

各种合同的履行方法,法律法规有规定的,按照法律法规的规定履行;没有规定的,按照双方当事人协商的方法履行。

全面履行与实际履行既有区别又有联系。实际履行强调债务人按照合同约定交付标的物或者提供服务,至于交付的标的物或提供的服务是否适当,则无力顾及。全面履行既要求债务人实际履行,交付标的物或提供服务,也要求这些交付标的物、提供的服务符合法律和合同的规定。可见,全面履行必然是实际履行,而实际履行未必是全面履行。全面履行场合不会存在违约责任,实际履行不适当时则产生违约责任。

4. 协作履行原则

协作履行原则,是履行合同的又一重要原则,它要求当事人不仅要全面严格适当履行自己的合同义务,而且应基于诚实信用原则的要求积极配合对方,根据合同的性质、目的和交易习惯履行通知、协助、保密等义务,协助对方当事人履行其债务。全面履行原则和协作履行原则,是合同履行的专有原则。

合同的履行,只有债务人的给付行为,没有债权人的受领给付,合同的内容仍难实现。不仅如此,在建筑工程合同、技术开发合同、技术转让合同、提供服务合同等场合,债务人实施给付行为也需要债权人的积极配合,否则,合同的内容也难以实现。因此,履行合同,不仅是债务人的事,也是债权人的事,协助履行往往是债权人的义务。只有双方当事人在合同履行过程中相互配合、相互协作,合同才会得到适当履行。

协作履行是诚实信用原则在合同履行方面的具体体现。一方面需要双方当事人之间相互协助,另一方面也表明协助不是无限度的。在合同履行中,协作履行的具体要求如下:

(1) 一方当事人履行合同义务,另一方当事人应尽量为其履行创造必要的方便条件,以使其实际履行得以实现。

(2) 一方当事人因客观情况发生变化需变更合同时,应及时通知对方,对方也应及时答复,共同协商妥善的变更办法。

(3) 一方当事人确实不能履行合同时,应及时向对方说明情况,对方接到通知后应积极采取补救措施，尽量减少或挽回损失。

（4）一方当事人因过错违约时，对方应尽快协助纠正，并设法防止或减少损失。

（5）合同履行过程中发生争议，双方应本着实事求是的态度，及时协商解决。

应当强调，协作履行原则并不漠视当事人的各自独立的合同利益，不降低债务人所负债务的力度。以协作履行为借口，加重债权人负担，逃避自己义务的行为，是与协作履行原则相悖的。

5. 经济合理原则

经济合理原则是指在合同履行过程中，应讲求经济效益，付出最少的成本取得最佳的合同效益。在市场经济社会中，交易主体都是理性的追求自身利益最大化的主体，因此，如何以最少的履约成本完成交易过程，一直都是合同当事人所追求的目标。由此，交易主体在合同履行的过程中应遵守经济合理原则自不待言。在履行合同中贯彻经济合理原则，表现在许多方面：

（1）债务人选择最经济合理的运输方式。如在买卖合同的履行中，确定运输的路线、工具、集装箱或零单、联运与否等事宜，应选择最快最合理的运输方式。

（2）选择履行期限体现经济合理原则。如有些农副产品因受气候影响早熟或晚熟的，交付日期经商定可提前或推迟。

（3）履行债务体现经济合理原则。如在保管合同、仓储合同场合，保管人应及时处理临近失效期或有异状的物品。

（4）选用设备体现经济合理原则。如在供用电合同中，新建、扩建用户应采取电耗低、效率高的工艺、设备。

（5）变更合同体现经济合理原则。我国法律允许变更到货地点、收款人，即为例证。

（6）债务履行的费用超过履行获得的收益，不得要求继续履行。

（7）违约救济体现经济合理原则。如一方因另一方违约时，应采取适当措施防止损失的扩大，否则，不得就扩大的损伤要求赔偿。如《航空货物运输合同实施细则》第十四条规定，货物从发出提货通知的次日起，经过30日无人提取时，承运人应及时与托运人联系征求处理意见；再经过30日，仍无人提取或托运人未提出处理意见，承运人有权将该货物作为无法交付货物，按运输规则处理。对易腐或不易保管的货物，承运人可视情况及时处理。

6. 情势变更原则

情势变更原则，是指合同依法成立后，因不可归责于双方当事人的原因发生了不可预见的情势变更，致使合同的基础丧失或动摇，若继续维护合同原有效力则显失公平，允许变更或解除合同的原则。

情势变更原则有其存在的合理性。合同依法成立之时，有其信赖的客观环境，当事人在合同中约定的权利义务是与这种客观环境相适应的。权利义务的对等，也是就该环境而言的。之后，该客观环境发生改变或不复存在，原来约定的权利义务如与新形成的客观环境不适应，也就不再公平合理了。只有将合同加以改变乃至解除，才符合公平，符合诚实信用原则的要求。

情势变更原则的适用条件有以下几项：

（1）须有情势变更的事实。所谓"情势"是指作为合同成立基础或环境客观情况和交易条件；所谓变更，是指上述成立基础、客观情况和交易条件发生了异常变动，例如，战争引起严重的通货膨胀。

任何合同，都是当事人根据订约时的社会、经济环境而订立的，没有这种环境，或者是环境发生了变化，当事人就不可能签订同样的合同。具体判断是否构成情势变更，应以是否导致合同基础丧失、是否致使当事人的合同目的不能实现作为判断标准。

（2）情势变更须发生在合同成立以后，履行完毕之前。之所以要求情势变更发生在合同成立之后，是因为如果情势变更在合同订立时即已发生，应认为当事人已经认识到发生的事实；之所以要求情势变更发生在合同履行完毕之前，是因为如果合同履行完毕而消灭，其后发生情势变更与合同已经无关。

（3）须情势变更的发生不可归责于当事人，即由不可抗力及其他意外事故或社会变动事件引起。若可归责于当事人，则应由其承担风险或违约责任，而不适用情势变更原则。

（4）须情势变更是合同当事人所不可预见的。如果当事人在订约时已经预见到了情势会发生变更，则表明其愿意承担该商业风险，自无适用情势变更原则之必要。

（5）须情势变更使履行原合同显失公平或者难以履行。该显失公平应以社会一般理性人观念加以判断，如履行对合同债权人无利益或者使利益显著减少等。

第五讲　合同违约及其责任

一、违约行为

（一）违约行为的含义

合同不可轻违，但是在实际履行合同的过程中，有时会因为一些主客观原因导致当事人一方不履行合同义务，或者履行合同义务不符合约定，这就构成了违约。违约也叫违约行为，指合同当事人违反合同约定义务的行为。当事人行为构成违约须具备两个要件，一是双方存在合法并有效的合同，二是有违反合同的事实存在，即当事人具有违约行为。

（二）违约的种类

依据我国《合同法》的规定，对违约行为可以作出如下的分类：

（1）单方违约和双方违约。这是根据违约行为的主体进行的分类。所谓单方违约，是指违约是由一方当事人的行为造成的。在单方违约的情况下，应由一方承担违约责任。所谓双方违约，是指双方当事人的行为都构成违约。

（2）根本违约和非根本违约。按照违约行为是否完全违背缔约目的，可分为根本违约和非根本违约。这种分类标准突出了违约行为与合同目的间的相互关系。

完全违背缔约目的的，为根本违约，是指一方的违约致使另一方订约目的不能实现或违约行为后果严重。部分违背缔约目的的，为非根本违约，是指一方的违约并没有导致另一方订约目的不能实现，或者使其遭受重大损害。同样一个违约行为，可能导致根本违约，也可能是非根本违约。例如，顾客买2.5米的布料，商店仅裁了2.3米，短了2分米。如果消费者买布的目的是做一套西装，2.3米布料不够置装用，商店构成根本违约，如果消费者买布的目的是做一幅床单，虽短2分米，但不影响使用，商店则构成非根本违约。

把违约划分为根本违约和非根本违约的意义主要在于补救措施不同。在根本违约的情况下，当事人一方迟延履行债务或者有其他违约行为致使不能实现合同目的，另一方享有单方解除权，可以解除合同，并要求损害赔偿；而在非根本违约的情况下，非违约方可以要求对方承担违约责任，赔偿损害，但不能解除合同。

（3）预期违约和实际违约。这是根据违约行为发生的时间进行的分类。所谓预期违约，是指合同有效成立后至合同约定的履行期限届满前，一方当事人以言辞或者行为向另一方当事人表示其将不按约定履行合同义务；或一方当事人的客观状况显示出其将不能依照约定履行合同义务的情形。

在一方当事人出现预期违约行为的情形下，法律对另一方当事人提供有三种选择：其一，解除合同，要求对方赔偿损失。《合同法》第九十四条第二款规定，在履行期限届满之前，当事人一方明确表示或者以自己的行为表明不履行主要债务的，当事人可以解除合同。其二，当事人也可固守合同效力，坐等义务方的履行。其三，提前追究对方的违约责任，即预期违约责任。《合同法》第一百零八条明确规定，当事人一方明确表示或者以自己的行为表明不履行合同义务时，对方可以在履行期限届满之前要求其承担违约责任。

所谓实际违约，是指在履行期到来以后因为一方不履行或不适当履行合同义务而构成违约。尽管预期违约和实际违约都会发生违约责任，但两者在构成要件以及救济措施方面是不完全相同的。

实践中常见的是实际违约，即合同履行期限届满之时，一方不履行合同义务或者履行合同义务不符合约定。具体包括：不能履行，即债务人在客观上没有履行能力，或者法律禁止有关债务的履行；迟延履行，即履行义务期限届满后才履行；不完全履行，即只履行部分合同约定，或者履行义务不完全符合合同约定或法律规定；拒绝履行，即通常说的恶意毁约。

预期违约和实际违约都是合同生效后的违约行为，都应当承担违约责任。但是两者并非完全相同，主要有以下区别：

第一，违约的时间不同。预期违约是在履行期到来之前的违约。由于履行期尚未到来，当事人没有履行其义务，此时一方的违约只是表现为未来将不履行义务。它侵害的是期待的债权而不是现实的债权。而实际违约是在履行期限到来时所表现出来的明显的违约行为。它侵害的是现实的债权，这种违约与预期违约相比违约程度更大，给对方当事人造成的损失也相对更大。

第二，违约形态不同。预期违约表现为对整个合同的毁弃，包括两种形态，即明示毁约和默示毁约（所谓明示毁约是指在合同履行期限到来之前，一方当事人无正当理由而明确肯定地向另一方当事人表示他将不履行合同。所谓默示毁约是指在履行期限到来之前，一方当事人有确凿的证据证明另一方当事人在履行期限到来时，将不履行或不能履行合同，而另一方又不愿提供必要的履行担保）。由于这两种形态都是发生在履行期到来之前的违约，因此可以看做是与实际违约相对应的一种特殊的违约形态。而实际违约的形态有拒绝履行、迟延履行、不适当履行和部分履行四种。因此，这两种违约形态是完全不同的。

第三，提出请求的时间不同。预期违约的非违约方如果认为，等待履行期到来再提出请求，将使其蒙受更大的损失，或者认为毁约方不可能撤回其毁约的表示，则可以根据《合同法》第一百零八条的规定，立即提出请求，要求对方在履行期到来前承担违约责任。而实际违约的非违约方不可能在履行期限到来前提出请求，因为在履行期限到来之前还不能说明对方会违约。因此只能在履行期限到来后，对方发生实际违约行为时，才能要求违约方承担违约责任。

第四，违约的责任不同。预期违约的非违约方可以在履行期限到来前行使各种违约责任的补救方式，如要求毁约方在履行期限到来时履行合同、赔偿损失、支付违约金以及解除合同等。法律赋予守约方有适当地选择补救方式的权利。而实际违约在一方拒绝履行的情况下，另一方有权要求其继续履行合同，也有权要求其承担违约金或赔偿损失责任。在履行迟延的情况下，非违约方有权要求违约方支付迟延履行的违约金，如果违约金不足以弥补非违约方所遭受的损失，非违约方还有权要求赔偿损失。在不适当履行的情况下，如果合同对责任形式和补救方式已经作出了明确规定的从其规定；没有规定或规定不明确，受害人可以根据具体情况，选择各种不同的补救方式和责任形式。在部分履行的情况下，非违约方有权要求继续履行，也有权要求违约方支付违约金，对造成损失的也有权要求赔偿损失。

第五，赔偿损失的范围不同。实际违约应当承担的是完全赔偿原则。完全赔偿就是要通过赔偿受害人的实际损失和可得利益的损失，从而弥补受害人遭受的全部损失。而预期违约造成的是信赖利益的损失，其赔偿范围仅限于信赖利益损失。如因信赖对方履行而支付一定的准备履行的费用，但不包括因合同履行所能获得的各种利益（如利润损失）等。

二、违约责任

（一）违约责任的概念

违约责任即违反了合同的民事责任，是指合同当事人一方不履行义务或者履行义务不符合约定时，依照法律规定或者合同约定所应承担的法律责任。

违约责任与合同义务有密切联系，合同义务是违约责任产生的前提，违约责任则是合同义务不履行的结果。违约行为是违约责任的基本构成要件，没有违约行为，也就没有违约责任。违约责任既是不履行合同义务者应该付出的代价，也是法律对权益受损的一方给予的救济，是国家强制债务人履行债务和承担责任的法律表现。

（二）违约责任的特点

（1）违约责任是合同当事人违反合同义务所产生的责任。

违约责任含两层意思：其一，违约责任产生的基础是双方当事人之间存在合法有效的合同关系，若当事人之间不存在有效的合同关系，则无违约责任可言；其二，违约责任以违反合同义务为前提，没有违反合同义务的行为，便没有违约责任。

（2）违约责任具有相对性。

违约责任的相对性是指违约责任只能在特定的当事人间即合同关系的当事人间发生，合同关系以外的第三人不存在违约责任的问题。只有守约方才能基于合同向违约方提出请求或提起诉讼，与合同无关的第三人不能依据合同对违约方提出请求或诉讼。所以，在因第三人的行为造成债务不能履行的情况下，债务人仍然应当向债权人承担违约责任而不应由第三人向债权人负违约责任。当然，在债务人承担责任后，有权向第三人追偿。

（3）违约责任具有补偿性。

违约责任作为民事责任的一种，主要是一种财产责任，一方当事人违反合同义务会给另一方造成损失。而追究违约责任的目的，主要是弥补这种损失，以平衡双方当事人的物质利益关系。因此，我国《合同法》第一百一十三条明确规定，违约方给对方造成损失的，损失赔偿应相当于因违约造成的损失。

从《合同法》所确认的违约责任方式来看，无论是强制实际履行还是支付违约金还是赔偿金，或者采用其他补救措施，无不体现出补偿性，均是平等主体之间的支付关系。违约责任的确定，通常应以补偿守约方的损失为标准，当然在特定情况下并不排除处罚性。

（4）违约责任的可约定性，但有一定的限制。

根据合同自愿原则，当事人可事先约定违约金的数额、幅度，可以预先约定损害赔偿额的计算方法，甚至确定具体数额。同时也可以通过设定免责条款限制和免除当事人可能在未来发生的责任。不过，合同虽然是意思自治的产物，其违约责任具有任意性，但也要受到强制性法律的约束。法律为了确保设定的违约责任公平合理，也对其约定予以干预。如果约定不符合法律要求，也将会被宣告无效或撤销，从而适用法定的违约责任。

（三）违约责任的承担方式

一方违反合同约定，难免给另一方带来损失。对此，《合同法》规定了继续履行、赔偿损失、采取补救措施和支付违约金等违约责任的承担方式。

1. 承担违约责任的原则：坚持权利与义务相统一

合同的法律本质就是双方当事人的权利和义务关系。一般来说，合同双方当事人的权利与义务是相对应的，一方的权利即为另一方的义务，一方的义务即为另一方的权利。一方认真履行了义务，另一方就可以实现权利，否则权利就要被侵害。所以，必须坚持权利和义务相统一，不能割裂两者的关系。

2. 违约责任的担责方式

合同的类型不同，当事人利益要求不同，另一方当事人可以通过继续履行、赔偿损失、采取补救措施和支付违约金等多种方式承担合同违约责任，而不能简单地说，违约就要赔偿损失。《合同法》规定的承担违约责任的方式有以下几种：

（1）继续履行，是指当事人一方不履行非金钱债务或者履行非金钱债务不符合约定的，对方可以要求履行，由法院或仲裁机构作出要求实际履行的判决，强迫债务人在指定期限内履行合同义务。但有下列情形之一的除外：法律上或事实上不能履行；债务的标的不适于强制履行或履行费用过高；债权人在合理期限内未要求履行。

（2）采取补救措施，是债务人履行合同义务不符合约定，债权人在请求人民法院或者仲裁机构强制债务人实际履行合同义务的同时，可根据合同履行情况要求债务人采取的补救履行措施。如《合同法》第一百一十一条规定，当事人履行合同义务，质量不符合约定的，应当按照当事人的约定承担违约责任。对违约责任没有约定或者约定不明确，受损害方根据标的性质以及损失的大小，可以合理选择要求对方承担修理、更换、重作、退货、减少价款或者报酬等违约责任。

（3）赔偿损失。又称损害赔偿，是违约人补偿、赔偿受害人因为违约所遭受的损失的责任承担方式，它是一种最重要最常见的违约补救方法。当事人一方违约后对方应当采取适当措施防止措施的扩大；没有采取适当措施致使损失扩大的，不得就扩大的损失要求赔偿。当事人因防止损失扩大而支出的合理费用，由违约方承担。

（4）支付违约金。违约金是按照当事人约定或者法律规定，一方当事人违约时应当根据违约情况向对方支付的一定数额的金钱。违约金只能在合同中约定，没有约定则不产生违约金。如果约定的违约金低于或过分高于违约行为所造成的损害，当事人可请求人民法院或者仲裁机构增加或适当减少。

另外，当事人在合同中既约定违约金，又约定定金的，一方违约时，对方可以选择适用违约金或者定金条款，但两者不可同时并用。《合同法》第一百一十六条的规定，如果双方在合同中同时约定了定金和违约金，当一方违约时，对方只能选择一种，而不能既要求给付违约金，又要求给付定金。

还需注意的是，支付违约金与继续履行一般也不能并存，当违约方因违约而给付了对方违约金后对方不能要求违约方继续履行合同。但是，当事人单纯就迟延履行约定违约金时，当违约方因违约而给付了对方违约金后对方可以要求违约方继续履行合同。

三、违约金与定金、损害赔偿金的关系

在日常生活中，人们往往对损害赔偿金、违约金和定金发生混淆，在此非常有必要予以说明。

由前已知，损害赔偿，又称违约损害赔偿，是指违约方因不履行或者不完全履行合同义务而给对方造成损失，依法和依据合同的规定应承担损害赔偿的责任。

损害赔偿原则上仅具有补偿性而不具有惩罚性。从等价交换原则出发，任何民事主体一旦造成他人损害都必须以等量的财产予以补偿。一方违约后，另一方必须赔偿对方因违约遭受的全部损失。损害赔偿符合这一交易原则。

但也有少数例外情况，如欺诈违约行为具有惩罚性就是例外情况。又如，我国《合同法》第一百一十三条规定："经营者对消费者提供商品或者服务有欺诈行为的，依照《中华人民共和国消费者权益保护法》的规定承担赔偿责任。"而《消费者权益保护法》第五十五条规定："经营者提供商品或者服务有欺诈行为的，应当按照消费者的要求增加赔偿其受到的损失，增加赔偿的金额为消费者购买商品的价款或者接受服务的费用的三倍；增加赔偿的金额不足五百元的为五百元。"这个规定只是损害赔偿的例外，并非损害赔偿的一般原则。

违约金，是指当事人预先设定的，在一方违约后作出的独立于履行行为以外的给付。违约金主要具有补偿性特征，同时兼有惩罚性。《合同法》第一百一十四条第二款规定："约定的违约金低于造成的损失的，当事人可以请求人民法院或者仲裁机构予以增加；约定的违约金过分高于造成的损失的，当事人可以请求人民法院或者仲裁机构予以适当减少。"从这条可以看出，主张违约金时，可以损失额作为要求增加或者减少的法定依据。因此，违约金主要体现为补偿性。在守约方没有遭受损失时，违约金就具有一定的惩罚性。

定金，是指合同当事人为了确保合同的履行，依据法律或者合同的规定，由一方按合同标的额的一定比例预先给付的金钱。定金包括立约定金、成约定金、解约定金还有证约定金

等。一般说来，定金的数额不得超过主合同标的额的 20%。定金罚则是一种惩罚性规定，目的在于督促当事人正确、积极行使权利。

通过以上分析可以看出，定金、违约金与损害赔偿金是三种不同的责任形式。为了维护公平、等价的交易秩序，防止权利人得到过多的额外利益，我国《合同法》第一百一十六条规定，定金与违约金条款不能同时适用，只能选择其一的做法，从法律上明确了定金与违约金竞合时不能同时使用。同时我国《合同法》第一百一十四条规定了违约金可以与损害赔偿并用，并有一定的限制。

但是，定金与损害赔偿能否同时使用？从理论上讲，两者并用是符合《合同法》原理的，因为二者是相互独立的责任形式。但应该是有限制的，在约定的定金双倍返还不足以赔偿受害人损失时，受害人可以要求适用定金并要求赔偿损失。因为赔偿损失主要是补偿性的，当事人因为取得定金会减轻自己的损失额，所以适用时要求总额不能超过损失额。这要分几种情况：

（1）损失小于适用定金所得款时，受害方可要求定金，这既补偿了损失，又具有一定的惩罚作用。

（2）在不存在损失时，可只要求定金，这时仅是对违约方的惩罚。

（3）在损失大于适用定金所得款时，受害方可要求二者并用，但赔偿总额以不超过损失额为限制。这就体现了对受害方的补偿。这时也可仅要求赔偿损失，与并用效果相同。

四、违约责任的免责事由

所谓免责事由，是指免除违反合同义务的债务人承担违约责任的原因和理由，包括法定免责事由和约定免责事由。

（一）法定免责事由

法定免责事由是指由法律直接规定、不需要当事人约定即可援用的免责事由，主要包括以下情形：

1. 不可抗力

不可抗力是违约责任免责的法定事由。不可抗力是指不能预见、不能避免并不能克服的客观情况。具体地说，不可抗力独立于人的意志和行为之外，且其影响到合同的正常履行。

（1）不可抗力的构成要件。

① 不能预见，即当事人无法知道事件是否发生、何时何地发生、发生的情况如何，对此应以一般人的预见能力为标准；

② 不能避免，即无论当事人采取什么措施，或即使尽了最大努力，都不能防止或避免事件的发生；

③ 不能克服，即以当事人自身的能力和条件无法战胜这种客观力量；

④ 客观情况，即外在于人的行为的客观现象（包括第三人的行为）。

（2）不可抗力的范围。

构成不可抗力的事件繁多，一般而言，不可抗力的范围包括三类：

① 自然灾害，如地震、洪水、台风等；

② 政府行为，合同当事人往往很难预料政府的政策、法律和行政措施，导致合同不能履行，应免除债务人的违约责任，如政府颁布封锁禁运法律，导致合同不能履行；

③ 社会异常事件，主要指阻碍合同履行的一些偶发事件，如战争、罢工、骚乱等。

（3）不可抗力的法律后果。

对于因不可抗力导致的合同不能履行，应当根据不可抗力的影响程度，部分或全部免除有关当事人的责任。但在法律另有规定时，即使发生不可抗力也不能免除责任，主要有：

① 迟延履行后的责任。

大陆法系民法典大都规定，一方迟延履行债务之后，应对在逾期履行期间发生的不可抗力所致的损害负责。《合同法》第一百一十七条对此有所规定，当事人迟延履行后发生不可抗力的，不能免除责任。

② 客运合同中承运人对旅客伤亡的责任。

我国对承运人采取了特殊的严格责任原则，《合同法》第三百零二条规定，承运人应当对运输过程中旅客的伤亡承担损害赔偿责任，但伤亡是旅客自身健康原因造成的或者承运人证明伤亡是旅客故意、重大过失造成的除外。我国《民用航空法》第一百二十四条及《铁路法》第五十六条亦有相关规定。

此外，对于不可抗力免责，还有一些必要条件，即发生不可抗力导致不能履行时，债务人须及时通知债权人，还须将经有关机关证实的文书作为有效证明提交债权人。

2. 债权人过错

债权人的过错致使债务人不履行合同，债务人不负违约责任。如《合同法》第三百一十一条规定，货运合同承运人对运输过程中货物的毁损、灭失承担损害赔偿责任，但承运人证明货物的毁损、灭失是因不可抗力、货物本身的自然性质或者合理损耗以及托运人、收货人的过错造成的，不承担损害赔偿责任。

还有，《合同法》第三百七十条也规定，保管合同寄存人交付的保管物有瑕疵或者按照保管物的性质需要采取特殊保管措施的，寄存人应当将有关情况告知保管人。寄存人未告知，致使保管物受损失的，保管人不承担损害赔偿责任。

3. 其他法定免责事由

（1）对于标的物的自然损耗，债务人可免责。这一情形多发生在运输合同中。《合同法》第三百一十一条规定，在符合法律和合同规定条件下运输，由于货物本身的自然性质或合理损耗的原因造成货物灭失、短少、变质、污染、损坏的，承运人不承担违约责任。

（2）未违约一方未采取适当措施，导致损失扩大的，债务人对扩大的损失部分免责。《合同法》第一百一十九条规定，当事人一方违约后，对方应当采取适当措施防止损失的扩大；没有采取适当措施致使损失扩大的，不得就扩大的损失要求赔偿。

（二）约定免责事由——免责条款

约定免责事由是指即当事人约定的免责条款，是当事人以协议排除或限制其未来责任的合同条款。免责条款是合同双方当事人在合同中约定的一定的事由或条件，当违约符合所约定的事由或条件时，可免除违约方的违约责任。如甲与乙订立了房屋租赁合同，合同约定甲将房屋出租给乙居住，乙每月 1 日向甲交纳租金，同时约定如果因乙单位延迟发工资导致乙不能及时交纳租金,则不承担违约责任。这就是一条免责条款,只要乙迟延交租是因为单位延迟发工资造成的,就不承担违约责任。

免责条款不能排除当事人的基本义务,也不能排除故意或重大过失的责任。这表明:

其一,免责条款是合同的组成部分,是一种合同条款。它既然是一种合同条款,就必须是经当事人双方同意的,具有约定性。

其二,免责条款的提出必须是明示的,不允许以默示方式作出,也不允许法官推定免责条款的存在。

其三,免责条款旨在排除或者限制未来的民事责任,具有免责功能,这是免责条款最重要的属性,是区别于其他合同条款的明显特征。

《合同法》第五十三条规定了两种无效免责条款:造成对方人身伤害的;因故意或者重大过失造成对方财产损失的。此外,格式合同或格式条款的提供方免除其责任的,该免责条款无效。

学习思考:

1. 什么是合同?合同有什么特征?
2. 简述合同的内容和形式。
3. 简述合同订立的要约与承诺。
4. 要约撤回与要约撤销的区别是什么?
5. 如何判定合同的有效与无效?
6. 合同的履行应遵循哪些原则?
7. 简述合同违约及其责任。
8. 合同的免责事由包括哪些情形?

专题四

劳动就业与守法经营

第一讲　就业之路

一、就业与职业

"就业"与"职业"这两个词，含义比较接近。一般说来，"就业"偏重于经济意义，偏重于体制和制度；而"职业"更偏重于社会意义，偏重于个人和人生。

（一）就　业

1. 就业的概念与特征

就业指处于法定劳动年龄范围内，具有劳动能力和就业愿望的公民，依法进入社会职业领域选择特定的职业，从事社会劳动，从而获得劳动报酬或劳动收入作为其生活主要来源的社会活动。就业的特征主要包括以下几点：

① 就业的主体必须是在法定劳动年龄范围内，具有劳动能力的公民。在我国是指在16周岁以上，特殊职业需要18周岁以上的公民。

② 公民在主观上具有就业的愿望。如果公民没有就业的愿望，就不能实现就业。

③ 公民所从事的劳动限于国民经济领域，且具有合法性，并在规定期间内要完成一定的劳动任务。公民在国民经济领域的某个部门中从事合法劳动，才能被视为就业，其结果是劳动者获得了有劳动报酬或经营收入的职业。

2. 就业的意义

就业是民生之本，安国之策，对整个社会生产和发展具有重要意义。它不仅是一个人谋生的需要，同时也是人们贡献社会、实现自我的舞台。对于每个从业者而言，就业的意义体现在以下几个方面。

（1）就业是谋生的手段。

"民以食为天"，个人要通过就业来实现生存的需要。众所周知，人的生存离不开衣、食、住、行和学习，否则，生命将无法维系。要生存，就必须通过劳动来取得生活资料。马克思指出："任何一个民族，如果停止劳动，不用说一年，就是几个星期，也要灭亡，这是每一个小孩子都知道的。"[①]只有通过劳动，才能创造社会财富，创造经济效益，人们才会有经济来

[①]《马克思恩格斯选集》第4卷，第580页。

源和生活来源。在现实生活中，人们要劳动、要工作，就必须通过就业来实现。

（2）就业为个人发展自我个性、实现自我价值提供了空间。

人生价值的实现，无论从哪方面看，都离不开就业活动。个人只有以工作岗位为起点，将丰富的知识、熟练的技能出色地运用于职业活动，创造出一定的效益回报社会，才能实现与社会整体的融合，并因而实现自己的人生价值，满足个人对归属、爱、尊重与被尊重的需要。

（3）就业为个人提供了贡献社会的场所。

每个个体要实现自身的社会价值，就必须选择一份能发挥自己作用的工作；而在这个工作岗位上施展才华的时候，劳动者也就为社会做出了一定贡献。

社会上存在着多种多样的就业岗位或职业，每个人只能承担这些职业中的某一部分。所有就业者的工作总和，构成了社会的总劳动，为社会创造各种各样的财富，以满足人们的衣、食、住、行、娱乐等生活消费的需要。这些需要的实现要通过许多的就业者劳动才能达到。任何一个人都不可能凭自己的力量就生产出个人所需要的一切。因此，一个人往往只能从事一种或两种劳动，用自己的劳动成果和别人的劳动成果相交换，这样既满足了自己也满足了别人，从而为他人和社会起到了服务作用，为社会做出了贡献。这是个人职业劳动的客观构成，也是义不容辞的社会责任。不过，这种责任感、义务感的强弱，对于不同时期、不同社会以及不同个体会有很大差异。

（4）就业是促进经济社会发展必不可少的条件。

马克思说："社会——不管其形式如何——归根结底是交互作用的产物正是人与人之间的交往和相互作用，才构成了全部的社会生活。人们的衣、食、住、行、恋爱、婚姻、生育、信仰、风俗、娱乐以及社会财富的创造，经济的发展，语言文字的交流，政治、经济、思想、文化等方面的合作与竞争，都是人的社会生活的内容。人在一定的岗位上工作，得到报酬，就能使社会生活得以实现，从而维持人的存在。

（二）职　业

1. 职业的概念

通俗地讲，职业（Career）是人们在社会中所从事的作为主要生活来源的合法工作。从规范化的角度来讲，职业是指人们参与社会分工，利用专门的知识和技能，创造物质财富、精神财富，获得合理报酬，满足物质生活、精神生活，从事的连续的、相对稳定的专门别类的社会工作。实质上，职业是对人们的生活方式、经济状况、文化水平、行为模式、思想情操的综合反映，也是一个人的权利、义务、权力、职责，从而也是一个人社会地位的一般表征。不同的职业，通常意味着不同的发展机会与空间，也决定了不同的生活方式。职业包含了以下几方面的含义：

（1）职业的经济性。从事职业活动的就业者能获得经济收入，并且相对稳定、持续。

（2）职业的技术性。从事职业活动的就业者，需要具备相应的知识和技术。随着社会的进步和发展，许多职业对劳动者所具备的知识和技术水平的要求会越来越高。

（3）职业的社会性。人们的职业劳动，不仅为个人谋生，同时也是尽社会义务，一个人通常只能从事一种或几种具体的劳动，不可能生产出个人所需要的所有生活资料，人和人之间是相互依存的，需要用自己的劳动成果与别人的劳动成果相交换。通过交换，在满足自己需要的同时,也满足其他社会成员的需要,从而起到为他人服务的作用,对国家和社会也做出了贡献。

(4) 职业的连续性。从事职业活动的就业者,其从事的劳动是稳定的,具有明显的连续性。

(5) 职业的规范性。从事职业活动的就业者,其从事的每一种职业都有其特定的职业规范,有其应遵守的各种操作规则和章程。

2. 职业的构成

职业是由特定的职责、职能和劳动岗位构成的。这里所说的职责,就是从事某一职业的劳动者的劳动具有特定的目的。比如教师,这个行业的职责是培养学生的劳动能力、向学生传授知识和培养他们良好的思想道德品质,也就是教书育人。而职能,就是实现一定职责所必备的技能、专门知识和职业道德,是实现职责的手段和条件。劳动岗位则是指从事某一职业的劳动者在实现自己的职责时所必需的劳动资料、劳动工具和劳动场所。劳动职责、劳动职能和劳动岗位这三者是构成职业的三个重要的元素。

3. 职业的基本特征

根据职业产生的发展历史及其对人类社会发展的影响,职业具有以下特征:

(1) 产业性。一个国家一个社会,就大的方面可以分为三类产业,第一产业和第二产业都是物质生产部门,第三产业虽然并不生产物质财富,但却是社会物质生产和人民生活必不可少的部门。在传统农业社会,农业人口比重最大;在工业化社会,工作领域中的职业数和就业人口显著增加;在科学技术高度发达和经济发展迅速的社会,第三产业职业数和就业人口就显著增加。

(2) 同一性。相同或相似的职业,其劳动条件、工作对象、生产工具、操作内容相同或相近。由于环境的同一,人们就会形成同一的行为模式,有共同的语言习惯和道德规范,因而形成了诸如行业协会、商会等组织。

(3) 差异性。不同职业间存在着很大的差异。劳动条件、工作对象、工作性质、工作方式及报酬等都不相同。这体现了社会本身的多种分工和劳动者相互间的差异。随着社会的进步和发展,新的职业将会不断涌现,各种职业间的差异也会不断变化。

(4) 职位性。所谓职位是一定的职权和相应责任的集合体。职权和责任是组成职位的两个基本要素。职权相同,责任一致,就是同一职位。在职业分类中每一种职业都含有职位的特性。从社会需要角度来看,职业并没有高低贵贱之分,但是,现实生活中由于对从事职业的素质要求不同以及人们对职业的看法或评价不同,职业便有了层次之分。这种职业的不同层次往往是由于不同职业体力、脑力劳动的付出,收入水平,工作任务的轻重,社会声望,权力地位等因素决定的。

(5) 组群性。无论以何种依据来划分职业都带有组群特点,如科学研究人员中包含行为学、社会学、经济学、理学、工学、医学等;再如咨询服务事业包括科技咨询工作者、心理咨询工作者、职业咨询工作者等。

(6) 稳定性。社会分工要求劳动者相对稳定,这样才能不断积累经验,不断丰富各个职业门类的知识。任何一个相对复杂的职业都需要具备一定的专业素质、能力素质、身体素质和道德素质的从业者。职业对从业人员的素质要求越高,该职业的稳定性也就越高。

（7）时空性。随着社会的发展和进步，职业变化迅速，除了弃旧更新外，同一种职业的活动内容和方式也会发生变化，所以职业的划分带有明显的时代性。不同时代有不同的热门职业。

4. 职业的功能

职业是人与社会联系的纽带，职业生活在人类社会生活中居首要地位。不同的职业把劳动者区分在不同的职业岗位上，相互合作。从其功能（价值取向）而言，职业既是为己谋生，也是为社会服务。这是不可分割的两面。职业生活质量高，对社会的贡献大，人生的价值就容易实现。因此，职业在人一生的发展过程中至关重要。

（1）职业的个人功能。

① 职业是人生的主要活动。

职业作为人们参与社会生活、从事社会活动、进行人生实践的最重要场所，从多方面决定了个人特征和境遇。职业是个体实现个性功能的重要渠道，当一个人从事的职业符合其个人的特点、兴趣时，这个人的工作积极性就会得到充分发挥，也就促进了个性的充分发展。

② 职业是个人为社会做贡献的重要途径。

职业活动既是一个实现自身价值的过程，也是为社会创造价值的过程，个人对社会的贡献主要通过其职业活动来实现。人们通过从事职业活动，获得相应的荣誉、权力、地位和收入，满足了个人的经济需要，也满足了受到社会尊重的价值需要。对社会、单位获得了归属感，促进了个人的全面发展。

（2）职业的社会功能。

① 职业是社会分工的结果，是社会存在的内容。

职业是劳动者的社会角色，每个劳动者通过职业活动与社会发生关系，形成社会关系。职业作为一种社会存在，不仅是人的社会身份、等级、地位的体现，其本身也构成了人类社会存在的一个内容。职业种类越多，社会活动越多样化，社会生活就越丰富多彩。

② 职业是社会发展的动力。

职业的社会运动，包括个人改善职业的向上流动、与社会经济结构相联系的职业结构变动、不同职业阶层间的矛盾冲突及解决等，构成了社会发展与社会进步的动力。

③ 职业是社会控制的手段。

职业是人的重要生活方式，安居乐业是人们的共同愿望，衣食足而知荣辱，饥寒则起盗心。政府为公众创造职业岗位，执行促进"充分就业"的政策，从其功能的角度看，就是为了减少社会问题，达到社会控制的目的。此外，政府在就业方面的种种政策、制度，也都是为了实现大大小小的各种社会目的。

（3）职业的经济功能。

职业是个人获得经济收入的来源。人们通过职业活动获取相对稳定的报酬，以维持个人生存、家庭生活和职业发展。职业劳动创造社会财富，人们通过职业劳动为社会创造物质精神财富，推动社会不断进步。职业分工是构成社会经济制度运行的主体，随着社会不断进步，职业分工更加合理，社会经济制度也将越来越完善。

5. 职业的分类

我们要选择一个比较理想的职业，不仅要知道什么是职业，还要知道职业是怎样分类的。关于职业分类，经济发达国家都很重视，不过由于分类标准不完全相同，各国的分类也就不完全一致。

（1）国外的职业分类。

① 按脑力劳动和体力劳动的性质、层次分类。

美国把工作人员划分为两大类：白领工作人员和蓝领工作人员。白领工作人员包括：农场以外的经理和行政管理人员；销售人员；专业性和技术性工作；办公室工作人员。蓝领工作人员包括：非运输性的技工；手工艺及类似工人；农场以外的工人；运输装置机工；服务性行业工人等。

② 按心理的个别差异进行分类。

美国职业指导专家创立的人格职业类型：社会型、艺术型、企业型和传统型。

③ 按各个职业的主要职责或"从事的工作"进行分类。

加拿大劳动部门的资料曾扼要地介绍了不同企业、单位或行业中的类似职业或工种的主要活动，把分属于国民经济中主要行业的职业划分为不同种类。

（2）我国的职业分类。

① 依据在业人口所从事的工作性质的同一性进行分类，将全国范围内的职业分为 8 类：各类专业技术人员；国家机关、党群组织、企业单位负责人；办事人员和有关人员；商业工作人员；服务性工作人员；农、林、牧、渔劳动者；生产、运输工人和有关人员；不需分类的其他劳动者。

② 按企业、事业单位、机关团体和个体从业人员所从事的生产或其他社会经济活动的性质的同一性分类，将国民经济各行业划分为 13 类：农、林、牧、渔、水利业；工业；地质普查和勘探业；建筑业；交通运输、邮电通讯业；商业、公共饮食、物资供销和仓储业；房地产管理、公用事业、居民服务和咨询服务业；卫生、体育和社会福利事业；教育、文化艺术和广播电视事业；科学研究和综合技术服务事业；金融、保险业；国家机关、党政机关和社会团体；其他行业。

二、职业生涯

为了能选择到比较理想的职业，要正确处理职业选择期与职业生涯、职业适应期与职业生涯的关系。要正确处理这些关系就要弄清什么是职业生涯。

1. 职业生涯的概念

所谓职业生涯，是指个体职业发展的历程，一般是指一个人终生经历的所有职业发展的整个历程。职业生涯是一个动态的过程，是一个人一生在职业岗位上所度过的、与工作活动相关的连续经历。也就是说，不论职位高低，不论成功与否，每个工作着的人都有自己的职业生涯。

2. 职业生涯期

如果从有劳动能力的人的一生中的劳动活动内容来看，或者从与进行社会职业劳动有关的生命活动内容来看，大体上可以把职业生涯期划分为六个时期。

（1）职业准备期。

职业准备期是一个人就业前学习专业、职业知识和技能，等待就业机会的时期。一般从十五六岁开始，直到面临就业时为止。

（2）职业选择期。

职业选择期一般集中在十七八岁到30左右。人们在这一时期，根据社会需要和自己的能力、愿望选择职业。这一阶段是人生事业发展的起点，是人生职业最关键的一步。

职业选择期分为初次职业选择期与再次职业选择期。初次职业选择期，是从接受职业技术技能教育结束，准备就业开始到选择好职业，建立了劳动关系为止的时期；再次职业选择期，是劳动关系建立之后，由于多种原因结束了前一个劳动关系，处于待业期，重新建立劳动关系的时期。

（3）职业适应期。

职业适应期是劳动者走上工作岗位，初步适应职业的时期。一般在就业后一两年内，这一时期是对劳动者的职业能力进行实际检验的时期。劳动者可能适应职业，也可能需要培训锻炼来适应职业，也可能因难以适应又重新选择职业。

（4）职业稳定期。

职业稳定期，是职业适应期结束，相对稳定在一个职业单位到就业结束、开始领取退休金。当然，这一时期的职业稳定，不是绝对的，在这期间，职业单位和职业岗位都可能发生变化，甚至会出现失业、重新择业的时期。但失业、重新择业的频率不会像职业适应期那么高。

职业稳定期一般从20、30岁开始，延续到45、50岁。这一时期最长，是人的职业生涯的主体，占据了人的职业生活的绝大部分，是人的劳动效果最好的时期，也是成就事业、获得社会地位的关键时期。

（5）职业素质衰退期。

职业素质衰退期也就是工作后期，一般从45、50岁开始，延续到55、60岁。这一时期是人开始步入老年。由于生理条件的变化，人的职业能力会发生不可避免的减退，劳动者开始要规划退休以及退休后的目标转移方案。

（6）职业结束期。

劳动者由于年老或者其他原因而结束职业生活历程的时期，就是职业结束期。

总之，择业者要弄清职业生涯，尽最大努力在职业准备期打好职业素质基础；尽量缩短职业选择期而相对延长职业稳定期，以增加劳动收入；尽可能延长职业结束期，以使晚年的生活水平不致比职业稳定期降低得太多。

三、职业的选择

职业选择即择业，指择业者根据自己的职业理想和能力，从社会上各种职业中选择其中的一种作为自己从事的职业过程。与就业不同，择业常常意味着不光是找到工作，而是要在众多的就业机会里选择某个适合自己的、长远来看能够获得更好的成功的职业。总而言之，它意在选择，是主动的、自主的就业，而非被动的就业，因而，职业选择是个人对于自己就业的种类、方向的挑选和确定，它是人们真正进入社会生活领域的重要行为，是人生的关键环节。职业选择使个人顺利进入社会劳动岗位，有利于社会化的顺利进行与实现，也有利于促进人的全面发展。

（一）影响职业选择的因素

选择职业是人生一件大事。古今中外的许多成功人士，无一不是扬长避短地优选了最适合其能力、兴趣爱好、个性特征并与主客观条件及环境相适应的工作；反之，如果选错了职业，可能会遭遇许多的挫折与坎坷。因此，如何选择一份适合自己的工作，万万不可马虎。求职时，影响职业选择的主要是以下两类因素。

1. 个体因素

择业之所以会选择适合与否，就是源于个性化的人，所以个体因素是影响择业成功的首要因素。具体分为四个方面：

（1）职业理想。

职业理想是人们在职业上依据社会要求和个人条件而确立的奋斗目标，即个人渴望达到的职业境界。职业理想在现实生活中具有参照系的作用，它指导并调整着人们的职业活动。

一般说来，实现职业理想需要具备以下条件。首先，了解自己，能做什么人。其次，了解职业。每种职业都有与之相适应的职业能力要求，并非所有的职业都适合自己，自己也并非能胜任所有的职业岗位。最后，了解社会。了解社会的需求是成功择业并就业的关键。了解社会主要是了解社会需求量、竞争系数和职业发展趋势，以最终确定职业理想。

（2）职业兴趣。

兴趣是人们活动的巨大动力，兴趣在职业方面的表现就是职业兴趣，是指人们对某种职业活动具有的比较稳定而持久的心理倾向。它是一个人探究某种职业或从事某种职业活动所表现出来的特殊个性倾向，它使个人对某种职业给予优先的注意，并具有向往的情感。职业兴趣是一个人对待工作的态度，对工作的适应能力，表现为有从事相关工作的愿望和兴趣。拥有职业兴趣将增加个人的工作满意度、职业稳定性和职业成就感。

兴趣是影响人择业最主观的因素，也是判别一个职业是否适合自己的关键因素，所以在择业时一定要充分考虑自己的职业兴趣。职业兴趣是人们转换工作的最大因素，对职业选择和职业发展都有一定的影响。

（3）职业能力。

职业兴趣往往影响决定一个人的择业方向，以及在该方面所乐于付出努力的程度，而职业能力则决定一个人在既定的职业方面是否能够胜任，也说明了一个人在该职业中取得成功的可能性。大致来讲，职业能力是指影响人们做好一份职业、影响人们在职业上发展的能力。它是人们从事其职业的多种能力的综合，包括一般职业能力、专业能力和综合能力，而非指个人的所有能力。

社会上任何一种职业对工作者的能力都有一定的要求。如会计、出纳、统计等职业，工作者必须有较强的计算能力；工程、建筑及服装设计等职业的工作者要具备空间判断能力；飞行员、外科医生、运动员、舞蹈演员等职业的工作者则要具备眼与手的协调能力。例如一个人能很快地做好九宫格题，这就是这个人的运算能力，但这个运算能力不一定能转化为职业能力，只有当这个运算能力对所做的工作有影响时，才可以称作职业能力。此外，任何职业岗位的工作都需要与人打交道，因此，人际交往能力、团队协作能力、对环境的适应能力，以及遇到挫折时良好的心理承受能力都是人们在职业活动中不可缺少的能力。

在选择职业时不能好高骛远或单从兴趣爱好出发，要实事求是地检测一下自己的学识水平和职业能力,这样才能找到"有用武之地"的合适工作。

(4) 职业经历。

职业经历就是个人从事过什么样的职业。人是经验性的动物,所以人们做过的那些职业也会在一定程度上影响一个人的职业选择。因为做过、体验过,一方面会通过实际体验来确定是否喜欢、是否能胜任,一方面会产生路径依赖,人往往会因为熟悉而选择。应该说,职业经历是人们了解体验职业、验证职业选择的一个很好途径。

2. 外在因素

外在的环境因素会影响职业的发展趋势,影响家庭和谐,也会影响个人生活的舒适度和满意度。这些因素具体有:

(1) 政府导向。

执政党的社会政策会影响一个行业的兴衰,了解政府提倡、优先发展什么产业、行业是很有必要的,很多行业的未来发展趋势和政府导向是密切相关的。每年的政府工作报告,每个部委的文件,行业协会所倡导的等都是把握行业发展趋势的途径。

(2) 社会需求。

社会需求是促进一个行业蓬勃发展的持久动力。一般来说,社会的大众需求是促进行业发展的长远动力,是人们择业时要考虑的重要外在因素。大众的才能长远,才有发展。所以择业时,多分析一下,这个职业(行业)在社会中的作用怎样,对大众的生活会有什么样的影响。要注意的是,社会需求总是先于政府导向的,因为总是需求先产生,而后才是政府的倡导。如果一个行业(职业)既有政府的支持,又是社会大众的需求所在,那么这个行业(职业)的发展趋势一定是很好的。

(3) 家庭环境。

家庭的意见将影响到生活的舒适和情感的和谐。家庭对人的影响表现在,一是就业者父母的职业对就业者的潜移默化的影响,导致就业者在就业时也会选择或不选择与父母相同的职业;二是就业者父母常常会左右就业者的职业选择,如父母希望就业者在家附近找工作,或让就业者去做他们认为有发展、有出息的工作等。

(4) 城市环境。

城市环境及城市的生活环境将影响到行业发展和个人生活。处于不同区域的城市其城市定位和发展战略是不一样的,这对人们的影响直接表现为两个方面,一是人们所选择的行业,二是个体的生活。如北京的文化产业和上海的金融产业,一个城市对行业的重视与否、战略不同,直接影响工作者所在企业,而企业又直接影响着工作者。这就是城市影响行业发展的道理。

另外,城市的文化、品位,城市居民的素质,城市市政环境的建设等都直接影响着个体的生活舒适度和满意度。这里要尤其注意就业单位所在的周边环境,对人的影响也是巨大的。考虑城市对人们择业影响的意义在于,就业者不能盲目地决定去大城市工作,而要结合自己所在的行业和自己对生活的要求而综合选择。

(5) 雇主因素。

虽然企业给了人们工作机会并让人们有施展才华的舞台,但也要考虑企业的具体因素,因为这些直接影响了人们能在这个公司干多久,能和公司一起走多远。

(6) 企业文化。

企业文化及工作方式、生活方式将决定一个人是否能和企业走得更久。一个企业怎样对待新员工，有怎样的工作文化、怎样的思维方式，是否要经常加班，是否干涉员工的生活，是否给员工培训和成长机会等，都影响员工对企业的忠诚度和满意度。如果人们不能适应同事间的人际关系，不能理解上司和领导对待员工的管理方式，那人们很快就会离开这家公司。所以，个体在择业时，对公司的企业文化、工作方式及工作方式所影响下的生活方式进行详细了解是十分必要的。

(7) 收入空间。

薪资福利及职业的潜在收入空间将影响人们是否进行职业转换和生活满意度。毕竟，人们的生活是基本完全依靠工作所带来的收入的，所以薪资收入空间也是人们择业必须考虑的一个因素。这里要说明的是，人们要以岗位的收入空间为择业依据，而不能仅仅以岗位工资作为标准。一个岗位的收入具体来源于岗位本身的工资、公司的福利、岗位的补贴、岗位在公司的上升空间等，这些因素的综合才是员工的收入空间。有的公司岗位工资很少，但岗位补贴、公司福利较高，这也是一种薪酬制度。如果这个岗位的收入令人很不满意，人们想到的不是转换岗位就是转换公司。如果公司不提供岗位轮换的机会，那么人们很可能就要离开公司。所以在择业时多考虑一下公司的薪酬制度和岗位轮换制度是很有必要的。

（二）职业选择的原则

1. 符合社会需要的原则

一个人在选择职业岗位时，应把社会需要作为出发点和归宿，以社会对自己的要求为准绳，去观察、认识问题，进而决定自己的职业岗位。虽然就业实行双向选择、自主择业，但自主择业是相对的、有条件的，并非可以不顾社会需要，一味地追求"自我设计"。社会的发展，科技的进步，经济的繁荣，也都期望着合格的求职者为之去奋斗。从另一方面看，社会是由人构成的，社会需要本质上就是人类的需要。在现实生活中，个人需要的内容无论怎样多，个人需要结构无论怎样复杂，它总是受现实社会要求的制约。人们正是通过不同的职业活动，在满足社会需要的同时，也在满足着个体的需要。社会的每一步发展，都是上述职业活动共同作用的结果。

2. 发挥个人素质优势的原则

一个人在选择职业岗位时，应综合考虑个体的素质情况，根据个人的特长和优势选择职业岗位，以利于在职业岗位上顺利、出色地完成本职工作。发挥个人素质优势主要包括：

(1) 发挥能力所长。

由于个人的情况不同，能力也有差异，根据不同的能力选择不同的职业岗位，是充分发挥个人素质优势的最佳体现。比如，有的人语言表达能力较强，适合搞教学、宣传工作；有的设计能力较强，适合从事设计工作；有的研究能力较强，适合搞科研；有的组织能力较强，适合领导或管理工作；还有的文字表达能力较强，适合从事文秘、编辑等工作。由此可见，根据自己的能力所长选择职业岗位，既是胜任工作的需要，也是发挥个人最大潜力、进行创造性劳动的需要。否则的话，事与愿违，功不成、业不就，就会贻误事业与前程。

(2) 适当考虑性格特点。

就性格本身来讲，并不能决定一个人的成才方向和成就的高低。同一性格的人，有的可能很有作为，有的则可能一事无成。性格相异的人也可能在同一领域、同一职业中成才。但是，在选择职业岗位时，适当考虑自己的性格特点，充分发挥性格所长是十分必要的。比如在职业活动中，有的人是用理智去衡量一切并配合行动，这样的人就适合从事基础理论研究工作；有的人很有主见，并善于发现问题和解决问题，这样的人就较适合从事科学研究或领导工作。

3. 主动选择的原则

求职者在职业选择中不能消极等待，而应主动出击，积极参与。这里所说的主动选择，主要包括以下三个方面：

（1）主动参与职业岗位竞争。竞争机制的引入，冲击着各行各业，也冲击着人才就业市场。竞争使人们增加了紧迫感和危机感，也增加了责任感。从某种意义上说，职业岗位的竞争，就是靠才华、靠良好的素质去争得一份比较理想的职业。

（2）主动地了解人才供求信息和规格要求。由于社会对求职者的要求在不断发生着变化，因此主动了解用人单位对人才规格的要求和需求信息，对有的放矢地选择职业岗位有着重要意义。

（3）主动完善自己。求职者应根据社会需要，加强学习、主动提高、完善自己，以尽快适应新的工作岗位。

4. 分清主次的原则

再就业选择过程中，摆在求职者面前的选择是多方面的。比如单位性质、工作地点、工作条件、生活待遇、使用意图、发展方向等诸多方面，不可能每项都满足其心愿，重要的是在择业过程中权衡利弊，分清主次，做出抉择。切不可因一味求全，急功近利，好高骛远而失去良机。

5. 着眼未来、面向未来的原则

求职者在选择职业时，不能只看眼前实惠，不看企业发展前景；不能只看暂时困难，而不看企业的未来；不能只图生活安逸，而不顾事业的追求等。选择职业时，要站得高，看得远，放开视野，理清思路，把自己的命运紧紧地和祖国的命运联系在一起，找到自己的最佳位置，牢牢地把握好职业选择的主动权。

第二讲　求职与劳动合同

一、求职的信息和渠道

求职过程中一个重要步骤就是从各种渠道寻找有效信息并加以分析综合，这是任何求职者获得一份理想工作所必经的一步。求职渠道指的是搜集工作信息以及求职的途径。对渠道进行分析的目的是为了尽可能地抓住一切工作机会并充分地把自己的资源利用起来。

求职者谋取一个理想职业岗位,不仅仅取决于自己的学识、技术和能力以及社会经济的宏观需求等因素,也取决于求职者能掌握的就业信息的多寡。如果一个求职者,掌握了大量就业信息,视野就比较广阔,就能取得主动权而不失时机地选择适合自己的职位,比较稳妥地掌握自己的命运。

就业信息有多种来源,各种来源的信息是互补的。就业信息的要素,往往很难从单一渠道获得,需要求职者从多种渠道去收集。一般说来,收集就业信息的渠道主要有以下几个:

1. 招聘洽谈会

有些地区人事部门与劳动部门有所分工,招聘干部的叫人才交流会,招聘工人的叫劳务市场或劳务洽谈会。有些地方则两个部门合办招聘洽谈会。这种方式的优点是供需直接见面,信息相对集中,个人的直接投入是门票与印制个人简历。缺点是由于洽谈会时间和地理位置的限制,导致求职成本和时间投入的增加。求职者应在参加洽谈会前,注意主办单位,选择有一定规模、服务好的招聘洽谈会。

2. 新闻媒体的招聘广告

为了加强宣传效果和人才招聘范围,用人单位也经常在报纸、电视、广播电台刊登、播发招聘广告。对求职者来说,这是一种省钱又省时间的收集就业信息的方法,而且信息量大、覆盖面广、选择机会多。缺点是广告篇幅有限,使求职者对招聘单位了解甚少。求职者可采用"广撒网"的方式,向多个登广告的招聘单位发出简历,到回函的单位参加面试,并借机深入了解这些单位的情况,再做出自己的择业决定。

3. 委托中介代理机构

委托中介代理机构是通过提供专业职业服务的中介代理机构获得就业信息的方式。近年来,这种机构犹如雨后春笋,纷纷登台亮相,其中有劳动、人事部门主办的,也有经劳动、人事部门批准建立的职业介绍所。一般来说,职介机构一般与众多用人单位建立了密切的联系,举办定期的招聘会,细心的求职者往往会在其中发现良好的就业机会。不过,从目前来看,这种方式存在求职成本高、投诉多的问题。

4. 网络求职

网络求职是求职者通过互联网获取招聘单位信息或参加面试的一种方式。对求职者而言,网络求职是一种快捷、简便、成本低的求职方式。

随着时代的发展,求职者的求职渠道越来越多元化,求职渠道已经不仅仅局限于报纸的招聘版块和人才市场举办的现场招聘会,越来越多的企业和求职者从传统的线下走向了更加快捷方便、成本低廉的网络招聘。相关调研数据显示,互联网已经超过招聘会、人际关系等成为求职者获取招聘信息使用最多的渠道。

5. 电话求职

电话求职是上网收集信息的一种补充手段,是求职者依据招聘广告所提供的电话号码,直接与招聘单位联系的一种求职方法。现在许多城市都开辟了求职专线,使用自动声讯服务,既可让个人查询招聘单位的信息,也可为招聘单位查询求职者信息,是为求职者和用人单位提供双向查询服务的方式。

电话求职的特点是不受地域与空间的限制，根据求职者自己的特长和专业知识，向有兴趣的单位进行职位空缺情况等方面信息的查询。

6. 拜访和观察求职

拜访和观察求职也就是上门求职，求职者依据招聘广告等提供的地址，直接到用人单位拜访招聘单位的一种求职方法。这种方式的特点是主动性强，可以很快了解所应聘单位的有关情况，切实感受工作环境。拜访和观察是全面了解用人单位的情况的重要手段，特别是求职者已初步选中这个单位，而对此单位所知甚少的情况下，访问这个单位是十分必要的。

7. 通过亲友、邻居、校友等关系网求职

简单说，通过亲友、邻居、校友等关系网求职实质就是人脉求职，就是通过熟人关系（亲朋好友、同学、老师、其他社会关系等）来获得工作信息，认识招聘单位的一种方式。利用人脉求职、熟人推荐的人可信度比较高，用人单位对求职者的情况和背景也可以了解得比较清楚，是成功率较高的一种求职方法。这里的社会关系可以是家长亲友、邻居、学校的教师或导师，也可以是自己的校友。

二、成功就业的第一步——签订劳动合同

（一）建立劳动关系应签订劳动合同

用人单位和劳动者通过签订书面劳动合同作为确定劳动关系的依据，有利于明确双方各自的权利和义务，充分发挥法律"定纷止争"的功能。

1. 签订劳动合同的重要意义

劳动合同是确定劳动关系的法律凭证，劳动合同一经签订，即形成了规范双方当事人劳动权利和义务的依据。《劳动法》"建立劳动关系应当订立劳动合同"的规定是对社会主义市场经济体制下确立劳动关系的基本形式作出的明确规定，为劳动合同制度的建立提供了法律保障。

根据这一规定，建立劳动关系的所有劳动者，不论是管理人员、技术人员还是原来所称的固定工、临时工，都必须订立劳动合同。这是因为，劳动合同是市场经济体制下用人单位与劳动者进行双向选择，明确劳动者与用人单位之间的劳动关系，规范双方权利和义务，保护劳动关系和谐稳定的协议，可以保护劳动者和用人单位双方的合法权益；是劳动者实现劳动权利的法律途径，维护劳动者权利的法律保障。同时，劳动合同是用人单位提高经济效益的有效形式，可以有效地预防和减少劳动争议的发生，提高用人单位的经济效益和劳动者的收入。

2. 劳动合同的概念和特征

劳动合同，也称劳动契约、劳动协议，它是指劳动者同企业、事业、机关单位等用人单位为确立劳动关系，明确双方责任、权利和义务的书面协议。根据协议，劳动者加入某一用人单位，就应承担某一工作和任务，遵守单位内部的劳动规则和其他规章制度。企业、事业、机关、团体等用人单位有义务按照劳动者的劳动数量和质量支付劳动报酬，并根据劳动法律、法规和双方的协议，提供各种劳动条件，保证劳动者享受本单位成员的各种权利和福利待遇。

劳动合同作为合同的一种，除具有合同的一般特征外，还有如下法律特征：

（1）劳动合同是建立劳动关系的一种法律形式，目的是为了建立双方的劳动关系，而不是其他社会关系，以合同形式确立劳动者与用人单位的权利义务。例如，某一个劳动者通过招聘进入企业当了一名车工，他与企业之间形成了受劳动法调整的劳动关系。但是如果这个劳动者不是通过签订劳动合同进企业，而是申请个体执照，以个体劳动者的身份去企业帮助修理机器设备，则该劳动者与企业之间形成的关系是受《合同法》调整的经济合同关系。

（2）劳动合同双方当事人中，一方必须是具有劳动权利能力和劳动行为能力的公民本人，另一方必须是企业等用人单位，不能是企业的党团组织或工会组织。

签订劳动合同的双方，一方是劳动者，另一方是用人单位，这两个主体缺一不可，不符合这个条件的不可以签订劳动合同。例如，用人单位与用人单位之间、劳动者和劳动者之间签订合同，虽然合同的双方有各自的权利和义务，但这类合同不受劳动法律、法规的调节。

（3）劳动合同的当事人之间存在着职业上的从属关系，即作为劳动合同一方当事人的劳动者，在订立劳动合同后，成为另一方当事人企业等用人单位的一员，用人单位有权指派劳动者完成劳动合同规定的属于劳动者劳动职能范围内的任何任务。这种职业上的从属关系，是劳动合同区别于其他合同的重要特点之一。

（4）劳动合同双方当事人的权利和义务是统一的，即双方当事人既是劳动权利主体，又是劳动义务主体。根据签订的劳动合同，劳动者有义务完成工作任务，遵守本单位内部的劳动规则，用人单位有义务按照劳动者劳动数量和质量支付劳动报酬。劳动者有权享受法律、法规及劳动合同规定的劳动保险和生活福利待遇，用人单位有义务提供劳动法律、法规及劳动合同规定的劳动保护条件。

（5）劳动合同的订立、变更、终止和解除，按照国家劳动法律、法规的规定。

（二）劳动合同的必备条款和补充条款

1. 必备条款

劳动合同的必备条款是指法律规定的劳动合同必须具备的内容。在法律规定了必备条款的情况下，如果劳动合同缺少此类条款，则劳动合同不能成立。《劳动法》第十九条和《劳动合同法》第十七条规定了劳动合同的法定形式须采用书面形式和以下必备条款：

（1）用人单位的名称、住所和法定代表人或者主要负责人。为了明确劳动合同中用人单位一方的主体资格，确定劳动合同的当事人，劳动合同中必须具备这一项内容。

（2）劳动者的姓名、住址和居民身份证或者其他有效身份证件号码。为了明确劳动合同中劳动者一方的主体资格，确定劳动合同的当事人，劳动合同中必须具备这一项内容。

（3）劳动合同期限。签订劳动合同主要是建立劳动关系，但建立劳动关系必须明确期限的长短。

法律规定合同期限分为三种：有固定期限，如1年期限、3年期限等均属这一种；无固定期限，合同期限没有具体时间约定，只约定终止合同的条件，无特殊情况，这种期限的合同应存续到劳动者到达退休年龄；以完成一定的工作为期限，例如：劳务公司外派一员工去另外一公司工作，两个公司签订了劳务合同，劳务公司与外派员工签订的劳动合同期限是以劳务合同的解除或终止而终止，这种合同期限就属于以完成一定工作为期限的种类。用人单位与劳动者在协商选择合同期限时,应根据双方的实际情况和需要来约定。

(4) 工作内容和工作地点。

所谓工作内容,是指劳动法律关系所指向的对象,即劳动者具体从事什么种类或者内容的劳动,这里的工作内容是指工作岗位和工作任务或职责。这一条款是劳动合同的核心条款之一,是建立劳动关系的极为重要的因素。它是用人单位使用劳动者的目的,也是劳动者通过自己的劳动取得劳动报酬的缘由。

劳动合同中的工作内容条款应当规定得明确具体,便于遵照执行。如果劳动合同没有约定工作内容或约定的工作内容不明确,用人单位将可以自由支配劳动者,随意调整劳动者的工作岗位,难以发挥劳动者所长,也很难确定劳动者的劳动报酬,造成劳动关系的极不稳定,因此是必不可少的。

工作地点是劳动合同的履行地,是劳动者从事劳动合同中所规定的工作内容的地点,它关系到劳动者的工作环境、生活环境以及劳动者的就业选择。劳动者有权在与用人单位建立劳动关系时知悉自己的工作地点,所以这也是劳动合同中必不可少的内容。

(5) 工作时间和休息休假。

工作时间是指劳动者在企业、事业、机关、团体等单位中,必须用来完成其所担负的工作任务的时间。一般由法律规定劳动者在一定时间内(工作日、工作周)应该完成的工作任务,以保证最有效地利用工作时间,不断地提高工作效率。

这里的工作时间包括工作时间的长短、工作时间方式的确定,如是 8 小时工作制还是 6 小时工作制,是日班还是夜班,是正常工时还是实行不定时工作制,或者是综合计算工时制。在工作时间上的不同,对劳动者的就业选择、劳动报酬等均有影响,因此成为劳动合同不可缺少的内容。

休息休假是指企业、事业、机关、团体等单位的劳动者按规定不必进行工作,而自行支配的时间。休息休假的权利是每个国家的公民都应享受的权利。《劳动法》第三十八条规定:"用人单位应当保证劳动者每周至少休息一日。"休息休假的具体时间根据劳动者的工作地点、工作种类、工作性质、工龄长短等各有不同,用人单位与劳动者在约定休息休假事项时应当遵守劳动法及相关法律、法规的规定。

(6) 劳动报酬。

劳动合同中的劳动报酬,是指劳动者与用人单位确定劳动关系后,因提供了劳动而取得的报酬。劳动报酬是满足劳动者及其家庭成员物质文化生活需要的主要来源,也是劳动者付出劳动后应该得到的回报。因此,劳动报酬是劳动合同中必不可少的内容。

劳动报酬主要包括以下几个方面:①用人单位工资水平、工资分配制度、工资标准和工资分配形式;②工资支付办法;③加班、加点工资及津贴、补贴标准和奖金分配办法;④工资调整办法;⑤试用期及病、事假等期间的工资待遇;⑥特殊情况下职工工资(生活费)支付办法;⑦其他劳动报酬分配办法。

劳动合同中有关劳动报酬条款的约定,要符合我国有关最低工资标准的规定。

(7) 社会保险。

社会保险是政府通过立法强制实施,由劳动者、劳动者所在的工作单位或社区以及国家三方面共同筹资,帮助劳动者及其亲属在遭遇年老、疾病、工伤、生育、失业等风险时,防止收入的中断、减少和丧失,以保障其基本生活需求的社会保障制度。

社会保险由国家成立的专门性机构进行基金的筹集、管理及发放，不以赢利为目的。一般包括医疗保险、养老保险、失业保险、工伤保险和生育保险。社会保险强调劳动者、劳动者所在用人单位以及国家三方共同筹资，体现了国家和社会对劳动者提供基本生活保障的责任。劳动者所在用人单位的缴费，使社会保险资金来源避免了单一渠道，增加了社会保险制度本身的保险系数。由于社会保险由国家强制实施，因此成为劳动合同不可缺少的内容。

（8）劳动保护、劳动条件和职业危害防护。

劳动保护是指用人单位为了防止劳动过程中的安全事故，采取各种措施来保障劳动者的生命安全和健康。

在劳动生产过程中，存在着各种不安全、不卫生因素，如不采取措施加以保护，将会发生工伤事故。如矿井作业可能发生瓦斯爆炸、冒顶、片帮、水火灾害等事故；建筑施工可能发生高空坠落、物体打击和碰撞等。所有这些，都会危害劳动者的安全健康，妨碍工作的正常进行。国家为了保障劳动者的身体安全和生命健康，通过制定相应的法律和行政法规、规章规定劳动保护，用人单位也应根据自身的具体情况，规定相应的劳动保护规则，以保证劳动者的健康和安全。

劳动条件，主要是指用人单位为使劳动者顺利完成劳动合同约定的工作任务，为劳动者提供必要的物质和技术条件，如必要的劳动工具、机械设备、工作场地、劳动经费、辅助人员、技术资料、工具书以及其他一些必不可少的物质、技术条件和其他工作条件。职业危害是指用人单位的劳动者在职业活动中，因接触职业性有害因素如粉尘、放射性物质和其他有毒、有害物质等而对生命健康所引起的危害。根据《职业病防治法》第三十条的规定，用人单位与劳动者订立劳动合同时，应当将工作过程中可能产生的职业病危害及其后果、职业病防护措施和待遇等如实告知劳动者，并在劳动合同中写明，不得隐瞒或者欺骗。

此外，《职业病防治法》中还规定了用人单位在职业病防护中的义务：用人单位应当为劳动者创造符合国家职业卫生标准和卫生要求的工作环境和条件，并采取措施保障劳动者获得职业卫生保护；应当建立、健全职业病防治责任制，加强对职业病防治的管理，提高职业病防治水平，对本单位产生的职业病危害承担责任；必须采用有效的职业病防护设施，并为劳动者提供个人使用的职业病防护用品；应当对劳动者进行上岗前的职业卫生培训和在岗期间的定期职业卫生培训，普及职业卫生知识，督促劳动者遵守职业病防治法律、法规、规章和操作规程，指导劳动者正确使用职业病防护设备和个人使用的职业病防护用品。用人单位应当按照有关法律、法规的规定严格履行职业危害防护的义务。

（9）法律、法规规定应当纳入劳动合同的其他事项。除了上述《劳动合同法》规定的必备条款外，《劳动法》第十九条还规定劳动合同要具备以下方面条款：

① 劳动纪律。此条款应当将用人单位制定的规章制度约定进来，可采取将内部规章制度印制成册，作为合同附件的形式加以简要约定的方式。

② 劳动合同终止的条件。这一必备条款一般是在无固定期限的劳动合同中约定，因这类合同没有终止的时限。但其他期限种类的合同也可以约定。须注意的是，双方当事人不得将法律规定的可以解除合同的条件约定为终止合同的条件，以避免出现用人单位应当在解除合同时支付经济补偿金而改为终止合同不予支付经济补偿金的情况。

③ 违反劳动合同的责任。一般可约定两种形式的违约责任，一是由于一方违约给对方造成经济损失，约定赔偿损失的方式；二是约定违约金，采用这种方式应当注意根据职工一方

承受能力来约定具体金额，不要出现显失公平的情形。

另外，这里讲的违约，或者称违反劳动合同，不是指一般性的违约，而是指违约程度比较严重，达到致使劳动合同无法继续履行的程度，如职工违约离职，单位违法解除劳动者合同等。

2. 补充条款（可备条款）

对于某些事项，法律不做强制性规定，由当事人根据意愿选择是否在合同中约定，劳动合同缺乏这种条款不影响其效力，这种条款就称之为可备条款。

法定可备条款是指法律明文规定的劳动合同可以具备的条款。劳动合同的某些内容是非常重要的，关系到劳动者的切身利益，但是这些条款不是在每个劳动合同中都应当具备的，所以法律不能把其作为必备条款，只能在法律中特别地予以提示。

根据《劳动合同法》第十七条第二款规定，劳动合同除前款规定的必备条款外，用人单位与劳动者可以约定试用期、培训、保守秘密、补充保险和福利待遇等其他事项。这类约定条款的内容，是当国家法律规定不明确，或者国家尚无法律规定的情况下，用人单位与劳动者根据双方的实际情况协商约定的一些随机性的条款。劳动行政部门印制的劳动合同样本，一般都将必备条款写得很具体，同时留出一定的空白地由双方随机约定一些内容。一般主要有：

1）试用期

试用期是指对新录用的劳动者进行试用的期限，实际上是用人单位和劳动者之间为了更好地满足单位的人力资源需要而约定的，是两者磨合的期间。

用人单位与劳动者可以在劳动合同中就试用期的期限和试用期期间的工资等事项作出约定，但不得违反《劳动合同法》有关试用期的规定。《劳动合同法》对如何确定试用期作出了明确规定，劳动合同的长短、劳动合同的类型不同，试用期的长短也有所不同。

《劳动合同法》第十九条规定，劳动合同期限3个月以上不满1年的，试用期不得超过1个月；劳动合同期限1年以上不满3年的，试用期不得超过2个月；3年以上固定期限和无固定期限的劳动合同，试用期不得超过6个月。同一用人单位与同一劳动者只能约定一次试用期。以完成一定工作任务为期限的劳动合同或者劳动合同期限不满3个月的，不得约定试用期。试用期包含在劳动合同期限内。劳动合同仅约定试用期的，试用期不成立，该期限为劳动合同期限。

《劳动合同法》第二十条对试用期的工资作出了明确规定，即：劳动者在试用期的工资不得低于本单位同岗位最低档工资或者劳动合同约定工资的百分之八十，并不得低于用人单位所在地的最低工资标准。

在试用期内，用人单位与劳动者之间的劳动关系尚处于不完全确定的状态。根据《劳动合同法》第二十一条规定，在试用期中，除劳动者被证明不符合录用条件外，用人单位不得解除劳动合同。用人单位在试用期解除劳动合同的，应当向劳动者说明理由。

2）培 训

培训是按照职业或者工作岗位对劳动者提出的要求，以开发和提高劳动者的职业技能为目的的教育和训练过程。

企业应建立健全职工培训的规章制度，根据本单位的实际对职工进行在岗、转岗、晋升、转业培训，对新录用人员进行上岗前的培训，并保证培训经费和其他培训条件。职工应按照国家规定和企业安排参加培训，自觉遵守培训的各项规章制度，并履行培训合同规定的各项义务，服从单位工作安排，搞好本职工作。

3）保守商业秘密和竞业限制

（1）商业秘密。

商业秘密是不为大众所知悉，能为权利人带来经济利益，具有实用性并经权利人采取保密措施的技术信息和经营信息。在激烈的市场竞争中，任何一个企业生产经营方面的商业秘密都十分重要。在市场经济条件下，企业用人和劳动者选择职业都有自主权，有的劳动者因工作需要，了解或掌握了本企业的技术信息或经营信息等资料，如果企业事先不向劳动者提出保守商业秘密、承担保密义务的要求，有的劳动者就有可能带着企业的商业秘密另谋职业，通过擅自泄露或使用原企业的商业秘密，以谋取更高的个人利益。如果没有事先约定，企业往往难以通过法律讨回公道，从而使企业遭受重大经济损失。因此，用人单位可以在合同中就保守商业秘密的具体内容、方式、时间等，与劳动者约定，防止自己的商业秘密被侵占或泄露。

《劳动合同法》第二十三条规定，用人单位与劳动者可以在劳动合同中约定保守用人单位的商业秘密和与知识产权相关的保密事项。对负有保密义务的劳动者，用人单位可以在劳动合同或者保密协议中与劳动者约定竞业限制条款，并约定在解除或者终止劳动合同后，在竞业限制期限内按月给予劳动者经济补偿。劳动者违反竞业限制约定的，应当按照约定向用人单位支付违约金。

（2）竞业限制。

竞业限制是用人单位对负有保守用人单位商业秘密的劳动者，在劳动合同、知识产权权利归属协议或技术保密协议中约定的竞业限制条款，即，劳动者在终止或解除劳动合同后的一定期限内不得在生产同类产品、经营同类业务或有其他竞争关系的用人单位任职，也不得自己生产与原单位有竞争关系的同类产品或经营同类业务。

《劳动合同法》第二十四条规定，竞业限制的人员限于用人单位的高级管理人员、高级技术人员和其他负有保密义务的人员。竞业限制的范围、地域、期限由用人单位与劳动者约定，竞业限制的约定不得违反法律、法规的规定。在解除或者终止劳动合同后，前款规定的人员到与本单位生产或者经营同类产品、从事同类业务的有竞争关系的其他用人单位，或者自己开业生产或者经营同类产品、从事同类业务的竞业限制期限，不得超过2年。

劳动者违反竞业限制协议的后果。企业停止按月支付经济补偿；劳动者支付违约金。如未规定违约金，劳动者不用支付，但因此给用人单位造成损失的，应当承担赔偿责任。竞业限制的期限最多不超过2年。劳动合同解除或者终止2年后，劳动者不再受到竞业限制的约束。

4）补充保险

补充保险是指除了国家基本保险以外，用人单位根据自己的实际情况为劳动者建立的一种保险，它用来满足劳动者高于基本保险需求的愿望，包括补充医疗保险、补充养老保险等。补充保险的建立依用人单位的经济承受能力而定，由用人单位自愿实行，国家不作强制的统一规定，只要求用人单位内部统一。用人单位必须在参加基本保险并按时足额缴纳基本保险费的前提下，才能实行补充保险。因此补充保险的事项不作为合同的必备条款，由用人单位与劳动者自行约定。

5）福利待遇

随着市场经济的发展，用人单位给予劳动者的福利待遇也成为劳动者收入的重要指标之一。福利待遇包括住房补贴、通讯补贴、交通补贴、子女教育等。不同的用人单位福利待遇也有所不同，福利待遇已成为劳动者就业选择的一个重要因素。

社会生活千变万化，劳动合同种类和当事人的情况也非常复杂，法律只能对劳动合同的条款进行概括，无法穷尽劳动合同的所有内容，当事人也可以根据需要在法律规定的可备条款之外对有关条款作新的补充性约定。

6）服务期、实习期、学徒期和见习期

（1）服务期。

服务期是劳动者因接受用人单位给予的特殊待遇而承诺的必须为用人单位提供服务的期限。服务期可以长于劳动合同的期限，只要是双方的真实意思表示并通过合同固定下来，则对双方均具有约束力。

服务期不是劳动合同的必备条款，也不是每个劳动者必须承担的义务。法律之所以规定服务期，是因为用人单位对劳动者有投入并导致劳动者获得利益。用人单位为劳动者提供培训费用，并支付劳动报酬和其他待遇，使劳动者提升了技能，提高了本领。同时，用人单位使劳动者接受培训的目的，在于劳动者回来后为单位提供约定服务期期间的劳动，劳动者服务期未满离职，使用人单位期待落空。通过约定服务期，可以大体平衡双方利益。

《劳动合同法》第二十二条规定，用人单位为劳动者提供专项培训费用，对其进行专业技术培训的，可以与该劳动者订立协议，约定服务期。劳动者违反服务期约定的，应当按照约定向用人单位支付违约金。违约金的数额不得超过用人单位提供的培训费用。用人单位要求劳动者支付的违约金不得超过服务期尚未履行部分所应分摊的培训费用。用人单位与劳动者约定服务期的，不影响按正常的工资调整机制提高劳动者在服务期期间的劳动报酬。

根据相关规定，用人单位只能与三类人员签订服务期协议，一是用人单位花费大量费用招聘的人员（有别于通过常规手段及资金招聘的人员），二是投入大额资金进行特殊培训的人员（有别于只是在工厂内部进行的岗前培训、安全生产等必备培训），三是用人单位为其提供了特殊待遇的人员（如住房待遇、通讯设备、交通工具的提供等）。

服务期限可由劳、资双方协商确定，一般以 5 年期居多。服务期可以在劳动合同中约定，也可以在劳动合同履行过程中另行订立服务期协议。合同期与服务期应同步履行，但在实际中服务期长于合同期，当合同期已满服务期不满时，劳动合同应顺延至服务期满。此时对于用人单位而言，有两种解决方案：

一是合同期满用人单位放弃对劳动者剩余服务期要求的，劳动合同终止，但用人单位不得追索劳动者服务期的赔偿责任，即用人单位不能要求员工支付违约金或赔偿招聘的费用等。

二是合同期满后，用人单位继续提供工作岗位，要求劳动者继续履行服务期的，双方当事人应当续订劳动合同。因续订劳动合同的条件不能达成一致的，双方应按原劳动合同确定的条件继续履行。如果继续履行期间，用人单位不提供工作岗位，视为其放弃对剩余服务期的要求，劳动关系终止。对于劳动者而言，合同期满服务期不满时，劳动者提出解除劳动合同的，用人单位可以要求劳动者支付违约金。因此，用人单位可根据支出的成本以及岗位的特点等情况，在服务期协议中确定合理的违约金数额，作为双方履约的保障。

（2）实习期。

实习期是人们在即将工作前的一个培训阶段，对人们向职场人士转变做准备，具有很重要的意义。实习期一般分为两种情况：

一类是实习人员根据法律法规的要求在单位通过实践进行一定专业训练的期限，实习期一般以一年为限。这类实习人员一般与用人单位已建立劳动关系，实习目的在于从工作中增强从事这些专业工作的熟练度，以便将来能够较为独立地从事这样的职业，如律师、医师、专利代理人等。对于该类实习人员，用人单位应当与其签订劳动合同，用人单位应按照实习人员实际工作情况向其支付劳动报酬，且劳动报酬不得低于当地最低工资标准。

另一类是实习人员（往往是在校学生）出于教学需要在用人单位进行社会实践的行为，如大学生的毕业实习。这类实习人员一般与用人单位不建立劳动关系，实习的目的在于让学生接触社会，实践自己在书本上学到的理论知识。这类实习人员由于与用人单位没有劳动关系，当双方发生争议时，不能按劳动争议纠纷解决，只能按照民法上的劳务关系来处理。因此，这类人员到单位实习时，最好与单位订立一份"实习协议"，在协议中明确约定实习期限、实习内容、实习报酬等内容。

（3）学徒期。

学徒期是针对某些工作岗位的新招职工，为了让其熟悉业务、提高工作技能的一种培训、学习期限。学徒期制度也是计划经济分配体制的一种产物，至今在一些技术岗位上仍然沿用。学徒期限一般根据工作岗位、技术等级要求来确定。虽说学徒期是新进员工学习、接受培训的期限，但该期限应包含在劳动合同期内，且在劳动合同中可以同时约定试用期和学徒期。在学徒期内，用人单位应当按照劳动合同的约定为学徒工安排工作岗位，并支付劳动报酬及缴纳社会保险金。

（4）见习期。

见习期制度是我国针对大、中专求职者新分配到用人单位工作，需要进行业务适应及考核的一种制度。在实行劳动合同制度后，这一培训方式仍应继续采用，并按照技术等级标准规定的期限执行。见习期不是劳动合同制度下的概念，而是人事制度下的做法。设立见习期是用人单位便于对劳动者熟悉业务、提高技能的教育和培训，其主要功能是学习。见习期仅适用于首次参加工作的劳动者(一般为刚毕业的学生)。

根据《劳动部办公厅对〈劳动用工管理有关问题的请示〉的复函》的规定，大中专、技校毕业生新分配到用人单位工作的，仍应按原规定执行为期一年的见习期制度，见习期内可以约定不超过半年的试用期。不过，随着毕业分配制度的变革，企业用工制度的变化，实践中见习期制度已经不多见，将慢慢退出历史舞台。

除以上必备条款和补充条款外，我国《劳动法》还规定了禁止双方当事人约定的条款，即用人单位在与劳动者订立劳动合同时，不得以任何形式向劳动者收取定金、保证金（物）或抵押金（物）。对违反规定的，由公安部门和劳动保障行政部门责令用人单位立即退还给劳动者本人。

（三）签订劳动合同的原则

我国《劳动合同法》规定，订立和变更劳动合同，应当遵循合法、公平、平等自愿、协商一致、诚实信用的原则。

1. 合法原则

合法是劳动合同有效的前提条件。所谓合法就是劳动合同的形式和内容必须符合法律、法规的规定。

（1）订立劳动合同的主体必须合法。

签订劳动合同的主体是用人单位和劳动者。主体合法，即当事人必须具备订立劳动合同的主体资格。即用人单位和劳动者都应具备劳动权利能力和劳动行为能力，能依法承担履行劳动合同的责任和义务。具体讲，用人单位一方必须是依法建立的、具备法人资格的用人单位或能独立承担民事责任的经济组织和个人；劳动者的主体资格，是指必须达到法定的最低就业年龄，劳动者具备劳动权利能力和劳动行为能力。任何一方如果不具备订立劳动合同合同的主体资格，所订立的劳动合同无效。

（2）订立劳动合同的目的必须合法。

目的合法，是指当事人双方订立劳动合同的宗旨和实现法律后果的意图不得违反法律、法规的规定。劳动者订立劳动合同的目的是为了实现就业，获得劳动报酬；用人单位订立劳动合同的目的是为了使用劳动力来组织社会生产劳动，发展经济，创造效益。

（3）订立劳动合同的内容必须合法。

内容合法，是指双方当事人在劳动合同中确定的具体的权利与义务的条款必须符合法律、法规和政策的规定。劳动合同的内容涉及工作内容、工资分配、社会保险、工作时间和休息休假以及劳动安全卫生等多方面的内容，劳动合同在约定这些内容时，不能违背法律和行政法规的规定。任何侵害法律、法规赋予用人单位和劳动者基本权利的内容，即使是当事人双方协商一致的，也应视为"无效合同"或"无效条款"。

（4）订立劳动合同的程序与形式合法。

程序合法，是指劳动合同的订立，必须按照法律、行政法规所规定的步骤和方式进行，一般要经过要约和承诺两个步骤，具体方式是先起草劳动合同书草案，然后由双方当事人平等协商，协商一致后签约。形式合法，是指劳动合同必须以法律、法规规定的形式签订。《劳动合同法》第十条规定："建立劳动关系，应当订立书面劳动合同。"这就明确了订立劳动合同的形式，并对不订立书面劳动合同的行为追究责任，对劳动者造成损害的，还要承担赔偿责任。

2. 公平原则

《劳动合同法》增加"公平"为订立劳动合同的原则，是要求在劳动合同订立过程及劳动合同内容的确定上应体现公平。公平原则强调了劳动合同当事人在订立劳动合同时，对劳动合同内容的约定，双方承担的权利义务中不能要求一方承担不公平的义务。如果双方订立的劳动合同内容显失公平，那么该劳动合同中显失公平的条款无效。如因重大误解导致的权利义务不对等，对同岗位的职工提出不一样的工作要求，对劳动者的一些个人行为作出限制性规定等，对于劳动者，显失公平的合同违背了劳动者的真实意愿。因此，《劳动合同法》规定，"用人单位免除自己的法定责任、排除劳动者权利的"劳动合同无效。

3. 平等自愿原则

（1）平等，是指订立劳动合同的双方当事人具有相同的法律地位。在订立劳动合同时，双方当事人是以劳动关系平等主体资格出现的，有着平等的要求利益的权利，不存在命令与服从的关系，任何以强迫、胁迫、欺骗等非法手段订立的劳动合同，均属无效。这一原则赋予了双方当事人公平地表达各自意愿的机会，有利于维护双方的合法权益。

（2）自愿，是指订立劳动合同必须出自双方当事人自己的真实意愿，是在充分表达各自意见的基础上，经过平等协商而达成的协议。这一原则保证了劳动合同是当事人根据自己的意愿独立作出决定的;劳动合同内容的确定,必须完全与双方当事人的真实意思相符合。采取暴力、强迫、威胁、欺诈等手段订立的劳动合同无效。

4. 协商一致原则

协商一致就是用人单位和劳动者要对合同的内容达成一致意见。合同是双方意思表示一致的结果,劳动合同也是一种合同,也需要劳动者和用人单位双方协商一致,达成合意,一方不能凌驾于另一方之上,不得把自己的意志强加给对方,也不能强迫命令、胁迫对方订立劳动合同。在订立劳动合同时,用人单位和劳动者都要仔细研究合同的每项内容,进行充分的沟通和协商,解决分歧,达成一致意见。只有体现双方真实意志的劳动合同,双方才能忠实地按照合同约定履行。

5. 诚实信用原则

诚实信用原则就是在订立劳动合同时要诚实,讲信用。如在订立劳动合同时,双方都不得有欺诈行为。诚实信用既是《合同法》的一项基本原则,也是《劳动合同法》的一项基本原则,同时它又是一项社会道德原则。

根据《劳动合同法》第八条的规定,用人单位招用劳动者时,应当如实告知劳动者工作内容、工作条件、工作地点、职业危害、安全生产状况、劳动报酬,以及劳动者要求了解的其他情况;用人单位有权了解劳动者与劳动合同直接相关的基本情况,劳动者应当如实说明。双方都不得隐瞒真实情况。

第三讲 劳动者维权之道

一、劳动者的权利和义务

(一)公民有劳动的基本权利和义务

《中华人民共和国宪法》第四十二条明确规定了公民劳动的权利和义务:"中华人民共和国公民有劳动的权利和义务。国家通过各种途径,创造劳动就业条件,加强劳动保护,改善劳动条件,并在发展生产的基础上,提高劳动报酬和福利待遇。劳动是一切有劳动能力的公民的光荣职责。国有企业和城乡集体经济组织的劳动者都应当以国家主人翁的态度对待自己的劳动。国家提倡社会主义劳动竞赛,奖励劳动模范和先进工作者。国家提倡公民从事义务劳动。国家对就业前的公民进行必要的劳动就业训练。"

(二)劳动者的权利和义务

1. 劳动者的权利——劳动者依法享有的权利和利益

劳动者的劳动权利,是指任何具有劳动能力且愿意工作的人都有获得有保障的工作的权利。根据《劳动法》的规定,劳动者的劳动权利主要有:

(1)平等就业和选择职业的权利。

劳动就业权，是指具有劳动权利能力与劳动行为能力，并且有劳动愿望的劳动者依法从事有劳动报酬或经营收入的劳动的权利。

平等就业权，是指劳动者平等地获得就业机会的权利，即在就业机会的获得方面，劳动者不因性别、年龄、种族等人的自然差别而受歧视，就业机会面前一律平等。《劳动法》第十二条和第十三条分别规定，劳动者就业，不因民族、种族、性别、宗教信仰不同而受歧视；妇女享有与男子平等的就业权利。在录用职工时，除国家规定的不适合妇女的工种或者岗位外，不得以性别为由拒绝录用妇女或者提高对妇女的录用标准。

自主择业权，是指劳动者可以自主选择职业的权利，包括是否从事职业劳动、从事何种职业劳动、何时从事职业劳动、进入哪一个用人单位工作等方面的选择权。

（2）取得劳动报酬的权利。

劳动者的劳动报酬是用人单位支付的合法收入，劳动报酬就是我们通常说的"工资"，是劳动者付出劳动后而由用人单位依据国家有关定或劳动合同的约定，以货币形式直接支付给劳动者的报酬，一般包括计时工资、计件工资、奖金、津贴、延长工作时间的工资及特殊情况下支付的工资等，应当得到法律的确认和保护。

一般情况下劳动报酬的支付：

① 劳动报酬支付的形式：工资应当以法定货币支付，不得以实物及有价证券替代货币支付。

② 劳动报酬支付的时间：工资至少每月支付一次，实行周、日、小时工资制的可按周、日、小时支付工资。如遇节假日或休息日，则应提前在最近的工作日支付。

对完成一次性临时劳动或某项具体工作的劳动者，用人单位应按有关协议或合同规定在其完成劳动任务后即支付工资。

此外，特殊情况下劳动报酬的支付：

① 法定休假日和婚丧假期间以及依法参加社会活动期间：用人单位应当依法支付工资；在部分公民放假的节日期间（妇女节、青年节），对参加社会活动或单位组织庆祝活动和照常工作的职工，单位应支付工资报酬，但不支付加班工资。

② 法定标准工作时间以外工作（加班）的工资支付：

第一，日标准工作时间以外，按照不低于劳动合同规定的劳动者本人小时工资标准的150%支付劳动者工资；

第二，休息日工作，且不能安排补休，按照不低于劳动合同规定的劳动者本人日或小时工资标准的200%支付劳动者工资；

第三，法定休假日工作，按照不低于劳动合同规定的劳动者本人日或小时工资标准的300%支付劳动者工资；

第四，实行计件工资的劳动者，在完成计件定额任务后，由用人单位安排延长工作时间的，根据上述原则，分别按照不低于其本人法定工作时间计件单价的150%、200%、300%支付其工资。

用人单位违反劳动报酬支付规定的责任：

第一，用人单位安排加班不支付加班费的，由劳动行政部门责令限期支付加班费，逾期不支付的，责令用人单位按应付金额50%以上100%以下的标准向劳动者加付赔偿金。

第二，因劳动者本人原因给用人单位造成经济损失的，用人单位可按照劳动合同的约定要求其赔偿经济损失。经济损失的赔偿，可从劳动者本人的工资中扣除。但每月扣除的部分不得超过劳动者当月工资的 20%，若扣除后的剩余工资部分低于当地月最低工资标准，则按最低工资标准支付。

最低工资标准是指劳动者在法定工作时间或依法签订的劳动合同约定的工作时间内提供了正常劳动的前提下，用人单位依法应支付的最低劳动报酬。最低工资标准适用于在中华人民共和国境内的企业、民办非企业单位、有雇工的个体工商户和与之形成劳动关系的劳动者。国家机关、事业单位、社会团体和与之建立劳动合同关系的劳动者也适用最低工资标准。具体来讲，最低工资标准只适用于在岗职工，它不适用于退休人员、内退职工、待岗职工和下岗职工。

最低工资标准一般采取月最低工资标准和小时最低工资标准的形式。月最低工资标准适用于全日制就业劳动者，小时最低工资标准适用于非全日制就业劳动者。省、自治区、直辖市范围内的不同行政区域可以有不同的最低工资标准。

（3）休息休假的权利。

休息休假权，是指劳动者在一定时间的劳动（工作）之后所获得的休息休假的权利。

休息指工作日内的间歇时间、工作日之间的休息时间（8 小时以外）、周末；休假指无需履行劳动义务且一般有工资保障的法定休息时间，包括法定节假日、年休假。

法定节假日是指根据各国、各民族的风俗习惯或纪念要求，由国家法律统一规定的用以进行庆祝及度假的休息时间。根据 2007 年 12 月 14 日《国务院关于修改〈全国年节及纪念日放假办法〉的决定》（第二次修订）规定，我国法定节假日主要指新年元旦、春节、清明节、劳动节、端午节、中秋节、国庆节；年休假（2008 年 1 月 1 日起施行）一般分为三档年假：5 天、10 天、15 天。年休假在 1 个年度内可以集中安排，也可以分段安排，一般不跨年度安排（单位因生产、工作特点确有必要跨年例外）。

《国务院关于职工工作时间的规定》明确说明：职工应每日工作 8 小时，每周工作 40 小时；延长（加班）一般每日不得超过 1 小时；因特殊原因需要延长工作时间的，每日不得超过 3 小时，每月不得超过 36 小时；用人单位应当保证劳动者每周至少休息一日；用人单位在法律、法规规定的节假日期间，应安排劳动者休假。职工有下列情形之一的，不享受当年的年休假：

① 职工依法享受寒暑假，其休假天数多于年休假天数的；
② 职工请事假累计 20 天以上且单位按照规定不扣工资的；
③ 累计工作满 1 年不满 10 年的职工，请病假累计 2 个月以上的；
④ 累计工作满 10 年不满 20 年的职工，请病假累计 3 个月以上的；
⑤ 累计工作满 20 年以上的职工，请病假累计 4 个月以上的。

（4）获得劳动安全卫生保护的权利。

获得安全卫生保护权是劳动者在劳动过程中依法要求用人单位提供安全卫生的劳动条件，保护其生命安全和身体健康的一项基本劳动权利。

《劳动法》第五十四条明文规定：用人单位必须为劳动者提供符合国家规定的劳动安全卫生条件和必要的劳动防护用品，对从事有职业危害作业的劳动者应当定期进行健康检查。如，天气热，工作场所应该有必要的降温解暑措施，以免劳动者中暑。此外，对女职工和未成年工作了特殊保护性规定。

（5）接受职业技能培训的权利。

职业培训是为了培养和提高劳动者从事各种职业所需要的技术业务知识和实际操作技能而进行的专门教育和训练活动。

（6）享受社会保险和福利的权利。

社会保险是国家为了保障劳动者在丧失劳动能力或劳动机会时的基本生活而依法强制实行的一项物质帮助制度，是一种为丧失劳动能力、暂时失去劳动岗位或因健康原因造成损失的人口提供收入或补偿的一种社会和经济制度。

社会保险计划由政府举办，强制某一群体将其收入的一部分作为社会保险税（费）形成社会保险基金，在满足一定条件的情况下，被保险人可从基金获得固定的收入或损失的补偿，它是一种再分配制度，它的目标是保证物质及劳动力的再生产和社会的稳定。社会保险的主要项目包括养老社会保险、医疗社会保险、失业保险、工伤保险、生育保险等。对公民和社会很重要，被称为社会的"安全网"和"稳定器"。

社会福利是国家和社会为方便劳动者工作和生活，适应其物质文化需求而举办的各项事业。其本质是一般不以货币形式直接支付给员工，而是以服务或实物形式支付给劳动者的一种补充性报酬，包括的内容十分广泛，不仅包括生活、教育、医疗方面的福利待遇，而且包括交通、文娱、体育等方面的待遇。社会福利作为一种服务政策和服务措施，其目的在于提高广大劳动者的物质和精神生活水平，使之得到更多的享受。

（7）提请劳动争议处理的权利。

劳动争议是劳动者与用人单位之间关于劳动权利和义务而发生的纠纷。

（8）结社权。

结社权是指劳动者参加和组织工会的权利。

（9）集体协商权。

集体协商又称为"集体谈判"，是工会代表职工与用人单位（或雇主）就有关劳动条件进行商谈，以签订对双方有约束力的集体合同的劳动关系双方协商行为。

（10）民主管理权。

民主管理权是指劳动者通过职工大会或职工代表大会等法律形式，就用人单位生产经营和人事管理等重大事项的决策行使参与、管理和监督的权利。

2. 劳动者的义务——指劳动者必须履行的责任

劳动者的劳动义务，是指根据劳动法律规范的要求，劳动者在劳动和工作过程中应当履行的劳动义务。

劳动者的劳动义务主要有：劳动者应按时完成劳动任务，提高职业技能，执行劳动安全卫生规程，遵守劳动纪律和职业道德，爱护和保卫公共财产，保守国家秘密和用人单位商业秘密等。

二、法律保障公民的劳动权益

我国是社会主义国家，劳动者是社会财富的创造者，是社会生活的主体。保护劳动者的合法权益，是实现稳定劳动关系、正常劳动秩序、促进社会经济发展和社会进步的前提与保障。

劳动法首先要体现保护劳动者的各种需要和利益。劳动者的利益需要是劳动者从事生产劳动的内在动因和动力。当劳动者的这种利益需要得到满足和保护时，劳动者便更有劳动的创造性。若劳动者的合法权益得不到有效的保护，和谐和稳定的劳动关系，以及正常的劳动秩序便不可能存在。劳动者的合法权益长期不被重视和遭受侵害，必然影响社会经济的发展。

为了加强劳动者的权益保护，惩治违法用工行为，构建和谐的社会主义劳动关系，目前，我国《宪法》《劳动法》《劳动合同法》《就业促进法》《劳动争议调解仲裁法》《工会法》《职业病防治法》《安全生产法》《违反和解除劳动合同的经济补偿办法》《违反〈劳动法〉有关劳动合同规定的赔偿办法》《工伤保险办法》等法律、法规对劳动者的平等和选择职业权、获取劳动报酬权、休息休假权、劳动安全卫生权、接受职业技能培训权、享受社会保险和福利权、依法参加工会和民主管理权、提请劳动争议处理权等相关权利进行了规定，为保护劳动者的权益提供了法制保障。

《劳动法》规定：用人单位必须建立健全劳动安全卫生制度，严格执行国家劳动安全卫生规程和标准，对劳动者进行劳动安全卫生教育，防止劳动过程中的事故，减少职业危害；用人单位必须为劳动者提供符合国家规定的劳动安全卫生条件和必要的劳动防护用品，对从事有职业危害作业的劳动者应当定期进行健康检查；从事特种作业的劳动者必须经过专门培训并取得特种作业资格；劳动者对用人单位管理人员违章指挥、强令冒险作业有权拒绝执行，对危害生命安全和身体健康的行为有权提出批评、检举和控告；用人单位不得违反《劳动法》规定，延长劳动者的工作时间。

《劳动法》对女职工和未成年工作了特殊保护性规定：禁止安排女职工从事矿山井下劳动、国家规定的第四级体力劳动强度的劳动和其他禁忌从事的劳动；不得安排女职工在经期从事高处、低温、冷水作业和国家规定的第三级体力劳动强度的劳动；不得安排女职工在怀孕期间从事国家规定的第三级体力劳动强度的劳动和孕期禁忌从事的劳动，不得对怀孕 7 个月以上的女职工安排延长其工作时间和夜班劳动；女职工生育享受不少于 90 天的产假；哺乳未满一周岁婴儿期间，不得安排其从事重体力劳动和哺乳期禁忌从事的劳动，不得安排延长其工作时间和夜班劳动；不得安排未成年工从事矿山井下、有毒有害、国家规定的第四级体力劳动强度的劳动和其他禁忌从事的劳动；用人单位应当对未成年工定期进行健康检查。

《国务院关于职工工作时间的规定》等法规对劳动者的休息休假权作了规定。目前，我国实行劳动者每日工作时间不超过 8 小时，平均每周工作时间不超过 40 小时的工作制度。劳动者依法享受带薪法定节假日、年休假、婚丧假等。

另外，《安全生产法》《集体合同规定》等法律法规也都对公民的劳动保护权作了详细的规定。这些规定体现了社会主义国家对劳动者的关心和爱护，同时也对改善企业劳动条件和促进经济发展起到了积极作用。

三、解决劳动争议，维护劳动者权益的途径

（一）劳动争议的受案范围

劳动争议亦称劳动纠纷、劳资纠纷，是指劳动者与用人单位以及用人单位与工会之间围绕劳动权利、义务所产生的纠纷。不过，我国最高人民法院规定，下列纠纷不属于劳动争议：

（1）劳动者请求社会保险经办机构发放社会保险金的纠纷；

（2）劳动者与用人单位因住房制度改革产生的公有住房转让纠纷；

（3）劳动者对劳动能力鉴定委员会的伤残等级鉴定结论或者对职业病诊断鉴定委员会的职业病诊断鉴定结论的异议纠纷；

（4）家庭或者个人与家政服务人员之间的纠纷；

（5）个体工匠与帮工、学徒之间的纠纷；

（6）农村承包经营户与受雇人之间的纠纷。

（二）解决劳动争议，维护劳动者权益的途径

根据《劳动法》第七十七条的规定，用人单位与劳动者发生劳动争议，当事人可以依法申请调解、仲裁、提起诉讼，也可以协商解决。调解原则适用于仲裁和诉讼程序。这就是我国法律关于劳动争议发生后可供选择的四种典型解决方式。

《劳动法》第七十九条还规定，劳动争议发生后，当事人可以向本单位劳动争议调解委员会申请调解；调解不成，当事人一方要求仲裁的，可以向劳动争议仲裁委员会申请仲裁。当事人一方也可以直接向劳动争议仲裁委员会申请仲裁。对仲裁裁决不服的可以向人民法院提起诉讼。这条规定明确了劳动争议处理的顺序与过程。

1. 协商解决

协商是指劳动者与用人单位就争议的问题直接进行协商，寻求解决纠纷的具体方案。协商程序一般在纠纷发生的初期进行，劳动者和用人单位都可以提出协商。

劳动争议发生后，劳动者可与用人单位自行协商，也可以请工会或者第三方共同与用人单位协商，达成和解协议。劳动争议在仲裁或诉讼过程中，劳动者与用人单位也可以自行和解，达成和解协议。协议达成的，可以撤回仲裁申请或诉讼。不过，协商非劳动争议处理必经程序，达成的和解协议无法律约束力。

2. 依法申请调解

调解程序指劳动争议一方当事人就已经发生的劳动争议向劳动争议调解委员会申请调解的程序。一般在双方协商未能达成协议之后，提起仲裁之前进行。

发生劳动争议后，劳动者可以向本单位的劳动争议调解委员会提出申请，请求调解。调解申请，应当自知道或应当知道权利被侵害之日起30日内提出。调解程序并非是法律规定的必经程序，但对于解决劳动争议起着很大的作用，尤其是对于希望仍在原单位工作的职工，通过调解解决劳动争议当属首选步骤。

发生劳动争议，当事人不愿协商、协商不成，不能达成和解协议或者达成和解协议后不履行的，可以向调解组织申请调解。

（1）提出调解申请。

当事人申请劳动争议调解的，应当自知道或应当知道权利被侵害之日起30日内提出，可以向调解组织（企业劳动争议调解委员会；依法设立的基层人民调解组织；在乡镇、街道设立的具有劳动争议调解职能的组织）提出书面申请，也可以口头申请。口头申请的，调解组织应当当场记录申请人基本情况、申请调解的争议事项、理由和时间。

（2）组织调解。

调解组织派调解员组织调解，调解员应当充分听取双方当事人对事实和理由的陈述，耐

心疏导，帮助其达成协议，并依协议制作调解协议书。调解协议书由双方当事人签名或者盖章，经调解员签名并加盖调解组织印章后生效，对双方当事人具有约束力，当事人应当履行。不愿调解、15 日内未达成调解协议或者达成调解协议后约定期限内不履行的，可以向劳动争议仲裁委员会申请仲裁。

需要注意的是：因支付拖欠劳动报酬、工伤医疗费、经济补偿或者赔偿金事项达成调解协议，用人单位在协议约定期限内不履行的，劳动者可以持调解协议书依法向人民法院申请支付令。人民法院应当依法发出支付令。

3. 依法申请仲裁

劳动仲裁是指由劳动争议仲裁委员会对当事人申请仲裁的劳动争议居中公断与裁决。该程序既具有劳动争议调解的灵活、快捷的特点，又具有强制执行的效力，是解决劳动争议的重要手段。我国法律规定，劳动仲裁是劳动争议当事人向人民法院提起诉讼的前置程序，即如果想提起诉讼打劳动官司，必须经过仲裁程序，否则人民法院将不予受理。

劳动者申请劳动争议仲裁，应自劳动争议发生之日起 1 年内向劳动争议仲裁委员会提出书面申请。仲裁庭在作出裁决前，由仲裁庭或仲裁员主持，对劳动争议案件先行调解。调解达成协议的，应当制作调解书。调解书应当写明仲裁请求和当事人协议的结果。调解书由仲裁员签名，加盖劳动争议仲裁委员会印章，送达双方当事人。调解书经双方当事人签收后，发生法律效力。调解不成或者调解书送达前，一方当事人反悔的，仲裁庭应当及时作出裁决。仲裁机构做出的裁决书具有法律效力，对一些争议数额较小、法律关系简单的案件，仲裁裁决即为终局裁决。不愿调解、15 日内未达成调解协议的或者一方当事人达成调解协议后在协议约定期限内不履行的，可以向劳动争议仲裁委员会申请仲裁。劳动争议仲裁的基本程序：

（1）提出仲裁申请。

当事人知道或者应当知道其权利被侵害之日起 1 年内向劳动争议仲裁委员会提出仲裁申请。应当提交书面仲裁申请，并按照被申请人人数提交副本。书写仲裁申请确有困难的，可以口头申请，由劳动争议仲裁委员会记入笔录，并告知对方当事人。

（2）受理。

劳动争议仲裁委员会收到仲裁申请之日起 5 日内，认为符合受理条件的，应当受理，并通知申请人，并应当在 5 日内将仲裁申请书副本送达被申请人。被申请人应当在 10 日内提交答辩书，仲裁委应当在 5 日内将答辩书副本送达申请人。认为不符合受理条件的，应当书面通知申请人不予受理，并说明理由。

（3）组成仲裁庭。

在受理仲裁申请之日起 5 日内将仲裁庭的组成情况书面通知当事人。仲裁庭由三名仲裁员组成，设首席仲裁员。简单劳动争议案件可以由一名仲裁员独任仲裁。

（4）调查取证。

仲裁委员会有权要求当事人提供或补充证据。当事人因客观和因不能取证的，当事人提供的证据互相矛盾、无法认定的，或针对双方当事人的申诉和答辩中存在的疑点，仲裁委员会依职权可找有关单位、知情人了解情况和收集证据，遇有需要勘验或鉴定的问题，应交由法定部门勘验或鉴定；没有法定部门的，由仲裁委员会委托有关部门勘验或鉴定。

（5）开庭审理。

① 开庭通知：仲裁庭应当在开庭 5 日前，将开庭日期、地点书面通知双方当事人。当事人有正当理由的，可以在开庭 3 日前请求延期开庭。是否延期，由劳动争议仲裁委员会决定。
② 仲裁过程中有权进行质证和辩论。
③ 征询当事人的最后意见。
④ 核对笔录。笔录由仲裁员、记录人员、当事人和其他仲裁参加人签名或者盖章。
（6）仲裁调解。
在裁决前应当先行调解。
（7）裁决。

裁决应当自劳动争议仲裁委员会受理仲裁申请之日起 45 日内结束。仲裁庭对劳动争议的一部分事实已经清楚的，可以就该部分先行裁决。

仲裁裁决期限：仲裁庭裁决劳动争议案件，应当自劳动争议仲裁委员会受理仲裁申请之日起 45 日内结束；案情复杂需要延期的，经劳动争议仲裁委员会主任批准，可以延期并书面通知当事人，但是延长期限不得超过 15 日。逾期未作出仲裁裁决的，当事人可以就该劳动争议事项向人民法院提起诉讼。

4. 依法提起诉讼

诉讼程序是由不服劳动争议仲裁委员会裁决的当事人向人民法院提起诉讼后启动的程序。诉讼程序是劳动争议解决的最后一道程序，其裁判结果具有强制力。

对劳动争议仲裁委员会不予受理或者逾期未作出决定的，申请人可以就该劳动争议事项向人民法院提起诉讼；劳动争议当事人对仲裁裁决不服的，可在收到仲裁裁决书之日起 15 日内向人民法院起诉。由人民法院民事审判庭依《中华人民共和国民事诉讼法》进行审理。立案之日起 6 个月内审结。但需注意，未经劳动争议仲裁委员会仲裁的劳动争议案件，法院不予受理。

劳动争议诉诸诉讼的，人民法院审判人员可以依自愿、合法原则，进行庭前调解、当庭调解、庭后调解。调解达成协议的，人民法院应当制作调解书，调解书由审判人员、书记员署名，加盖人民法院印章，送达双方当事人。经双方当事人签收后，即具有法律效力；调解不成的，应当及时判决。

5. 监察举报投诉

《劳动法》第八十五条规定："县级以上各级人民政府劳动行政部门依法对用人单位遵守劳动法律法规的情况进行监督检查，对违反劳动法律法规的行为有权制止，并责令改正。"第八十八条也规定："任何组织和个人对于违反劳动法律、法规的行为有权检举和控告。"据此，劳动者发现自己的劳动权益受到侵害时，应及时向劳动保障监察部门举报或控告。

6. 信　访

信访，是指公民、法人或者其他组织采用书信、电子邮件、传真、电话、走访等形式，向各级人民政府、县级以上人民政府工作部门反映情况，提出建议、意见或者投诉请求，依法由有关行政机关处理的活动。是除法律以外的又一种解决问题的办法，是一种比较直接的利益表达形式。劳动者在劳动权益受到侵害时，还可以通过信访的方式，向各级工会、妇联以及政府信访部门反映。但是注意的是，信访不具有法律效力，不直接产生法律效果。

第四讲　公平竞争与诚信经营

一、市场经济要求经营者之间公平竞争

（一）市场经济公平竞争的规则

在商品经济社会中，经营者之间的竞争是促进经济进步的最主要的动力。通过无情的优胜劣汰，最大限度地调动着经营者的积极性，使经济活动充满活力，健康发展。竞争产生最佳的资源分配，最低的价格，最好的质量和最大的物质的、技术的进步，带来最佳的经济效益和社会效益。从市场经济国家的一般情况看，除非特殊领域，产品的价格和质量不由政府直接管理，而是通过竞争来调整，达到降低价格、提高质量的效果。所以说，竞争是市场经济运行的最基本规律。

同世界上任何其他事物一样，竞争也存在两个方面，即正当竞争与不正当竞争。正当竞争是在遵守国家法律、政策的前提下，用最低的消耗去获得最大的利润。不正当竞争则是以获取高额的非法所得为动机，通过回避法律或直接违法的不正当手段来满足自己无限的利润欲的一种商业行为。前者是价值规律的真实体现，起到引导生产和消费的作用，促进社会经济的发展和进步。后者则违背价值规律，损害他人乃至社会整体的利益。

因此，市场经济要建立一种公平竞争机制的法律就显得尤为重要。公平竞争的机制，就是在法律上对于那些市场上的不正当竞争行为加以规范和约束。公平竞争有利于维护各市场主体的合法利益，维护良好的市场秩序，使市场能真正发挥合理配置资源的作用。每个经营者，无论其实力如何，都只能通过公平竞争，发挥各自所长，取得优势地位。任何违背商业道德的不正当竞争行为和限制竞争行为都是为竞争法所禁止的，都会受到严厉的惩处。我国《反不正当竞争法》《产品质量法》等确立了有关市场公平竞争和诚信经营的规则，经营者要遵守这些规则。

（二）不正当竞争及其行为表现

1. 不正当竞争行为的概念及特征

不正当竞争行为，指经营者在市场竞争中，采取非法的或者有悖于公认的商业道德的手段和方式，与其他经营者相竞争的行为。不正当竞争行为有如下特征：

（1）不正当竞争行为的主体是经营者。

所谓经营者，是指从事商品经营或营利性服务的法人、其他经济组织和个人。非经营者不是竞争行为主体，所以也不能成为不正当竞争行为的主体。但是在有些情况下，非经营者的某些行为也会妨害经营者的正当经营活动，侵害经营者的合法权益，这种行为也是反不正当竞争法的规制对象。比如，政府及其所属部门滥用行政权力妨害经营者的正当竞争行为就是这种类型。

（2）不正当竞争行为是违法行为。

不正当竞争行为的违法性，主要表现在违反了《反不正当竞争法》的规定，既包括违反了该法第二章关于禁止各种不正当竞争行为的具体规定，也包括违反了该法第二条的原则规定。经营者的某些行为虽然表面上难以确认为该法明确规定的不正当竞争行为，但是只要违

反了自愿、平等、公平、诚实信用原则或违反了公认的商业道德，损害了其他经营者的合法权益，扰乱了社会经济秩序，也应认定为不正当竞争行为。

（3）不正当竞争行为侵害的客体是其他经营者的合法权益和正常的社会经济秩序。

不正当竞争行为的破坏性主要体现在：危害公平竞争的市场秩序；阻碍技术进步和社会生产力的发展；损害其他经营者的正常经营和合法权益，使守法经营者蒙受物质上和精神上的双重损害。有些不正当竞争行为，如虚假广告和欺骗性有奖销售，还可能损害广大消费者的合法权益。另外，不正当竞争行为还有可能给我国的对外开放政策带来消极影响，严重损害国家利益。

2. 不正当竞争行为的主要表现

（1）假冒仿冒行为。

假冒仿冒行为又称商业混同行为，它是指经营者采用欺骗性的手段，从事市场交易，使自己的商品或服务与特定竞争对手的商品或服务相混淆，以造成购买者误认或误购目的，谋取不正当利益的行为。

假冒仿冒行为具有以下几个特征：

① 假冒仿冒行为是以竞争为目的的。假冒行为针对的对象是特定的市场经营者以及这些经营者的产品或服务，行为人在主观上希望客户或消费者产生混淆和误解，以此获得竞争优势。

② 假冒仿冒行为表现为对他人的标志或标识的利用。假冒仿冒者针对的主要是他人的商品或服务标志，如商标，商品名称、包装、装潢，企业名称，产地名称，质量标志等。

③ 假冒仿冒行为的本质是欺骗性的。假冒仿冒者搭名牌产品的便车，不正当地掠夺他人的商品信誉，欺骗与之交易的消费者和经营者。通过欺骗手段，行为人不正当地占有了他人潜在的或现实的市场份额。

假冒仿冒行为的种类：

① 假冒他人注册商标的行为。是指擅自使用他人的注册商标的行为。根据我国《商标法》《反不正当竞争法》有关的内容，假冒行为包括以下几种行为：未经注册商标所有人的许可，在同一种商品上使用与他人注册商标相同或相近似的商标；销售明知是仿冒注册商标的商标；伪造、擅自制造他人注册商标标识。

② 仿冒知名商品特有的名称、包装、装潢的行为。是指行为人擅自将他人知名商品特有的商品名称、包装、装潢作相同或相近的使用，造成与他人的知名商品相混淆，使购买者误认为是该知名商品的行为。

③ 擅自使用他人的企业名称或姓名，引人误认为是他人商品的行为。企业名称及自然人个人的姓名，是其拥有者最具特色的、最基本的识别性符号。企业名称权及姓名权是受法律保护的人格权和人身权中重要的组成部分。在市场经营活动中，企业名称和生产经营者的姓名是区分商品生产者、经营者，或服务的提供者来源的重要标志，它能反映出该企业或该生产经营者的商品声誉及商业信誉。他人若要使用（无论出于什么目的）都必须取得合法所有人的书面同意。擅自使用行为不仅侵犯他人的合法在先权利，也是对消费者的欺骗，对市场竞争规则的破坏。

④ 伪造或者冒用质量标志、产地，对商品质量作引人误解的虚假表示的行为。是指经营者在商品上或商品包装、标签上对反映该商品质量的各种内容，如商品的质量标志、产地等

作出了不真实的表述。

(2) 虚假宣传、虚假广告行为。

虚假宣传行为是指经营者为获取市场竞争优势和不正当利益,利用广告或者其他方法,对产品或者提供的服务、商品的质量、制作成分、性能、用途、生产者、有效期限、产地等作虚假广告或其他形式的引人误解的宣传行为。

以广告或其他方式销售商品,是现代社会最常见的促销手段。但各类虚假广告和其他虚假宣传,或乱人视听,有害社会主义精神文明;或直接误导用户及消费者,使其做出错误的消费决策,引发了大量社会问题;或侵犯其他经营者,特别是同行业竞争对手的合法利益,造成公平竞争秩序的混乱。这种行为违反诚实信用原则,违反公认的商业准则,是一种严重的不正当竞争行为。

虚假宣传的种类,既包括虚假宣传,也包括引人误解的宣传。

① 虚假宣传。是指商品宣传的内容与商品的实际情况不相符合,如将国产商品宣传为进口商品等。

② 引人误解的宣传。是指就一般的社会公众的合理判断而言,宣传的内容会使接受宣传的人或受宣传影响的人对被宣传的商品产生错误的认识,从而影响其购买决策的宣传。

(3) 盗取、泄露、使用他人的商业秘密的行为。

商业秘密行为指不为所知悉的,能为权利人带来经济利益的,具有实用性并经权利人采取保密措施的技术信息和经营信息。商业秘密作为一种信息,具有无形资产的特征,其权利人不像物的所有权人那样对物容易控制和占有,其权利人极易为人所侵害。根据《反不正当竞争法》第十条的规定,侵犯商业秘密的不正当竞争行为有以下情形:

① 以盗窃、利诱、胁迫或者其他不正当手段获取权利人的商业秘密;

② 披露、使用或允许他人使用以违法行为获得的商业秘密;

③ 违反约定或者违反权利人有关保守商业秘密的要求,披露、使用或允许他人使用其所掌握的商业秘密。

第三人明知或应知上述违法行为,获取、使用或披露他人的商业秘密,视为侵犯商业秘密。

(4) 商业诋毁行为。

商业诋毁行为即损害他人商业信誉或商品信誉的行为,指经营者通过捏造散布虚伪的事实对竞争对手的商业信誉、商品信誉进行恶意诋毁、贬低,以削弱其竞争对手竞争能力的行为。这也是一种典型的不正当竞争行为,它通过对他人的商誉的损害,贬低他人以抬高自己,削弱他人的竞争能力,使自己在竞争中处于有利地位。

经营者实施的诋毁商誉行为,如通过广告、新闻发布会等形式捏造、散布虚假事实,使用户、消费者不明真相而对受到诋毁的经营者产生错误认识或怀疑心理,从而不愿或不再与之进行交易。

(5) 低价倾销行为。

低价倾销行为是指经营者以排挤竞争对手为目的,以低于成本的价格销售商品的行为。不过,在某些特定情况下,降价销售并不是为了侵害他人的利益,仅仅是为了符合经济规律,此时的低于成本销售,法律是允许的。《反不正当竞争法》对此做了适用除外的规定:有下列情况之一的,不属于不正当竞争行为:① 销售鲜活商品;② 处理有效期限即将到期的商品或者其他积压的商品;③ 季节性降价;④ 因清偿债务、转产、歇业降价销售商品。

（6）强制搭售行为。

强制搭售行为是指经营者销售商品时违背购买者的意愿搭售商品；附加不合理的交易条件主要是指增加购买者的义务、加重购买者的责任，或者剥夺、限制购买者的应有的权利。经营者销售商品时，利用其经济优势，违背购买者的意愿搭售商品或者附加其他不合理的条件，违反了自愿、平等、公平等基本原则，侵害了相对人的正当权益，属于不正当竞争行为。

（7）不当有奖销售行为。

有奖销售是经营者的一种促销手段，是经营者以提供物品、金钱或其他条件作为奖励，刺激消费者购买商品或接受服务的行为。不正当有奖销售，是指以欺诈手段进行有奖销售或者以不正当的巨额抽奖刺激消费者的投机心理来推销商品的行为。我国并未对有奖销售一并禁止，《反不正当竞争法》规定，经营者不得从事下列有奖销售：

① 采用谎称有奖或者故意让内定人员中奖的欺骗方式进行有奖销售；

② 利用有奖销售的办法，推销质次价高的商品；

③ 抽奖式的有奖销售，最高奖的金额超过5 000元的。

（8）串通招投标行为。

所谓串通投标，是指投标人之间相互恶意串通，采取联合行动限制竞争。其主要形式有：第一，投标人之间相互约定，一致抬高投标报价或者一致压低投标报价。第二，围标行为，即众多投标人参与投标，但事先相互协商确定出最低报价或最高报价的投标人，并在类似项目中轮流中标。

（9）商业贿赂行为。

商业贿赂行为，是指经营者为争取交易机会，暗中给予交易对方有关人员或者其他能影响交易的相关人员以财物或其他好处，以销售或者购买商品的行为。我国商业贿赂的主要表现形式是回扣。回扣是指在商品购销中，卖方从明确标价应支付价款外、账外暗中向买方退还钱财及其他报偿以争取交易机会和交易条件的行为。

（10）公用企业及其他依法具有独占地位的经营者所实施的限制竞争行为。

公用企业或其他依法具有独占地位的经营者，限定他人购买其指定的经营者的商品，排挤其他经营者的公平竞争行为即是限制竞争行为。这类行为限制了用户、消费者的自主选择权，将生产同种商品的其他经营者完全排斥在特定的市场之外，妨碍了市场的公平竞争机制，故为我国《反不正当竞争法》所禁止。

（11）政府部门滥用职权限制竞争的行为。

政府部门滥用职权限制竞争行为是指政府及其所属部门滥用行政权力，限定他人购买其指定的经营者的商品，限制其他经营者正当的经营活动，以及限制外地商品进入本地市场或者本地商品流向外地市场，干扰、阻碍正常的交易活动的行为。

（三）不正当竞争行为的法律责任

不正当竞争行为不但侵害了其他经营者，甚至也侵害了消费者的合法权益，而且破坏了良好公平的市场经济秩序，是一种违法行为，必须受到法律的制裁，承担相应的法律责任。所以，只要实施了各种不正当竞争行为以及与不正当竞争有关的违法行为，就要承担相应的法律责任。根据我国《反不正当竞争法》的规定，经营者实施不正当竞争行为，要根据不同情况分别承担相应的民事责任、行政责任和刑事责任。

根据《反不正当竞争法》规定，经营者实施不正当竞争行为应承担的相应的、具体的法律责任有：

（1）给被侵害的经营者造成损害的，应当承担损害赔偿责任，被侵害的经营者的损失难以计算的，赔偿额为侵权人在侵权期间因侵权所获得的利润；并应当承担被侵害的经营者因调查该经营者侵害其合法权益的不正当竞争行为所支付的合理费用。

被侵害的经营者的合法权益受到不正当竞争行为损害的，可以向人民法院提起诉讼。

（2）经营者假冒他人的注册商标，擅自使用他人的企业名称或者姓名，伪造或者冒用认证标志、名优标志等质量标志，伪造产地，对商品质量作引人误解的虚假表示的，依照《中华人民共和国商标法》《中华人民共和国产品质量法》的规定予以处罚。

经营者擅自使用知名商品特有的名称、包装、装潢，或者使用与知名商品近似的名称、包装、装潢，造成和他人的知名商品相混淆，使购买者误认为是该知名商品的，监督检查部门应当责令停止违法行为，没收违法所得，可以根据情节处以违法所得1倍以上3倍以下的罚款；情节严重的，可以吊销营业执照；销售伪劣商品，构成犯罪的，依法追究刑事责任。

（3）经营者采用财物或者其他手段进行贿赂以销售或者购买商品，构成犯罪的，依法追究刑事责任；不构成犯罪的，监督检查部门可以根据情节处以1万元以上20万元以下的罚款，有违法所得的，予以没收。

（4）公用企业或者其他依法具有独占地位的经营者，限定他人购买其指定的经营者的商品，以排挤其他经营者的公平竞争的，省级或者设区的市的监督检查部门应当责令停止违法行为，可以根据情节处以5万元以上20万元以下的罚款。被指定的经营者借此销售质次价高商品或者滥收费用的，监督检查部门应当没收违法所得，可以根据情节处以违法所得1倍以上3倍以下的罚款。

（5）经营者利用广告或者其他方法，对商品作虚假宣传，监督检查部门应当责令停止违法行为，消除影响，可以根据情节处以1万元以上20万元以下的罚款。

广告的经营者，在明知或者应知的情况下，代理、设计、制作、发布虚假广告的，监督检查部门应当责令停止违法行为，没收违法所得，并依法处以罚款。

我国《广告法》对不正当广告行为作了相应的法律责任的规定。利用广告进行虚假宣传还可能触犯刑律构成虚假广告罪。《刑法》第二百二十二条规定，广告主、广告经营者、广告发布者违反国家规定，利用广告对商品或者服务作虚假宣传，情节严重的处二年以下有期徒刑或者拘役，并处或者单处罚金。

（6）侵犯商业秘密的，监督检查部门应当责令停止违法行为，可以根据情节处以1万元以上20万元以下的罚款。

（7）经营者违法进行有奖销售，监督检查部门应当责令停止违法行为，可以根据情节处以1万元以上10万元以下的罚款。

（8）投标者串通投标，抬高标价或者压低标价；投标者和招标者相互勾结，以排挤竞争对手公平竞争的，其中标无效。监督检查部门可以根据情节处以1万元以上20万元以下的罚款。

我国《招标投标法》规定："依法必须进行招标项目的招标人向他人透露以获取招标文件潜在投标人的名称、数量或者可能影响公平竞争的有关招标投标其他情况的，或者泄露标底的，给予警告，可以并处1万元以上10万元以下的罚款；对单位直接负责的主管人员和其他直接责任人员依法给予处分；构成犯罪的依法追究刑事责任。前款所列行为影响中标结果的，中标无效。"

我国《招标投标法》还规定："投标人相互串通投标或者与招标人串通投标的，投标人以向招标人或者评标委员会成员行贿的手段谋取中标的，中标无效，处中标项目金额千分之五以上千分之十以下的罚款，对单位直接负责的主管人员和其他直接责任人员处单位罚款数额百分之五以上百分之十以下的罚款；有违法所得的，并处没收违法所得；情节严重的，取消其一年至二年内参加依法必须进行招标项目的投标资格并予以公告，直至由工商行政管理机关吊销营业执照；构成犯罪的依法追究刑事责任。给他人造成损失的，依法承担赔偿责任。"

（9）经营者有违反被责令暂停销售，不得转移、隐匿、销毁与不正当竞争行为有关的财物的行为的，监督检查部门可以根据情节处以被销售、转移、隐匿、销毁财物的价款的1倍以上3倍以下的罚款。

当事人对监督检查部门作出的处罚决定不服的，可以自收到处罚决定之日起15日内向上一级主管机关申请复议；对复议决定不服的，可以自收到复议决定书之日起15日内向人民法院提起诉讼；也可以直接向人民法院提起诉讼。

政府及其所属部门违法限定他人购买其指定的经营者的商品、限制其他经营者正当的经营活动，或者限制商品在地区之间正常流通的，由上级机关责令其改正；情节严重的，由同级或者上级机关对直接责任人员给予行政处分。被指定的经营者借此销售质次价高商品或者滥收费用的，监督检查部门应当没收违法所得，可以根据情节处以违法所得1倍以上3倍以下的罚款。

监督检查不正当竞争行为的国家机关工作人员滥用职权、玩忽职守，构成犯罪的，依法追究刑事责任；不构成犯罪的，给予行政处分。监督检查不正当竞争行为的国家机关工作人员徇私舞弊，对明知有违反《反不正当竞争法》规定构成犯罪的经营者故意包庇不使他受追诉的，依法追究刑事责任。

二、诚信经营，维护消费者的合法权益

（一）保护消费者合法权益的法律

随着科学技术的快速发展和经营者规模的不断扩大，市场竞争的日益激化，普通消费者在市场上越来越处于软弱不利的地位。一方面先进的生产技术和细微的专业化分工使得消费者客观上越来越难判断自己的消费行为的合理性和产品的真实性。消费者仅凭一己之力，难以抗衡经营者提出的一些苛刻条件；另一方面，经营者利用市场优势控制市场的行为频频发生，如抬高价格、虚假广告、缩减生产以维持高额利润以及直接以假冒伪劣产品进行出售等，对消费者利益形成了更大的威胁，因此维护消费者自身的合法权益势在必行。目前，与消费者维权关系密切的主要有以下法律、法规：

（1）《消费者权益保护法》是消费者维护自身权益最有力的武器。

（2）《产品质量法》——侧重于规范生产者、销售者的行为，以此维护消费者权益。

（3）消费者购买商品或接受服务时与对方确立的是一种合同关系，受《合同法》调整。

（4）《民法通则》是调整平等主体间财产关系和人身关系的法律，而消费者与商家或提供服务的其他主体也是一种平等主体间的财产关系。

（5）利用《广告法》规范广告行为，保护消费者权益，是国家主管部门应尽的义务。

（6）《刑法》主要是通过惩罚制假售劣来保护消费者权益的。

另外，还有如《食品卫生法》《药品管理法》《反不正当竞争法》《商标法》《计量法》《价

格法》《进出口食品检验法》等。

（二）《消费者权益保护法》的历史沿革

1992 年年初，国家工商行政管理局在全国人大常委会法制工作委员会的指导下，着手起草消费者权益保护法，并最终形成了《消费者权益保护法（草案）》。1993 年 10 月 31 日，八届全国人大常委会第四次会议全票通过了《消费者权益保护法》，并于 1994 年 1 月 1 日施行。该法经过 2013 年修订，于 2014 年 3 月 15 日施行。2013 年修订的《消费者权益保护法》条文由原来的 55 条增加到 62 条，对于消费者权益的保护体现了最大化的原则，也是法律与时俱进的反映。

（三）消费者的权利

消费者是社会消费的主体。消费包括生产性消费和生活性消费两种。消费者通常主要是指生活资料的消费者，在特殊情况下也包括生产资料的消费者，如农民的生产性消费活动等。《消费者权益保护法》第二条规定："消费者为生活消费需要购买、使用商品或者接受服务，其权益受本法保护；本法未作规定的，受其他有关法律、法规保护。"据此，消费者是指为生活消费需要，购买、使用商品或者接受服务的个人。

1. 安全权

安全权是指消费者在购买，使用商品和接受服务时享有人身、财产安全不受损害的权利，简称安全权。《消费者权益保护法》第七条规定："消费者在购买、使用商品和接受服务时享有人身、财产安全不受损害的权利。消费者有权要求经营者提供的商品和服务，符合保障人身、财产安全的要求。"第十八条第一款规定："经营者应当保证其提供的商品或者服务符合保障人身、财产安全的要求。对可能危及人身、财产安全的商品和服务，应当向消费者作出真实的说明和明确的警示，并说明和标明正确使用商品或者接受服务的方法以及防止危害发生的方法。"

安全权是消费者最重要的权利，也是宪法赋予公民的人身权、财产权在消费领域的体现。人身财产安全权是消费者最基本的人身权利，消费者权益保护法赋予消费者的第一项权利就是人身财产安全权。消费者人身财产安全权，主要包括生命健康安全权和财产安全权。消费者的生命健康安全权，是消费者的生命健康不受损害的权利，是要求经营者提供的商品和服务符合保障人身、财产安全要求的权利。财产安全权是消费者在购买、使用商品和接受服务时享有财产安全不受损害的权利，是要求经营者提供的商品和服务符合保障财产安全要求的权利。

为了使这一权利真正得到体现，消费者有权要求经营者提供的商品和服务符合保障人身、财产安全的要求。有国家标准、行业标准的，消费者有权要求商品和服务符合国家标准或行业标准，如食品、药品、家用电器等；对于没有国家标准、行业标准的，如某些新开发的商品和服务项目，消费者有权要求经营者保证其购买、使用的商品或接受的服务，不具有危害人身、财产安全的缺陷存在。

消费者的安全保障权利要求经营者既要保障消费者的人身、财产不受到来自商品或服务的侵害，也要保障消费者不受到商品、服务之外的其他伤害。修订后的《消费者权益保护法》强化了经营者的安全保障义务，在第十八条第二款增加经营场所经营者的安全保障义务：宾馆、商场、餐馆、银行、机场、车站、港口、影剧院等经营场所的经营者，应当对消费者尽到安全保障义务；在第四十八条第二款规定了经营者违反安全保障义务的救济：经营者对消费者未尽到安全保障义务，造成消费者损害的，应当承担侵权责任。

此外，在第十九条中规定了经营者发现缺陷产品和服务在危及消费者人身财产安全时，经营者应当承担的报告和告知的义务、补救措施及支付相应的费用。

2. 知情权

消费者在购买、使用商品或者接受服务时享有知悉其购买、使用的商品或接受服务的真实情况的权利，简称为知情权。消费者有权根据商品或者服务的不同情况，要求经营者提供商品的价格、产地、生产者、用途、性能、规格、等级、主要成分、生产日期、有效期限、检验合格证明、使用方法说明书、售后服务，或者服务的内容、规格、费用等有关情况。

在选择商品或服务时，信息不对称是消费者受到损害的原因之一。尤其是在现代科技迅猛发展的情况下，产品科技化程度越来越高，这一矛盾就越发突出。有的经营者有意隐瞒商品信息，欺骗消费者，甚至生产、销售假冒伪劣产品。为此，赋予消费者以知情权尤其必要。消费者的这项知情权，是消费者购买、使用商品或者接受服务的一项基础性权利，涉及消费者的安全权、选择权等能否最终实现。在购买、使用商品或接受服务过程中只要是与正确的判断、选择、使用等有直接关联的情况与信息，消费者都有权知悉，经营者都应当提供。

该项权利表明，消费者在购买、使用商品或接受服务时，有权询问、了解商品或服务的有关真实情况。《消费者权益保护法》除了对各种不同类型商品和服务的消费者的知情权进行全方位保护，还规定了经营者的对应义务，从而提高消费者知情权保护的力度。《消费者权益保护法》第二十条明确规定，经营者向消费者提供有关商品或者服务的质量、性能、用途、有效期限等信息，应当真实、全面，不得作虚假或者引人误解的宣传；第二十八条还规定，采用网络、电视、电话、邮购等方式提供商品或者服务的经营者，以及提供证券、保险、银行等金融服务的经营者，应当向消费者提供经营地址、联系方式、商品或者服务的数量和质量、价款或者费用、履行期限和方式、安全注意事项和风险警示、售后服务、民事责任等信息。

3. 自主选择权

消费者享有自主选择商品或者服务的权利，简称为自主选择权。经营者应当尊重消费者的自主选择权。

消费是人类通过商品或者服务，满足自身欲望的一种经济行为。从消费的目的看，满足需求是消费的终极目标，消费者只有按照个人意愿决定是否消费、消费什么、以什么方式消费，其需求才能得到真正满足。从消费法律关系本质看，消费者与经营者基于消费发生的是平等主体之间的合同关系，在消费活动中只有遵从当事人意愿，才符合合同关系的特性，也才能促进消费，推动经济健康发展。然而在现实生活中，由于经营者通常处于优势地位，消费者的消费选择权往往会受到限制。

按照《消费者权益保护法》规定，消费者自主选择商品和服务的权利主要有以下四个方面：

（1）有权自主选择提供商品或者服务的经营者；

（2）有权自主选择商品品种或者服务方式；

（3）有权自主决定购买或者不购买任何一种商品、接受或者不接受任何一项服务；

（4）在自主选择商品或服务时，有权进行比较、鉴别和挑选。

4. 公平交易权

消费者的公平交易权是消费者在购买商品或者接受服务时所享有的与经营者进行公平交易的权利，禁止强制交易。其内容包括消费者在购买商品或者接受服务时，获得质量保障、价格合理、计量正确等公平交易条件，拒绝经营者强制交易行为的权利。

消费者购买商品或者接受服务，与经营者发生的是平等主体之间的交易关系。在这一关系中，经营者是商品和服务的提供者、价格的制定者、度量衡和服务方式的操控者，客观上处于优势地位；而消费者受市场经济条件下信息分布不对称的影响，通常要依赖经营者提供的信息来判断商品或者服务的价值，客观上处于劣势地位。可能被经营者欺骗而购买质次价高的商品，或者接受质价悬殊的服务。

市场交易的基本规则是自由、公平、诚实信用，遵守法律规范，不得违反公认的商业道德。因此，消费者和经营者都享有公平交易的权利。如果经营者与消费者之间不公平的交易行为长期存在，不仅会影响消费的积极性，也会因消费需求不足而阻碍生产的发展，最终损害经营者的利益。由于在市场交易中，消费者往往处于弱者的地位，更需要突出强调享有公平交易的权利以便从法律上给予保护。

根据《消费者权益保护法》的规定，消费者在购买商品或者接受服务时，公平交易权主要体现在以下两个方面：

（1）有权获得质量保障、价格合理、计量正确等公平交易条件；
（2）有权拒绝经营者的强制交易行为。

5. 损害赔偿请求权

消费者因购买、使用商品或者接受服务受到人身、财产损害的，享有依法获得赔偿的权利，简称为求偿权。享有求偿权的主体是因购买、使用商品或者接受服务而受到人身、财产损害的消费者，包括：商品的购买者、商品的使用者、服务的接受者和第三人（指除商品的购买者、使用者或者服务的接受者之外的，因为偶然原因而在事故现场受到损害的其他人）。

消费者因购买、使用商品或者接受服务受到的人身损害包括：生命健康权、姓名权、肖像权、名誉权、隐私权的损害，也包括人身自由、人格尊严等人格权的损害。例如，消费者因购买、使用经营者提供的不符合质量要求的商品或者服务导致死亡、伤残；消费者在消费过程中遭到谩骂、污辱；消费者的身体被搜查；消费者的个人秘密、个人信息被非法公开或者提供给他人，消费者的民族习惯没有得到尊重；等等。

消费者因购买商品或者接受服务受到的财产损害包括金钱、时间、可得利益等损害。例如，消费者购买假冒伪劣或者缺斤短两商品花出的冤枉钱；消费者因产品质量不合格致生命健康损害后支出的丧葬费和医疗费、护理费、交通费等治疗和康复费用，以及因误工减少的收入；残疾生活辅助具费；消费者因退换不合格商品支出的交通费及误工损失，消费者因提供的商品或者服务无法使用而寻找替代物支出的费用；消费者因金融服务经营者没有履行风险警示义务导致资产减损；等等。

为了保障消费者获得赔偿权的实现，《消费者权益保护法》对在不同情况下，消费者应向谁要求赔偿做了具体规定：

（1）消费者在购买、使用商品时，其合法权益受到损害的，可以向销售者要求赔偿。销售者赔偿后，属于生产者的责任或者属于向销售者提供商品的其他销售者的责任，销售者有权向生产者或者其他销售者追偿。这里规定的是商业先行赔偿的原则。

（2）消费者或其他受害人因商品缺陷造成人身、财产损害的，可以向销售者要求赔偿，也可以向生产者要求赔偿。属于生产者责任的，销售者赔偿后，有权向生产者追偿。属于销售者责任的，生产者赔偿后，有权向销售者追偿。

（3）消费者在接受服务时，其合法权益受到损害的，可以向服务者要求赔偿。

（4）消费者在购买、使用商品或者接受服务时，其合法权益受到损害，因原企业分立、合并的，可以向变更后承受其权利义务的企业要求赔偿。

（5）使用他人营业执照的违法经营者提供商品或者服务，损害消费者合法权益的，消费者可以向其要求赔偿，也可以向营业执照的持有人要求赔偿。

（6）消费者在展销会、租赁柜台购买商品或者接受服务，其合法权益受到损害的，可以向销售者或者服务者要求赔偿。展销会结束或者柜台租赁期满后，也可以向展销会的举办者、柜台的出租者要求赔偿。展销会的举办者、柜台的出租者赔偿后，有权向销售者或者服务者追偿。

（7）消费者通过网络交易平台购买商品或者接受服务，其合法权益受到损害的，可以向销售者或者服务者要求赔偿。网络交易平台提供者不能提供销售者或者服务者的真实名称、地址和有效联系方式的，消费者也可以向网络交易平台提供者要求赔偿；网络交易平台提供者作出更有利于消费者的承诺的，应当履行承诺。网络交易平台提供者赔偿后，有权向销售者或者服务者追偿。

网络交易平台提供者明知或者应知销售者或者服务者利用其平台侵害消费者合法权益，未采取必要措施的，依法与该销售者或者服务者承担连带责任。

（8）消费者因经营者利用虚假广告或者其他虚假宣传方式提供商品或者服务，其合法权益受到损害的，可以向经营者要求赔偿。广告经营者、发布者发布虚假广告的，消费者可以请求行政主管部门予以惩处。广告经营者、发布者不能提供经营者的真实名称、地址和有效联系方式的，应当承担赔偿责任。

广告经营者、发布者设计、制作、发布关系消费者生命健康商品或者服务的虚假广告，造成消费者损害的，应当与提供该商品或者服务的经营者承担连带责任。

社会团体或者其他组织、个人在关系消费者生命健康商品或者服务的虚假广告或者其他虚假宣传中向消费者推荐商品或者服务，造成消费者损害的，应当与提供该商品或者服务的经营者承担连带责任。

6. 结社权

消费者享有依法成立维护自身合法权益的社会组织的权利，简称为结社权。赋予消费者以结社权，使消费者通过有组织的活动，维护自身合法权益是非常必要的，也是国家鼓励全社会共同保护消费者合法权益的体现。

目前，我国对消费者权益保护的社会组织主要是中国消费者协会和各地方设立的消费者协会。中国消费者协会是1984年由质检总局报请国务院批准后设立的，归口国家工商总局领导的全国性消费者协会。中国消费者协会实行理事会制度，由国家各有关部门、人民团体、新闻媒介、各省级及副省级消费者协会组织推举的理事组成。地方消费者协会主要是由地方政府设立或者批准设立的消费者保护组织，有的地方消费者协会是由政府机关、社会团体、行业组织和消费者代表组成的，实行理事制。除消费者协会以外，全国性的消费者组织还有中国保护消费者基金会。

7. 消费知识获取权

消费者享有获得有关消费和消费者权益保护方面的知识的权利，简称为消费知识获取权。消费知识获取权是从知情权中引申出来的一种消费者权利，只有保障消费者对于商品以及服务方面的知识获取权利，才能使消费者了解和掌握商品及其服务的基本的知识和使用技能，理性消费，保护合法权益。

对于消费者合法权益的保护不仅要靠法律规范，靠政府依法行政，靠消费者组织积极开展活动，也要靠消费者自己提高保护意识，增强权益保护的能力，这就需要消费者努力学习有关的消费知识，对商品和服务有一定的了解。这一权利包括两方面的内容：一是获得有关消费方面的知识，比如有关消费观的知识，有关商品和服务的基本知识，有关市场的基本知识；二是获得有关消费者权益保护方面的知识，比如消费者权益保护的法律、法规和政策，以及保护机构和争议解决途径等方面的知识。

8. 人格尊严、民族风俗习惯受尊重权和个人信息受保护权

《消费者权益保护法》第十四条规定，消费者在购买、使用商品和接受服务时，享有人格尊严、民族风俗习惯得到尊重的权利，享有个人信息依法得到保护的权利。

（1）人格尊严是消费者的重要内容，涉及姓名权、名誉权、荣誉权、肖像权、隐私权等方面。人格尊严受到尊重是消费者应当享有的基本权利。但在消费实践中，侵害消费者人格尊严的事情经常发生，大量表现为侮辱消费者，即侵犯消费者名誉权的行为，此外还有搜查消费者的身体及其携带物品，甚至限制消费者人身自由的行为。法律明确规定消费者的人格尊严受到保护，侵害消费者人格尊严的应当承担法律责任。

（2）尊重民族风俗习惯，是国家民族政策的重要内容。我国是统一的多民族国家，各民族一律平等是宪法规定的基本原则。国家尽一切努力，促进全国各民族的共同繁荣。国家保障各少数民族的合法的权利和利益，维护和发展各民族的平等、团结、互助关系。禁止对任何民族的歧视和压迫，禁止破坏民族团结和制造民族分裂的行为。各民族都有保持或者改革自己的风俗习惯的自由。

我国各民族间存在风土人情、饮食习惯、居住方式、衣着服饰、婚丧嫁娶、礼节禁忌等诸多的不同，而这些均与消费密切相关。尊重民族风俗习惯，尤其是少数民族的风俗习惯，就是尊重民族感情、民族尊严，这是涉及民族平等、民族团结的大事情。尊重民族风俗习惯，对于保护少数民族消费者合法权益，贯彻党和国家的民族政策，都有极其重要的意义。

（3）个人信息受保护权。消费者享有个人信息得到保护的权利是消费者权益保护法修改新增加的内容。个人信息或者称为个人资料、个人数据，一般是指与自然人相关的能够单独识别或者辅以其他信息能够识别出特定主体的所有信息，可以表现为文字、图表、图像等任何形式。有的国家称为"个人数据"，有的国家称为"个人信息"，也有的称为"个人资料"。一些经营者将通过经营活动获得的消费者身份信息、电话号码、家庭住址、电子邮箱等个人信息泄露给他人，甚至出卖谋利，这些行为严重影响消费者生活安宁，侵害消费者隐私。

《消费者权益保护法》第二十九条作为新增法条，对此做了规定：经营者收集、使用消费者个人信息，应当遵循合法、正当、必要的原则，明示收集、使用信息的目的、方式和范围，并经消费者同意。经营者收集、使用消费者个人信息，应当公开其收集、使用规则，不得违

反法律、法规的规定和双方的约定收集、使用信息。经营者及其工作人员对收集的消费者个人信息必须严格保密，不得泄露、出售或者非法向他人提供。经营者应当采取技术措施和其他必要措施，确保信息安全，防止消费者个人信息泄露、丢失。在发生或者可能发生信息泄露、丢失的情况时，应当立即采取补救措施。经营者未经消费者同意或者请求，或者消费者明确表示拒绝的，不得向其发送商业性信息。

9. 监督权

消费者享有对商品和服务以及保护消费者权益工作进行监督的权利，简称监督权。这种监督权的表现，一是有权对经营者进行监督，有权检举、控告侵害消费者权益的行为；二是有权对国家机关及其工作人员进行监督，有权检举、控告在保护消费者权益工作中的违法失职行为；三是有权对保护消费者权益工作提出批评、建议。消费者行使本条规定的监督权，既是维护自身合法权益的需要，也是人民群众参与国家管理的形式和途径之一。

消费者有权对经营者的商品和服务进行监督。在权利受到侵害时，消费者有权提出检举或控告。为了进一步把消费者维权落到实处，《消费者权益保护法》第四十六条规定，消费者向有关行政部门投诉的，该部门应当自收到投诉之日起七个工作日内，予以处理并告知消费者。另外，消费者也可以对与自己没有直接利害关系的经营者行为进行监督。消费者行使监督权，有助于有关政府部门及时制止危害消费者人身、财产安全的行为。

（四）侵犯消费者合法权益行为的法律责任

当消费者的权益因经营者的原因无法行使或受到损害时，《消费者权益保护法》规定可采取相应的措施对违法者予以制裁。《消费者权益保护法》对侵害消费者合法权益的行为区分不同情况，规定经营者应分别或者同时承担民事责任、行政责任和刑事责任。

1. 民事责任

（1）一般规定。

经营者提供商品或者服务有下列情形之一的，除《消费者权益保护法》另有规定外，应当依照其他有关法律、法规的规定，承担民事责任：

① 商品或者服务存在缺陷的；
② 不具备商品应当具备的使用性能而出售时未作说明的；
③ 不符合在商品或者其包装上注明采用的商品标准的；
④ 不符合商品说明、实物样品等方式表明的质量状况的；
⑤ 生产国家明令淘汰的商品或者销售失效、变质的商品的；
⑥ 销售的商品数量不足的；
⑦ 服务的内容和费用违反约定的；
⑧ 对消费者提出的修理、重作、更换、退货、补足商品数量、退还货款和服务费用或者赔偿损失的要求，故意拖延或者无理拒绝的；
⑨ 法律、法规规定的其他损害消费者权益的情形。

经营者对消费者未尽到安全保障义务，造成消费者损害的，应承担侵权责任。

当侵犯消费者权益的行为同时符合《消费者权益保护法》和《民法通则》《合同法》等普通民事法律的民事责任要件时，消费者有权选择适用《消费者权益保护法》请求保护。

(2) 特殊规定。

① "三包"责任。新《消费者权益保护法》完善了"三包"的规定。新《消费者权益保护法》第二十四条提高了对经营者"售货服务"的要求，扩大了"三包"的适用范围，明确了消费者的优先退货权。经营者提供的商品或者服务不符合质量要求的，消费者可以依照国家规定、当事人约定退货，或者要求经营者履行更换、修理等义务。没有国家规定和当事人约定的，消费者可以自收到商品之日起七日内退货；七日后符合法定解除合同条件的，消费者可以及时退货，不符合法定解除合同条件的，可以要求经营者履行更换、修理等义务。依照前款规定进行退货、更换、修理的，经营者应当承担运输等必要费用。第五十四条明确规定，依法经有关行政部门认定为不合格的商品，消费者要求退货的，经营者应当负责退货。

② 网购、电视电话购物和邮购商品的民事责任。以网购、电视电话购物和邮购方式买卖商品是当代社会商品销售的一种重要手段。尤其是网络购物的迅猛发展，更是对传统的商业销售模式带来了巨大的影响。经营者通过网络、电视、电话或者邮购向消费者销售商品，实属远程交易的情形。在这类交易中，虽然消费者在交易前具有主动购买商品或者接受服务的意愿，但消费者在合同缔结时无法见到商品实物，只能根据经营者的文字描述或者图片了解有关的商品信息，收到商品后可能发现实物与经营者的描述存在差异，往往导致双方交易纠纷。

从维护消费者权益与电子商务市场长远发展的角度出发，新《消费者权益保护法》增加规定了七日无理由退货制度的内容。无理由退货制度，我国台湾地区称为"消费者之犹豫权"，英美等国称为"冷静期规则"，欧盟称为"撤销权"，实质是赋予消费者在合同缔结之后适当期间内单方解除合同的权利。

《消费者权益保护法》第二十五条规定，经营者采用网络、电视、电话、邮购等方式销售商品，消费者有权自收到商品之日起 7 日内退货，且无需说明理由。将消费者无理由退货权的行使期限定为 7 天，规定消费者有权自收到商品之日起 7 日内退货，且无须说明理由。关于"7 日"期间的起算，根据《民法通则》第一百五十四条的规定，民法所称期间规定按照日、月、年计算期间的，开始的当天不算入，从下一天开始计算。期间的最后一天是星期日或者其他法定休假日的，以休假日的次日为期间的最后一天。期间的最后一天截止时间为二十四点，有业务时间的，到停止业务活动的时间截止。

不过，无理由退货也是有限制的，有些商品不适用该制度的除外。《消费者权益保护法》第二十五条规定，消费者定作的；鲜活易腐的；在线下载或者消费者拆封的音像制品、计算机软件等数字化商品；交付的报纸、期刊。除前款所列商品外，其他根据商品性质并经消费者在购买时确认不宜退货的商品，不适用无理由退货。消费者退货的商品应当完好。经营者应当自收到退回商品之日起七日内返还消费者支付的商品价款。退回商品的运费由消费者承担；经营者和消费者另有约定的，按照约定。

③ 预收款方式提供商品或服务的责任。预收款消费，又称预付款消费。近年来，预付款消费在我国百货零售、美容美发、休闲健身等行业盛行，消费者以整存零扣的方式消费。预付款消费其实就是由消费者首先对商家授信，预先支付一定金额，然后延期消费其服务和产品。商家往往以购买不同等级的预付费消费卡可以享受不同档次的优惠、折扣来吸引消费者，很多消费者都接受并认可这种消费形式。

预付款消费侵犯消费者合法权益主要表现为以下几个方面：一是商家不按照约定的标准提供商品或者服务，消费者在首次消费时，商家为吸引消费者办卡，努力提高服务质量，而消费者一旦办卡后，便丧失了维持服务质量的动力；二是商家单方提高收费标准，消费者一旦办卡，其资金便沉淀在商家，商家掌握绝对的话语权；三是更换经营者，新经营者拒绝接受，消费者难以找到原经营者；四是办卡容易退卡难，商家以各种理由拒绝消费者的退卡要求；五是商家单方规定预付卡的有效期，到期作废，余额不退；六是商家经营不善关门，或者以发行预付卡变相融资卷款携逃，致使消费者无法消费，难以维权；等等。

《消费者权益保护法》第五十三条规定，经营者以预收款方式提供商品或服务的，应当按照约定提供。未按照约定提供的，应依照消费者的要求履行约定或者退回预付款；并应当承担预付款的利息、消费者必须支付的合理费用。

④ 不合格商品退货的责任。《产品质量法》第十二条规定："产品质量应当检验合格，不得以不合格产品冒充合格产品。"产品在出厂前，都应当经过生产者的内部质量检验部或者检验人员的检验，未经检验或者检验不合格的产品，不得出厂销售。产品质量"合格"，是指产品的质量指标符合有关的标准和要求。

作为合格产品，应当同时具备以下条件：第一，必须符合保障人体健康、人身、财产安全的强制性国家标准、行业标准和地方标准，不存在危及人身、财产安全的不合理的危险；第二，符合生产者自行制定的有关产品质量的企业标准或技术要求，但该企业标准或技术要求不得与国家强制性标准、行业标准和地方标准相抵触，并应保证产品具备应当具有的使用性能；对在产品买卖合同中约定了产品质量标准的，或者在产品或者其包装上注明了所采用产品标准的，或者生产者以产品说明、实物样品等方式表明了产品的质量状况的，应当符合相关的标准或质量状况。

不合格产品是指不符合上述要求的产品。《消费者权益保护法》第五十四条规定，依法经有关行政部门认定为不合格的商品，消费者要求退货的，经营者应当负责退货。根据这一规定，一般商品，发现问题后应经过修理、更换，仍无法使用的再予以退货；对不合格商品，只要消费者要求退货，经营者即应负责办理，不得以修理、更换或者其他借口延迟或者拒绝消费者退货要求。

（3）因提供商品或服务造成人身伤害、人格受损、财产损失的民事责任及赔偿范围。

① 人身伤害的民事责任。

经营者提供商品或服务，造成消费者或其他人受伤、残疾、死亡的，应承担下列责任：

第一，造成消费者或者其他受害人人身伤害的，应当支付医疗费、治疗期间的护理费、因误工减少的收入；

第二，造成残疾的，除上述费用外，还应当赔偿残疾生活辅助具费和残疾赔偿金；

第三，造成消费者或其他受害人死亡的，还应当赔偿丧葬费和死亡赔偿金。

② 侵犯消费者人格尊严、人身自由或者侵害消费者个人信息依法得到保护的权利的民事责任。

随着社会的发展和文明的进步，人格尊严、人身自由和其他人格权益日益受到重视。我国《宪法》第三十七条规定："中华人民共和国公民的人身自由不受侵犯。""禁止非法拘禁和以其他方法非法剥夺或者限制公民的人身自由，禁止非法搜查公民的身体。"第三十八条规定"中华人民共和国公民的人格尊严不受侵犯。禁止用任何方法对公民进行侮辱、诽谤和诬告陷害。"公民的权利包括消费者的人格尊严、人身自由是宪法赋予的神圣权利，不容任何人包括经营者侵犯。

《消费者权益保护法》第十四条规定，消费者在购买、使用商品和接受服务时，享有人格尊严、民族风俗习惯得到尊重的权利，享有个人信息依法得到保护的权利；第二十七条规定，经营者不得对消费者进行侮辱、诽谤，不得搜查消费者的身体及其携带的物品，不得侵犯消费者的人身自由；第五十条规定，经营者侵害消费者的人格尊严、侵犯消费者人身自由或者侵害消费者个人信息依法得到保护的权利的，应当停止侵害、恢复名誉、消除影响、赔礼道歉，并赔偿损失。

此外，新《消费者权益保护法》新增了经营者承担精神损害赔偿责任的规定。精神损害赔偿是受害人因人身伤害或者人格利益受到侵害，进而蒙受严重精神损害时获得的金钱赔偿。随着经济发展和社会进步，人身权益具有更加丰富的内涵和更为复杂的因素，既包括物质层面又包括精神层面，精神层面的利益往往可以转化为物质层面的利益，物质层面的改善又可能发展精神层面的利益。精神上的巨大痛苦，常常是严重精神损害的反映，有的会体现为生命、健康上的现实损伤。因而，新《消费者权益保护法》第五十一条规定，经营者有侮辱诽谤、搜查身体、侵犯人身自由等侵害消费者或者其他受害人人身权益的行为，造成严重精神损害的，受害人可以要求精神损害赔偿。

③ 财产损害的民事责任。

经营者提供商品或者服务，造成消费者财产损害的，应当依照法律规定应当以修理、重作、更换、退货、补足商品数量、退还货款和服务费用或者赔偿损失等方式承担民事责任。同时，《消费者权益保护法》承认并尊重消费者与经营者的自由订约权。当双方对财产损害的赔偿有约定的，可按照约定履行，承担修理、重作、更换、退货、补足商品数量、退还货款和服务费用或者赔偿损失等民事责任。

（4）对欺诈行为的惩罚性规定。

《消费者权益保护法》第五十五条规定，经营者提供商品或者服务有欺诈行为的，应当按照消费者的要求增加赔偿其受到的损失，增加赔偿的金额为消费者购买商品的价格或者接受服务的费用的三倍；增加赔偿的金额不足五百元的，为五百元。法律另有规定的，依照其规定。经营者明知商品或服务存在缺陷，仍然向消费者提供，造成消费者或者其他受害人死亡或者健康严重损害的，受害人有权要求经营者依照本法第四十九条、第五十一条等法律规定赔偿损失，并有权要求所受损失二倍以下的惩罚性赔偿。这是我国第一个适用惩罚性赔偿的立法例。

《消费者权益保护法》第五十五条规定的惩罚性赔偿，属于特别法上的责任规则。设定这一规则的目的，一是惩罚性地制止损害消费者的欺诈行为人，特别是制造、销售假货的经营者；二是鼓励消费者同欺诈行为和假货做斗争。

① 欺诈消费者行为的概念及判断标准。

这里所说的欺诈行为，是指经营者故意在提供的商品或服务中，以虚假陈述或者其他不正当手段欺骗、误导消费者，致使消费者权益受到损害的行为。实践中，对"欺诈行为"应当以客观的方法检验和认定，即根据经营者在出售商品或提供服务时所采用的手段来加以判断。所以，只要证明下列事实存在，即可认定经营者构成欺诈行为：

第一，经营者对其商品或服务的说明行为是虚假的，足以使一般消费者受到欺骗或误导。

第二，消费者因受误导而接受了经营者的商品或服务，即经营者的虚假说明与消费者的消费行为之间存在因果关系。

国家工商行政管理局1996年3月发布的《欺诈消费者行为处罚办法》第三条、第四条列举了一些典型的欺诈行为，例如，销售掺杂、掺假，以假充真，以次充好的商品；以虚假的"清仓价""甩卖价""最低价""优惠价"或者其他欺骗性价格表示销售商品；以虚假的商品说明、商品标准、实物样品等方式销售商品；不以自己的真实名称和标记销售商品；采取雇佣他人等方式进行欺骗性的销售诱导；利用广播、电视、电影、报刊等大众传播媒介对商品作虚假宣传；销售假冒商品和失效、变质商品，等等。在实践中，所有这些行为都可以根据客观的事实（或者说，经营行为的外观）加以确定。

② 赔偿数额。

对经营者的欺诈行为，消费者不仅可以获得补偿性的赔付，还可要求增加赔偿额。增加赔偿的金额为消费者购买商品的价款或者接受服务的费用的三倍；增加赔偿的金额不足五百元的，为五百元。由于增加的这部分赔偿金额是超出消费者的实际损失的，因此带有惩罚性质。

2. 行政责任

（1）应承担行政责任的情形。有下列情形之一的，经营者应承担行政责任：

① 生产、销售的商品不符合保障人身、财产安全要求的；

② 在商品中掺杂、掺假，以假充真，以次充好，或者以不合格商品冒充合格商品的；

③ 生产国家明令淘汰的商品或者销售失效、变质的商品的；

④ 伪造商品的产地，伪造或者冒用他人的厂名、厂址，伪造或者冒用认证标志、名优标志等质量标志的；

⑤ 销售的商品应当检验、检疫而未检验、检疫或者伪造检验、检疫结果的；

⑥ 对商品或者服务作引人误解的虚假宣传的；

⑦ 对消费者提出的修理、重作、更换、退货、补足商品数量、退还货款和服务费用或者赔偿损失的要求故意拖延或者无理拒绝的；

⑧ 侵犯消费者人格尊严或者侵犯消费者人身自由的；

⑨ 法律、法规规定的对损害消费者权益应当予以处罚的其他情形。

（2）行政处罚机关和处罚方式：

① 处罚依据。

对《消费者权益保护法》第五十六条列举的上述九种情形，若相关法律、法规（如产品质量法、食品卫生法、广告法、价格法等）对处罚机关和处罚方式有规定的，应依照其规定执行；若法律、法规没有规定的，由工商行政管理部门或者其他有关行政部门进行处罚。

② 处罚方式。

对上述九种违法情形的处罚方式有：责令改正，警告，没收违法所得，罚款；还可对情节严重者责令停业整顿，吊销营业执照。

③ 行政复议。

《消费者权益保护法》为防止行政机关滥用权力作出对经营者不公的处罚，规定了经营者的申请行政复议权，即经营者对行政处罚不服的，可自收到处罚决定之日起15日内向上一级机关申请复议，对复议决定仍不服的，可以向人民法院提起诉讼。

3. 刑事责任

违反《消费者权益保护法》，构成犯罪的行为包括：

（1）经营者提供商品或者服务，造成消费者或其他受害人受伤、残疾、死亡的。

（2）以暴力、威胁等方法阻碍有关行政部门工作人员依法执行职务的。

（3）国家机关工作人员玩忽职守或者包庇经营者侵害消费者合法权益的。对这些行为应根据情节依法追究刑事责任。

学习思考：

1. 职业的基本特征和功能是什么？
2. 简述职业选择的原则。
3. 求职的信息和渠道是什么？
4. 劳动合同的必备条款和补充条款是什么？
5. 简述试用期、服务期、实习期、学徒期和见习期的区别。
6. 解决劳动争议，维护劳动者权益有哪些途径？
7. 简述不正当竞争及其行为表现。
8. 消费者的权利是什么？侵犯消费者合法权益行为的法律责任包括哪些？

专题五

婚姻与家庭

第一讲　婚姻与家庭概说

一、婚　姻

1. 婚姻的概念

爱情、婚姻、家庭，这个亘古不变的问题对人类社会的存续和发展意义重大。婚姻，古时又称"昏姻"或"昏因"。一般而言，婚姻指的是嫁娶之礼。在我国古代的婚礼中，男方通常在黄昏时到女家迎亲，而女方随着男方出门，这种"男以昏时迎女，女因男而来"的习俗，就是"婚姻"一词的起源。换句话说，婚姻是指男娶女嫁的过程。

从社会学角度而言，婚姻是指男女两性依据社会文化设置（法律、伦理道德、风俗习惯等）结成夫妻关系，互为配偶，维持适应和解体这种关系的行为和过程。婚姻过程一般包括：择偶过程、嫁娶过程、维持适应过程、解体过程（离婚或自然解体）。

2. 婚姻的本质

婚姻从形式上看是男女两性的生理结合，但从本质上看，是男女之间的一种特定的社会结合。自有人类社会以来，任何社会都形成有一套约制婚姻的文化制度。这些包含在风俗习惯、伦理道德、法律之中。因而，就婚姻的实质而言，实际上是一定社会制度所确认的男女结合的社会形式。

婚姻虽然是男女两性的生理结合，是人的一种自然本能和生理性的行为。但并非所有两性结合都被认为是婚姻，只有符合一定规范的两性结合才会被认为是婚姻，所以婚姻关系既是一种自然关系，也是一种社会关系，每个社会都有婚姻制度来制约两性关系。婚姻的本质表现为自然属性与社会属性的统一。

婚姻的自然属性主要表现在男女两性基于性爱的需要而达到性的结合，从而满足男女两性性生理和性心理的需求，以及通过婚姻这种形式繁衍后代的需要。

婚姻的社会属性主要表现在男女两性通过婚姻关系实现结合，从而在社会生活中实现人性的完美和统一。婚姻的本质主要通过其社会属性表现出来。

婚姻必须具备以下要件：

（1）自然层面上讲，必须是男女两性的结合。虽然已经有少数国家认可同性结合为婚姻，但是我国目前不认可同性婚姻。

（2）社会层面上讲，两性的结合要得到当时社会制度的确认。

（3）法律层面讲，婚姻是双方具有夫妻身份的结合，具有法律上的权利义务关系。

（4）价值层面讲，婚姻的主体应以永久共同生活为目的，这应该成为两性结合的价值追求。

二、家 庭

1. 家庭的概念

男女通过婚姻结合而组织成家庭，家庭是人类最基本的一种社会组织。从社会学意义上言，家庭是指建立在婚姻和血缘基础上（包括收养）的亲密合作与共同生活的初级社会群体。家庭是婚姻关系和血缘关系的载体，是社会生活的基本单位，也是社会最基本的细胞。婚姻关系是家庭形成的最初纽带和基础，血缘关系则是维持家庭存在的最稳定的纽带。

2. 家庭演化的历史形态

摩尔根《古代社会》和恩格斯《家庭、私有制和国家的起源》中，把家庭的历史形态分为血缘家庭、普那路亚家庭、对偶家庭和一夫一妻制家庭。

（1）血缘家庭，是人类历史上第一种家庭形式。在原始社会的旧石器时代，人类经过长期经验的积累，认识到不同年龄人的生理差别，在内部逐渐地选择了按辈分划分的婚姻，即年龄相近的青壮年兄弟姊妹相互通婚，排斥了上下辈之间的婚姻关系。这时，姐妹是兄弟的共同妻子；兄弟是姐妹的共同丈夫，夫妻都有共同的血缘。血缘家庭既是一个独立的生产单位，又是一个独立的生活单位。

（2）普那路亚家庭，是人类家庭的第二种形式。这种家庭制度是群婚发展的最典型的阶段。原始社会发展到旧石器时代的中、晚期，由于人工火的发明，人类制作石器和狩猎活动，以及原始农业的进一步发展，促使了生产力水平的提高，人类居住地相对地稳定下来；又由于人口的繁衍，一个血缘家族不得不分裂成几个族群。为了扩大物质资料生产，满足日益增长的人口的生活需要，族群之间必须保持一定的经济合作和社会联系，于是便产生了各族群之间的通婚。同时，在人类本身的生产方面，经过长期生活经验的积累和自然选择规律的作用，人们逐渐认识到族外通婚对后代体质发育有益，并形成了同母所生子女间不应发生性交关系的观念，于是在家庭内部开始排除兄弟姐妹间的婚姻关系，实行两个族群之间的通婚，这就是普那路亚家庭形式。

（3）对偶家庭，是原始社会母系族公社时期的一种家庭形式。由普那路亚家庭发展而来，指一男一女在或长或短的时间内保持相对稳定的偶居生活，婚姻关系不稳固的一种婚姻形式。这种家庭由一对配偶相对固定的成对同居形成，以女子为中心，生子女属于母亲所有。早期对偶婚是夫对妻暮合晨离。晚期对偶婚发展为夫居妻家，但不是长久的。这种对偶家庭不是氏族公社的独立的经济单位，社会的基本组织仍是母系氏族。家庭内男女平等，共同照料子女。对偶婚已从群婚时代单纯的性关系转变为一种广泛的社会联系。男子和女子一起劳动、消费，世袭仍按母系计算。对偶婚实行的结果是给家庭增加了一个新的因素，除了生身的母亲之外，又明确了生身的父亲。

（4）一夫一妻制家庭，是一男一女结为夫妻的婚姻和家庭形式。在原始社会晚期，由对偶家庭发展而来。一夫一妻制家庭是人类有史以来最后一种婚姻家庭形式，它的确立是文明时代开始的标志之一，并适应于整个文明时代。它诞生的动力是财富的增加和想把财富转交给子女，即合法的继承人是由对偶所生的真正的后裔。自然选择的作用历史地由生产资料的私有制取代了。一夫一妻制家庭同对偶家庭相比，具有以下两个特点：① 男子的统治。由于丈夫在家中掌握了经济大权，从而形成了对妻子的愈来愈大的统治权。② 婚姻的不可离异。一夫一妻制家庭较之对偶家庭要牢固、持久得多，双方已不能任意解除婚姻关系，通例只有丈夫可以离异妻子，破坏夫妻忠诚是丈夫的权利，而妻子却必须严守贞操。

一夫一妻制家庭在奴隶社会、封建社会、资本主义社会和社会主义社会等不同的社会形态下有着不同的表现形式。

3. 家庭类型

（1）核心家庭，是指由已婚夫妇和未婚子女或收养子女两代组成的家庭。核心家庭已成为我国主要的家庭类型。

（2）主干家庭，又称直系家庭。主干家庭是指由父母、有孩子的已婚子女三代人所组成的家庭。

（3）联合家庭，指包括父母、已婚子女、未婚子女、孙子女、曾孙子女等几代居住在一起的家庭。

（4）单亲家庭，是指由离异、丧偶或未婚的单身父亲或母亲及其子女或领养子女组成的家庭。

（5）重组家庭，指夫妇双方至少有一人已经历过一次婚姻，并可有一个或多个前次婚姻的子女及夫妇重组的共同子女。

（6）丁克家庭，是指由夫妇两人组成的无子女家庭。目前，丁克家庭的数量在我国逐渐增多。

4. 家庭生命周期

家庭生命周期（family life cycle）是反映一个家庭从形成到解体呈循环运动过程的范畴。根据一个家庭的发展过程，可以把家庭生命周期划分为以下几个阶段：

（1）单身期。一个成年人的择偶时期，是一个家庭产生的预备期或酝酿期。一般指参加工作至结婚的时期，一般为1~5年。这时的收入比较低，消费支出大。这个时期是提高自身、投资自己的大好阶段。

（2）家庭形成期（新婚期）。家庭结构上表现为年轻夫妻、无子女。从结婚到新生儿诞生时期，一般为1~5年。这一时期是家庭的主要消费期。经济收入增加而且生活稳定。

（3）家庭成长期，指小孩从出生直到上大学前，一般为9~15年。在这一阶段里，家庭成员不再增加，家庭成员的年龄都在增长，家庭的最大开支是保健医疗费、学前教育、智力开发费用。

（4）子女教育期，指小孩上大学的这段时期，一般为4~8年。这一阶段里子女的教育费用和生活费用猛增，财务上的负担通常比较繁重。

（5）家庭成熟期，指子女参加工作到家长退休为止这段时期，一般为15年左右。这一阶段里自身的工作能力、工作经验、经济状况都达到高峰状态，子女已完全自立，债务已逐渐减轻，理财的重点是扩大投资。

（6）退休养老期，指退休以后。这一时期的主要内容是安度晚年，投资和花费通常都比较保守。

5. 家庭的功能

家庭的功能指的是家庭在人们生活和社会发展方面所起的作用和活动范围。

在人类的不同历史时期，家的规模、结构、内部关系状态、生活方式、基本的功能等各个方面都发生了变化。人类之初，家庭功能最全，人从生到死、从生产到消费都由家庭承担，家庭是社会成员群体生活的基础，甚至是唯一的群体生活方式，是一个独立的自主系统。近世以来，由于社会的分化、分工、生产力的进步，家庭的许多功能开始移出家庭，由次级群体承担，如教育功能、哺育功能、生产功能等，但家庭这一群体形式仍然是社会生活的基本单位，是人们社会化，满足各种需要的主要的基本的社会单位，在社会结构和社会个体生活中起作不可替代的作用。概括起来家庭有如下功能：

（1）经济功能，包括生产、交换、分配、消费等内容。这是家庭其他功能发挥的物质基础。

（2）生育功能，家庭是人口生产的基本单位，承担着生育子女繁衍后代和养育子女的社会责任。

（3）性生活功能，满足性生活的需要和对性生活进行社会控制。

（4）教育功能（社会化功能），包括父母教育子女和家庭成员相互教育。

（5）情感交流功能，为家庭成员提供感情的保证。主要表现在形成共同的思想感情基础、形成和谐的心理状态，增强家庭成员间的亲密程度三个方面。

（6）社会稳定的功能，家庭是社会的细胞，社会的稳定有赖于家庭的和睦。

三、当代社会婚姻家庭的变化

任何一种婚姻家庭制度都是以具体的历史形态存在于社会发展的一定阶段，总是和一定的生产方式相联系的，并随着生产方式的发展变化而发展变化。当代社会发展的速度日益加快，必将引发人们婚姻家庭观念的变化，继而导致人类社会婚姻家庭的变化。

1. 家庭结构趋向小型多样

我国自改革开放以来，家庭小型化、多样化的趋势日益明显。今天，我国的家庭结构和家庭形式，除去我们早已熟知的由几代同堂组成的"主干家庭"、由夫妻同未婚子女两代人组成的"核心家庭"、由已经不多见的平等的两代人组成的"联合家庭"之外，还出现了由夫妇二人组成的"丁克家庭"、由未婚或已婚成年男女独自组成的"单身家庭"和由父亲或母亲一方领着子女生活的"单亲家庭"等。现在婚姻家庭结构占据主流的是"核心家庭"，特别普遍的当属三口之家。当然，其他结构的家庭同时得到人们的认可。

2. 婚姻生活趋向自由自主

传统的婚姻主导者是家长，婚姻中很少考虑个人的意愿和情感，婚姻的目的和功能主要在于满足生儿育女和维持经济生活的需求。现代婚姻的目的不再是单纯地为了传宗接代，延续家族传统，而主要是满足男女双方生理、心理多方面的需求，求得个人的全面发展。婚姻自由，追求婚姻质量已成为时尚。

与婚姻自由互为形影的是人们对离婚自由的认同。过去由于传统观念的影响和社会规范强有力的控制，人们对离婚持保守态度，婚姻关系一直处于稳定持久的状态，离婚率非常低。现在，人们不再视离婚为丑恶、羞耻，甚至支持死亡婚姻的解体，尤其是知识阶层，离婚率高于社会的平均水平。离婚的原因，除经济因素外，更多的是感情纠葛如性格不合、无共同语言、性生活不和谐、第三者插足等。妇女在离婚问题上的主体意识增强，由女方提出离婚的比例升高。此外，老年再婚已被社会广泛接受，出现了晚辈为长辈、子女为父母牵线搭桥、举办婚礼的新风尚。

3. 家庭关系趋向民主平等

在当今家庭，传统家长制的权威正在消失，男尊女卑的观念得到根本转变，父母打骂子女的现象越来越少。家庭成员之间有事互相商量，共同讨论，尊重真理，民主决策，呈现民主平等化的趋势。家庭生活的民主平等趋势，集中表现在男女平等上。男女平等的观念在全社会逐步确立。

在以往的社会中，妇女的地位始终低于男性，妇女和男性不能站在同一条起跑线上。随着生产力和社会文明的不断发展，人们的道德观念、价值体系、生活方式等方面发生了深刻变化，性别的角色差异进一步缩小，男女平等观念日益得到了社会认同。在社会主义市场经济条件下，男女平等的内涵不仅是政治、法律方面的平等，并且是"现代人"概念下的社会生活方方面面的平等，从而大大促进了妇女的解放。男女平等还表现在基本实现男女平等地参加工作和劳动的权利。在家庭经济生活方面，大多数家庭坚持男女平等，实行民主管理。

4. 家庭关系重心转移

从我国传统看，传宗接代是婚姻家庭成功的主要指标，家庭结构的重心在于亲子关系不在夫妻关系。传统家庭的重心是血缘关系（父子关系），男性是家庭生活的主宰，家庭谱系和事业是父子继承，各种家庭关系的重要性依次是父子、兄弟、夫妻，血缘重于姻缘。

随着时代变迁和社会转型时期人们对传统文化的反思和对自身价值的思考，越来越多的人认为夫妻关系比亲子关系更为重要，夫妻关系才是家庭的中流砥柱，才是婚姻家庭存在的根本。现在家庭的重心已转移到姻缘关系（夫妻关系），夫妻是家庭生活的主持者，是家庭经济的主要来源，是对外活动的代表。夫妻关系是家庭的基础，其他关系如血缘、亲缘关系都是夫妻关系派生的，一切家庭活动都是围绕着夫妻关系这一中心来扩展和运转的。

第二讲　法律规制下的婚姻

上一讲已经述及，婚姻家庭是人类社会发展到一定阶段出现的两性和血缘关系的社会形式。婚姻的缔结不仅是男女两性结合的个人行为，而且也是社会行为。社会之所以要婚姻，还要建立家庭，并用法律保证它，用伦理来规范它，是因为要用它来承担和完成一系列的社会功能。古今中外，或多或少有着一定的结婚形式要求，结婚形式也成了社会承认婚姻的方式和途径。只有为当时的社会制度所确认的男女两性互为配偶的结合才是婚姻。

1950年5月1日颁布《中华人民共和国婚姻法》，这是新中国成立后我国颁布的第一部法律，亦是国家在全国范围内改革旧的婚姻家庭制度的重大立法措施。1980年9月10日，第五届全国人民代表大会第三次会议通过了新的《婚姻法》，自1981年1月1日起施行，原《婚姻法》自新法施行之日起废止。在实施过程中，针对中国经济转型时期婚姻家庭出现一系列新问题，2001年4月28日九届全国人大21次会议对《婚姻法》作了一系列的修改、补充和完善。

一、结婚制度

（一）结婚的概念和特征

结婚也叫婚姻的成立或婚姻的缔结，指男女双方依照法定条件和程序确立夫妻关系的民事法律行为。

结婚的法律特征：

（1）行为主体为异性男女。结婚的行为只能发生于男女两性之间，同性不能成婚。这是婚姻自然属性的要求。两性的差别和性的本能是婚姻关系成立的自然条件。

（2）行为性质为法律行为。法律行为必须按法律的要求进行。否则，不会产生法律效力。结婚作为一种法律行为，要求结婚的行为必须依照法律规定的条件和程序进行。这样才能得到当时社会制度的承认。不符合法律要求的男女两性的结合，不被社会制度认为是婚姻。

（3）行为后果为结成夫妻关系。结婚行为的法律后果是夫妻关系得以确立。男女双方因结婚而确立互为配偶的夫妻关系。从此，他们之间相互承担着法定的权利和义务。如果未经法定手续，双方不得任意解除已确立的这种关系。

（二）结婚的条件

当代各国婚姻立法对结婚实质要件的规定，大致可以分为积极要件和消极要件两种。我国《婚姻法》规定了结婚必备要件与禁止要件。

1. 结婚的必备要件

结婚的必备要件，是指男女结婚时必须具备、缺一不可的条件。我国《婚姻法》规定了结婚的必备要件有三个：

（1）男女双方须具有结婚的合意：必须男女双方完全自愿。

结婚的合意是指男女双方自愿结合为夫妻的意思表示。我国《婚姻法》第五条规定："结婚必须男女双方完全自愿，不许任何一方对他方加以强迫或任何第三者加以干涉。"这一规定将是否结婚、与谁结婚的决定权，完全赋予当事者本人，体现了婚姻自由的基本原则。

① 强调男女双方自愿，而不是一厢情愿；不许任何一方对他方加以强迫。

② 强调男女本人自愿，而不是父母或其他第三人同意。结婚的自主权不可侵犯，不承认父母之合，媒妁之言。禁止当事人以外的任何第三者包办干涉，但这并不排斥第三者出于对当事人的关心和爱护，按照法律和道德的要求提出建议。

③ 强调男女双方完全自愿，而不是附加条件的同意。附加的条件视为无条件。

（2）男女双方达到法定婚龄。

法定婚龄，是指法律规定的男女结婚必须达到的最低年龄。要求结婚的男女双方必须达到或高于这一年龄,才被允许结婚。

婚姻的自然属性和社会属性要求,结婚只有达到一定的年龄,才能具备适合的生理条件和心理条件,也才能履行夫妻义务,承担家庭和社会的责任。所以,尽管我国法律赋予每个公民结婚的权利,但并非所有公民都可以成为婚姻法律关系的主体,只有达到法律规定的结婚年龄的人,才享有结婚的权利。

达到法定婚龄是人们结婚的必备条件之一,具有强制力。只有双方都已经达到或高于法定结婚年龄的才允许结婚。根据《婚姻法》第六条的规定,我国的法定婚龄为男22周岁,女20周岁。

需要强调的是,我国《婚姻法》关于婚龄的规定,不是必婚年龄,也不是最佳婚龄,而是结婚的最低年龄,是划分违法婚姻与合法婚姻的年龄界限,只有达到了法定婚龄才能结婚,否则就是违法。

① 确定法定婚龄的依据。

法定婚龄的确定,一方面要考虑自然因素,即人的身体发育和智力成熟情况,另一方面要考虑社会因素,即政治、经济及人口发展情况。

自然因素是指生理、心理发育情况。男女只有达到一定年龄,其身体的各个器官才发育成熟,才有利于繁衍后代;也只有达到一定年龄,其心理发育才较为成熟,才能独立地对自己行为的性质、后果等进行判断。

社会因素是指一定的生产方式以及与之相适应的政治、经济、文化、人口状态,伦理道德,风俗习惯等社会条件,也应被作为确定法定婚龄的依据。在我国,确定法定婚龄主要应考虑人口状况这一社会现实。我国人口较多,如果人口增长较快,将会严重制约社会经济的可持续发展。因而,降低人口出生率,实行计划生育,是我国的基本国策。

② 法定婚龄与晚婚晚育。

我国《婚姻法》第六条在规定法定婚龄的同时,还规定了"晚婚晚育应予鼓励"。晚婚,是指男25周岁、女23周岁以上结婚;晚育,是妇女满24周岁生育第一个子女。这里应当要把晚婚年龄与法定婚龄区别开来,法定婚龄与晚婚年龄的性质是不相同的。法定婚龄属于强制性规范,当事人必须遵守。达到法定婚龄的当事人要求结婚,应予准许,任何单位和个人不可干涉。晚婚晚育是国家倡导的一种婚育政策,晚婚年龄是倡导性、任意性规范,非强制的规定。当事人自愿实行晚婚的,应予鼓励。

《婚姻法》规定的婚龄具有普遍的适用性,但在某些特殊情况下,法律也允许对婚龄作出例外规定。现行《婚姻法》规定,民族自治区可以根据本民族实际情况,对法定婚龄作变通规定。比如新疆、内蒙古、西藏等少数民族自治区和一些自治州、自治县,均以男20周岁、女18周岁作为本地区的最低婚龄。但这些变通规定仅适用于少数民族,不适用于生活在该地区的汉族。

(3) 符合一夫一妻制,禁止重婚,男女一方或双方有配偶的不得结婚。

一夫一妻制是我国婚姻制度的基本原则。《婚姻法》第十条规定了重婚是无效婚姻的法定事由,根据《婚姻登记管理条例》第十二条的规定,申请结婚登记的当事人已有配偶的,婚姻登记管理机关不予登记。只有无配偶者才具有结婚的资格。无配偶指未婚、丧偶、离婚。有配偶者再婚的,一是婚姻无效,二是触犯刑律,构成重婚罪的,应依照刑法规定,追究其刑事责任。

2. 结婚的禁止条件

1）禁止一定范围内的血亲结婚

禁止一定范围内的亲属之间结婚，是各国立法的通例。《婚姻法》规定的禁止结婚的血亲范围为直系血亲和三代以内的旁系血亲。

（1）禁婚亲的范围。

① 直系血亲。直系血亲是指具有直接血缘联系的亲属，包括父母子女、祖父母与孙子女、外祖父母与外孙子女。只要是直系血亲，不论亲等、代数，都禁止结婚。

② 三代以内的旁系血亲。旁系血亲是指没有直接血缘联系但是同出一源的亲属。三代以内的旁系血亲是指同出于祖父母、外祖父母的除直系血亲以外的血亲。它包括：

第一，同源于父母的兄弟姐妹。包括同父同母的全血缘的兄弟姐妹，也包括同父异母或同母异父的半血缘的兄弟姐妹。

第二，同源于祖父母或外祖父母的不同辈分的伯、叔与侄女，姑与侄，舅与外甥女，姨与外甥。

第三，同源于祖父母或外祖父母的同辈分的堂兄弟姐妹和表兄弟姐妹。

（2）禁婚亲的立法理由。

禁止一定范围内的亲属结婚，源于原始社会的婚姻禁忌。在古代社会，虽然遗传学、优生学未产生，但人类在漫长的进化过程中，基于自然选择规律，意识到了近亲结婚的危害，首先排除了直系血亲间的两性行为，而后又禁止了旁系血亲兄弟姐妹间的通婚。在我国，由于受宗法制度的影响，只禁止同姓同宗亲属和不同辈分的外亲，而表兄弟姐妹依习惯可以结婚。进入个体婚之后，人类有意识地通过立法限制近亲属结婚。近现代法律规定禁婚亲的理由主要是基于遗传学、优生学原理和伦理道德的要求。

① 基于遗传学、优生学的原理。

近亲结婚和遗传病的发生和延续有密切关系。从遗传学角度分析，生物的遗传是通过基因传递信息来完成的，基因是遗传的物质基础，通过精子和卵子传给后代，从而父母的性状特点在子代得以表达。每个人的基因一半来自父亲，另一半来自母亲，就是说，每个子女与父母之间的基因有 1/4 可能相同，所以，同胞兄弟姐妹之间的基因也有 1/2 可能相同。而爷孙、叔侄、舅甥等之间则有 1/4 可能相同。同理，表兄妹、堂兄妹等之间则有 1/8 可能相同。非近亲婚配时，两个相同致病基因互相遇合而引起发病的可能性较低，而近亲结婚的夫妇，由于他们来自同一祖先，双方携带有相同基因的可能性明显大于一般群体。

② 基于伦理道德观念的要求。

近亲结婚有悖教化，有碍于人类长期形成的婚姻道德，容易造成亲属身份上和继承上的紊乱，所以，各民族的风俗习惯都有关于亲属通婚的限制。有些国家禁止姻亲结婚，则纯属伦理上和习惯上的考虑，与优生原理无关。在我国古代，同姓不婚的原则在礼制中固定下来。而且同姓相婚，历代法律都给予惩处。如唐律禁止同姓及亲族为婚，《唐律疏议·户婚律》规定："诸同姓为婚者，各徒二年，缌麻以上以奸论。若外姻有服属而尊卑共为婚姻……亦各以奸论，而父母之姑、舅、两姨姐妹及姨、若堂姨……并不得为婚姻，违者各杖一百。并离之。"

2）禁止患有一定疾病的人结婚

法律禁止患有特定疾病的人结婚，目的在于防止当事人所患的疾病传染或遗传给下一代，以保护当事人的利益和社会的利益。男女结婚，必须无禁止结婚的疾病，是各国立法的通例。

我国《婚姻法》第七条第二款规定，患有医学上认为不应当结婚的疾病，禁止结婚。根据我国有关规定，医学上认为不应当结婚的疾病主要包括以下三种疾病：

① 指定传染病，是指《中华人民共和国传染病防治法》（1989年9月1日起施行，2013年修正）中规定的艾滋病、淋病、梅毒、麻风病等医学上认为影响结婚和生育的其他传染病；

② 严重遗传性疾病，是指由于遗传因素先天形成，患者全部或部分丧失自主生活能力，后代再现风险高，医学上认为不宜生育的遗传性疾病（重度智力低下、痴呆）；

③ 有关精神病指精神分裂症、躁狂抑郁型精神病以及其他重型精神病。

（三）结婚的程序

1. 结婚程序概念及类型

结婚的程序亦称结婚的形式要件，是指要求结婚的男女，必须履行的法定手续，是婚姻取得社会承认的方式。

结婚程序可分为仪式制、登记制和登记与仪式结合制三种类型。

（1）仪式制是指以当事人履行一定的仪式为婚姻成立的形式要件的婚姻；

（2）登记制是指以依法进行结婚登记为婚姻成立的唯一形式要件的婚姻；

（3）登记与仪式结合制是指既须进行登记，又须举行仪式，婚姻始得成立，两方面的程序缺一不可的婚姻。

2. 我国结婚登记制度

根据我国《婚姻法》的规定，结婚实行登记制。《婚姻法》第八条规定："要求结婚的男女必须亲自到婚姻登记机关进行结婚登记，符合本法规定的，予以登记，发给结婚证，取得结婚证，即确立夫妻关系。"结婚登记是结婚必经的唯一的合法程序，履行了登记程序，婚姻才产生法律效力，受到国家承认和法律保护。无论是否举行结婚的仪式，只要取得结婚证当事人之间即发生夫妻的人身和财产的权利义务关系。取得结婚证，双方并未同居生活要求解除关系的，必须按照离婚程序办理离婚手续。

1）结婚登记的意义

实行结婚的登记制度，主要是为了保障婚姻自由、一夫一妻和男女平等的婚姻基本原则的贯彻执行。体现了国家对公民婚姻行为的指导和监督，有利于维护法律的严肃性。不仅可以切实保护当事人的正当权利，也可以有效地防止包办、买卖婚姻、重婚的发生，防止近亲结婚和患有不应结婚疾病的人结婚；及时发现婚姻法禁止的行为，采取相应的有效措施。因此实行登记制符合国家利益、社会利益和当事人的利益。

2）婚姻登记机关

根据国务院《婚姻登记条例》的规定，国务院民政部门主管全国的婚姻登记管理工作。县级以上地方各级人民政府的民政部门主管本行政区域内的婚姻登记管理工作。婚姻登记管理机关，在城市是街道办事处或者市辖区、不设区的人民政府的民政部门，在农村是乡、民族乡、镇的人民政府。

当事人双方的户口在同一地区的，到当地婚姻登记管理机关办理结婚登记。当事人双方的户口不在同一地区的，可到任何一方户口所在地的婚姻登记管理机关办理结婚登记。

3）结婚登记程序

（1）申请。

要求结婚的当事人，应当向婚姻登记管理机关提出结婚申请。当事人双方必须亲自到一方户口所在地的婚姻登记机关提出结婚登记请求，结婚是涉及身份的民事法律行为，不适用代理，也不能用书面意见代替本人的亲自到场。

第一，中国公民在中国境内申请结婚。男女双方必须亲自到一方户口所在地的婚姻登记机关申请结婚登记，申请时，应当持下列证件和证明：户口证明；居民身份证；离过婚的，还应当持离婚证。离婚的当事人恢复夫妻关系的，必须双方亲自到一方户口所在地的婚姻登记机关申请复婚登记。

第二，中国公民同外国人（包括常驻中国和临时来华的外国人、外籍华人、定居中国的外国侨民）在中国境内申请结婚。男女双方当事人必须共同到中国公民一方户口所在地的省、自治区、直辖市人民政府指定的婚姻登记机关申请登记。申请登记的中国公民和外国人须分别持有下列证件：

中国公民须持有：本人户籍证明；本人户口所在地的县级人民政府或工作所在单位的县级以上机关、学校、事业、企业单位出具的本人姓名、性别、出生年月、民族、婚姻状况（未婚、离婚、丧偶）、职业、工作性质、申请与何人结婚的证明。

外国人须持有：本人护照或其他身份、国籍证件；公安机关签发的《外国人居留证》，或外事部门颁发的身份证件，或临时来华的入境、居留证件；经该国外交部（或外交部授权机关）和中国驻该国使、领馆认证的由该国公证机关出具的婚姻状况证明，或该国驻华使、领馆出具的婚姻状况的证明。

外国侨民须持有：本人护照或代替护照的身份、国籍证件（无国籍者免交）；公安机关签发的《外国人居留证》；本人户口所在地的县级人民政府或工作所在单位的县级以上机关、学校、事业、企业单位出具的本人姓名、性别、出生年月、民族、婚姻状况（未婚、离婚、丧偶）、职业、工作性质、申请与何人结婚的证明。

凡证件齐全、符合法律规定的中国公民和外国人，可持证件和男女双方照片，到婚姻登记机关提出申请。申请婚姻登记的当事人，应当如实向婚姻登记机关提供规定的有关证件和证明，不得隐瞒真实情况。

（2）审查。

婚姻登记管理机关应当依法对当事人的结婚申请进行审核和查证。

审查主要分两个方面：一是审查证件。婚姻登记员要审查当事人所持证件是否真实、完备，证件的内容是否与当事人本人的情况完全相符，证件是否伪造、涂改或冒名顶替。二是审查结婚条件。婚姻登记员要审查当事人双方是否都符合结婚条件，包括男女双方是否本人完全自愿，是否符合一夫一妻，是否达到法定婚龄，有无违反禁止近亲结婚的规定以及是否患有禁止结婚的疾病等。

审查中发现问题需要进一步调查的，应当继续调查，但审查的期限一般最长不超过15天。审查工作应当严格依法办事，既不能让不符合条件的申请人草率过关，又不能借审查之机，刁难或者无故推诿。

（3）登记。

登记是婚姻登记机关对当事人结婚申请的合法性加以确认，进行正式的登录和记载，发给结婚证的行为。婚姻登记机关对申请人填写的结婚申请书经过认真审查，认为符合法定条件的，应准予登记。对复婚的或离过婚的当事人，在发给其结婚证的同时，将其原离婚证件注销。当事人从取得结婚证起，确立夫妻关系。

结婚证是婚姻登记管理机关签发的证明婚姻关系成立的法律文书。只要男女双方履行了结婚登记，取得结婚证，其合法权益受法律保护。如果当事人遗失或者损毁结婚证的，可以持所在单位、村民委员会或者居民委员会出具的婚姻状况证明，向原办理结婚登记的婚姻登记管理机关申请出具《夫妻关系证明书》。婚姻登记管理机关对当事人的申请进行审查，根据当事人的婚姻登记档案，为其出具《夫妻关系证明书》。夫妻关系证明书与结婚证具有同等的法律效力。

根据当事人结婚申请的具体情况，有以下情形：

第一，予以登记。

婚姻登记机关对符合结婚条件的，应当即时予以登记，发给结婚证；对离过婚的，应注销其离婚证。但对中国公民和外国人的登记申请，应在收到申请后1个月内办理登记手续，发给结婚证。涉外婚姻的结婚证须贴有男女双方当事人照片，并加盖办理涉外婚姻登记的县级以上人民政府婚姻登记专用章。

申请结婚登记的当事人受单位或者他人干涉，不能获得所需证明时，婚姻登记管理机关查明确实符合结婚条件的，应当予以登记。

第二，不予登记。

申请人有下列情形之一的，婚姻登记机关不予登记：

① 未到法定结婚年龄的；
② 非自愿的；
③ 已有配偶的；
④ 属于直系血亲或者三代以内旁系血亲的；
⑤ 患有医学上认为不应当结婚的疾病的。

婚姻登记机关对当事人的婚姻登记申请不予登记的，应当以书面的形式说明理由。当事人认为符合婚姻登记条件而婚姻登记机关不予登记的，可以依照行政复议法的规定申请复议，对复议不服的，可以按照《行政诉讼法》的规定，在法定的期限内，向有管辖权的人民法院提起行政诉讼。

第三，结婚登记的法律效力：婚姻即告成立，夫妻间的权利义务开始发生。

《婚姻法》第八条规定，要求结婚的男女双方必须亲自到婚姻登记机关进行结婚登记。符合本法规定的，予以登记，发给结婚证。取得结婚证，即确立夫妻关系。未办理结婚登记的，应当补办登记。

第四，补办登记。

补办登记主要是针对符合结婚条件的男女，未经登记而以夫妻名义共同生活的，为了引导他们正确认识婚姻关系和婚姻关系当事人在婚姻关系中的法律地位而增补的一条。对于这类问题，应针对不同情况实事求是的处理，2001年12月24日最高人民法院《关于适用〈中华人民共和国婚姻法〉若干问题的解释（一）》（法释30号）规定：

① 补办结婚登记的，婚姻关系的效力从双方均符合《婚姻法》所规定的结婚的实质要件时算起；

② 1994年2月1日民政部《婚姻登记管理条例》公布实施之前，男女双方已经符合婚姻实质要件的，但未登记，按事实婚姻处理；1994年2月1日民政部《婚姻登记管理条例》公布实施之后（现已废止，由2003年《婚姻登记条例》取代），男女双方符合结婚实质要件的，人民法院应当通知其补办结婚登记，未补办结婚登记的，按解除同居关系处理。

补办结婚登记，规范了法律上认可的男女双方符合结婚实质要件的事实婚姻与同居现象，对于历史上遗留的事实婚姻，只要符合最高人民法院有关司法解释的事实婚姻要件的，仍视为事实婚姻，对于不符合事实婚姻要件的，视为同居。

3. 事实婚姻与非法同居

（1）事实婚姻的概念和特征。

事实婚姻是相对法律婚姻而言，通常是指没有配偶的男女双方未经结婚登记即以夫妻关系同居生活，周围群众也认为其是夫妻关系的两性结合。这种结合包括两种不同的情况：一种是当事人以及双方关系均符合结婚实质条件，仅仅是缺乏形式要件；另一种是不但在形式上缺乏必要的条件，在实质要件上也存在瑕疵。事实婚姻的特征：

① 符合结婚的实质要件，但未依法办理结婚登记手续，欠缺结婚的法定形式要件。这是事实婚姻区别于法律婚姻的重要特征。

男女双方应当符合结婚的法定条件，即双方的同居是完全自愿的，都达到法定婚龄，且均无配偶又非禁婚亲属和染有禁婚疾病。但是缺少了必要的婚姻形式登记要件，在法律上不承认其具有合法效力。对比来说，法律婚姻注重婚姻的社会属性，当事人只要进行了登记，即使不同居生活，不以夫妻名义，也没有夫妻之实，法律上也承认其夫妻关系，重形式而轻实质；而事实婚则注重婚姻的自然属性，要求当事人应以夫妻之名行夫妻之实，重实质轻形式。

② 事实婚姻的主体是没有配偶的男女双方。这里所讲的事实婚姻，是在民事法律关系领域的事实婚姻，其条件是当事人双方均无配偶。如果一方或双方有配偶，则属于刑法领域里的事实重婚。事实婚姻的效力与事实重婚的刑事法律责任是两个性质不同的问题，不能混为一谈。换句话说，男女双方以前是否有配偶或未婚，并不能影响事实婚姻的成立，因为在实践中的重婚绝大多数是事实重婚。正因为事实重婚的行为侵犯了他人的配偶权和一夫一妻制度，其行为具有严重的违法性，而法律是维护公民的合法权利，对犯罪行为不能提供保护，因此在其间成立的婚姻关系无效，这与我国不承认此类事实婚姻的法律效力是一致的。

③ 男女双方必须有共同生活的行为。即当事人双方具有共同的婚姻居所，且有共同的经济生活与物质生活，或者可能有共同的子女。其在行为上不仅要求有"共同"的事实，而且还要求此行为具有时间上的延续性。没有同居生活的行为不能构成事实婚姻，如果当事人双方没有共同长期生活的行为表示，那么就与社会上存在的所谓"一夜情"混同了。相对来说，法律婚姻只要当事人到婚姻登记机关进行了登记，不管当事人是否自愿，有没有同居生活都不影响其婚姻关系的成立。

④ 具有公开性和目的性，即当事人双方必须公开地以夫妻名义生活在一起，在主观上具有创设夫妻法律关系、永久共同生活之共同意愿，并且双方的意思表示一致。男女双方不仅内在地具有夫妻生活的一切内容，在外部形式上还应有社会所承认的夫妻身份。这是成立婚姻关系的前提，也是事实婚姻与通奸、姘居及"包二奶"等一切具有隐蔽性、临时的不正当的非婚姻两性关系的根本区别。后者不以夫妻的名义公开于社会，也没有缔结婚姻的目的。

（2）非法同居的概念和特征。

同居，是指两个人出于某种目的而暂时居住在一起，现一般用于异性之间。同居跟结婚不一样，结婚是获得了法律的承认的夫妻关系，是不可以随便解除关系而必须要通过一定的法律程序的；而同居是不被法律承认的一种行为，可以随时出于当事人的意愿而终止关系。

非法同居，在广义上泛指婚姻之外的一切不正当的两性关系，在狭义上专指男女双方或一方有配偶未办理结婚登记，不以夫妻名义持续、稳定地共同居住，或男女双方未办结婚登记而以夫妻名义共同生活，但不符合事实婚姻的法定条件的两性结合。目前法理界所指的非法同居一般是指违背了法律的强制性规定，被法律所禁止的重婚和有配偶者与他人同居等。

非法同居的特征：

① 不法性。即这种同居关系违反了婚姻法的规定，既违反结婚的形式要件，也有一部分违反结婚的实质要件，属于违法婚姻，这是非法同居的最本质特征。

② 自愿性。即非法同居是一种当事人双方自愿性的同居行为。在同居期间双方无法相互协调和适应，无法合意继续存在该同居关系时，同居关系破裂，任何一方均可提出终止同居关系。

③ 公开性。男女双方具有公开的夫妻名义和长期共同生活的形式，并为群众所公认。这是非法同居关系区别于其他带有隐蔽性的非法两性关系的一个特征，例如通奸行为。

④ 持续性。非法同居应当是持续一定时间的共同居住行为，有一种较为稳定的共居生活状态，有较固定的同居场所，有一定存续期间。偶然为之或断断续续的同居行为如"一夜情"等一般不宜作非法同居论。

⑤ 目的性。非法同居关系的男女双方具有缔结婚姻、长期共同生活的目的，而且当事人双方在物质生活和精神生活方面形成相互依赖的生活共同体。

根据《最高人民法院关于适用〈中华人民共和国婚姻法〉若干问题的解释（二）》第一条规定：

① 当事人请求解除的同居关系属于"有配偶者与他人同居"的情形的，或者当事人解除同居的请求涉及财产分割及子女抚养纠纷的，人民法院应当依法审理。这是因为"有配偶者与他人同居"属于婚姻法明令禁止的行为，如果当事人提起诉讼要求解除这一同居关系，人民法院当然应当受理，并依法解除同居关系。

② 至于无婚姻关系的男女双方的同居关系，因不是法律保护的社会关系，当事人如果起诉仅仅要求解除同居关系，人民法院应当不予受理；

③ 如果当事人就同居期间的财产分割和子女抚养问题提起诉讼，人民法院应当受理。这是因为，当事人在同居期间形成的财产关系、子女抚养关系，是属于法律保护的民事法律关系，人民法院应当依法给予保护。

（3）事实婚姻与非法同居关系的联系与区别。

第一，事实婚姻和非法同居的相同点。

① 两者都属于未婚同居的情形之一。这里所说的"未婚同居"是指男女双方没有经过婚姻登记机关进行结婚登记，缺乏必要的形式要件加以确认，从而没有得到国家法律上的认可的一种两性同居状态。

② 主体双方都有共同居住的合意以及行为。

③ 要指出的是，在孩子的权利和抚养问题上，两者是没什么区别的，即婚生子女与非婚生子女在法律地位上完全平等，任何人不得加以危害或歧视。男女双方关系解除，父母子女

之间的血缘关系依然存在，父母双方对未成年子女仍有抚养和教育的权利和义务；一方抚养子女的，另一方应负担必要的生活费和教育费；不直接抚养子女的一方有探望子女的权利，另一方有协助的义务；子女成年后，则有赡养扶助父母的义务；父母与子女之间仍有相互继承遗产的权利。

第二，事实婚姻和非法同居的区别。

事实婚姻与同居关系较容易混淆，两者是有区别的，主要表现在：

① 两者的构成要件不同。事实婚姻要求男女双方必须以夫妻名义共同生活，双方结合符合法定的婚姻实质要件，与结婚登记不同的是仅在于缺乏形式要件即未到相关管理部门办理登记手续。而同居无此要求。

② 两者的法律后果不同。一旦被认定为事实婚姻的，具体处理时视同具有法律效力的婚姻，与合法登记缔结的婚姻同等对待。同居关系由于自身的不法性将不受到法律的保护，同居期间男女双方的财产亦不能视为夫妻共同财产予以分割，同居关系依法应予以解除。

③ 两者的身份关系不同。事实婚姻，男女双方视同夫妻关系，所生子女视为婚生子女。同居的男女双方为非法的，双方不具有夫妻的身份关系，所生子女为非婚生子女。

④ 两者的财产关系不同。事实婚姻，男女双方共同生活期间所得财产视为夫妻共同财产。按照一般的司法实践，解除非法同居关系时，有同居前约定协议的按照合法的约定条件处理，同居生活期间双方所得的收入和购置的财产，按一般共有财产处理。同居期间一方所得财产包括双方各自继承和受赠的财产，一般按个人财产对待。

⑤ 两者享有法定继承的权利不同。事实婚姻成立的夫妻双方可依法定继承相互继承遗产。由于法律对非法同居身份关系不予承认，同居关系的男女双方，一般情况下也就不享有它带来的遗产继承权和扶养请求权。但也有除外情况，如当事人有约定。另外，以下情况亦可取得继承权：遗嘱继承；对死者生前尽扶养义务；无其他继承人。

⑥ 适用的程序及相关的规定不同。对属于事实婚姻关系的案件，人民法院受理后，依法要先进行调解，调解和好或者撤诉的，确认该婚姻关系有效，发给调解书或裁定书；经调解不能和好的，根据各案情况的不同，即可以调解离婚或者判决准予离婚。而同居关系则不同，法院只受理有配偶者与他人形成的同居关系，且受理此类纠纷后，不能进行调解，一律予以解除。对于双方均无配偶的男女之间形成的同居关系，一方诉至法院要求离婚或要求解除同居关系时，法院则不予受理。

此外，当事人起诉到人民法院属于事实婚姻的，当事人即使不去补办结婚登记，人民法院对其婚姻关系的合法性也必须予以认可，依然按照合法、有效的婚姻案件来审理。而如果属于双方均无配偶的同居关系的，当事人要想使自己的生活状态受到法律保护，则必须补办结婚登记。

（4）事实婚姻与非法同居关系的处理。

第一，对事实婚姻关系的处理应遵循以下原则：

① 事实婚姻关系具有婚姻的效力。凡认定为事实婚姻关系的，实际是确认其为合法有效婚姻关系，双方当事人的关系适用婚姻法中有关夫妻权利义务的规定。

② 审理事实婚姻案件，当事人撤诉的，确认婚姻关系有效，发给裁定或应判决准予离婚。

③ 事实婚姻关系离婚时，子女的抚养、财产的分割及对生活困难一方的经济帮助等问题，适用《婚姻法》第三十六条至第四十二条的有关规定。

第二，非法同居关系的处理原则：

① 自 1994 年 2 月 1 日民政部《婚姻登记管理条例》实施后，未办结婚登记以夫妻名义共同生活的男女，双方符合结婚实质条件的，补办登记后，则产生合法婚姻的效力。

② 未补办结婚登记的，其非法同居关系的处理原则如下：

其一，经查确属非法同居关系的，应一律判决解除；

其二，离婚后，双方未再婚，未履行复婚登记手续，又以夫妻名义同居生活，一方起诉"离婚"的，一般应解除非法同居关系。

其三，人民法院审理非法同居关系的案件，如涉及非婚生子女抚养和财产分割问题，应一并予以解决。具体分割财产时应照顾妇女、儿童的利益，考虑财产的实际情况和双方的过错程度，妥善分割。解除非法同居关系时，同居生活期间双方共同所得的收入和购置的财产，一般按共有财产处理。在此期间双方各自继承和受赠的财产，一般按个人财产对待。

③ 同居生活期间一方死亡，另一方要求继承死者遗产，如果认定为事实婚姻关系的，可以配偶身份按继承法的有关规定处理；

其一，如果在同居期间双方均符合结婚的实质条件，另一方补办登记后，可以配偶身份主张享有继承权；

其二，如果认定为非法同居关系，而又符合《继承法》第十四条规定的，可根据相互扶养的具体情况，作为法定继承人以外的人分得适当的遗产。

二、离婚制度

（一）离婚的概念、特征和种类

1. 离婚的概念

离婚又称离异，婚姻的解除。离婚是指配偶双方依照法定的条件和程序解除婚姻关系的法律行为。

我国现行婚姻法以"保障离婚自由、反对轻率离婚"为指导思想，离婚程序上实行登记离婚与诉讼离婚双轨制。诉讼离婚实行破裂离婚主义（指以夫妻双方婚姻关系破裂，无法维持共同生活为理由，夫妻双方或一方均可要求离婚），保护妇女和子女的合法权益，保障军婚。

2. 离婚的法律特征

（1）离婚的主体，只能是具有合法夫妻身份关系的男女，离婚体现双方的意愿。

（2）离婚的时间，只能在夫妻双方生存期间办理离婚。如夫妻一方死亡或被宣告死亡的，则婚姻关系已经终止，不必进行离婚。

（3）离婚的前提，只有男女双方存在着合法的婚姻关系，才能办理离婚。

（4）离婚的要件，只能依照法定条件和程序办理离婚。

（5）离婚的后果，是导致婚姻关系的解除，从而会引起一系列的法律后果。

3. 离婚的分类

（1）从当事人态度分，可分双方自愿离婚和一方要求离婚。

（2）从离婚的程序分，可分行政程序的离婚和诉讼程序的离婚。

（3）从解除婚姻关系的方式来分，可分协议离婚和判决离婚。

我国采用登记离婚制度，是指允许婚姻当事人通过行政程序解除婚姻关系的法律制度，主要适用于协议离婚。

（二）登记离婚

1. 登记离婚的概念

登记离婚，是指夫妻双方自愿离婚，并就离婚的法律后果达成协议，经过婚姻登记机关认可即可以解除婚姻关系的一种离婚方式。

内地居民办理离婚登记的机关是县级人民政府民政部门或者乡（镇）人民政府，省、自治区、直辖市人民政府可以按照便民原则确定农村办理婚姻登记的具体机关。

2. 登记离婚的条件和程序

（1）离婚登记的法定条件。

① 男女双方自愿离婚且确有离婚合意。

② 男女双方当事人必须对离婚及离婚后的子女抚养、财产分割等问题达成书面协议。

③ 申请离婚登记的当事人，其结婚登记必须是在中国内地办理的。

（2）离婚登记的程序。

① 申请。

男女双方在中国境内离婚的，应当共同到一方当事人常住户口所在地的婚姻登记机关办理离婚登记，并出具相应证件和证明材料：本人的户口簿、身份证；本人的结婚证；双方当事人共同签署的离婚协议书。

② 审查。

婚姻登记机关对于当事人的离婚申请应该根据《婚姻法》及《婚姻登记条例》的规定，对当事人出具的证件和证明材料进行严格的审查。

③ 登记。

婚姻登记机关经过审查后，对当事人确属自愿离婚，并已对子女抚养、财产、债务等问题达成一致处理意见，符合《婚姻法》和《婚姻登记条例》的离婚申请准予离婚，应当当场予以登记，发给离婚证。对不符合《婚姻法》和《婚姻登记条例》规定的，婚姻登记机关不予登记。

对于离婚证遗失或者损毁的，当事人可以持户口簿、身份证向原办理婚姻登记的机关或者一方当事人常住户口所在地的婚姻登记机关申请补领。婚姻登记机关对当事人的婚姻登记档案进行查证，确认属实的，应当为当事人补发离婚证。

（3）离婚登记的效力。

当事人自取得离婚证之日，解除婚姻关系，即解除夫妻身份关系。离婚证和人民法院的《离婚判决书》《离婚调解书》具有同等的法律效力。

（三）诉讼离婚

1. 诉讼离婚的概念及适用情形

诉讼离婚，又称一方要求离婚或称裁判离婚，它是指夫妻一方要求离婚，另一方不同意而诉至法院，由法院对离婚纠纷依法通过调解或判决解除当事人间的婚姻关系的一种离婚方式。

诉讼离婚的适用情形：

（1）夫妻一方要求离婚，另一方不同意离婚的。

（2）夫妻双方都愿意离婚，但在子女抚养、财产分割等问题上不能达成协议的。

（3）未依法办理结婚登记而以夫妻名义共同生活且为法律承认的事实婚姻。对于符合登记离婚条件的合意离婚，如果当事人基于某种原因不愿意进行离婚登记的，也可以适用诉讼离婚。

2. 诉讼离婚的程序

（1）诉讼前有关部门的调解。

诉讼前有关部门的调解即诉讼外调解，又叫行政程序调解，是指人民法院以外的有关部门依法对一方要求离婚的纠纷进行调解。具体指由当事人所在单位、群众团体、居民或村民委员会、婚姻登记机关等部门主持，利用各方面的群众关系，帮助当事人在自主自愿的基础上，就保持或解除婚姻关系及其连带的法律问题达成协议的一种形式。诉讼外调解不是离婚的必经程序。

调解不成的，婚姻当事人一方可向人民法院提起离婚诉讼。如果当事人接受调解，调解结果没有法律拘束力，任何一方都有权在婚姻关系正式解除前反悔诉讼外调解达成的离婚协议。

通过诉讼外调解，可以使离婚纠纷发生三种结果：一是双方同意离婚，让当事人到离婚登记机关进行离婚登记；二是双方当事人和好，纠纷得到解决；三是调解无效，建议当事人通过诉讼程序解决。

（2）离婚诉讼中的调解和判决。

① 诉讼中的调解。

诉讼中的调解是指在人民法院审判人员的主持下，由双方当事人自愿协商，达成协议，解决纠纷。它是人民法院审理离婚案件的必经程序。

第一，诉讼中的调解是人民法院行使国家审判权的一种方式，与审判相结合进行。人民法院在审理离婚案件的整个过程中必须贯彻以调解为主的原则，从受理案件开始到判决前为止，审判人员都可以依职权主动进行调解。

第二，人民法院调解既可以在一审中进行，也可以在二审中进行，还可以在审判监督程序中进行。

第三，离婚诉讼中的调解是处理离婚案件的必经程序。人民法院的调解结果，具有法律拘束力。

第四，对于双方达成和好协议的，由原告撤诉，将调解协议记录在卷，对原告撤诉或按撤诉处理的离婚案件，没有新情况、新理由，六个月内又起诉的人民法院不予受理；双方达成离婚协议，审判人员要按照调解协议的内容制作离婚调解书，与离婚判决书具有同等效力，双方领取了离婚调解书，夫妻关系即解除；对于调解无效的，不能久调不决，应及时开庭审理，作出判决。

第五，人民法院在离婚调解无效，双方存在争议的情况下，应查清案情、分清是非，根据案件的客观实际，依照《婚姻法》的有关规定，作出判决。夫妻感情尚未破裂，可判决不准离婚。夫妻感情确已破裂，经调解和好无效，应转而进行离婚的调解，如果不能达成离婚协议，应依法判决准予离婚。

第六，离婚诉讼中，对于无民事行为能力人和限制民事行为能力人的离婚问题一定要有法定代理人或指定代理人代为参加诉讼，如其不愿出席，应加以说服动员，仍不出席，可就地征询其意见，在查清事实的基础上，依法判决。

② 判决。

判决是人民法院在调解无效的情况下，对有争议的诉讼所作的强制性的决定。判决有两种结果：一是判决离婚；一是判决不准离婚。

3. 诉讼离婚的限制性规定

（1）对现役军人配偶离婚诉权的限制。

我国《婚姻法》第三十三条规定："现役军人的配偶要求离婚，须得军人同意，但军人一方有重大过错的除外。"

现役军人的范围，指参加我国军队所属部分，现正在服役，具有军籍的人员；具体指参加具有军籍的干部和战士、人民武装警察部队的干部和战士（包括军队中的文职人员）。但退伍、复员、转业的军人以及军事单位中不具有军籍的职工不属于现役军人的范围。

现役军人的配偶，是指与现役军人履行结婚登记手续，领取了结婚证的非军人配偶；双方都是现役军人或军人一方向非军人一方提出的离婚，不适用本条的特殊规定，应按照《婚姻法》的一般规定处理。

双方都是现役军人或军人一方向非军人一方提出的离婚，一般应先经当事人所在部队团以上政治机关审查、调解，调解无效的，由部队政治机关出具证明，再向法院提起诉讼。

须得军人同意，是对现役军人的非军人配偶一方提出离婚请求的限制；军人一方有重大过错，是指军人有《婚姻法》第三十二条第二款前三项规定及军人有其他重大过错导致夫妻感情破裂的情形。

现役军人的配偶提出离婚须得军人同意的规定，只是保护军人婚姻的民事方法。如果离婚纠纷是因第三者介入破坏军人婚姻家庭而引起的，应排除外来干扰，帮助当事人改善和巩固婚姻家庭关系。

（2）在离婚问题上对女方的特殊保护。

我国《婚姻法》第三十四条规定："女方怀孕期间，分娩后一年内或中止妊娠后六个月内，男方不得提出离婚。女方提出离婚的，或人民法院认为确有必要受理男方离婚诉讼请求的，不在此限。"

对男方离婚请求权的限制：对男方离婚诉权的特殊规定是暂时性的；这一规定限制的主体是男方；特定情况下法院可受理男方离婚请求。

4. 判决离婚的法定条件

（1）感情是否确已破裂是离与不离的法定条件。

第一，感情确已破裂的含义。

① 从时间上看，是指已经破裂，而不是将要破裂或刚刚开始破裂，双方感情冲突"由来已久"。

② 从程度上说，是彻底破裂，而不是某些方面的破裂，双方感情矛盾很尖锐，"积怨太深"；

③ 从性质上说，是真正破裂，是客观存在"无可挽回"。

第二，感情确已破裂的认定。
① 看婚姻基础。看婚姻基础是指看双方结婚时的感情状况，即夫妻关系赖以建立的思想条件。
② 看婚后感情。指看结婚后共同生活期间的感情状况。
③ 看离婚原因。离婚原因就是夫妻感情破裂、发生裂痕的原因。
④ 看有无和好因素。这是在上述三者的基础上，对婚姻现状和今后发展的前途所作的估计和预测。

第三，认定夫妻感情确已破裂的情形：
① 重婚或有配偶者与他人同居的；
② 实施家庭暴力或虐待、遗弃家庭成员的；
③ 有赌博、吸毒等恶习屡教不改的；
④ 因感情不和分居满两年的；
⑤ 其他导致夫妻感情破裂的情形。

（2）"感情确已破裂"和"调解无效"的关系。

感情确已破裂是准离和不准离的法定条件，调解无效则是离婚的程序的要求。

（四）离婚的法律后果

离婚解除了当事人之间的夫妻身份，因夫妻身份而确定的人身权利义务关系和财产权利义务关系随之消灭。

1. 离婚引起当事人之间权利义务的消灭

离婚后双方的人身关系发生改变，当事人不再具有配偶身份，不再适用《婚姻法》关于配偶双方相互之间的权利和义务的规定。具体表现可以分为以下几种：

（1）共同生活的权利义务解除。

离婚后，双方同居及其他共同生活的义务当然归于消灭，任何一方不得强迫对方与自己同居，男方如果违背女方意志与之强行发生性关系的，构成强奸罪。

（2）双方获得再婚的自由——从领取离婚证或离婚判决书、调解书生效之日起。

离婚后，双方获得再婚的权利，双方皆可以随时再婚，任何一方不得非法干涉他方行使与异性交往以及再婚的权利，否则将构成侵犯人身自由权，若在非法干涉的过程中还采取和使用暴力手段造成他人人身伤害，达到法定程度时将构成刑事犯罪。

（3）相互扶养的权利义务终止。

离婚后，相互间扶养的权利义务归于消灭，任何一方不能要求他方扶养自己，也不再有扶养他方的义务。

（4）代理权的消灭。

离婚后，原配偶一方是无民事行为能力人或者限制民事行为能力人，另一方监护人或法定代理人的身份亦在离婚生效时宣告消灭。此外，离婚后，任何一方均不能再以配偶身份行使家务活动的代理权，任何一方因此所负债务都是个人债务。

（5）法定继承人的资格丧失。

离婚后，随着配偶关系的解除，双方丧失了互为法定继承人的资格。离婚后一方死亡的，他方不能以配偶身份继承遗产。

2. 离婚在当事人财产关系方面的后果

（1）分清财产的性质。

① 夫妻共同财产。

② 夫妻个人财产。

③ 家庭实有财产。

④ 未成年子女的财产。

（2）夫妻共同财产处理。

处理夫妻共同财产的原则：优先考虑未成年子女的利益；男女平等原则；保护妇女合法权益原则；有利于生产、方便生活的原则；尊重当事人意愿的原则；不得损害国家、集体或他人利益原则。

① 对共同财产由双方协议处理；

② 协议不成的，法院依照顾子女和女方权益的原则判决；

③ 离婚时，一方有隐匿、变卖、毁损共同财产或企图侵占另一方财产的，对有过错方，法院可判决其少分或不分；

④ 离婚后发现上述行为的，可起诉请求再次分割共同财产；

⑤ 第4项之诉的时效为2年，自当事人发现之次日起算。

（3）分割夫妻共同财产中一些问题的处理。

农村承包责任田的处理：夫或妻在家庭土地承包经营中享有的权益等，应当予以保护。

（4）离婚时夫妻补偿权的规定。

我国《婚姻法》规定，夫妻书面约定婚姻关系存续期间所得的财产归各自所有，一方因抚育子女、照料老人、协助另一方工作等付出较多义务的，离婚时有权向另一方请求补偿，另一方应当以补偿。

（5）离婚时夫妻债务的规定。

夫妻共同生活所负债务，以共同财产偿还；男女一方所负债务，由本人偿还。

现行《婚姻法》第四十一条规定："离婚时，原为夫妻共同生活所负的债务，应当共同偿还。共同财产不足清偿的，或财产归各自所有的，由双方协议清偿；协议不成时，由人民法院判决。"

对夫妻共同债务的清偿，清偿顺序为：首先，用夫妻共同的财产清偿；其次，夫妻共同财产不足时，以各自法定个人所有或约定个人所有的财产予以清偿，以保护其债权人的利益。没有夫妻个人财产或个人财产不足时，方可以承诺日后清偿。

3. 离婚在父母子女关系方面的后果

（1）父母离婚后与子女的关系。

我国《婚姻法》规定，父母与子女间的关系，不因离婚而消除。离婚后，子女无论由父方或母方直接抚养，仍是父母双方的子女。

即使养父母离婚，也不消除养父母与养子女之间的权利义务关系。养父母离婚后，养子女无论由养父或养母抚养，仍是养父母双方的养子女。但在特殊情况下，如养父母离婚时经生父母及有识别能力的养子女同意，双方自愿达成协议，未成年的养子女一方既可依法解除收养关系，由生父母抚养；也可以变更收养关系，改由原养父母一方收养。但收养的变更或解除必须符合收养法的要求，不得侵犯未成年养子女的合法权益。

生父或生母与继母或继父离婚，已形成抚养教育关系的继父母与继子女，如继子女未成年并随生父或生母生活，继父或继母停止抚养继子女的，该继子女与继父母的权利义务关系，随之自然解除。如受继父母长期抚养、教育的继子女已成年，继父母与继子女已经形成的身份关系和权利义务关系则不能因离婚而解除；只有在继父母或继子女一方或双方提出解除继父母子女关系，并符合法律要求的条件下，才可以解除。但由继父母养大成人并独立生活的继子女，应承担生活困难、无劳动能力的继父母的晚年生活费。

（2）离婚后子女由何方抚养和教育的问题。

离婚后，父母对于子女仍有抚养和教育的权利和义务。我国《婚姻法》规定，离婚后，哺乳期内的子女，以随哺乳的母亲为原则。哺乳期后的子女，如双方因抚养问题发生争执不能达成协议时，由人民法院根据子女的利益和双方的具体情况判决。

此外，离婚后还可能发生变更抚养权的问题。

由于子女的成长是一个长久不断变动的过程，随着离婚时协商或判决所依据的双方实际情况的改变，有可能会在子女成长过程中产生很大的变化，所以法律出于保证子女的健康成长考虑，允许离婚夫妇以协议或诉讼方式变更与子女的抚养关系。离婚后，非抚养方要求变更子女抚养关系，双方无法协商一致的，非抚养方应另行起诉。依据《最高人民法院关于人民法院审理离婚案件处理子女抚养问题的若干具体意见》第十六条规定，一方要求变更子女抚养关系有下列情形之一的，应予以支持。

① 与子女共同生活的一方因患严重疾病或因伤残无力继续抚养子女的；

② 与子女共同生活的一方不尽抚养义务或有虐待子女行为，或其与子女共同生活对子女身心健康确有不利影响的；

③ 10周岁以上未成年子女，愿随另一方生活，该方又有抚养能力的；

④ 有其他正当理由需要变更的。

（3）子女抚养费的负担问题。

《婚姻法》第二十一条规定，父母对子女有抚养教育的义务，父母不履行抚养义务时，未成年的或不能独立生活的子女，有要求父母付给抚养费的权利。《最高人民法院关于适用〈中华人民共和国婚姻法〉若干问题的解释（一）》第二十一条具体列明了：《婚姻法》第二十一条所称"抚养费"，包括子女生活费、教育费、医疗费等费用。

《婚姻法》第三十七条第一款规定，父母离婚后，一方抚养的子女，另一方应负担必要的生活费或教育费的一部分或全部。负担费用的多少和期限的长短，由双方协议；协议不成时，由人民法院判决。

① 子女抚养费的确定标准。

子女抚养费的数额的确定，一般要根据子女正常生活的实际需要。抚养费的数额应能维持子女的衣、食、住、行、学的正常需求。除此之外还要考虑非抚养方的实际收入。按照最高人民法院《关于审理离婚案件处理子女抚养问题的若干具体意见》第七条的规定，子女抚养费的数额，可根据子女的实际需要、父母双方的负担能力和当地生活水平确定，有固定收入，抚育费一般可按其月收入的20%至30%的比例给付。负担2个以上子女抚育费的，比例可适当提高，但一般不得超过月总收入的50%。无固定收入的，抚育费的数额可依据当年总收入或同行业平均收入，参照上述比例确定。有特殊情况的，可适当提高或降低上述比例。

② 子女抚养费的给付方式。

离婚后子女抚养费的支付方式主要有按月给付和一次性给付两种，离婚双方可以根据实际情况协商决定抚养费给付方法，可以选择除上述两种方法以外的其他方法给付抚养费，比如按年给付，或按收入情况给付。

③ 子女抚养费的给付期间。

一般情况下，抚养费的给付期间是从离婚之日起到子女成年之日止。例外情况可以延长或缩短给付期限。

依据我国最高人民法院《关于人民法院审理离婚案件处理子女抚养问题的若干具体意见》第十一条规定，抚育费的给付期限，一般至子女18周岁为止。16周岁以上不满18周岁，以其劳动收入为主要生活来源，并能维持当地一般生活水平的，父母可停止给付抚育费。

《最高人民法院关于适用<中华人民共和国婚姻法>若干问题的解释（一）》第二十条规定，《婚姻法》第二十一条规定的"不能独立生活的子女"，是指尚在校接受高中及其以下学历教育，或者丧失或未完全丧失劳动能力等非因主观原因而无法维持正常生活的成年子女。如果子女虽然已经成年但仍不能独立生活的情况。例如子女尚在校就读或者子女全部或部分丧失劳动能力的情况，则应当继续支付抚养费。但如果子女已满16周岁、未满18周岁、已以自己的劳动收入为维持生活的主要来源的，可给付至16周岁。

④ 子女抚养费数额的变更。

决定抚养费数额的客观因素可能会随时间的推移而发生变化，所以，原定抚养费数额不足以维持子女生活时，法律允许双方协议变更抚养费数额。就变更抚养费数额不能达成协议的，可以提起变更抚养费数额之诉。原定抚养费数额不足以维持子女生活的情况指：子女求学所需学费、生活费增长，或子女患病需要治疗费用等。

第一，抚养费的增加。

我国《婚姻法》第三十七条第二款规定，关于子女生活费和教育费的协议和判决，不妨碍子女在必要时向父母任何一方提出超过协议或判决原定数额的合理要求。最高人民法院《关于人民法院审理离婚案件处理子女抚养问题的若干具体意见》第十八条规定，子女要求增加抚育费有下列情形之一，父或母有给付能力的，应予支持：原定抚育费数额不足以维持当地实际生活水平的；因子女患病、上学，实际需要已超过原定数额的；有其他正当理由应当增加的（如给付一方收入明显增加等）。

第二，抚养费的减少或免除。

对于有给付抚养费义务的一方，在下列条件出现时，可以和另一方协商减免抚养费，协商不成，可以请求人民法院裁决。

一是丧失劳动能力或者失去经济来源，确有困难无力支付，且与子女共同生活的一方确有抚养能力的；

二是收入明显下降，暂时无力按原来的协议或者判决履行支付义务；

三是因犯罪被判处有期徒刑或者拘役等，确无抚养能力的；

四是确有困难无力支付，而与子女共同生活的一方再婚，其配偶愿意承担子女抚养费的一部分或者全部的。

（4）离婚后探望权的规定。

所谓探望权是指离婚后不直接抚养子女,不能与子女共同生活的一方享有对其抚养的未成年子女定期探望、联系交往、短期共同生活的权利。

探望权的立法基础在于父母与子女之间的血缘关系和长久生活的感情,父母虽然已经离婚,但与子女仍然保持着亲情关系,为了维护社会的稳定和孩子的身心健康,我国《婚姻法》第三十八条规定,离婚后,不直接抚养子女的父或母,有探望子女的权利,另一方有协助的义务。行使探望权利的方式、时间由当事人协议;协议不成时,由人民法院判决。父或母探望子女,不利于子女身心健康的,由人民法院依法中止探望的权利;中止的事由消失后,应当恢复探望的权利。

离婚时双方最好能就探望子女事宜达成书面协议,约定何时何地以怎样的方式行使探望权,这样既可以避免抚养方不配合探望,又可以避免非抚养方频繁探望对子女成长造成不利影响。对于抚养方拒不配合非抚养方行使探望权的,非抚养方可以提出探望权之诉。但不宜单独以祖父母、外祖父母的名义提起探望权之诉。

(5) 离婚后子女姓氏问题。

姓氏权是公民的基本宪法权利,子女有姓氏的权利。《婚姻法》第二十二条规定:"子女可以随父姓,也可以随母姓。"但这仅限于夫妻婚姻关系存续期间,离婚后则在一定范围内有限制。根据最高人民法院《关于法院审理离婚案件处理子女抚养问题的若干具体意见》第十九条规定:"父母不得因子女变更姓氏而拒付子女抚育费。父或母一方擅自将子女姓氏改为继母或继父姓氏而引起纠纷的,应责令恢复原姓氏。"所以,离婚后因擅自变更子女姓氏引发纠纷的,责任方将承担恢复子女原姓氏的法律责任。

4. 离婚时的经济帮助

我国《婚姻法》第四十二条规定,离婚时,如一方生活困难,另一方应从其住房等个人财产中给予适当帮助。具体办法由双方协议;协议不成时,由人民法院判决。

(1) 条件。

① 接受帮助的一方,必须是离婚后未再婚的;

② 接受帮助的一方,必须是离婚时一方生活困难的;

③ 提供帮助的一方,必须是有负担能力的。

(2) 数额与执行:具体办法由双方协议,协议不成时,由人民法院判决。在执行经济帮助期间,接受帮助的一方另行结婚时,对方可终止给付。

5. 离婚过错损害赔偿制度

离婚损害赔偿,是指夫妻一方因法定的严重过错行为导致离婚的,无过错方有权请求损害赔偿的法律制度。

(1) 离婚过错损害赔偿制度的意义。

① 填补受害配偶所受到的伤害,起到精神抚慰的作用,充分保护受害配偶的合法权益。

② 通过正常的法律救济手段得到心理慰藉和经济赔偿,可以有效地防止意外事件的发生,有利于离婚纠纷的处理。

③ 对于有效抑制重婚、有配偶者与他人同居等违法行为,对于维护家庭乃至社会稳定有重要作用。

(2) 离婚损害赔偿的条件。

① 一方具有法定过错行为；
② 另一方无法定过错行为；
③ 必须因一方严重过错行为导致离婚，从而给无过错方造成了损害。

(3) 离婚损害赔偿的情形。

我国《婚姻法》第四十六条规定，夫妻一方有下列过错而导致离婚的，无过错方有权请求损害赔偿，有过错方应当支付赔偿金：重婚的；有配偶者与他人同居的；实施家庭暴力的；虐待、遗弃家庭成员的。

第三讲　夫妻间的人身和财产关系

夫妻，又称为配偶，是在婚姻关系存续中男女双方的称呼。夫妻法律关系是由婚姻成立所引发的发生在配偶之间的夫妻权利义务关系的总和。从法律上说，夫妻关系包括夫妻人身和夫妻财产关系两方面。人身关系指与夫妻的身份相联系而不具有经济内容的权利义务关系，财产关系指夫妻间具有经济内容的权利义务关系。夫妻人身关系决定夫妻财产关系，夫妻财产关系从属于夫妻人身关系。

一、夫妻间的人身关系

(一) 夫妻人身关系的概念

夫妻人身关系是指具有合法婚姻关系的男女双方在家庭中的人格、身份、地位等多个方面的权利义务关系，它与夫妻财产关系构成夫妻关系的全部内容。

(二) 夫妻人身关系的内容

根据《婚姻法》的有关规定，夫妻人身关系主要有下列内容：

1. 夫妻双方地位平等和独立

婚姻制度的发展史表明，夫妻的人身关系总是与男女两性的社会地位相一致的。在奴隶社会和封建社会，所谓夫妻一体，是妻的人格为夫所吸收，从而妻成为夫的附属。中华人民共和国以男女平等为婚姻制度的一项基本原则。

《婚姻法》第二条第三款对夫妻双方地位平等、独立内容做了明确规定，也是《宪法》中男女平等原则的体现。

夫妻双方地位平等和独立是指男女双方在婚姻、家庭中活中的各个方面都平等地享有权利，负担义务，互不隶属与支配。夫妻双方地位平等贯穿于整个婚姻法，表现在人身关系、财产关系、子女抚养等多个方面，是一个总的规定。这一规定的立法意义在于：夫妻双方参加生产劳动和工作，是实现夫妻家庭地位平等的前提基础；夫妻双方参加学习和社会活动，是实现夫妻家庭地位平等的保障；夫妻基于人身自由而获得的家庭地位平等，也有利于促进夫妻关系和家庭成员间的和睦。

2. 夫妻双方均享有姓名权

姓名权在夫妻关系中，是夫妻各方在家庭中有无独立人格和地位的重要标志。夫妻的姓氏问题，被认为是婚姻效力的内容之一。

我国封建社会，妇女备受歧视和压迫，人身依附性很强，没有独立的人格。婚姻多为男娶女嫁，女子婚后即加入夫家宗室，姓名上必须冠以夫姓，夫姓后仅允许保留娘家姓，不得保留自己名字。

新中国成立后，1950年和1980年两部《婚姻法》均规定了夫妻双方都有使用自己姓名的权利，《婚姻法》（2001年修正案）第十四条也明确规定"夫妻双方都有各用自己姓名的权利"。即作为人身权的姓名权由夫妻双方完整、独立地享有，不受职业、收入、生活环境变化的影响，并排除他人（包括其配偶在内）的干涉。在婚姻家庭生活中，夫妻一方可合法、自愿地行使、处分其姓名权。

夫妻享有平等的姓名权对子女的姓氏的确定也有重要意义。《婚姻法》第二十二条规定"子女可以随父姓，可以随母姓"，体现了男女法律地位的平等。子女的姓氏随父还是随母，应当由父母协商确定。

3. 夫妻双方的人身自由权

人身自由权是每个公民的基本权利，是人们正常生活、劳动、学习和从事各种社会活动的先决条件。夫妻人身自由权是指已婚夫妇参加社会活动、进行社会交往、从事社会职业的权利。夫妻有人身自由权既是夫妻家庭地位平等的重要标志，又是夫妻平等地行使权利和承担义务的法律保障。

《婚姻法》第十五条规定："夫妻双方都有参加生产、工作、学习和社会活动的自由，一方不得对他方加以限制和干涉。"夫妻一方行使人身自由权以合法、合理为限，并应互相尊重，反对各种干涉行为。夫妻双方的人身自由权的内容主要指：

（1）夫妻双方享有平等的人身自由权。已婚者以独立的身份，享有按照本人的意愿选择社会职业、参加学习和参加社会活动，不受对方约束的权利。《婚姻法》第十五条规定的"生产、工作"是泛指能够取得劳动报酬或者经营收入的一切社会劳动；"学习"包括正规的在校学习和一切职业培训及其他各种形式的专业知识和专业技能学习；"社会活动"包括参政议政活动，科学技术文化活动，各种群众组织、社会团体、公益的活动。

（2）平等的人身自由权适用于配偶双方。只有双方平等地享有人身自由权，才能使社会、家庭和夫妻双方的个人利益有机地结合起来，它是夫妻关系平等的本质要求。

（3）夫妻双方应正当合理地行使人格自由权，在选择和从事就业、参加社会活动时，应对对方和家庭的利益予以应有的考虑；在行使该项权利时，应对法律规定的因婚姻关系所产生的义务尽到自己应尽的义务。如果夫妻任何一方不当地行使此项权利，一方有权进行必要的劝阻。当然，应把一方对他方善意的帮助、建议与非法的限制相区别。

4. 夫妻之间的忠实义务

《婚姻法》第四条所规定的夫妻双方所负的忠实义务主要是指保守贞操的义务、专一的夫妻性生活义务、不为婚外性行为。其具体有：不重婚；不与配偶以外的第三人以夫妻名义持续、稳定地共同居住，一般包括通奸与姘居；不从事性交易等。

法律对夫妻间同居的权利和义务未做明确规定。一般认为，权利的行使与义务履行以正当、合理为限，并因其具有强烈的人身性，而不能被强制执行。违反忠实义务不仅伤害夫妻感情，还不利于一夫一妻制度的维护。法律对忠实义务的规定为追究各种侵犯婚姻的违法行为提供了法律依据。

5. 夫妻住所选定权

住所选定权是指选择确定夫妻婚后共同居住场所的权利。夫妻双方可以协商同居的地点，可以男到女家居住，也可以女到男家居住，或双方另择居所居住。双方有平等的权利，其中任何一方不能强迫另一方接受自己的住所选择意愿。

《婚姻法》第九条规定："登记结婚后，根据男女双方的约定，女方可以成为男方的家庭成员，男方也可以成为女方的家庭成员。"也就是说，夫妻一方可以成为另一方家庭的成员，夫妻应有权协商决定家庭住所，可选择男方或女方原来住所或另外的住所。一方对另一方不得强迫，第三人也不得加以干涉。夫妻双方享有互为对方家庭成员的约定权。无论哪一方，其与对方的亲属之间只是姻亲关系，不产生法律上的权利义务关系。

6. 禁止行为

禁止家庭暴力、虐待、遗弃；禁止夫妻一方以殴打、捆绑、残害、强行限制人身自由或者其他手段给对方的身体或精神方面造成一定伤害后果的暴力行为；禁止构成虐待的持续性、经常性的家庭暴力；禁止有扶养义务的一方不尽扶养义务的违法行为。

7. 计划生育义务

计划生育是载入我国宪法的国家的基本国策，也是我国家庭职能的一项重要内容。生育不仅是夫妻人身关系中的重要内容，也关系到民族的生存和社会的发展。禁止计划外生育，是我国的基本国策所要求的，是夫妻的法定义务。

《婚姻法》第十六条规定："夫妻双方都有实行计划生育的义务。"义务的主体是夫妻双方，而非仅仅是女方。《妇女权益保障法》第四十七条明确规定，妇女有按照国家有关规定孕育子女的权利，也有不生育的自由，即妇女有生育权。不过，作为夫妻生活重大事项之一的生育应由夫妻双方协商，以共同决定，同时还应符合国家相关法律的规定。

二、夫妻间的财产关系

（一）夫妻财产关系的概念

男女双方因结婚产生了夫妻人身关系，也随之产生了夫妻财产关系。夫妻财产关系，指夫妻在家庭财产方面的权利义务关系。具体来说，夫妻财产关系是指夫妻双方在财产、扶养和遗产继承等方面的权利义务关系。夫妻之间的财产关系与夫妻双方的人身关系密不可分，是夫妻人身关系的直接后果。

（二）夫妻财产关系的内容

根据《婚姻法》的规定，夫妻财产关系主要包括夫妻共同财产、夫妻个人财产和夫妻约定财产。此外，《婚姻法》还规定夫妻间有相互继承遗产的权利和互相扶养的义务。

1. 夫妻共同财产

夫妻共同财产是指夫妻双方在婚姻关系存续期间，除个人特有财产和夫妻另有约定外，夫妻双方或一方所得的财产，均归夫妻共同所有的财产。

（1）夫妻共同财产的特征。

第一，夫妻共同财产的所有权人必须是具有合法婚姻关系的夫妻双方。无效婚姻、非法同居或通奸的男女不能作为夫妻共同财产的所有权人。

第二，夫妻共同财产必须为夫妻关系存续期间一方或双方所得的合法财产。夫妻的共同财产所有权开始于婚姻关系成立之日，消灭于夫妻关系终止之时。所以，除双方另有约定或法律另有规定属于个人特有财产以外，任何一方的合法所得均属于夫妻共同财产的范围。

（2）夫妻共同所有财产的范围。

《婚姻法》第十七条规定，夫妻在婚姻关系存续期间所得的下列财产，归夫妻共同所有：① 工资、奖金；② 生产、经营的收益；③ 知识产权的收益；④ 继承或赠与所得的财产，但《婚姻法》第十八条第三项规定的除外；⑤ 其他应当归夫妻共同所有的财产。

同时，《婚姻法》第十七条也明确规定：夫妻对共同所有的财产，有平等的处理权。夫妻共同财产的性质是共同共有，就是说夫妻双方对共同财产平等地享有、占有、使用、收益、处分的权利，任何一方不得以对方没有收入或收入少等为借口妨碍甚至剥夺他方对共同财产享有的权利。

（3）夫妻对共同财产的权利义务。

夫妻财产除了包括积极财产外，还包括消极财产，即对外负担的债务。夫妻共同负担债务，由夫妻共同所有财产清偿；夫妻一方所负的债务，由其个人所有的财产清偿。婚前、婚后的时间分隔点是婚姻登记之日，同居、共同生活、举办传统婚姻仪式，都不是两者的划分标准。

夫妻双方对共同财产享有平等的占有、使用、收益和处分的权利，承担平等的义务。夫妻双方应首先以共同财产负担家庭共同生活费用，若共同财产不足以负担，由夫妻双方以个人财产负担。夫妻为共同生活或为履行抚养、赡养义务等所负债务，为夫妻共同债务，应当以夫妻共同财产偿还，夫妻双方承担连带责任。

在因夫妻一方死亡或离婚而导致夫妻法定财产制终止时，需要对法定夫妻共同财产进行清算和分割。

2. 夫妻个人财产

夫妻个人财产，也称夫妻保留财产，指夫妻婚前个人享有的财产和婚姻关系存续期间所得的并依法应归夫妻一方所有的财产。

（1）夫妻个人财产的范围。

根据《婚姻法》第十八条的规定，有下列情形之一的为夫妻一方的财产：

① 一方婚姻前财产。它是指夫妻一方在婚姻关系成立之前已经享有所有权的财产。既包括一方享有单独所有权的财产，也包括与他人共同享有所有权的财产。

② 一方因身体受到伤害获得的医疗费、残疾人生活补助费等费用。这里面指的是夫妻一方依据《民法通则》第一百一十九条的规定，当身体受到伤害时，侵害人应当赔偿的医疗费、残废者生活补助费，这些费用与个人的人身密不可分，应当归受到侵害的个人享有。

③遗嘱或赠与合同中确定只归夫或妻一方的财产。遗嘱或赠与合同中确定只归夫或妻一方所有,应当严格执行遗嘱,认定财产归一方所有。如果赠与人在赠与合同中指明将财产赠与夫或妻一方,所赠与的财产就应当属于夫或妻一方所有。

④一方专用的生活用品。像衣物、帽、化妆品等,但贵重金银首饰不属于生活用品,不是一方特有的财产。

⑤其他应当归一方的财产。比如一方获得的有纪念意义的奖章、奖品等。

此外,根据《婚姻法解释(二)》第十三条的规定,军人的伤亡保险金、伤残补助金、医药生活补助费等也属于个人财产。

3. 夫妻约定财产

我国法律允许夫妻用协议的方式,对夫妻在婚姻关系存续期间所得的财产所有权的归属、管理、使用、收益、处分及家庭生活费用负担和债务的清偿、婚姻解除时财产的清算等事项作出约定,排除法定夫妻共同财产制适用。这种规定是意思自治原则在婚姻法中的贯彻和体现。

《婚姻法》第十九条规定,夫妻可以约定婚姻关系存续期间所得的财产以及婚前财产归各自所有、共同所有或部分各自所有、部分共同所有。约定应当采用书面形式。没有约定或约定不明确的,适用本法第十七条、第十八条的规定。夫妻对婚姻关系存续期间所得的财产以及婚前财产的约定,对双方具有约束力。夫妻对婚姻关系存续期间所得的财产约定归各自所有的,夫或妻一方对外所负的债务,第三人知道该约定的,以夫或妻一方所有的财产清偿。

如果夫妻在婚姻关系存续期间所得的财产约定归各自所有,而第三人又不知道该约定的,则以夫妻在婚姻关系存续期间所得的财产清偿。

(1)约定的条件和方式:约定的主体必须是合法婚姻的配偶双方本人,不得由他人代理;由双方配偶在自愿的基础上达成意思表示一致;约定应当采用书面形式,对于没有争议的口头约定,除规避法律外,也可以发生效力;约定的内容应当合法;对于达成约定的时间,法律不作限制;对于约定涉及的财产范围和其他具体内容,在法律允许的范围内由当事人自由选择。

(2)约定的时间和范围:时间无限制。约定的财产范围,包括婚前和婚后取得的各种财产。

(3)约定的效力:夫妻财产关系经双方约定合法成立后,对夫妻双方产生法律拘束力;该约定只有在夫妻将其内容告知第三人时,才能对第三人发生效力。为逃避债务的虚假约定或协议离婚分割财产行为,应被认定为无效行为。

(4)约定的变更和废止:对约定的变更和废止需要依照订立约定的方式进行。

(5)约定的无效和撤销:准用民法上无效民事行为和可撤销民事行为的规定。

三、夫妻间有互相扶养的义务和相互继承遗产的权利

(一)夫妻间的扶养

1. 扶养的概念

法律意义上的扶养有广义与狭义之分。广义上的扶养泛指特定亲属之间根据法律明确的

规定而存在的经济上相互供养、生活上相互扶助照顾的权利义务关系，它囊括了长辈亲属对晚辈亲属的"抚养"、同辈亲属之间的"扶养"和晚辈亲属对长辈亲属的"赡养"三种具体形态。狭义上的扶养指平辈亲属之间尤其是夫妻之间依法发生的经济供养和生活扶助权利义务关系，具有主体特定性。

我国《婚姻法》对扶养采用狭义的解释，指夫妻之间和兄弟姐妹之间在生活上相互供养的责任。父母对子女，祖父母、外祖父母对孙子女、外孙子女的供养责任，称为抚养。子女对父母，孙子女和外孙子女对祖父母、外祖父母的供养责任，称为赡养。

我国《刑法》中的扶养采用广义的解释，第二百六十一条中的"负有扶养义务而拒绝扶养"，泛指夫妻、父母子女、祖孙、兄弟姐妹间的扶养、抚养和赡养义务。

扶养的特点：① 发生在法定的亲属间；② 其义务是强制的，不履行则负相应法律责任；③ 履行以义务人有能力和权利人有必要为前提；④ 扶养是当事人间对等的义务，而不是单方义务。

2. 扶养的内容

（1）生活保持义务。又称共生义务，通常发生于夫妻、父母与未成年子女之间的为维系家庭共同生活而强制性规定的无条件扶养义务。它发生于核心家庭内或大家庭的核心成员之间，它是无条件的，义务人必须在自己的能力范围内履行义务，即使降低自己的生活水平，也必须使权利人过与自己相当的生活，亦即权利人的生活就是义务人的生活，二者不可分，义务人须不间断地履行义务，以维系家庭共同生活。

（2）生活扶助义务。它是由一定范围的亲属由身份关系派生出来的，在一定条件下根据其承受能力而依法负担的潜在性义务。它是有条件的，只有在一方无力独立生活他方有扶养负担能力时，才履行的义务，以不改变义务人相当之生活水平为前提的，这是一种相对的、有条件的扶养，扶养人与被扶养人无须保持同一生活水平。

3. 我国婚姻法有关夫妻扶养义务的规定

《婚姻法》第二十条规定，夫妻有互相扶养的义务。一方不履行扶养义务时，需要扶养的一方，有要求对方付给扶养费的权利。从其性质看，夫妻扶养属于生活保持义务。夫妻之间的扶养权利义务以经济上相互供养、生活上相互扶助为内容。

夫妻扶养从婚姻合法有效成立之时起产生，至婚姻合法有效终止时消灭，在婚姻关系有效存续的整个过程中持续发生法律拘束力。

夫妻扶养义务作为法定义务，具有法律强制性。在司法实践中，以当事人自觉履行为主，以公力干预为辅助。理解时应当注意：

第一，夫妻之间的扶养权利和义务，是夫妻身份关系所导致的必然结果。夫妻之间的扶养权利和义务是彼此平等的，任何一方不得只强调自己应享有接受扶养的权利而拒绝承担扶养对方的义务。

第二，夫妻之间接受扶养的权利和履行扶养对方的义务是以夫妻合法身份关系的存在为前提条件的，不论婚姻的实际情形如何，无论当事人的感情好坏，这种扶养权利和义务始于婚姻缔结之日，消灭于婚姻终止之时。

第三，夫妻之间的扶养义务，其内容包括夫妻之间相互为对方提供经济上的供养和生活上的扶助，以此维系婚姻家庭日常生活的正常进行。

第四，夫妻之间的扶养义务，属于民法上的强行性义务，夫妻之间不得以约定形式改变此种法定义务。

4. 违反夫妻间扶养义务的法律后果

当夫妻一方没有固定收入和缺乏生活来源，或者无独立生活能力或生活困难，或因患病、年老等原因需要扶养，另一方不履行扶养义务时，需要扶养的一方有权要求对方承担扶养义务，给付扶养费，以维持其生活所必需。此为夫妻一方采用自力救济的方法实现接受扶养的权利。

当夫妻间因履行扶养义务问题发生争议时，需要扶养的一方可以向人民调解组织提出调解申请，也可以向人民法院提起追索扶养费的民事诉讼。这是夫妻一方采用司法救济的方法维护其权利。

夫妻一方不履行法定的扶养义务，情节恶劣，后果严重，致使需扶养的一方陷入生活无着的境地，从而构成遗弃罪的，则在承担刑事法律责任时亦不免除其应当继续承担的扶养义务。

（二）夫妻间的相互继承

我国《婚姻法》第二十四条规定："夫妻有互相继承遗产的权利。"继承以夫妻身份关系即婚姻的存续为前提，确认配偶互为法定第一顺序继承人，相互享有同等的遗产继承权。

第一，合法的配偶身份是夫妻遗产继承权的前提。夫妻相互继承遗产的权利是基于婚姻的法律效力，是以夫妻的人身关系为前提的。只有在婚姻关系依法有效缔结之后，合法有效终止之前，配偶一方死亡，另一方才享有继承权。也就是说，只有合法的婚姻关系中的夫妻，才能相互继承对方的遗产。不具备合法婚姻关系的两性关系如未婚同居、婚外同居、重婚等的男女双方不具有互相继承遗产的权利；如果在继承开始前双方已经离婚，或者婚姻被宣告无效或者被撤销，生存一方亦无继承死者遗产的权利。

第二，夫妻互为第一顺序法定继承人，享有同等的继承权。男女双方的继承权是平等的。

第三，夫妻继承权与夫妻共同财产的分割不能相混淆。夫妻相互继承遗产时，应先行分割出属于死亡配偶个人的财产份额，死亡配偶遗留的个人财产才是遗产。

我国以夫妻共同财产制为法定财产制，凡婚姻关系存续期间所得财产均为共同财产，因而当夫妻一方死亡，其现有财产状态多为夫妻生前共有，并非全部是个人遗产。

为此，必须进行夫妻共有财产的认定和分割，保障生存一方的共有财产权，同时确定死者个人遗产的价值和范围，认定和保护生存配偶及其他同一顺序继承人的继承权。

第四，配偶一方死亡，另一方系无民事行为能力人或者限制民事行为能力人的，依然享有夫妻遗产继承权。

第五，我国实行限定继承制度，继承遗产应当清偿被继承人依法应当缴纳的税款和债务，缴纳税款和清偿债务以遗产的实际价值为限。

除了《继承法》所规定的丧失继承权和限制遗产分割份额的情形之外，任何人均不得以任何借口剥夺、干涉或妨碍生存配偶对继承权的享有和行使。

继承开始后，被继承人有子女、父母的，生存配偶一般应按份额均等原则与他们共同继承；子女先于被继承人死亡的，由其晚辈直系血亲代位继承。没有其他第一顺序法定继承人和代位继承人的，由生存配偶单独继承。

第六，《继承法》第十九条规定："遗嘱应当对缺乏劳动能力又没有生活来源的继承人保留必要的遗产份额。"其中当然包括缺乏劳动能力又没有生活来源的配偶。最高人民法院《关于贯彻执行〈中华人民共和国继承法〉若干问题的意见》第三十七条规定，遗嘱人未保留缺乏劳动能力又没有生活来源的继承人的遗产份额，遗产处理时，应当为该继承人留下必要的遗产，所剩余的部分，才可参照遗嘱确定的分配原则处理。

第七，夫妻一方死亡后，另一方（尤其是妻子一方）不论再婚与否，均有权处分继承的遗产，任何人不得干涉。

根据我国《继承法》的规定，在分割遗产时，夫妻在婚姻关系存续期间所得的共同所有的财产，除另有约定外，应当将共同所有的财产的一半分出为配偶所有，其余的为被继承人的遗产。根据本条规定，夫妻一方死亡后，生存的另一方依法继承死者遗产后，就取得了该财产的所有权，有权根据自己的意愿和利益在法律允许的范围内占有、使用和处理该财产，如果再婚，有权带走或处分其继承的财产。对此《继承法》第三十条明确规定，夫妻一方死亡后另一方再婚的，有权处分所继承的财产，任何人不得干涉。根据该规定，寡妇因再婚离开原家庭时，有权将其继承的亡夫的财产带走。

第四讲　家庭成员之间的关系

家庭是以婚姻、血缘、共同经济为纽带而组成的，共同生活的、其成员间互享法定权利、互负法定义务的一定范围内的亲属所组成的社会生活单位。人降生到世间所置身的第一个社会群体就是家庭，最初接触的社会关系是父母子女关系。此外，还包括其他家庭成员间的关系：祖孙关系，兄弟姐妹关系。

一、父母子女关系

父母子女关系，也称亲子关系，是指父母和子女间的权利义务关系。父母子女关系可分为婚生父母子女、非婚生父母子女、养父母养子女和继父母继子女四类。根据我国现行婚姻法，可分为两大类：

1. 自然血亲的父母子女关系

这是基于子女出生的法律事实而发生的，其中包括父母和婚生子女的关系、生父母和非婚生子女的关系。其特点为：自然血亲的父母子女关系以血缘为纽带，只能因依法送养子女或父母子女一方死亡的原因而终止，不能人为解除。

2. 拟制血亲的父母子女关系

这是基于收养或再婚的法律行为以及事实上抚养关系的形成，由法律认可而人为设定的。包括养父母和养子女关系、有扶养关系的继父母子女关系。其特点为：拟制血亲的父母子女关系因法律行为或法定的扶养事实而成立，可因收养的解除或继父（母）与生母（父）离婚及相互扶养关系的变化而终止。

这两类父母子女关系有共同点，即他们的法律地位相同，均有父母子女之间的权利和义务。但他们也有区别，即二者产生、终止的原因不同。

二、父母与子女间的权利与义务

我国婚姻法关于父母子女之间权利义务的规定，不仅适用于父母与婚生子女之间，同时也适用于父母与非婚生子女之间、养父母与养子女之间以及有事实上抚养关系的继父母与继子女之间。

（一）父母对子女有抚养和教育的义务

1. 父母对子女有抚养的义务

什么是抚养？抚养是指父母在经济上对子女的供养和在生活上对子女的照料，包括负担子女的生活费、教育费和医疗费，等等。这种抚养义务是无条件的，一般到子女成年时为止。

《婚姻法》第二十一条规定，父母对子女有抚养的义务，父母不履行抚养义务时，未成年的和不能独立生活的子女，有要求父母付给抚养费的权利。

抚养义务是父母最重要的义务，只要要求合法，法院就会根据子女的需要和父母的抚养能力要求父母给付抚养费。如果父母拒不给付，恶意遗弃未成年子女已经构成犯罪的，还应该依据我国《刑法》的规定追究其刑事责任。

（1）如果子女有下列情形之一，而父母又有负担能力的，则父母仍须对成年子女根据需要和能力负担必要的抚养费：一是子女丧失劳动能力或丧失部分劳动能力，其收入不足以维持生活的；二是子女尚在校就读的；三是子女确无独立生活能力和条件的。

（2）父母不履行抚养义务时，未成年子女或不能独立生活的子女，有要求父母付给抚养费的权利，即向父母追索抚养费的权利。追索抚养费的请求，可向抚养义务人的所在单位或有关部门提出，也可直接向人民法院提起诉讼，法院应当根据子女的需要和父母的抚养能力，通过调解或判决的方式确定抚养费的数额、给付期限和方法。

同时还要强调的是，即使父母已经离婚，抚养义务也不会随之消失。《婚姻法》第三十六条规定，父母与子女间的关系，不因父母离婚而消除。离婚后，子女无论由父或母直接抚养，仍是父母双方的子女。离婚后，父母对于子女仍有抚养和教育的权利和义务。

2. 父母对子女有教育的义务

什么是教育？教育，是指父母在思想品德、学业上对子女的关怀和培养。父母对子女的抚养教育义务，始于子女出生。父母以任何手段危害子女生命和健康的行为都是违法的。结合《未成年人保护法》的规定，父母对子女教育的义务包括两以下几个方面：

（1）父母应当尊重未成年子女受教育的权利，必须使适龄的未成年子女按照规定接受义务教育，不得使在校接受义务教育的未成年子女辍学。

（2）父母应当关注未成年子女的生理、心理状况和行为习惯，父母应当以健康的思想、品行和适当的教育方法教育未成年子女，引导未成年子女进行有益身心健康的活动，预防和制止未成年子女吸烟、酗酒、流浪、沉迷网络以及赌博、吸毒、卖淫等违法犯罪行为。

我国有句古话："养不教，父之过"，实际上是"养不教，父母过"。鲁迅先生就说过："生了孩子,还要想怎么教育,才能使这生下来的孩子,将来是一个完全的人。"那就是说父母不仅要尽抚养的义务,还要尽教育义务。当今社会,在子女的教育问题上,往往存在"重养轻教",过分满足孩子的物质上的要求,而忽视了对孩子思想上的正确的引导,其后果不堪设想。

3. 父母对未成年子女有保护、管教的权利和义务

《婚姻法》第二十三条规定,父母有保护和教育未成年子女的权利和义务。在未成年子女对国家、集体或他人造成损害时,父母有承担民事责任的义务。

保护,是指父母应保护未成年子女的人身安全和合法权益,防止和排除来自自然界的损害以及他人的非法侵害。教育,在这里应当理解为管教,是指父母按照法律和道德规范的要求,采用适当的方法对未成年子女进行管理和教育。

(1)父母对子女有保护的权利和义务。

父母对子女有保护的权利和义务是指父母应保护未成年子女的人身安全和合法权益,防止和排除来自自然界的损害和他人的非法侵害。父母是未成年人的法定监护人和法定代理人,当未成年子女的人身或财产权益遭受他人侵害时,父母有以法定代理人的身份提起诉讼,请求停止侵害、排除妨碍、赔偿损失等权利。当未成年人脱离家庭或监护人时,父母有要求归还子女的权利;在未成年人对国家、集体或第三人利益造成损害时,父母有承担民事责任的义务。

(2)父母有教育未成年子女的权利和义务。

父母有教育未成年子女的权利和义务是指父母按照法律和道德规范的要求,采用适当的方法对未成年子女进行教育。当子女的言行有错误时,父母有责任进行批评和帮助,同时法律要求父母教育子女的方法要适当,禁止虐待和残害子女,教育方法应适应未成年人身心发展的特点,要将教育和保护相结合。

(二)子女对父母有赡养扶助的义务

我国《婚姻法》第二十一条规定,子女对父母有赡养扶助的义务。子女不履行赡养义务时,无劳动能力的或生活困难的父母,有要求子女给付赡养费的权利。

赡养,是指子女对父母的供养,即在物质上和经济上为父母提供必要的生活条件;扶助,是指子女对父母在精神上和生活上的关心、帮助和照料。赡养扶助的义务主体是有独立生活能力的成年子女,赡养扶助的具体内容是,子女应对无劳动能力或生活困难的父母提供必要的生活保障。

(1)赡养老人应当履行对老年人经济上的供养、生活上照顾和精神上慰藉的义务,照顾老年人的特殊需要。

(2)赡养人对患病老年人应当提供医疗费用和护理。

(3)赡养人应妥善安排老年人住房,不得强迫老年人迁居条件恶劣的房屋,老年人自有的住房,赡养人有维修的义务。

(4)赡养人有义务耕种老年人承包的田地,照管老年人的林木和牲畜,收益归老年人所有。

(5)子女赡养老年人是法定义务,不得附加任何条件,赡养人不得以放弃继承权或其他理由,拒绝履行赡养义务。

（6）无论子女是否和老人居住在一起，都应根据父母的时间及需要履行赡养义务。

赡养的方式既可以和父母共同居住直接履行赡养义务，也可以采用提供生活费的方式承担经济责任。如有多个子女，则应根据每个子女的经济状况，共同承担对父母的经济责任。赡养人之间可就赡养义务的履行达成协议，并征得老年人的同意。赡养费的数额，既要根据赡养人的经济负担能力，又要满足父母的实际生活需要，一般而言，不应低于子女本人或当地的平均生活水平。

（三）父母和子女有相互继承遗产的权利

我国《婚姻法》第二十四条规定，父母和子女有相互继承遗产的权利。根据我国《继承法》，父母和子女均为第一顺序的法定继承人，相互享有继承权。

（1）父母子女之间的继承权是基于双方的特殊身份而产生的。

（2）父母的范围包括：生父母、养父母和有事实上抚养关系的继父母。

（3）子女的范围包括：婚生子女、非婚生子女、养子女和有抚养关系的继子女。

（4）父与母对子女遗产的继承权是平等的，子与女对父母遗产的继承权是平等的，不受性别、年龄、已婚或未婚的影响。

（5）养子女与生父母之间相互无权继承遗产。

（6）继父母继承了继子女的遗产，不影响其继承其生子女的遗产；继子女继承了继父母的遗产，不影响其继承生父母的遗产。父母、子女与被继承人的生存配偶，同为第一顺序的法定继承人。

（四）子女应当尊重父母的婚姻权利，不得干涉父母的再婚自由

我国《婚姻法》第三十条规定，子女应当尊重父母的婚姻权利，不得干涉父母的再婚自由，子女对父母的赡养义务，不因父母的婚姻关系变化而终止。

（五）非婚生子女享有与婚生子女同等的权利

非婚生子女是指合法婚姻之外生育的子女。那些通过合法婚姻生育的子女法律上称为婚生子女。我国法律规定，非婚生子女与婚生子女有同样的权利与义务，他们的法律地位与婚生子女完全平等。《婚姻法》第二十五条规定，非婚生子女享有与婚生子女同等的权利，任何人不得加以危害和歧视。不直接抚养非婚生子女的生父或生母，应当负担子女的生活费和教育费，直至子女能独立生活为止。

与婚生子女一样，非婚生子女有权要求从父姓或从母姓；有权要求生父或生母给付生活费、受教育费；有权要求继承生父或生母的遗产。当未成年的非婚生子女给他人造成损害时，其生父母也同样有义务为其承担民事赔偿责任。

与婚生子女一样，在父母、祖父母、外祖父母去世或没有能力的情况下，非婚生子女对于其所有兄弟姐妹来说，有监护权或被监护权。这就是说，在上述情况下，年幼的非婚生子女有权要求其年长的婚生或非婚生兄姐承担监护职责，当他们给他人造成损害时，其年长的婚生与非婚生兄姐有义务为其承担民事责任。

与婚生子女一样，非婚生子女也负有赡养生父母的义务。当非婚生子女的生父母年老生活困难、丧失劳动力时，非婚生子女应履行赡养父母的义务。

非婚生子女与生父母间有相互继承遗产的权利,非婚生子女继承生父母遗产的应继份与婚生子女相同,不能由于他们是非婚生子女而在分配父母遗产时,份额少于婚生子女或者根本否认非婚子女的继承权。

非婚生子女与生母之间的权利义务关系基于分娩的事实而产生,一般无需加以特别的证明,非婚生子女按生母的婚生子女对待。非婚生子女与生父之间的关系,一般可由生父表示认领,亦可通过生母提出的证据或其他人证、物证加以证明。

三、维护家庭的和睦

(一)维护家庭和睦的法律规范

1.《婚姻法》的规定

《婚姻法》第三条第二款规定,禁止家庭暴力。禁止家庭成员间的虐待和遗弃。第四条规定,家庭成员间应当敬老爱幼,互相帮助,维护平等、和睦、文明的婚姻家庭关系。

《婚姻法》第四十三条规定,实施家庭暴力或虐待家庭成员,受害人有权提出请求,居民委员会、村民委员会以及所在单位应当予以劝阻、调解。正在实施的家庭暴力,受害人有权提出请求,居民委员会、村民委员会应当予以劝阻;公安机关应当予以制止。实施家庭暴力或虐待家庭成员,受害人提出请求的,公安机关应当依照治安管理处罚的法律规定予以行政处罚。

《婚姻法》第四十四条规定,对遗弃家庭成员,受害人有权提出请求,居民委员会、村民委员会以及所在单位应当予以劝阻、调解。对遗弃家庭成员,受害人提出请求的,人民法院应当依法作出支付扶养费、抚养费、赡养费的判决。

《婚姻法》第四十五条规定,对重婚的,对实施家庭暴力或虐待、遗弃家庭成员构成犯罪的,依法追究刑事责任。受害人可以依照《刑事诉讼法》的有关规定,向人民法院自诉;公安机关应当依法侦查,人民检察院应当依法提起公诉。

2.《未成年人保护法》的规定

《未成年人保护法》第十条第二款规定,禁止对未成年人实施家庭暴力,禁止虐待、遗弃未成年人,禁止溺婴和其他残害婴儿的行为,不得歧视女性未成年人或者有残疾的未成年人。

3.《刑法》的规定

我国《刑法》第二百六十条规定,虐待家庭成员,情节恶劣的,处二年以上有期徒刑、拘役或者管制。犯前款罪,致使被害人重伤、死亡的,处二年以上七年以下有期徒刑。第一款罪,告诉的才处理。

(二)侵犯家庭成员的权利、破坏家庭和睦的主要行为

1. 遗 弃

遗弃是指负有抚养、赡养、扶养义务的一方,对年幼、年老、患病或者其他没有独立生活能力,需要抚养、赡养、扶养的另一方家庭成员拒不履行义务的行为。遗弃是以不作为的形式出现的,应该履行义务而不履行,致使被遗弃人的权益受到侵害。

2. 虐待

虐待，是指对共同生活的家庭成员，经常以打骂、冻饿、禁闭、强迫过度劳动、有病不给治疗、限制自由、凌辱人格等手段，从肉体上和精神上进行摧残、折磨的行为。虐待可能表现为积极的、作为的形式，也可能表现为消极的、不作为的形式，如打骂、恐吓、限制人身自由、不给饭吃、不给衣穿、患病不给治疗等。

3. 家庭暴力

家庭暴力是指行为人以殴打、捆绑、残害、强行限制人身自由或者其他手段，给其家庭成员的身体、精神等方面造成一定伤害后果的行为。持续性、经常性的家庭暴力，构成虐待。

虐待行为与家庭暴力的主要区别：虐待最基本的特征就是持续性和经常性，一次或短期的殴打、捆绑等行为可以构成家庭暴力，但不一定构成虐待；在表现方式上，虐待行为的内容表现为进行肉体上的摧残和精神上的折磨，即除了暴力，还有很多其他手段，如冻饿、禁闭、强迫过度劳动、有病不给治疗等。

家庭暴力按其危害程度可分为一般暴力和重大暴力，按其形式可以分为以下几种类型：

（1）身体暴力。身体暴力是指行为人以殴打、捆绑、残害、强行限制人身自由或者其他手段给其家庭成员的身体、精神等方面造成一定伤害后果的行为。

（2）语言暴力。语言暴力是指以语言威胁、恐吓、恶意诽谤、辱骂、使用伤害自尊的语言等，给对方造成精神上的压力及痛苦。

（3）性暴力。性暴力是指故意攻击性器官，强迫发生性行为、性接触等暴力行为。

（4）冷暴力。冷暴力是目前出现的一种新的家庭暴力形态，在有些家庭，夫妻双方在产生矛盾时，不是通过殴打等暴力方式处理，而是对对方表现得比较冷淡、轻视、放任和疏远，漠不关心对方，将语言交流降低到最低限度，停止或敷衍性生活，懒于做家庭工作，这些都是冷暴力中较常见的做法，也是现代家庭中一个易被人忽视的问题。

（三）虐待或遗弃家庭成员、实施家庭暴力的法律责任

家庭暴力及虐待和遗弃家庭成员的行为均是违法行为，破坏了家庭的和睦生活，违背了社会主义道德准则，亦为法律所不容。

根据《婚姻法》《刑法》等法律的规定，实施家庭暴力行为和虐待、遗弃家庭成员的人要承担相应的法律责任。

（1）实施家庭暴力或虐待、遗弃家庭成员的，构成离婚的法定理由之一。

根据《婚姻法》第三十二条规定，夫妻一方实施家庭暴力或虐待、遗弃家庭成员的，另一方可以要求离婚。

（2）实施家庭暴力及虐待、遗弃家庭成员导致离婚的一方，对无过错一方要承担损害赔偿责任。

根据《婚姻法》第四十六条规定，夫妻一方实施家庭暴力或虐待、遗弃家庭成员导致夫妻离婚的，无过错的一方可以要求其承担赔偿责任。

（3）遗弃家庭成员的，并不免除其相应的法定义务，受害人有权要求实施遗弃行为的人依法支付扶养费、抚养费、赡养费。

（4）实施家庭暴力或虐待、遗弃家庭成员的，将会受到行政处罚。

①根据我国《治安管理处罚法》的规定，实施家庭暴力，造成家庭成员人身受到伤害的，行为人将被处以拘留、罚款等行政处罚。

《治安管理处罚法》第四十三条规定："殴打他人的，或者故意伤害他人身体的，处五日以上十日以下拘留，并处二百元以上五百元以下罚款；情节较轻的，处五日以下拘留或者五百元以下罚款。有下列情形之一的，处十日以上十五日以下拘留，并处五百元以上一千元以下罚款：结伙殴打、伤害他人的；殴打、伤害残疾人、孕妇、不满十四周岁的人或者六十周岁以上的人的；多次殴打、伤害他人或者一次殴打、伤害多人的。"

②根据我国《治安管理处罚法》的规定，虐待、遗弃家庭成员的，将被处以五日以下拘留或者警告。但应当注意的是，对于虐待家庭成员的行为，公安机关不能主动对行为人予以处罚，只有在被虐待人提出要求的情况下，公安机关才能对行为人实施上述处罚。

《治安管理处罚法》第四十五条规定："有下列行为之一的，处五日以下拘留或者警告：虐待家庭成员，被虐待人要求处理的；遗弃没有独立生活能力的被扶养人的。"

（5）实施家庭暴力或虐待、遗弃家庭成员构成犯罪的，将会受到刑事处罚。

《婚姻法》第四十五条规定："对实施家庭暴力或虐待、遗弃家庭成员构成犯罪的，依法追究刑事责任。受害人可以依照刑事诉讼法的有关规定，向人民法院自诉；公安机关应当依法侦查，人民检察院应当依法提起公诉。"

关于实施家庭暴力或虐待、遗弃家庭成员具体构成何种犯罪，应当受到何种刑事处罚的问题，我国《刑法》有明确的规定：

①实施家庭暴力的，根据不同的情况，可能构成不同的犯罪。例如，以暴力手段致使他人死亡的，将构成故意杀人罪，根据《刑法》第二百三十二条的规定，故意杀人的，处死刑、无期徒刑或者十年以上有期徒刑；情节较轻的，处三年以上十年以下有期徒刑。又如，故意伤害他人身体的，构成故意伤害罪，而以捆绑等手段非法剥夺他人人身自由的，构成非法拘禁罪。

②虐待家庭成员，情节恶劣的，将构成虐待罪，根据《刑法》第二百六十条的规定，构成虐待罪的，处二年以下有期徒刑、拘役或者管制。虐待致使被害人重伤、死亡的，处二年以上七年以下有期徒刑。但应当注意的是，虐待罪属于告诉才处理的犯罪，也就是说，对于构成虐待罪的犯罪行为，公安机关不会主动地立案侦查，检察机关也不会对此提起公诉，受害人要想使行为人受到刑事处罚，必须自行向法院提起刑事诉讼。简言之，虐待罪案件属于典型的自诉案件，而非公诉案件。

③遗弃家庭成员的，情节恶劣的，将构成遗弃罪。关于遗弃罪，《刑法》第二百六十一条规定："对于年老、年幼、患病或者其他没有独立生活能力的人，负有扶养义务而拒绝扶养，情节恶劣的，处五年以下有期徒刑、拘役或者管制。"应当注意的是，对于遗弃罪案件，一般是由检察院提起公诉的，属于公诉案件，但如果检察院没有提起公诉，而被害人有证据证明行为人构成犯罪的，被害人也可以根据《刑事诉讼法》的有关规定直接向法院提起刑事诉讼。

学习思考：

1. 婚姻的本质是什么？
2. 简述家庭演化的历史形态。
3. 简述结婚的概念和我国结婚登记制度。

4. 离婚的概念、特征、分类是什么?
5. 简述登记离婚的条件和程序。
6. 简述诉讼离婚的适用情形及程序。
7. 简述判决离婚的法定条件和法律后果。
8. 父母与子女间的权利与义务是什么?
9. 侵犯家庭成员的权利、破坏家庭和睦的主要行为包括哪些?
10. 虐待或遗弃家庭成员、实施家庭暴力的法律责任有哪些?

专题六

法律救济

第一讲　法律救济概说

一、法律救济的涵义

1. 社会纠纷的法律解决

社会纠纷，是指发生于不同社会主体之间妨害正常社会秩序的各种权益或权力冲突。人们在生产、流通、分配、消费等诸多领域，形成了纷繁复杂的各种社会关系，而由于观念及利益方面的差异，表现为行为的冲突，导致各种社会纠纷的产生。只要有人类社会的存在，就会有社会纠纷的产生。

我国目前还处于社会转型时期，各种体制、观念和利益调整的矛盾，必然导致了社会纠纷的增多。不过，从人类社会的变迁历程来看，存在纠纷是社会发展的常态，对立与统一、动荡与安定、倾斜与平衡，总是相依共生、互相转化的。社会发展的重要标志就是在不断地进行体制机制改革，调整社会各方利益，以求得社会和谐与秩序稳定。所以说，社会纠纷与和谐社会并不具有天然的排斥性，并不是没有任何社会纠纷的社会才是和谐社会。不断寻求和完善社会纠纷的解决机制，是化解社会矛盾，维护正常的社会秩序，实现社会和谐的必然要求。

社会纠纷的不断增多，各类解决机制也在不断显现，不过，在众多社会纠纷解决方式中，具有公平性、正义性、权威性与救济性的法律解决机制，始终是最完善、最代表权威性的方式，将社会纠纷的解决机制运用到法律轨道上，才是最理性的选择。

就我国目前的法律规定来看，社会纠纷的法律解决途径主要有如下几种：一类是根据民事、行政诉讼法的规定向法院提起诉讼，通过司法途径来解决，这是纠纷解决最重要的途径；第二类是自行调解，它也是最经济、效果最好的纠纷调解解决机制，甚至成为了许多法院考核标准的重要依据；第三类是民间准司法解决机制，也就是各种仲裁机构，例如仲裁委员会对合同争议的仲裁、劳动争议仲裁委员会对劳动争议的仲裁等。

在法律意义上，社会纠纷的发生往往伴随着人们权利或利益的冲突，意味着一定的权利主体的合法权利受到侵害，或特定的法定义务无法得到履行。因此，国家必须建立一种基本的法治秩序，不仅应将公民的一系列基本权利确立在宪法和法律之中，也必须同时为各种各样的权利提供相应的救济手段，只有这样权利才能获得法律的强有力的保护，法定义务也才能真正得到履行，社会纠纷也才能被有效解决。

2. 法律救济的内涵

法律救济是法律上的一个专门概念，是指公民、法人或者其他组织认为自己的人身权、财产权因行政机关的行政行为或者其他单位和个人的行为而受到侵害，依照法律规定向有权受理的国家机关告诉并要求解决，予以补救，有关国家机关受理并作出具有法律效力的活动。

法律救济是以损害事实的发生为前提的，没有损害事实就没有法律救济，只有当相对人的合法权益受到侵害时才能进行法律救济。法律救济的根本目的是实现合法权益，保证法定义务的履行。法律救济是权利人的一种法定权利，任何人都无权剥夺，体现了法律救济的法定性。现从以下几个方面进一步理解法律救济的涵义。

（1）法律救济是以保障合法权益的实现为基础的。

法的根本目的在于规范人们的社会行为，保障人们的合法权益。在社会活动中，存在着许多权利纠纷或权利冲突，并伴随着权益受到侵害的现象。当公民的这些合法权益受到侵害时，只有通过一定方式来恢复受损害的权利或给予补救，这些权利才能真正地实现。

（2）法律救济是在合法权益受到侵犯并造成损害时得以启动的。

在法律救济中，无论采用何种救济手段和程序，必须有侵权行为的存在。相对人只有在合法权益受到侵害的基础上才可提出救济请求。

（3）法律救济是对受侵害合法权益的恢复和补救。

对合法权益受到损害的法律关系主体进行补救可以采取多种方式，不仅包括司法救济方式、行政救济方式，还包括其他通过组织内部或民间渠道进行救济的方式。

二、法律救济的途径

社会纠纷的多样性决定了解决社会纠纷的法律救济途径也应当是多元化的。多元化的纠纷解决途径是指针对不同的社会纠纷，根据其特点和规律，在充分考虑社会利益和个体利益的基础上，在不违背法律禁止性规定和不损害社会公共利益的前提下，提供多种可以选择的法律救济方式来解决争端。

救济的设定是现代法制一个很重要的方面。没有救济就没有权利，有侵害就要必须设定救济。要是法律救济制度不设置的话，所有的权利都可能落空。我国在长期的国家治理的实践中，已经建立起一套解决社会纠纷的法律救济的框架体系，主要分为三个方面：一个是社会救济，一个是行政救济，一个是司法救济。

社会救济指的当人们发生权利纠纷权利侵害的时候，请求相关社会团体或者群众性组织，依照法律法规的规定请求保护和救济的救济类型，如仲裁制度。仲裁救济是法院外提供的一种救济方法，其意是指根据当事人之间的合意即仲裁契约，把基于一定的法律关系而发生或将来可能发生的纠纷的处理，委托给法院以外的第三方进行裁决。

第二个是行政救济。行政救济是指行政机关作为救济主体为权利人提供的法律救济方式，指当人们发生权利纠纷或受到权利侵害的时候请求国家机关，依照法律法规的规定的权限和程序给予保护和救济的救济形式，具体而言行政救济包括行政调解、行政复议、信访和法律援助等，分别由具有行政职权的法定机关和行政机构进行受理。

从现代法制的发展来看，行政救济的产生和存在的基础是近现代社会行政管理对象的复杂化而需要贯彻司法程序的公正性所致。行政管理对象的复杂性不仅仅指纠纷在数量上的增多，而且纠纷在性质上的专业性和技术性也越来越强。我国的行政救济也主要包括行政复议和行政裁决两种形式。

所谓司法救济，又被称为司法机关的救济或者诉讼救济，是指权利人权利受到侵害而依法提起诉讼后，人民法院依其职权按照一定的程序对权利人的权利进行救济的方式。在我国，司法救济主要包括民事诉讼、行政诉讼和刑事诉讼三大诉讼类型。

较之社会救济和行政救济，司法救济具有以下几个方面的特征：救济范围具有广泛性；救济方式具有受动性；程序具有法定性；结果具有强制性；效力具有终局性。正是因为司法救济具有这样的特点，所以现代社会将司法救济作为最重要、最正式的权利救济方式，发挥着社会减压阀与平衡器的作用。司法机关依靠一系列公正且严谨的程序以及法官的人格魅力和职业专长，在很大程度上保障了其中立性、客观性和公正性，这是包括行政机关在内的其他机关所难以比拟的。

归纳上述法律救济的机制、制度和方法，总体说来就是通过非诉讼方式和诉讼方式两种途径来实现对权利人的法律救济。一是仲裁、调解、行政复议、信访和法律援助等非诉讼方式；二是诉讼方式。凡是侵害了相对人的合法权益，符合民事诉讼法、刑事诉讼法和行政诉讼法受案范围的，可以通过刑事诉讼、民事诉讼和行政诉讼途径来求得司法救济。

第二讲　解决纠纷的非诉讼方式

当自己的合法权益受到侵害或与别人发生纠纷时，也可以根据情况选择非诉讼途径解决。非诉讼途径是指受害人或者其他有关人员暂不需要经过诉讼程序而请求国家有关行政机关或其他有关单位处理、解决纠纷，保护自己合法权益的方式。

一、调　解

（一）调解概说

1. 调解的含义及意义

调解是指纠纷当事人在中立的第三方（调解人）的介入下，通过教育疏导，就争执的问题自愿进行协商，促成各方达成协议、解决纠纷的行为。实践已经证明，对民事纠纷、经济纠纷适用调解，采用说服教育的方法解决纠纷，是保护当事人利益，增强人际和谐和社会稳定的一种好的工作方法。调解有利于化解当事人矛盾，实现当事人双赢，有利于节约社会公共司法资源，有利于维护社会稳定，促进社会和谐。

2. 调解的种类

我国的调解制度主要有诉讼内调解和诉讼外调解两大类。

（1）诉讼内调解。

诉讼内调解特指司法调解，也即法院调解，是指在诉讼过程中，由人民法院主持，依法说服教育使诉讼双方当事人互谅互让，协商解决纠纷、结束诉讼、维护自己的合法权益，审结民事案件、经济纠纷案件的制度。

诉讼内的调解是人民法院和当事人进行的诉讼行为,其调解协议经法院确认,即具有法律上的效力。《中华人民共和国民事诉讼法》规定,人民法院审理民事案件,应遵循查明事实,分清是非、自愿与合法的原则,调解不成,应及时判决。法院调解,可以由当事人的申请开始,也可以由人民法院依职权主动开始。

调解案件时,当事人应当出庭;如果当事人不出庭,可以由经过特别授权的委托代理人到场协商。调解可以由审判员一人主持,也可以由合议庭主持,并尽可能就地进行。除法律规定的特殊原因外,一般应当公开调解。在法院调解中,被邀调解请的单位和个人,应当协助人民法院进行调解。在审判人员的主持下,双方当事人自愿、协商达成调解协议,协议内容符合法律规定的,应予批准。调解达成协议,人民法院应当制作调解书。调解书应当写明诉讼请求、案件的事实和调解结果,由审判人员、书记员署名,加盖人民法院印章,送达双方当事人签收后,即具有法律效力。

(2)诉讼外调解。

诉讼外调解是在第三人(人民调解委员会、行政机关、仲裁机构或者是双方当事人所信赖的公民个人)的主持下进行的,当事人达成调解协议的活动。由于诉讼外的调解发生在诉讼之外,当事人的行为无诉讼上的意义。诉讼外调解主要包括人民调解和行政调解。

① 人民调解。人民调解是指在人民调解委员会主持下通过调停说和,从中斡旋,解决民间纠纷的一种调解活动。人民调解委员会是村民委员会和人民调解居民委员会下设的调解民间纠纷的群众性自治组织,在基层人民政府和基层人民法院指导下进行工作。

② 行政调解。行政调解是国家行政机关处理行政纠纷的一种方法,是指在有关行政机关的主持下,依据相关法律、法规、规章以及政策,处理纠纷的方式。国家行政机关根据法律规定,对属于国家行政机关职权管辖范围内的行政纠纷,通过耐心的说服教育,使纠纷的双方当事人互相谅解,在平等协商的基础上达成一致协议,从而合理地、彻底地解决纠纷矛盾。行政调解达成的协议也不具有强制约束力。

3. 人民调解、行政调解、法院调解的关系

(1)人民调解、行政调解、法院调解的联系。

第一,都是通过争议当事人之外的第三者作为主持进行调停说和,解决当事人之间争议或纠纷的一种活动。行政调解的主持人是行政机关和部分法律法规授权组织,法院调解的主持人是法院,人民调解的主持人主要是人民调解委员会。

第二,都是在自愿原则为首要前提下进行的。行政调解是在当事人自愿的原则下,行政主体依法行政相对方之间以及行政主体和行政相对方之间发生争议后进行的有一定法律效力的调解。对于法院调解,我国《民事诉讼法》第九十三条规定:"人民法院审理民事案件,根据当事人自愿的原则,在事实清楚的基础上,分清是非,进行调解。"对于人民调解,《村民委员会组织法》第十四条、《城市居民委员会组织法》第十三条规定:"村民委员会和居民委员会根据需要设立人民调解委员会。人民调解同样要遵循合法和自愿原则,不能依主观意志随意调解,或强制性达成协议。"

第三,调解都是在"查清事实、分清责任"的基础上进行的,调解的内容不得违反国家有关政策和法律。不管是行政调解、法院调解还是人民调解,调解方在调解过程中都不能采

取不适当的手段，违反国家有关规定。

（2）人民调解、行政调解、法院调解的区别。

第一，调解机构性质不同。行使人民调解职能的机关是人民调解委员会，是依法设立的调解民间纠纷的群众性组织。行政调解是国家行政机关、企业事业单位的行政领导及其工作人员，对其管辖范围内或所属单位的成员之间，或者所属成员与其他单位成员之间发生的纠纷进行调解，调解机构具有行政管理职能。法院调解是由国家审判机关即人民法院来行使。

第二，调解的性质不同。行政调解和人民调解都是属于诉讼外的调解。人民调解是民间调解，是一种群众性自治行为，行政调解是一种行政管理行为，两者都不具有司法性，而法院调解则属于诉讼中的调解，具有司法性。

第三，调解权的来源和性质不同。人民调解委员会主持调解是基层群众直接授予的民主自治权利，调解人员代表的是人民调解委员会，它与被调解人员之间是群众与群众自治组织之间的民主平等关系。行政调解是行政机关行使行政权的一种表现形式，是国家赋予的职能。而人民法院主持调解，是国家赋予人民法院审判权的一种表现形式，调解人员代表人民法院，依法与被调解人员发生诉讼法律关系。

第四，调解的范围不同。人民调解的范围最为广泛，所有的民事纠纷和轻微的刑事纠纷都可以通过人民调解加以解决。行政调解的范围从现在的法律法规来看，大多局限于民事纠纷、轻微违法行为、权属争议及行政补偿的数额争议及部分刑事自诉案件这几个方面，而且还不涵盖上述这几个方面的全部。法院调解的范围是人民法院受理的全部民、商事案件和部分刑事自诉案件，以及附带民事诉讼案件。

第五，调解协议的效力不同。人民调解达成的协议是一种群众自治组织调解民间纠纷结果的记录和一般文书，不是法律文书，没有强制执行的效力。行政调解协议具有行政上的强制力，某些行政调解协议生效后即具有法律效力，当事人如逾期不履行协议，行政调解机关可以采取行政手段强制履行，权利人可以把具有法律效力的协议作为申请人民法院强制执行的根据。人民法院调解达成的协议和制作的调解书，是国家审判机关行使审判权的司法文书，调解书一经送达当事人，立即发生法律效力，与法院制作的判决书具有同等法律效力，是法院强制执行的根据。

4. 调解与和解

（1）和解的涵义。

和解是指双方当事人之间，就产生纠纷的事项达成共识，就纠纷的解决作出一致决定的活动。和解在我国指当事人和解，指民事诉讼当事人在诉讼过程中，通过自行协商，就双方争议的问题达成协议，从而终结诉讼程序的制度。我国《民事诉讼法》第五十条规定，双方当事人可以自行和解。

（2）法院调解与诉讼和解的联系。

诉讼中和解与法院调解都发生在民事诉讼过程中，都以达成协议的方式解决纠纷，并在一定的情况下，诉讼中和解可以转化为法院调解。

如当事人通过自行协商达成协议后，为保证和解协议得到顺利履行，共同请求法院以调解书的形式确认他们的和解协议，法院经审查后，认为协议内容不违反法律的，可以将和解协议的内容制作成调解书。

(3) 法院调解与诉讼和解的区别。

我国民事诉讼法中的当事人和解没有独立的制度特征，它与法院调解的区别是：

第一，主体不同。调解由法院和双方当事人共同参加，和解只有双方当事人参加。

第二，性质不同。法院调解是人民法院行使审判权，审理民事案件的一种方式，调解活动本身就是法院对案件的一种审理活动。诉讼中和解是当事人对自己的实体权利和诉讼权利的自行处分。

第三，效力不同。根据法院调解达成协议制作的调解书生效后，诉讼归于终结，有给付内容的调解书具有执行力；诉讼中和解却不能作为法院的结案方式，不能直接终结诉讼程序，通常都是由原告方申请撤诉或者转换为法院调解来终结诉讼程序。同时，诉讼中和解达成的协议只能依靠当事人自愿履行，不具有强制执行力。

（二）人民调解

1. 人民调解制度的作用

人民调解制度是一种司法辅助制度，是一种人民民主自治制度，是我国人民独创的化解矛盾、消除纠纷的非诉讼纠纷解决方式，是一种具有中国特色的司法制度。

由于人民调解具有扎根基层、分布广泛、灵活便捷、不伤和气等特点，在解决纠纷中具有独特的、其他纠纷解决方式不可替代的基础性作用，已经成为我国纠纷解决机制的重要组成部分，为预防和减少民间纠纷、化解社会矛盾、促进社会和谐发挥了重要的作用，被称为维护社会稳定的"第一道防线"，被国际社会誉为"东方经验"。

2. 人民调解的工作原则

（1）平等自愿原则。

平等自愿原则体现在三个方面：一是纠纷的受理必须基于当事人自愿，如果当事人不愿意接受调解，或者有一方当事人不愿意接受某个组织和个人的调解，或者一方当事人不愿意接受调解，均不能强行调解；二是当事人接受调解自愿，一方面要求人民调解委员会要对当事人进行耐心细致的劝解、开导、疏导，不允许采取歧视、强迫、偏袒和压制的办法，另一方面当事人在调解中可以随时拒绝调解；三是调解达成的协议必须出自当事人自愿，人民调解委员会不得把调解意见强加于当事人。

平等自愿原则，并不禁止人民调解组织主动上门调解纠纷，并不排除调解人员对于纠纷当事人的错误言行予以必要的批评教育，也并不意味着当事人可以违背法律、政策和社会公德，随心所欲地订立调解协议。

（2）合法合理原则。

一是人民调解组织受理和调解的矛盾纠纷的范围要符合法律、法规和规章的规定。

法律、法规规定只能由专门机关管辖处理的，或者法律、法规禁止采用民间调解方式解决的，人民法院、公安机关或者其他行政机关已经受理或者解决的，如治安案件、刑事犯罪案件、法院审结的民事案件，人民调解委员会不得调解。但治安案件、刑事犯罪引起的人身伤害、损坏财产的赔偿；人民法院、公安机关已受理，但认为更适合人民调解解决，移交或者建议人民调解委员会调解的，人民调解委员会可以受理。

二是人民调解委员会要依据法律、法规、规章和政策进行调解，法律、法规和政策没有规定的，依据社会公德进行调解。

人民调解委员会调解纠纷要以事实为根据，以法律为准绳，在充分听取当事人陈述，调查了解，查明矛盾纠纷发生的事实后，以法律、规章、政策为依据，分清是非责任说服有过错的一方承担责任，双方都有过错的，各自承担相应的责任。

三是达成调解协议的内容要符合法律、法规、规章和政策的规定。

任何与现行法律、法规、规章和政策的规定相背的调解协议都是无效的。对不符合法律、法规、规章、政策和违背社会公德的调解协议，当事人可以要求重新调解，基层人民政府和基层人民法院也可以予以纠正。

（3）不限制当事人诉讼权利原则。

人民调解不是诉讼的必经程序，不得因未经调解或者调解不成而阻止当事人向人民法院起诉。民间纠纷发生后，当事人有权径行向人民法院提起诉讼，不得因未经调解而限制其诉讼权利。在调解民间纠纷过程中，当事人可以中断调解，向人民法院提起诉讼。经调解达成协议的纠纷，当事人仍然有权利提起诉讼，请求人民法院对纠纷及其协议予以裁判。

3. 人民调解的组织形式

（1）人民调解委员会。

人民调解的组织形式是人民调解委员会。《宪法》和《人民调解委员会组织条例》（以下简称《调解组织条例》）规定，人民调解委员会是村民委员会和居民委员会下设的调解民间纠纷的群众性组织，在基层人民政府和基层人民法院指导下工作。

（2）人民调解员。

《调解组织条例》规定，人民调解员应当具备的基本条件是："为人公正；联系群众；热心调解工作；有一定的法律知识和政策水平；成年公民。"

《调解组织条例》还规定，人民调解委员会由委员3至9人组成，设主任1人，必要时可设副主任。

（3）司法助理员。

《调解组织条例》规定，人民调解委员会"在基层人民政府和基层人民法院指导下工作。基层人民政府及其派出机关指导人民调解委员会的日常工作由司法助理员负责"。司法助理员具体指导人民调解工作，主要是帮助人民调解委员会进行组织建设，思想建设和业务建设。

基层人民法院主要是通过人民法庭对人民调解委员进行业务指导。具体办法是吸收参加法庭调解案件，旁听审判案件，指导分析案件，总结交流经验等。

4. 人民调解的调解方式与方法

调解方式主要有直接调解、公开调解、共同调解、联合调解等。调解方法主要有教之以行，动之以情，晓之以理，喻之以法。人民调解委员会不应仅仅是消极被动地排解纠纷，而应注意调防结合，主动积极地预防、减少民间纠纷，防止民间纠纷的激化。

二、仲　裁

（一）仲裁的涵义及特点

仲裁是指双方当事人在争议发生前或争议发生后达成协议，将争议事项提交非司法机关的第三者（仲裁员）审理，并由其依据法律或公平原则，就纠纷居中评判是非，并作出对争议各方均有拘束力的裁决的一种解决纠纷的制度、方法或方式。

与调解和诉讼一样，仲裁也是解决争议的一种方式，但仲裁却是非经司法诉讼途径即具有法律约束力的争议解决方式。仲裁具有以下特点：

（1）自愿性。

一项纠纷产生后，是否将其提交仲裁、交给谁仲裁、仲裁庭的组成人员如何产生、仲裁适用何种程序规则和实体法，都是在当事人自愿的基础上，由当事人协商确定的，故仲裁能充分体现当事人意思自治原则。

（2）专业性。

由于仲裁的对象大都是民商事纠纷，常涉及复杂的法律、经济贸易和技术性问题，所以，各仲裁机构大都备有按专业设置的仲裁员名册，供当事人选定仲裁员，而仲裁员一般也是各行各业的专家。在有些不设仲裁员名册的仲裁机构或进行临时仲裁时，当事人也会从所涉行业的行家中指定仲裁员。这样，就能保证仲裁的专业权威性。

（3）灵活性。

由于仲裁充分体现当事人的意思自治，仲裁中的诸多具体程序都是由当事人协商确定与选择的，因此，与诉讼相比，仲裁程序更加灵活，更具有弹性。

（4）保密性。

仲裁以不公开审理为原则。有关的仲裁法律和仲裁规则也同时规定了仲裁员及仲裁秘书人员的保密义务。因此当事人的商业秘密和贸易活动不会因仲裁活动而泄露。仲裁表现出极强的保密性。

（5）快捷性。

仲裁实行一裁终局制，仲裁裁决一经仲裁庭作出即发生法律效力。这使得当事人之间的纠纷能够迅速得以解决。

（6）经济性。

仲裁的经济性主要表现在：第一，时间上的快捷性使得仲裁所需费用相对减少；第二，仲裁无需多审级收费，使得仲裁费往往低于诉讼费；第三，仲裁的自愿性、保密性使当事人之间通常没有激烈的对抗，且商业秘密不必公之于众，对当事人之间今后的商业机会影响较小。

（7）独立性。

各国有关仲裁的法律都规定，仲裁机构独立于行政机关，仲裁机构之间亦无隶属关系，仲裁独立进行，不受任何机关、社会团体和个人的干涉。仲裁的独立性是显而易见的。即使在机构仲裁下，仲裁庭审理案件时，也不受仲裁机构的干涉，显示出充分的独立性。

（二）仲裁的适用范围

（1）可以仲裁的纠纷：平等主体的自然人、法人和其他组织之间发生的合同纠纷和其他财产权益纠纷。

（2）不能仲裁的纠纷：① 婚姻、收养、监护、抚养、继承不适用仲裁；② 依法应当由行政机关处理的行政争议，不允许仲裁；③ 劳动争议和农业集体经济组织的内部的农业承包合同纠纷的仲裁，由国家另行规定。

(三) 仲裁的基本制度

(1) 协议仲裁制度。仲裁协议是当事人仲裁意愿的体现。当事人申请仲裁、仲裁委员会受理仲裁案件以及仲裁庭对仲裁案件的审理和裁决都必须依据当事人之间订立的有效的仲裁协议，没有仲裁协议就没有仲裁制度。

(2) 或裁或审制度。仲裁与诉讼是两种不同的争议解决方式。因此，当事人之间发生的争议只能在仲裁或者诉讼中选择其一加以采用，有效的仲裁协议即可排除法院的管辖权，只有在没有仲裁协议或者仲裁协议无效的情况下，法院才可以行使管辖权。

(3) 一裁终局制度。我国《仲裁法》明确规定，仲裁实行一裁终局制度。即仲裁庭作出的仲裁裁决为终局裁决，裁决作出后，当事人就同一纠纷再申请仲裁或者向人民法院起诉，仲裁委员会或者人民法院不予受理；当事人应当自动履行裁决，一方当事人不履行的，另一方当事人可以向法院申请执行。

(四) 仲裁委员会

1. 仲裁委员会的设立

根据《仲裁法》第十条的规定，仲裁委员会可以在直辖市和省、自治区人民政府所在地的市设立，也可以根据需要在其他设区的市设立，不按行政区划层层设立。仲裁委员会由可以设立仲裁委员会的市的人民政府组织有关部门和商会统一组建，并经省、自治区、直辖市的司法行政部门登记。

依法可以设立仲裁委员会的市只能组建一个统一的仲裁委员会，不得按照不同专业设立专业仲裁委员会或者专业仲裁庭。直辖市、省、自治区人民政府所在地的市和其他设区的市已有的仲裁委员会，应当按照《仲裁法》的规定重新组建。设区的市已有的仲裁委员会未重新组建的，自《仲裁法》施行之日起届满一年时即1996年9月1日终止。县级已有的仲裁委员会和其他不符合《仲裁法》规定的已有的仲裁委员会，自《仲裁法》施行之日即1995年9月1日终止。

2. 仲裁委员会应具备的条件

根据《仲裁法》第十一条的规定，仲裁委员会应当具备下列条件：

(1) 有自己的名称、住所和章程。仲裁委员会的名称是区别于不同仲裁委员会的标志。仲裁委员会的名称应当规范，即一律在仲裁委员会前冠以仲裁委员会所在市的地名，如北京仲裁委员会。仲裁委员会的住所是仲裁委员会作为常设仲裁机构的固定地点，是其主要办事机构所在地。仲裁委员会的章程是规定仲裁委员会组成、结构，规范其行为的准则。仲裁委员会的章程应按照仲裁法的规定具体制定。

(2) 有必要的财产。仲裁委员会必须具备必要的物质条件，即应当具有业务活动所必需，与业务活动相适应的财产，包括必备的设施、装备和独立的经费等。

(3) 有仲裁委员会的组成人员。仲裁委员会由主任1人、副主任2人至4人和委员7至11人组成。仲裁委员会的主任、副主任和委员由法律、经济贸易专家和有实际工作经验的人员担任。仲裁委员会的组成人员中，法律、经济贸易专家不得少于2/3。

(4) 有聘任的仲裁员。仲裁委员会应当从具备仲裁员资格的人员中聘任仲裁员，并按照不同的专业设仲裁员名册。仲裁委员会不设专职仲裁员。

（五）仲裁协议的法律效力

仲裁协议的法律效力即仲裁协议所具有的法律约束力。一项有效的仲裁协议的法律效力包括对双方当事人的约束力、对法院的约束力和对仲裁机构的约束力。

（1）对双方当事人的法律效力——仲裁协议对当事人的法律效力表现为约束双方当事人对纠纷解决方式的选择权。

仲裁协议一经有效成立，即对双方当事人产生法律效力，双方当事人都受到他们所签订的仲裁协议的约束。发生纠纷后，当事人只能通过向仲裁协议中所确定的仲裁机构申请仲裁的方式解决该纠纷，而丧失了就该纠纷向法院提起诉讼的权利。如果一方当事人违背仲裁协议，就仲裁协议规定范围内的争议事项向法院起诉，另一方当事人有权在首次开庭前依据仲裁协议要求法院停止诉讼程序，法院也应当驳回当事人的起诉。

（2）对法院的法律效力——仲裁协议对法院的法律效力表现为仲裁协议排除法院的司法管辖权。

有效的仲裁协议可以排除法院对订立于仲裁协议中的争议事项的司法管辖权，这是仲裁协议法律效力的重要体现，也是各国仲裁普遍适用的准则。我国《仲裁法》明确规定，当事人达成仲裁协议，一方向人民法院起诉的，人民法院不予受理，但仲裁协议无效的除外。当事人达成仲裁协议，一方向人民法院起诉未声明有仲裁协议的，人民法院受理后，另一方在首次开庭前提交仲裁协议的，人民法院应当驳回起诉，但仲裁协议无效的除外。当然如果另一方在首次开庭前未对人民法院受理该案提出异议的，视为放弃仲裁协议，人民法院应当继续审理。当事人在首次开庭前未对人民法院受理该案提出异议的，推定当事人默示司法管辖。

（3）对仲裁机构的法律效力——仲裁协议对仲裁机构的法律效力表现为授予仲裁机构仲裁管辖权并限定仲裁的范围。

仲裁协议是仲裁委员会受理仲裁案件的基础，是仲裁庭审理和裁决仲裁案件的依据。没有仲裁协议就没有仲裁机构对仲裁案件的仲裁管辖权。我国《仲裁法》第四条规定，没有仲裁协议，一方申请仲裁的，仲裁委员会不予受理。同时，仲裁机构的管辖权又受到仲裁协议的严格限制，即仲裁庭只能对当事人在仲裁协议中约定的争议事项进行仲裁，而对仲裁协议约定范围以外的其他争议无权仲裁。

三、行政复议

（一）行政复议的涵义

行政复议，是指公民、法人或者其他组织认为行政主体的具体行政行为侵犯其合法权益，依法向法定的行政复议机关提出复议申请，由受理机关以法定程序对具体行政行为的合法性和适当性进行审查并作出行政复议决定的行政法律制度。对此，我们必须明确以下几点：

首先，行政复议是一种依法申请的行政行为。

其次，行政复议的复议主体是具有行政复议权的行政机关。

最后，行政复议的目的是通过审查和纠正行政主体作出的违法或者不当的具体行政行为，以达到监督行政机关依法行使职权并保护公民、法人或者其他组织的合法权益的目的。

（二）行政复议的性质

理解了行政复议的概念，我们还必须进一步理解行政复议这种行政行为的性质，即行政复议的定性问题。我们认为，行政复议的性质可以从以下几个方面来理解：

1. 行政复议是具有一定的司法性的活动

（1）行政复议权与司法权的行使一样，都必须遵循"不告不理"的规则，即如果没有行政相对人依法提出复议申请，就没有行政复议程序的开始。

（2）在行政复议中，复议机关作为第三者对行政机关和行政相对人之间的行政纠纷进行审查并作出裁决，其地位类似于法院在司法审判中的地位。

（3）行政复议机关在复议过程中所适用的法定程序非常规范、严格，类似于司法程序。

（4）行政复议的最终目的是解决行政争议，其内容和实质就是解决争议，而解决争议就是司法行为的功能。

2. 行政复议是具有行政内部监督属性的行为

行政复议是由行政系统内部的行政机关对下级或其所属的行政机关作出的违法或者不当的具体行政行为实施的一种监督和纠错的行为。

3. 行政复议还具有对行政相对人合法权益进行救济的属性

行政复议机关在对具体行政行为进行审查时，如果发现有违法或适当的情形就给予撤销或变更，从而使得行政相对人原被侵犯的合法权益得到救济和保护。因此，行政复议还是国家行政救济机制的重要组成部分。

（三）行政复议的特征

1. 行政复议所处理的争议是行政争议

行政争议主要是指行政主体在行政管理过程中因实施具体行政行为而与相对人发生的争议，这种争议的核心是该具体行政行为是否合法、适当。行政复议是专门为解决行政争议而设置的一种制度，因此，其具体制度、程序等都是针对行政争议的特点与要求设计的；行政复议不解决民事争议，行政主体实施的解决民事争议的具体行政行为不是行政复议，而是行政调解或行政裁决。因此区分行政争议与民事争议是区别行政复议和其他行为的重要前提。

2. 行政复议以相对人提出申请为前提

行政复议是依据相对人的申请而启动的法律救济制度，与行政诉讼同样实行"不告不理"的原则。发生了行政争议，如果相对人不提出行政复议申请，而是选择忍受或者诉诸其他渠道，行政复议程序不会启动。

3. 行政复议是居中裁决的法律制度

行政机关在履行行政复议职责时，与履行社会管理职责时的角色有重大区别。行政机关履行行政复议职责时，面对的是双方当事人，行政机关必须像法官一样处于中立地位，否则，行政复议就难以摆脱相对人和社会公众对其是否官官相护的质疑。行政复议程序设计也要体现行政复议居中裁决行政争议的要求，保障双方当事人在行政复议活动中的平等地位，为他们对等配置程序权利。

4. 行政复议一般不具有终局性

行政复议与行政诉讼共同构成解决行政争议的两大法律制度，二者有着共同的目标和类似的功能，发挥着互为补充、相辅相成的作用。但是，与行政诉讼相比，行政复议更加强调专业性和效率要求，行政复议程序相对于司法程序更加简约，行政复议机构的独立性保障也远逊于行政诉讼。因此，相对人如果对行政复议决定不服，应当赋予其向法院提起行政诉讼的机会，这就是司法最终的原则。

此外，行政复议以书面审理为主要方式，必要时可以通过听证或者开庭审理的方式。这也是行政复议制度不同于司法审查制度的显著特征。

（四）行政复议的原则

1. 一级复议原则

一级复议原则是指行政争议经行政复议机关一次复议并作出裁决即告终结，即使相对人对复议决定不服，也不得向行政机关再次申请复议，而只能寻求别的救济途径来解决。现行《行政复议法》虽未对一级复议原则作明确规定，但从具体的法条以及单行的法律、法规的规定来看，行政复议仍然以一级复议为原则，两级或多级复议为例外。我国行政复议以一级复议为原则，是基于以下两点考虑：

第一，尽快解决行政争议。无论行政复议制度如何设置，如何完善，它终究是行政系统内部的一个自我纠错机制，从而具有自身难以克服的缺陷，即在审查具体行政行为时很难做到完全的客观、公正。如果采取多级复议，不仅不能避免本身的缺陷，反而增加行政成本，延迟解决行政争议的时间。

第二，司法最终裁决。行政复议仅仅是给行政机关一个自我纠正错误的机会，对大多数行政复议决定不服，当事人还可向法院提起行政诉讼，由司法提供最后的救济和保障，因此，也没有必要实行多级复议。

但并非所有的复议案件均实行一级复议，也有例外情况，这主要是对某些专业性和技术性较强的行政管理领域，法律上规定了两级复议制。另外，对级别较高的行政机关作出的具体行政行为不服提起复议的问题，《行政复议法》也作了特别规定。

2. 合法、公正、公开、及时、便民原则

《行政复议法》第四条规定："行政复议机关履行行政复议职责，应当遵循合法、公正、公开、及时、便民的原则，坚持有错必纠，保障法律、法规的正确实施。"这一原则包含以下5个具体原则：

（1）合法原则。合法原则是指行政复议机关及其工作人员在行政复议活动中应按照法定的权限和程序，对申请复议的具体行政行为和有关的抽象行政行为进行审查，并严格按照法律规定作出复议决定。其内容主要包括以下三个方面：

第一，主体合法。主体合法指发行复议职责的主体应当合法。复议机关应该是依法成立并享有法律、法规所赋予的复议权的行政机关，复议机关对复议案件必须依法离开有管辖权，参加复议的工作人员必须符合法定的资格和条件。

第二，依据合法。依据合法是指行政复议机关在审理行政复议案件时适用的依据必须合法，即所依据的法律、行政法规、地方性法规、规章以及其他规范性文件等必须是现行有效而且合法的。

第三，程序合法。行政复议不仅要求依据实体法规定，而且要严格按照行政复议法和有关的法律、法规规定的程序进行，即行政复议机关在行政复议活动中必须遵循法定的方式、步骤、顺序和时限，不得违背。

（2）公正原则。所谓公正，就是指公平正直，没有偏私。在行政复议中，由于行政复议机关既要对原具体行政行为进行合法性审查，又要对其进行合理性审查。公正原则就是指行政复议机关在进行合理性审查时，必须在法定幅度和范围内做到不偏不倚，不畸轻畸重。可见，合法是公正的前提，公正是合法的必要补充。

在行政复议中，公正性原则体现在以下几个方面：

第一，申请人认为审理行政复议案件的工作人员与本案有利害关系，可能影响公正审理的，有权要求审理人员回避。

第二，在行政复议过程中，行政复议机关应当给申请人和被申请人同样陈述理由的机会，听取他们的意见，同时，要给予双方进行质证的机会，特别是在重大复杂的案件审理中，更应组织双方当事人就有关事实证据进行质证与辩论，以澄清事实，做出公正的复议决定。

第三，行政复议机关针对案件事实、性质、情节基本相同的案件不能给予不相同的处理或畸轻畸重，明显有失公正。

（3）公开原则。所谓公开，就是要增加透明度，要当事人与社会都能了解，以便保障申请人充分享有和切实行使其复议权利，也便于监督行政复议机关依法复议。行政复议的公开原则具体表现在以下几个方面：材料公开、过程公开、结果公开。

（4）及时原则。及时原则又叫效率原则，是指行政复议机关应当在法定的期限内尽快完成对复议案件的审查，并作出复议决定。行政复议的及时原则体现在以下几个方面：受理复议申请要及时、对复议案件的审理和作出决定要及时、要及时敦促当事人履行行政复议决定。

（5）便民原则。便民原则是指在行政复议活动中，应当尽量给行政复议申请人即公民、法人或者其他组织提供便利条件，最大限度地节省他们的人力、物力和财力，以确保他们顺利通过行政复议来维护自己的合法权益不被侵犯。

3. 复议期间不停止执行原则

复议期间不停止执行原则是指行政机关作出的具体行政行为不因行政相对人提起复议申请而停止执行，即公民、法人或者其他组织对行政机关作出的具体行政行为不服，申请行政复议后，原具体行政行为在被依法撤销或改变之前，继续执行，对当事人产生约束力。

行政复议法确定复议期间不停止执行原则是基于以下两点考虑：第一，行政机关是国家权力机关的执行机关，是代表国家行使行政管理职权的法定机关。第二，由于行政机关是公共利益的代表者和公共秩序的维护者，如果只要行政相对人提起复议申请就可以停止具体行政行为的话，那么，行政相对人就会乐此不疲，经常逃避具体行政行为的执行，如此，将使整个国家行政管理无法正常进行，行政法律秩序无法良性运转，给国家和社会公共利益造成重大损失。

当然，行政复议期间不停止原具体行政行为的执行，是行政复议中必须遵循的一个原则，但由于具体行政行为的种类繁多，性质多样，有的具体行政行为明显违法或适当，如果不停止执行，将会给行政相对人带来难以弥补的损失，甚至给国家和社会造成重大损失，因此，《行政复议法》第二十一条在规定了此原则后，又规定了可以停止执行的四种例外情况，它们是：被申请人认为需要停止执行的；复议机关认为需要停止执行的；申请人申请停止执行，行政复议机关认为其要求合理，决定停止执行的；法律规定停止执行的。

4. 不适用调解原则

不适用调解原则是指行政复议机关在审理行政复议案件过程中，只能依法对申请复议的具体行政行为的合法性和适当性进行审查并作出裁判，而不能采用调解的方法，也不能用调解的方式结案。

行政复议过程中不适用调解原则主要是基于以下两点考虑：一是行政机关只能依法行政，不享有处分权；二是调解一般存在于对民事纠纷的处理和解决中，在行政复议中缺乏适用调解的前提和基础。

值得注意的是，行政复议不适用调解，是指在行政复议中对具体行政行为的合法性和适当性进行审查和处理时不适用调解，但在对行政复议案件中有关赔偿的部分则可以适用调解。另外，行政复议不适用调解，不排斥在行政复议活动中，行政复议机关对双方当事人作法制教育工作，这样做，有利于宣传、贯彻、执行法律、法规，有利于行政复议决定的执行。

（五）行政复议与行政诉讼的区别

由于行政复议是行政系统内部解决行政争议的制度，因此，它与由独立于行政机关以外的法院解决行政争议的行政诉讼存在许多区别。

（1）性质不同。

行政复议是由上一级行政机关对下一级行政机关所作具体行政行为进行的审查，整个过程都在行政系统内部进行，因而具有形式意义上的行政行为的特征。行政诉讼则是人民法院对行政机关所作具体行政行为实施的司法监督，属于司法行为。

（2）受理机关不同。

行政复议的受理机关是做出具体行政行为的行政机关所属的人民政府或其上一级主管部门，而受理行政诉讼的机关则是人民法院。

（3）受案范围不同。

人民法院所受理的行政案件，只是公民、法人或其他组织认为行政机关的具体行政行为侵害其合法权益的案件，而复议机关所受理的则既有行政违法案件，也可以有行政不当案件。也就是说，凡是能够提起行政诉讼的行政争议，公民、法人或其他组织都可以向行政机关申请复议，而已提起行政复议的未必能够提起行政诉讼。如法律规定行政复议终局决定的，当事人即不得提起行政诉讼。

（4）审查范围不同。

人民法院只审查具体行政行为的合法性，而一般不审查其是否适当；复议机关不仅审查具体行政行为是否合法，而且还要审查其是否适当。行政诉讼是实行不告不理原则，行政复议则实施有错必纠原则，这意味着复议的范围不局限于申请人的申请。因此，行政复议的审查范围要大于行政诉讼。

（5）审理程序规则不同。

人民法院审理行政案件完全是按照司法程序进行，而行政复议由于是行政系统内部上级对下级的监督，故二者在审理程序规则方面存在许多差别。人民法院审理行政案件实行的是两审终审，公开开庭审理制度；行政复议则基本上实行一级复议制度，以书面复议为原则。较之行政诉讼程序，行政复议程序比较灵活、简便。

（六）行政复议的优缺点

中国的实践和外国的经验都表明，在解决行政争议方面，行政复议制度的地位和重要性十分突出，如上所述，行政复议是行政性和准司法性的结合，由此带来行政复议与纯行政行为或纯司法行为的差异和不同，呈现出明显的优缺点。

相较于其他制度（行政诉讼）而言，行政复议的优点就在于它的救济、监督和效率等方面要优于行政诉讼，而缺点则是公正性方面存在疑问。救济、监督和效率都是行政诉讼所具有或追求的，但是相较而言，复议更有优势。

1. 救济更为全面

由于行政复议对具体行政行为的审查实行合法性和合理性全面审查的原则，其较行政诉讼的合法性审查更为广泛，对行政相对人的救济更为全面、恰当。从理论上说，无论是外部行政行为，还是内部行政行为；无论是制定规范的行为，还是具体行为；无论是羁束行为，还是裁量行为；无论是合法性审查，还是合理性审查的行为，除法律另有规定外，都应该在可监督、可救济的行政复议范围以内。

2. 监督更为有效

行政复议是一种特殊的行政监督制度，它是建立在行政隶属关系基础上，由上级行政机关对所属下级行政机关违法或不当的行政行为进行的层级监督。行政诉讼毕竟是司法审查，其有限性导致在审查力度、裁决种类、法律责任和监督措施上都不如行政复议。因此，行政复议对行政机关的监督更为有效。

3. 具有专业技术上的优势

科学技术的发展，使现代社会纠纷涉及的专业性、技术性大为增强，行政机关本身拥有各行各业的专家，能处理和应付各方面与专业技术问题相关的矛盾纠纷。

4. 效率更高

较之诉讼程序，行政复议的程序设计上相对便捷高效。虽然复议也引入了一些类似法院司法的机制，但又比法院司法程序简便，操作灵活，能较快解决纠纷，安定社会。如复议程序的环节没有诉讼程序那么严格，对复议时效的相关规定较行政诉讼更短，不停止执行原则的规定亦能有效维护行政管理秩序。

5. 有利于减轻法院负担

随着经济社会的发展，与此相关的行政与民事纠纷大量涌现，如果都由司法程序来解决，法院将难以承受其压力。完善行政复议制度，解决部分社会纠纷，有利于减轻法院负担。

此外，相对诉讼费用而言，行政复议费用无需相对人承担，由行政复议机关的行政经费予以保障，减轻了当事人的经济负担。

不过，较之行政诉讼，行政复议也有明显的欠缺和不足，其核心便是公正问题。

行政复议作为行政机关内部监督机制的一种，在传统的请示、命令管理模式下，上下级之间已经形成了一体化的关系。由于其是在行政系统内解决行政机关与公民、法人或其他组织之间的行政争议，而复议机关本身就是被申请人的上一级行政机关，这就必然带有"官官相护"或各种干预过多之嫌，难以保证行政复议的公正性。

任何解决纠纷的制度，其核心要求都是公正，公正是司法或准司法行为的灵魂。因此，要使行政复议制度在解决社会纠纷中充分发挥作用，使行政复议成为公民首选的救济途径，最关键就是要保证行政复议制度的公正性。

第三讲 解决纠纷的诉讼方式

一、诉讼的概念和种类

（一）诉讼的概念

诉讼就是通常所说的打官司，其最一般的含义是指处于平等对抗地位、有纠纷的双方向处于中立地位的国家审判机关告诉其纠纷，并请求国家审判机关解决其纠纷的活动。具体而言，诉讼指由人民法院依据法律对当事人之间争议事实进行审理，通过司法程序解决争议的活动。诉讼有以下几个特点：

第一，依法性。诉讼活动必须严格依照诉讼法律规范所确立的诉讼程序和规则进行，违反诉讼程序的诉讼活动应认为无效。

第二，阶段性。如起诉阶段、审判阶段、执行阶段等，每个阶段都是相对独立和完整的，有自身的任务和形式。

第三，顺序性。各阶段的活动既相互联系，又互相依赖，前一阶段的活动是后一阶段活动的基础，后一阶段活动又是前一阶段活动的发展和继续或结果。

第四，时限性。诉讼活动是国家的司法活动，诉讼法都对各种诉讼活动的时限作了明确规定。

第五，强制性。正因为诉讼活动是一种依法进行的司法活动，所以司法机关在诉讼活动中作出的裁判及其他处理决定，当事人必须严格履行，如拒绝履行，司法机关有权强制执行。

我国实行二审终审制，即一个案件经过两级法院的审理所作出的判决就是生效的判决，不可以再上诉。

（二）诉讼的种类

根据诉讼所要解决的案件的性质及其所依据的法律，诉讼可分为三种，即刑事诉讼、民事诉讼、行政诉讼。规定诉讼程序的法律规范是诉讼法。根据诉讼种类的不同，我国的诉讼法包括刑事诉讼法、民事诉讼法、行政诉讼法。

民事诉讼，是指人民法院在当事人和全体诉讼参与人的参加下，依法审理和解决民事纠纷的活动，以及由这些活动所发生的诉讼关系。

刑事诉讼，是指审判机关（人民法院）、检察机关（人民检察院）和侦查机关（公安机关含国家安全机关等）在当事人以及诉讼参与人的参加下，依照法定程序解决被追诉者刑事责任问题的诉讼活动。

行政诉讼是解决行政争议的一项重要法律制度，是指公民、法人或其他组织认为国家行政机关及工作人员的具体行政行为侵犯其合法权益时，依法向人民法院提起诉讼，并由人民法院对具体行政行为是否合法进行审查并出裁判的活动和制度。

（三）民事诉讼、行政诉讼和刑事诉讼的主要区别

1. 诉讼的目的不同

民事诉讼所要解决的是平等主体之间的民事权利和义务的争议；行政诉讼所要解决的是国家行政机关的具体行政行为是否合法、正确问题；刑事诉讼所要解决的是涉嫌犯罪的人是否确实犯罪和犯什么罪以及应处何种刑罚问题。

2. 提起诉讼的主体不同

民事诉讼中双方当事人都可以提起诉讼，原告起诉后，被告可以反诉；行政诉讼只能是由行政管理的相对人提起诉讼，行政机关始终处于被告地位，不能反诉；刑事诉讼除自诉案件由自诉人提起诉讼外，均由人民检察院提起公诉。

3. 举证责任不同

在民事诉讼中，通常谁主张权利谁负责举证；在行政诉讼中，只由被告（行政机关）负举证责任；在刑事诉讼中，公诉人负有提供被告人有罪的证据，并加以证明的责任，被告人不负举证责任，但可以提出自己罪轻或无罪的材料为自己辩护。

4. 适用的法律不同

民事诉讼主要适用《民法通则》和《民事诉讼法》；行政诉讼主要适用行政法律、法规和《行政诉讼法》；刑事诉讼主要适用《刑法》和《刑事诉讼法》。

二、公民的诉讼权利与义务

所谓诉讼权，是指公民认为自己的合法权益受到侵犯时，享有的提起诉讼要求国家司法机关予以保护和救济的权利，即司法保护请求权。具体而言，公民诉讼权表现为各种类型诉讼中的起诉权、应诉权、反诉权、上诉权、再审请求权，等等。总而言之，凡属要求启动或参加司法救济程序进行裁判之权利，均属公民诉讼权。

在现代社会中，公民的诉讼权与公民的社会生活、法律生活息息相关，具有基础性和广泛性，存在于各个诉讼领域中。作为案件当事人，我国民事诉讼法、刑事诉讼法和行政诉讼法赋予了案件当事人广泛的诉讼权利，同时案件当事人也需要承担相应的诉讼义务。

（一）公民的基本诉讼权利

我国民事诉讼法、刑事诉讼法和行政诉讼法赋予当事人广泛的诉讼权利，主要包括这些方面：提起诉讼的权利与提起反诉的权利；原告有放弃、变更或补充诉讼请求和理由的权利；被告有承认、反驳原告诉讼请求和提起反诉的权利；委托代理人的权利；申请回避的权利；如果认为合议庭组成人员及书记员与本案有利害关系，可能影响公正审理此案可以申请回避；收集和提供证据的权利；进行陈述、质证和辩论的权利；选择调解的权利；自行和解的权利；申请财产保全和先予执行的权利；提起上诉的权利；申请再审的权利；申请执行的权利；经准许，查阅、复制本案有关材料的权利；认为法庭的记录有差错，有申请补正的权利；请求重新鉴定、调查或者勘验的权利；双方有向证人、鉴定人发问，要求对证据和鉴定进行说明的权利；认为法庭笔录有误，申请补正的权利；使用本民族语言、文字进行民事诉讼的权利等。

不过，上述诉讼权利中公民最基本的诉讼权利是下列几方面：

1. 公民有委托辩护人或诉讼代理人的权利

（1）辩护人与诉讼代理人的概念。

辩护人也叫刑事辩护人，是指在刑事诉讼中，帮助犯罪嫌疑人、被告人进行诉讼活动的人。刑事辩护人具体指在刑事案件中受犯罪嫌疑人、被告人的委托或司法机关的指定，帮助犯罪嫌疑人、被告人行使辩护权，依法维护犯罪嫌疑人、被告人合法权益的诉讼参与人。

诉讼代理人，通常指帮助被害人、自诉人或附带民事诉讼当事人的人。具体来说，诉讼代理人就是以当事人的名义，在一定权限范围内，为当事人的利益进行诉讼活动、实施诉讼行为的人。因代理的案件性质可分为民事诉讼代理人和刑事诉讼代理人。

（2）辩护人与诉讼代理人的关系。

辩护人与诉讼代理人的共同点：辩护人和代理人都是为了维护各自委托人利益而参加到诉讼中，都与案件处理后果没有直接的法律上的利害关系；担任的人员范围相同，并且都可以出席法庭。

辩护人与诉讼代理人的区别：

① 承担的诉讼职能不同。刑事辩护人承担的是辩护职能，即反驳控方控诉，证明嫌疑人、被告人无罪或罪轻，应减轻或免除刑事责任，维护犯罪嫌疑人、被告人的合法权益；而诉讼代理人则是要维护公诉案件的被害人及其法定代理人或近亲属、自诉案件的自诉人及其法定代理人、附带民事诉讼的当事人及其法定代理人的委托等被代理人的诉讼权益。

② 产生的根据不同。刑事辩护人是基于委托或者法律援助机构的指定而参加诉讼；而诉讼代理人只能是基于委托授权而参加诉讼。

③ 诉讼地位不同。刑事辩护人具有独立的诉讼地位，在诉讼中以自己的名义进行辩护，不受犯罪嫌疑人、被告人的意思表示的约束；诉讼代理人则不具有独立的诉讼地位，在诉讼中只能以被代理人的名义进行，并且受被代理人的意思表示的约束。

④ 适用范围不同。刑事辩护适用于公诉案件的犯罪嫌疑人、被告人和自诉案件的被告人；诉讼代理则适用于公诉案件的被害人、自诉案件和附带民事诉讼的当事人。

⑤ 权限不同。刑事辩护人享有的权利是法律赋予的，享有会见、通信、阅卷、调查取证等广泛的诉讼权利；而诉讼代理人的权限由被代理人授予，不能超出被代理人的权限范围。

⑥ 介入的时间不同。辩护人是自第一次讯问或者采取强制措施之日起即可介入；而诉讼

代理人需要审查起诉阶段才可介入。

（2）诉讼代理人的范围。

根据我国《民事诉讼法》的规定，下列人员可接受委托成为诉讼代理人：

① 律师。律师是指取得律师执业证书，为社会提供法律服务的执业人员。律师具有较为丰富的法律知识和诉讼经验，由律师代为诉讼，能够更好地帮助当事人行使诉讼权利，从而更好地维护其权益。

② 当事人的近亲属。当事人的近亲属主要包括其配偶、父母、子女、兄弟姐妹等。

③ 有关的社会团体或当事人所在单位推荐的人。如妇联可以推荐其工作人员在涉及妇女权益纠纷的案件中代理诉讼。

④ 经法院许可的其他公民。但为了避免当事人的利益受到损害并保障诉讼的顺利进行，其他公民担任诉讼代理人必须经过法院的许可。

（3）辩护人的范围。

辩护人既可以是律师，也可以是人民团体或者犯罪嫌疑人、被告人所在单位推荐的，还可以是犯罪嫌疑人、被告人的监护人、亲友。

但是，下列人员不能担任辩护人：① 被宣告缓刑和正在被执行刑罚的人；② 依法被剥夺、限制人身自由的人；③ 无行为能力或者限制行为能力的人；④ 人民法院、人民检察院、公安机关、国家安全机关、监狱的现职人员；⑤ 本法院的人民陪审员；⑥ 与本案审理结果有利害关系的人；⑦ 外国人或者无国籍人。

以上第①②③项规定的人员，在任何情况下都不能担任辩护人，因为这三种人没有行使辩护权的条件或者能力；第④⑤⑥⑦项规定的人员，如果是犯罪嫌疑人、被告人的近亲属或者监护人，由犯罪嫌疑人、被告人委托其担任辩护人的，人民检察院、人民法院可以准许。

2. 公民有申请回避的权利

回避制度是保证案件获得公正审理的制度，具体指侦查人员、检察人员、审判人员等同案件有法定的利害关系或者其他可能影响案件公正处理的关系，不得参与该案件诉讼活动的一种诉讼制度。回避方式有两种：自行回避与申请回避。

回避制度是利益规避原则的体现，其目的在于消除程序不公的因素，保证客观公正地处理案件，防止先入为主和徇私舞弊。实行回避制度，有利于避免司法人员的角色冲突，不至于既是当事人又是裁判者；有利于实现刑事诉讼的职能分离，使刑事诉讼中的控诉、辩护、审判职能由不同的人员承担；有利于保持司法人员的客观公正，消除当事人及其法定代理人的思想顾虑，增加诉讼参与人和社会公众对司法的公正性的信任度，减少不必要的上诉和申诉。

对诉讼过程中依照法律规定应该回避的办案人员以及其他相关人员，当事人有权要求其退出诉讼。回避制度的基本内容有：

（1）适用回避的人员包括：审判人员（包括审判员和人民陪审员）、书记员、翻译人员、鉴定人员、勘验人员等。

（2）适用回避的情形包括：

① 审判人员或其他人员是本案当事人或当事人的近亲属；

② 审判人员或其他人员与本案有利害关系；

③ 担任过本案的证人、鉴定人、辩护人、诉讼代理人的；

④ 与本案当事人有其他关系，可能影响对案件的公正审理。所谓其他关系，是除与案件有利害关系及与当事人近亲属关系外的特殊亲密或仇嫌关系的存在，足以影响案件的公正审理；

⑤ 接受当事人及其委托的人请客送礼或违反规定会见当事人及其委托的人的；

⑥ 参加过本案的审判活动的。

（3）回避的程序。

回避的提出，可以是当事人提出申请，也可以是审判人员或其他人员主动提出。回避应当在案件开始审理时提出，回避事由在案件开始审理后知道的，可以在法庭辩论终结前提出。提出回避申请应当说明理由。回避申请提出后，是否准许申请，由法院决定。

具体程序为：审判人员的回避，由法院院长决定；其他人员的回避，由审判长决定。法院对当事人提出的回避申请，应当在申请提出 3 日内，以口头或书面形式作出决定，申请人对决定不服的，可以在接到决定时申请复议一次。

（4）回避的法律后果。

在当事人提出回避申请到法院作出是否同意申请的决定期间，除案件需要采取紧急措施外，被申请回避的人员应暂停执行有关本案的职务。

法院决定同意申请人回避申请的，被申请回避的人退出本案的审判或诉讼；法院决定驳回回避申请而当事人申请复议的，复议期间，被申请回避的人员不停止参与本案的审判或诉讼。

3. 公民有上诉的权利

我国现行民事诉讼法规定了上诉制度，上诉是当事人对一审未生效的判决、裁定在法定期限内明示不服要求上一级人民法院对案件进行审理并撤销或变更原判决或裁定的诉讼行为，是一种程序性规定。

我国诉讼实行两审终审原则，一个案件经过两级法院审理即告终结。如果不在法定期限内提起上诉，一审判决就会生效。最高人民法院的一审判决同时就是终审判决。

上诉制度的核心内容就是两审终审制度中的第二审程序。第二审程序又称上诉审程序，是指由于民事诉讼的当事人不服第一审法院未生效的第一审裁判而在法定期间内向上一级人民法院提起上诉而引起的诉讼程序，是第二审级的人民法院审理上诉案件所适用的程序。二审程序是一审程序的继续，是对案件的继续审理，二审程序的设立具有重大意义，其目的当然是保障实现司法公正，促进法官理性司法。主要体现在以下方面：

（1）上诉审程序的设立，体现了程序的公正。任何法律设立，都应体现法律程序的公正性。程序之所以公正，其评价标准的一个重要方面是给予当事人的机会次数，如果只给予当事人一次机会，很难让人说是程序公正。

（2）上诉审程序的设立，为当事人保护自己的合法权益，提供了上位司法救济程序。程序法是当事人据以实现实体利益的保障法，上诉审程序正是为了保护当事人的合法权益而设立的，为当事人不服一审判决，提供了表达自己对一审裁判部分或全部认同或否定之愿望的机会。对于认同一审法院裁判的当事人来说，在二审中，可以进一步申述并证明自己在一审中所持的主张，并肯定一审裁判的正确性；对于不服一审法院裁判的当事人来说，在二审中则可坚持并补充一审中所提出的主张及根据，说明一审裁判的失当错误之处。

（3）上诉审程序的设立，也是对一审法院审判监督的一种程序性规定，是上诉审法院监督一审法院，纠正不当裁判的重要制度。因而，这一制度在维护当事人合法权益，纠正不当裁判方面起了重要作用。

（二）公民的诉讼义务

（1）依法行使诉讼权利，如实陈述事实。
（2）原告对自己陈述的案件事实和诉讼请求，被告对自己的反驳事实和理由负有举证义务。
（3）自觉遵守诉讼秩序，听从法庭指导。
（4）主动履行发生法律效力的判决书、裁定书和调解书。
（5）按规定交纳诉讼费用。

三、诉讼的基本程序

（一）诉讼管辖

1. 受案范围

1）民事诉讼的受案范围

《民事诉讼法》规定，人民法院受理公民之间、法人之间、其他组织之间以及他们相互之间因财产关系和人身关系提起的民事诉讼，因物权、债权、知识产权、人身权、离婚、继承以及侵权等纠纷提起的诉讼都属于这一范围。

2）行政诉讼的受案范围

公民、法人或者其他组织对具有国家行政职权的机关和组织及其工作人员的具体行政行为不服，依法提起诉讼的，属于人民法院行政诉讼的受案范围。

3）刑事诉讼的受案范围

刑事诉讼以立案为起点。立案是指公安机关、检察院或法院对接受的报案、控告、举报或自首以及自己发现的材料进行审查，判断有没有犯罪事实和是否应该追究刑事责任，并决定是否作为刑事案件进行侦查或审理的诉讼活动。

（1）公安机关直接受理的刑事案件。
① 破坏社会主义市场经济秩序案；
② 涉税案件；
③ 公司、企业工作人员受贿案，向公司、企业工作人员行贿案，伪证案，拒不执行裁定案；
④ 依法不由人民检察院和人民法院受理的其他案件。

（2）人民检察院直接受理的刑事案件。
① 贪污贿赂犯罪案件；
② 国家工作人员的渎职犯罪案件；
③ 国家机关工作人员利用职权实施的侵犯公民人身权利、民主权利的犯罪案件（非法拘禁案，非法搜查案，刑讯逼供案，暴力取证案，体罚、虐待被监管人案，报复陷害案，破坏

选举案);

④ 国家机关工作人员利用职权实施的其他重大犯罪，经省级以上人民检察院决定。

(3) 人民法院直接受理的刑事案件。

第一，告诉才处理的案件（自诉案件）

① 侮辱、诽谤案（危害社会秩序和国家利益的除外）；

② 暴力干涉婚姻自由案（致人死亡的除外）；

③ 虐待案（致人重伤或死亡的除外）；

④ 侵占案。

第二，被害人有证据证明的轻微刑事案件：

① 故意伤害案（轻伤）；

② 非法侵入住宅案；

③ 侵犯通信自由案；

④ 重婚案；

⑤ 遗弃案；

⑥ 生产、销售伪劣商品案（严重危害社会秩序和国家利益的除外）；

⑦ 侵犯知识产权案（严重危害社会秩序和国家利益的除外）；

⑧ 属于《刑法》分则第四章、第五章规定的，对被告人可能判处三年有期徒刑以下刑罚的案件。

对上列八项案件，被害人直接向人民法院起诉的，人民法院应当依法受理。对于其中证据不足、可由公安机关受理的，或者认为对被告人可能判处三年有期徒刑以上刑罚的，应当移送公安机关立案侦查或告知被害人向公安机关报案。即既可自诉，也可公诉。

第三，被害人有证据证明被告人侵犯其人身权利、财产权利的行为应当依法追究刑事责任，而公安机关或检察机关不予追究的案件。

2. 管辖问题

1）主管与管辖

由于社会的纠纷解决机制（机构）有多种，每个机构都有自己解决纠纷的范围，这就是主管，即解决哪些案件由法院管辖。主管解决的是案件是否由人民法院管辖的问题，解决了这个问题之后就要解决具体的案件由哪个具体的法院管辖的问题。

管辖解决的是各级法院之间和同级法院之间受理一审案件的分工和权限。从理论上讲，主管先于管辖发生，是确定管辖的前提和基础，而管辖是主管的具体落实。

2）我国法院的系统及各自的管辖范围

我国法院分为四级，即基层人民法院、中级人民法院、高级人民法院、最高人民法院。此外，由于专业性质，还设有海事法院、铁路运输法院和军事法院等专门法院。

依法确定各级法院之间以及不同地区的同级法院之间，受理第一审案件的职权范围和具体分工的活动称为管辖。管辖可以按照不同标准作多种分类，其中最重要、最常用的是级别管辖和地域管辖。

(1) 级别管辖：在上下级法院之间确定管辖权。它是确定法院管辖的首要环节。

	民事诉讼	刑事诉讼	行政诉讼
最高法院	1. 在全国有重大影响的案件； 2. 认为应当由本院审理的案件	全国性的重大刑事案件	全国范围内重大、复杂的第一审行政案件
高级法院	在本辖区有重大影响的第一审民事案件	全省（自治区、直辖市）性的重大刑事案件	本辖区内重大、复杂的第一审行政案件
中级法院	1. 重大涉外案件（指争议标的额大，或者案情复杂，或者居住在国外的当事人人数众多的涉外案件）； 2. 在本辖区有重大影响的案件； 3. 专利纠纷案件等最高人民法院确定由中级人民法院管辖的案件	1. 危害国家安全、恐怖活动案件； 2. 可能判处无期徒刑、死刑的普通刑事案件； 3. 违法所得的没收案件	确认发明专利权的案件、海关处理的案件；对国务院各部门或者省、自治区、直辖市人民政府所作的具体行政行为提起诉讼的案件；本辖区内重大、复杂的案件（例如被告为县级以上人民政府，且基层人民法院不适宜审理的案件；社会影响重大的共同诉讼、集团诉讼案件；重大涉外或者涉及香港特别行政区、澳门特别行政区、台湾地区的案件；其他重大、复杂案件等。）
基层法院	第一审民事案件，但法律另有规定的除外	第一审普通刑事案件，但是依法由上级人民法院管辖的除外	第一审行政案件

（2）地域管辖：确定某个一审案件应该由哪个地区的法院来管辖。地域管辖是在案件审判级别确定后对管辖权的进一步划分，主要解决同级法院之间哪一个法院管辖的问题。因此，级别管辖是地域管辖的前提和基础，地域管辖是级别管辖的具体落实。

① 民事诉讼：

一般实行"原告就被告"原则，即由被告所在地法院管辖。同时，还有例外规定即"被告就原告"，如下列情形：

第一，对不在中华人民共和国领域内居住的人提起的有关身份关系的诉讼；

第二，对下落不明或者宣告失踪的人提起的有关身份关系诉讼；

第三，对被监禁的人提起的诉讼。

此外，还有以诉讼标的或诉讼标的物所在地、法律事实所在地及被告住所地为标准而确定第一审受理法院的管辖，也称为"特别管辖"或"特殊管辖"及由特定的人民法院管辖的专属管辖等。

② 行政诉讼：

一般地域管辖采取"原告就被告"原则。以最初做出具体行政行为的行政机关所在地法院管辖。经复议的案件，复议机关改变原具体行政行为的，也可以由复议机关所在地人民法院管辖。

此外，行政诉讼法规定的特殊地域管辖有两种情况：一是对限制人身自由的行政强制措施不服提起的诉讼，由被告所在地或者原告所在地法院管辖。主要目的是方便公民起诉，防止行政机关规避法律；二是因不动产而提起的诉讼，由不动产所在地的人民法院管辖。不动产所在地法院管辖是诉讼管辖制度中的一般规则，主要是为了就近调查，便于法院执行。

③刑事诉讼：

刑事诉讼管辖指公、检、法在直接受理刑案上的权限分工以及人民法院系统内部在审判第一审刑案上的权限分工。分为立案管辖和审判管辖。

立案管辖前已述及，这里重点对审判管辖作一说明。审判管辖有级别管辖、地域管辖和专门管辖之分。就地域管辖来说，通常由犯罪地（行为地和结果地）法院管辖为主，被告居住地管辖为辅；以最初受理的法院审判为主，必要时移送主要犯罪地法院审判为辅。

此外，还有审判管辖中专门管辖，指哪些案件由专门法院审判的问题。

军事法院管辖：军人违反职责罪案件；现役军人和军队在编人员、普通公民危害与破坏国防军事利益的犯罪案件。军地互涉案件，原则上实行分别管辖制度，涉及军事秘密的案件，全案由军事法院管辖。

铁路运输法院管辖：危害与破坏铁路运输和生产的案件；破坏铁路交通设施的案件；火车上发生的犯罪案件；违反铁路运输法规、制度造成重大事故或严重后果的案件。与地方法院有争议的，一般由地方管辖。

（二）起诉与受理

起诉和受理是两种不同性质却又密切联系的诉讼行为，前者是原告的诉讼行为，是受理的前提；后者是人民法院的诉讼行为，是起诉的结果。任何一个行政诉讼程序的开始，都是这两个诉讼行为的结合。没有原告的起诉行为，也就没有人民法院的受理行为。但是，受理并不是起诉的唯一结果，是否决定受理，是人民法院行使国家审判权对起诉行为进行审查而单方面得出的结论。

1. 起 诉

在民事和行政诉讼中，原告向法院提出诉讼请求的行为称为起诉，俗称"告状"。具体而言，起诉是指公民、法人或者其他组织认为其权益受到侵害或者与他人发生争议时，请求人民法院通过审判方式予以司法保护的诉讼行为。在刑事诉讼中，被害人或其近亲属（或与被害人有抚养赡养关系的人）有提出附带民事诉讼，提出诉讼请求的权利。

（1）起诉的条件。

当事人起诉是审判程序开始的前提，只有符合条件的起诉，才会启动审判程序，不符合条件的起诉，法院将裁定不予受理。根据诉讼法规定，当事人起诉必须具备以下条件：

第一，有适格的原告。原告必须是有诉讼权利能力、与本案有直接利害关系的公民、法人和其他组织。所谓"直接利害关系"是指公民、法人和其他组织自己的或受自己管理、支配的民事权益受到了侵害或与他人发生民事争议。但这种直接利害关系只要原告认为存在并声明即可，至于是否客观真实尚有待法院通过审理加以认定。与争议案件没有直接利害关系的，不是适格的原告，不能以自己的名义向人民法院起诉。

第二，有明确的被告。诉讼所要解决的是相互对立的当事人之间的权利义务争议，因此，原告起诉时要指明发生争议的相对一方。如果被告不明确，诉讼无法进行。

第三，有具体的诉讼请求和事实、理由。"具体的诉讼请求"是指原告在起诉时必须明确请求法院予以司法保护的具体内容和方式。例如，是请求法院判令对方履行一定的义务，还是请求法院变更某种法律关系或者确认某种法律关系的存在。法院审理案件只能以原告提出的诉讼请求为审理的范围，诉讼请求不具体、不明确，法院对案件无从审理。"事实"是指原告向法院提出诉讼请求所依据的案件事实和证据事实，包括当事人之间法律关系发生、变更和消灭的基本事实，当事人之间发生争议的事实，以及有关的证据。"理由"是指证明该诉讼请求是合理、合法的，应得到法院支持的原因。

第四，属于人民法院受理诉讼的范围和受诉人民法院管辖。属于法院受理诉讼的范围，是指当事人之间的争议事项必须属于法院行使审判权的职权范围。不属于这个范围的，不得提起诉讼。属于受诉法院管辖，是指原告必须根据诉讼法关于法院之间管辖案件的分工，向有管辖权的人民法院提起诉讼。管辖权是审判权的基础，法院对案件没有管辖权，则无从审判。

以上四个条件是原告起诉时必须同时具备的，缺一不可。

（2）起诉的方式。

《民事诉讼法》第一百二十条规定："起诉应当向人民法院递交起诉状，并按照被告人数提出副本。书写起诉状确有困难的，可以口头起诉，由人民法院记入笔录，并告知对方当事人。"

起诉状是原告向人民法院提起诉讼的意思表示的载体。起诉状应当记明下列事项：

第一，当事人的姓名、性别、年龄、民族、职业、工作单位和住所，法人或者其他组织的名称、住所和法定代表人或者主要负责人的姓名、职务；

第二，诉讼请求和所根据的事实与理由；

第三，证据和证据来源，证人姓名和住所。

此外，起诉状还应写明受诉法院的名称、起诉的时间，并由原告签名或盖章。起诉状应当符合上述要求，内容如有欠缺的，受诉人民法院应要求原告限期补正。

2. 受 理

受理是指人民法院对公民、法人或者其他组织的起诉进行审查后，认为符合法律规定的起诉条件，决定立案并启动诉讼程序的行为。

法院接到起诉状后，要从上述起诉的四个方面审查是否符合法律规定的条件。如果符合条件，可以接受起诉；如果不符合条件，法院裁定不予受理。具体来说，人民法院在收到原告的起诉状或口头起诉后，经审查认为符合起诉条件的，应当在7日内立案，并通知当事人；认为不符合起诉条件的，应当在7日内裁定不予受理；原告对裁定不服的，可以提起上诉。

（三）开庭审理

1. 开庭审理的基本程序

开庭审理，又称"法庭审理"，是受诉法院在完成审前准备后，于确定的日期，在双方当事人及其他诉讼参与人的参加下，依法定形式和程序，在法庭上对案件进行审理的诉讼活动。

开庭审理是整个诉讼程序的核心阶段，整个诉讼程序是围绕着开庭审理而展开的。开庭审理也是所有的诉讼法律关系主体集中进行诉讼活动的场所，开庭审理过程中，所有的合议庭成员和所有的当事人及诉讼参与人都要出庭。

开庭审理分为五个阶段进行：庭审准备、庭审调查、法庭辩论、合议庭评议和宣告判决。

(1) 庭审准备。

庭审准备是人民法院在正式对案件进行实体审理之前,为保证案件审理的顺利进行而进行的各项准备工作。根据《民事诉讼法》的规定,庭审准备的内容包括:

① 传唤当事人,通知其他诉讼参与人出庭参加诉讼。人民法院应当在开庭 3 日前将传票送达当事人,将出庭通知书送达其他诉讼参与人,传票和通知书应当写明案由、开庭的时间和地点,以确保当事人和其他诉讼参与人为参加庭审做好准备。

② 对公开审理的案件,人民法院应当在开庭 3 日前公告当事人的姓名、案由和开庭的时间、地点。公告可以在法院的公告栏张贴,巡回审理的可以在案发地或其他相关的地点张贴。其目的是加强新闻媒体和社会公众对人民法院审判活动的了解和监督,确保案件审理的公正和效益。

③ 查明当事人及其他诉讼参与人是否到庭,宣布法庭纪律。正式开庭审理之前,由书记员查明原告、被告、第三人、诉讼代理人、证人、鉴定人、翻译人员等是否到庭,并向审判长报告。同时宣布法庭纪律,告知全体诉讼参与人和旁听人员必须遵守。

④ 开庭审理时,由审判长核对当事人,核对的顺序是原告、被告、第三人,核对的内容包括姓名、性别、年龄、民族、籍贯、工作单位、职业和住所。当事人是法人和其他组织的,核对其法定代表人和主要行政负责人的姓名、职务。对于诉讼代理人应当查明其代理资格和代理权限。核对完毕由审判长宣布案由,宣布审判人员、书记员名单,告知当事人有关的诉讼权利义务,询问当事人是否提出回避申请。

(2) 法庭调查。

法庭调查的主要任务是,审判人员在法庭上全面调查案件事实,审查和核实各种证据,为正确认定案件事实和适用法律奠定基础。依照《民事诉讼法》和最高法院《民诉证据若干规定》,法庭调查主要包括两个内容:一是当事人陈述;二是出示证据和质证。

① 当事人陈述。

首先由原告口头陈述其诉讼请求及其所依据的事实、理由,然后由被告陈述案件事实及其所持的不同意见。被告提出反诉的,应陈述反诉的诉讼请求及其所依据的事实、理由。有诉讼第三人的,先由有独立请求权的第三人陈述诉讼请求及其所依据的事实、理由,再由无独立请求权的第三人针对原、被告的陈述提出承认或者否认的答辩意见。当事人有诉讼代理人的,可以由诉讼代理人陈述或答辩,也可以在当事人陈述或答辩完后,再由诉讼代理人补充。审判人员有权就案件事实进行询问,归纳本案争议焦点或者法庭调查重点,并征求当事人的意见。

② 出示证据和质证。

当事人陈述结束后,必须将案件的有关证据在法庭上展示,并由当事人进行质证。但是,当事人在证据交换过程中认可并记录在卷的证据,经审判人员在庭审中说明后,可以作为认定案件事实的依据,不必在法庭上质证。

法庭调查结束前,审判长应当就法庭调查认定的事实和当事人争议的问题进行归纳总结,并询问当事人的意见。

(3) 法庭辩论。

法庭辩论是当事人及其诉讼代理人在合议庭的主持下,根据法庭调查阶段查明的事实和证据，阐明自己的观点和意见，相互进行言词辩驳的诉讼活动。法庭辩论是辩论原则最生动和最集中的体现。当事人及其诉讼代理人针对法庭调查阶段审核的事实和证据，围绕案件争执焦点，互相进行口头辩论，争取合议庭作出有利于自己的裁判。同时，通过辩论，审判人员能够掌握案件的关键所在，有助于查清案件事实，分清是非责任。

（4）合议庭评议。

法庭辩论结束后，调解不成的，合议庭应当休庭，进入评议室进行评议。评议时合议庭应根据法庭调查和法庭辩论的情况，确定案件的性质，认定案件的事实，分清是非责任，正确地适用法律，对案件作出最后的处理。合议庭评议案件，由审判长主持，秘密进行，合议庭有不同意见时，实行少数服从多数的原则，但少数意见要如实记入笔录。评议笔录由书记员制作，经合议庭成员和书记员签名或盖章，归档备查，不得对外公开。评议结束后，应制作判决书，并由合议庭成员签名。

（5）宣告判决。

宣告判决的内容包括：认定的事实、适用的法律、判决的结果和理由、诉讼费用的负担、当事人的上诉权利、上诉期限和上诉法院。

宣告判决有两种方式：一种是当庭宣判。即在合议庭评议后，由审判长宣布继续开庭并宣读裁判。宣判后，10日内向有关人员发送判决书。另一种是定期宣判。即不能当庭宣判的，另定日期宣判。定期宣判后，应立即发给判决书。

无论是公开审理还是不公开审理的案件，宣告判决一律公开。宣告离婚判决时，应告知当事人在判决未生效前，不得另行结婚。

2. 两审终审制

我国的两审终审制，其基本内容是人民法院审判刑事民事和行政案件经过两级人民法院的审判即告终结，第二审法院作出的判决或裁定是立即发生法律效力的判决、裁定，法律规定的上诉权人不得再对其提起上诉，不得再按照上诉程序提起抗诉。最高人民法院是我国的最高审判机关，它所作的一切判决、裁定，都是立即发生法律效力的判决和裁定，不得再对其提起上诉。

在理解两审终审制度时，必须注意以下问题：

第一，第二审程序并非所有的程序必须经过的程序。只有对地方法院和专门法院的一审裁判依法提出上诉或抗诉时才能进入二审程序。

第二，高级人民法院第二审作出的死刑立即执行的裁判，还必须经过死刑复核的特殊程序才能生效和交付执行。

第三，终审制度，是由两级法院分别独立完成第一审和第二审的审判任务的，上级法院不能在下级法院未作出裁判前就干预其具体案件的判决或裁定结案。

但是还要注意审判监督程序，又称再审程序，是指人民法院、人民检察院对于已经发生法律效力的判决和裁定，发现在认定事实上或者在适用法律上确有错误，依法提出并由人民法院对其重新审判所应遵循的步骤、方式和方法。若当事人认为二审裁判仍确有错误，还可以向上一级人民法院申请再审，如果人民法院、人民检察院及其人员发现已经生效的裁判在认定事实或适用法律上确有错误，也可以主动启动再审程序，即审判监督程序。

四、诉讼证据

（一）证据的概念

证据与诉讼证据是有区别的，在日常生活中证据通常是指一事物与另一事物的关系，就是证明的根据，用已知的事实证明未知的事实离不开证据。但是，法律意义上的证据即诉讼证据，是指那些通过法定程序，在诉讼过程中用来证明案件事实的一切凭证或根据。

对司法机关而言，证据是证明案件事实的唯一根据或手段（即所谓的证据裁判原则），而案件事实又是裁判的根据（即所谓以事实为根据、以法律为准绳原则），因此为了保障裁判公正，证据必须真实可靠。三大诉讼法均规定"证据经法庭审查属实，才能作为定案的根据"。

对普通公民而言，刑事诉讼中的证据是揭露犯罪的有力武器，民事诉讼和行政诉讼中的证据则是当事人主张自己权利的重要工具。

（二）证据的基本特征

法律上的证据不同于一般的事实。它是指诉讼中什么样的证据可以被采纳。任何诉讼证据都具有三个基本的特征。

（1）客观性，又称真实性。即证据必须是客观存在的事实材料，必须是对案件事实的客观反映和真实记载，不能有任何主观随意性，不能为任何人的主观意志所左右。

（2）关联性。证据必须是与案件有一定的联系，它要求每一具体证据必须对证明案件事实具有实质性意义。即证据只有与案件事实有实质性联系，才能对案件事实具有证明作用。这种联系可以用来直接或间接地证明案件待证对象的真伪。

（3）法律性。法律性又称合法性，即证据必须符合法律规定形式并按法定程序取得，表现在：第一，证据的来源合法；第二，证据的收集方式合法；第三，具备合法的形式；第四，须经法定程序审查属实。法律规定限制了部分证据的使用，如遗嘱继承人不能作为遗嘱见证人。刑讯逼供所取得的证据不能作为确定案件真伪的依据。

（三）证据的种类

我国三大诉讼法对诉讼证据分类在表述上有区别，但实质上都是分七种。根据法律的规定，法定证据主要有以下几类：物证；书证；视听资料；证人证言；当事人的陈述；鉴定结论；勘验笔录、勘验检查笔录。下面分别介绍。

1. 书　证

书证，是以一定的物质为载体，以文字、符号、图形、表格、数据等载体上记载的思想内容来证明案件的真实情况的。书证是以一定的物质材料作为载体而存在的，一旦形成，便能将一定的意思表示和思想内容固定下来，具有很强的证明力。

2. 物　证

物证，是指能够以其存在形式、内在属性和外部特征证明案件待证事实的物品、痕迹或者微量物。物证以物体的外形、质量、状况、规格、特征等来肯定或者否定案件的待证事实。

3. 视听资料

视听资料，是指运用现代技术手段，以录音、录像所反映的声音、形象、电子计算机所贮存的资料、其他科技设备所提供的资料来证明案件真实情况的证据。它是随着科学技术的发展和司法实践的需要而出现的一种新型证据，是自然科学成果运用于诉讼领域的结果。

4. 证人证言

证人证言，是指证人就其所了解的案件事实向法庭所作出的陈述。证人，是指通过其自身感觉器官直接了解案件情况并受法院传唤到庭作证的人。作为证人证言，一般由证人出庭采取口头的方式进行陈述。

5. 当事人陈述

当事人陈述，是民事诉讼和行政诉讼当中所涉及的概念。当事人的陈述，是指当事人就有关案件的事实情况向法院所作出的陈述。它包括当事人自己说明的案件事实以及对案件事实的承认两个方面的内容。当事人向法院陈述的内容很多，但主要体现在：其一，关于案件事实的叙述和说明；其二，关于请求适用实体法作出对其有利判决的陈述。

（1）刑事被害人陈述，即通常所指的被害人陈述，是指在刑事诉讼中，被害人就其遭受犯罪行为侵害的事实以及其他与案件有关的情况向公安、司法机关所作的陈述。显而易见，此种证据是被害人提供的。根据《刑事诉讼法》的规定，被害人属于当事人的范畴。可见，被害人陈述是刑事诉讼一方当事人提供的证据，在诉讼过程中起着重要的作用。

（2）犯罪嫌疑人、被告人的供述和辩解，是指犯罪嫌疑人、被告人在刑事诉讼中就与案件有关的事实情况向公安司法机关所作的供述、辩解和陈述，即通常所说的口供。口供主要包括以下三个方面内容：一是犯罪嫌疑人、被告人承认自己犯罪事实的供述；二是犯罪嫌疑人、被告人关于自己无罪或罪轻的辩解；三是犯罪嫌疑人、被告人揭发检举同案其他犯罪行为的陈述，也叫攀供。

6. 鉴定结论

鉴定结论，是指在诉讼中，人民法院依据其职权，或者依据控辩双方当事人的申请，委托或者聘请具有鉴定资格的鉴定机构或者鉴定人，对案件的待证事实的专门性问题进行分析、鉴别和判断后所作出的结论性意见。

7. 勘验、检查笔录

勘验、检查笔录是指办案人员对与案件有关的场所、物品、人身进行勘验、检查时，所作的文字记载，并由勘验、检查人员和在场见证人签名的一种书面文件。

此外还有现场笔录，是指国家行政机关及其工作人员对违反行政法律规范的行为人当场作出处理而制作的文字记载材料。现场笔录只适用于行政诉讼。

五、举证责任

（一）举证责任的概念

举证责任是指当事人对自己提出的主张有收集或提供证据的义务，并有运用该证据证明主张的案件事实成立或有利于自己的主张的责任，否则将承担其主张不能成立的危险。

（二）举证责任的特征

从法律上看，举证责任具有以下特征：

首先，举证责任总是与一定的法律职责和义务相联系。比如，民事诉讼的原告向法院起诉时其必须承担提出证据证明诉讼事项的义务。

其次，举证责任总是与一定的法律风险相联系。也就是说，它既包括行为责任即举出证据证明主张成立的责任，也包括结果责任，即负有证明责任的主体，如果不履行该责任，或在事实真伪不明时就要承担其主张不能成立的风险，比如：原告向法院提起诉讼，但不能提出充足的证据证明事实存在，就可能不被法院受理或被驳回诉讼请求。

（三）三大诉讼中的举证责任

1. 民事诉讼中的举证责任

根据我国《民事诉讼法》的规定，民事举证一般实行"谁主张、谁举证"的原则，即当事人对自己提出的主张有责任提供证据。没有证据或者证据不足以证明当事人的事实主张的，由负有举证责任的当事人承担不利后果。

但在有些情况下，当案件的当事人处于弱势而难以举证时，法律出于保护弱者利益、维护社会公平的考虑，实行"举证责任倒置"，由被告承担主要举证责任，用证据证明自己的"清白"。举证责任倒置的情形：

（1）环境污染引起的损害赔偿案件。
（2）因医疗行为引起的侵权案件。
（3）因新产品制造方法、发明专利引起的侵权案件。
（4）因建筑物其他设施及建筑物上的搁置物、悬挂物导致人损害的侵权案件。

2. 行政诉讼中的举证责任

一般情况下，由作为被告的行政机关对作出的具体行政行为负有举证责任，应当提供作出该具体行政行为的证据和所依据的规范性文件。特殊情况下，对行政不作为的案件起诉，原告有提供申请证据的责任；对行政赔偿案件，原告对于损害事实承担举证责任。

行政诉讼的核心问题是行政机关作出的具体行政行为是不是合法，这种具体行政行为是由行政机关单方作出的，公民只有被动服从；况且，较之行政机关的物力、财力、人力，普通公民显然势单力薄，在举证能力上无法与之抗衡。因此，不要求公民承担举证责任。

3. 刑事诉讼中的举证责任

在刑事诉讼中的举证责任不同于民事诉讼和行政诉讼。对于公诉案件，承担举证责任的应该是公安机关和检察机关。对于自诉案件，自诉人应当承担举证责任。法院认为自诉人控诉证据不足时，可要求他补充，如提不出足够证据，有权驳回自诉。如被告人提出反诉，反诉人负有证明责任。法庭在当事人提证的基础上，对争执事实不清时，应主动在庭内外调查，事实调查清楚后，才能处理，不能消极地依靠双方提证。

法律为防止串供、毁灭伪造证据、干扰证人作证，所以嫌犯、被告人不应承担定罪的证明责任。但是，被告人可以提出有关量刑的证据，在量刑上有主张就有证明责任。

第四讲　律师与法律援助

一、律师制度

（一）律师概说

1. 律师的概念与特征

律师是依法取得律师执业证，面向社会提供法律服务的专门性的法律职业人员。律师的特征：

（1）专业性：成为律师必须具有一定的专业条件，具有法律专业知识。

（2）服务性：律师的天职是为社会提供法律服务，当然这种服务一般来说是有偿的。

（3）委托性：与法官、检察官不同，律师的业务来自当事人的委托，而不是基于权力。

（4）公正性：律师是为维护一方当事人的合法权益而提供法律服务的，因此，必须做到公正。同时，法律的活动也体现了社会正义性。

2. 律师的分类

按服务对象的不同，律师一般可分为社会律师、公职律师、公司律师和军队律师。

（1）社会律师。社会律师是指依法取得律师执业证书，接受委托或者指定，为社会提供法律服务的执业人员。

（2）公职律师。公职律师是指依法取得律师执业证书，供职于政府职能部门或行使政府职能的部门，或经招聘到上述部门专职从事法律事务的执业人员。

公职律师身份具有双重性，公职律师既是国家工作人员又是律师。公职律师不得为社会提供有偿法律服务，所受理的案件一律免费，公职律师不参与市场竞争。

（3）公司律师。公司律师是指依法取得律师执业证书，在企业内部专职从事法律事务工作，为企业提供法律服务的执业人员。

公司律师只能为本单位提供法律服务，不得面向社会从事有偿法律服务，不得在律师事务所和法律服务所兼职，不得以律师身份办理本单位以外的诉讼与非诉讼案件。

（4）军队律师。军队律师是指依法取得律师执业证书，为军队提供法律服务的律师。

根据《律师法》的规定，军队律师在履行职务时，享有与社会执业律师同等的权利，承担同样的义务。军队律师的具体管理办法，由国务院和中央军事委员会制定。

3. 律师在参与诉讼时的不同称谓

辩护人——受刑事案件的犯罪嫌疑人、被告人委托或法院指定而担任。

代理人——受民事、行政案件的原、被告，以及刑事案件的受害人委托而担任。

(二)律师的基本职责和业务范围

1. 律师的基本职责

《律师法》明确规定,律师应当维护当事人合法权益,维护法律正确实施,维护社会公平和正义。

(1)维护当事人的合法权益。这是律师执业活动的直接目的,否则,律师便无存在的必要。律师的第一要务是维护当事人的合法权益,为当事人谋取合法利益,挽回或减少当事人的损失。维护当事人的合法权益,是律师法定的义不容辞的职责,更是律师创造价值、获得社会积极评价的过程。

(2)维护法律的正确实施。一方面,当事人的合法权益是国家法律赋予并保护的,因此,律师通过提供法律服务,维护当事人的合法权益,国家法律就可以得到正确实施;另一方面,律师在提供法律服务的过程中,必须严格遵守法律的规定,依法办事,不能歪曲法律,故意规避法律以迎合当事人,损害国家、集体利益,破坏法律的统一和尊严。由此可见,维护法律的正确实施和维护当事人的合法权益,二者是统一的。律师既不能以维护法律为借口,损害当事人的合法权益,也不能以维护当事人的合法权益为由,损害法律的统一和尊严。

(3)维护社会公平和正义。公平正义,是法律的普遍价值属性。律师通过维护当事人合法权益和维护法律的正确实施达到维护社会公平和正义。随着我国社会主义民主政治和市场经济的发展,我国律师通过向社会提供法律服务,化解纠纷,维护正义,在我国社会主义法治建设进程中,在社会主义和谐社会的建设进程中,发挥着越来越重要的作用。

2. 律师的业务范围

依《律师法》,我国律师的业务一般分为诉讼和非诉讼两大类。

(1)诉讼业务。

诉讼,俗称"打官司"。诉讼业务是律师的一项传统的业务。

① 接受民事、行政案件当事人的委托,担任代理人,参加诉讼。
② 接受刑事案件犯罪嫌疑人的聘请,为其提供法律咨询,代理申诉、控告,申请取保候审。
③ 接受犯罪嫌疑人、被告人的委托或者人民法院的指定,担任辩护人。
④ 接受自诉案件自诉人、公诉案件被害人或者近亲属的委托,担任代理人,参加诉讼。
⑤ 代理各类诉讼案件的申诉。

(2)非诉讼业务。

非诉讼业务,与诉讼业务相对应,是指律师接受公民、法人或者其他组织的委托,在其职权范围内为当事人处理不与法院、仲裁委员会发生关联,直接为委托人办理某种法律事务的业务活动。

非诉讼业务是律师新兴的法律服务领域,没有具体的界限。现在律师的非诉讼业务范围正在逐渐扩大,只要当事人认为该事项涉及法律责任或需要进行法律上的预测及评估,都可以委托律师处理。律师的非诉讼业务范围包括:

① 接受公民、法人和其他组织的聘请,担任法律顾问;
② 接受当事人的委托,参加调解、仲裁活动;
③ 接受非诉讼法律事务当事人的委托,提供法律服务;

④解答有关法律的咨询，代写法律文书和有关法律事务的其他文书等。

二、在刑事诉讼中，控、审方的诉讼职能与律师的作用

（一）刑事诉讼中，控、审方的诉讼职能

刑事诉讼职能是指根据法律规定，国家专门机关和诉讼参与人在刑事程序中所承担的特定职责或可以发挥的特定作用。在现代刑事诉讼中，由于控诉与审判的分离、被告人获得为自己辩护的权利，形成控、辩、审三种基本诉讼职能共存的局面。在刑事诉讼中，控（检察院）、辩（被告人和律师）、裁（法院）三者职能分立，控、辩双方是既对抗又统一的关系。

这种控诉与辩护两者职能的对抗，起到"兼听则明"的作用，有助于法官准确查明事实，正确运用法律，达到惩罚犯罪和保障人权的统一。

辩护权是由我国刑法和刑事诉讼法的两大职能——惩罚犯罪与保障人权——所决定的。一方面必须严格依照刑事诉讼法所规定的原则和程序，保证准确、及时地查明犯罪事实，正确运用法律，惩罚犯罪分子；另一方面又要保障人权，保障无罪的人不受刑事追究，保障犯罪嫌疑人和被告人享有充分的诉讼权利。

1. 人民检察院在刑事诉讼中的控诉职能

《宪法》第一百二十九条与《人民检察院组织法》第一条规定，检察机关是法律监督机关。人民检察院在刑事中承担着控诉职能。

控诉职能是指向人民法院揭露、证实犯罪并要求人民法院对被告人确定刑罚权的职能。控诉职能的存在主要是基于国家惩罚犯罪的客观需要，其行使主体要包括：公诉人、自诉人和被害人等。

《刑事诉讼法》规定："检查、批准逮捕、人民检察院直接受理的刑事案件的侦查、提起公诉，由人民检察院负责。"

具体来说，人民检察院在刑事诉讼中担负着侦查、公诉、法律监督的职能。

（1）侦查。对人民检察院直接受理的案件进行侦查；对公安机关侦查的案件进行审查；决定是否逮捕、起诉或者不起诉。

（2）公诉。除自诉案件外，人民检察院是国家唯一的公诉机关，对刑事案件提起公诉。

（3）法律监督。人民检察院是国家的法律监督机关，依法对刑事诉讼实行法律监督，对人民法院的审判活动是否合法实行监督，对确有错误的提出抗诉；对执行机关执行刑罚的活动是否合法实行监督。

2. 人民法院在刑事诉讼中的审判职能

法院是国家的审判机关，代表国家行使审判权，承担着审判（裁判）的基本职能。审判职能是指通过审理确定被告人是否犯有被指控的罪行和应否处以刑罚以及处以何种刑罚的职能。

《宪法》规定，人民法院是国家的审判机关。这一规定指出了人民法院的性质和职能，也规定了人民法院对审判权的专属性，即只有人民法院才能代表国家行使审判权，除人民法院以外的任何机关、团体和个人的审判都是非法的。人民法院在刑事诉讼中的任务就是对刑事

案件进行审判,就被告人是否有罪、有何罪、处以何种刑罚作出决定。

(二)刑事诉讼中,律师作为辩护人的作用

辩护指犯罪嫌疑人、被告人及其辩护人针对控方指控而进行的论证犯罪嫌疑人、被告人无罪、罪轻、减轻或免除罪责的反驳和辩解的诉讼活动。

1. 辩护权体现人权

人权是人依其自然属性和社会属性所应享有的权利,是指人人自由、平等地生存和发展的权利。我国在 2004 年将"尊重和保障人权"载入了《宪法》,对我国的人权立法和人权保障起到重要的作用。2012 年修正的《刑事诉讼法》,贯彻落实宪法的规定,加大人权保障的力度,加强对公权力行使的制约和规范的考虑,将"尊重和保障人权"写入《刑事诉讼法》的任务条文中,在司法程序中对保障人权起到重要作用。

人权保障原则不仅仅是刑事诉讼的一项重要的任务,更是刑事诉讼的一项重要指导原则,刑事诉讼法的立法和执法,都要以"人权保障原则"作为一项重要的指导原则。辩护权是犯罪嫌疑人、被告人一项基本的宪法权利,在刑事诉讼中也是其最重要的基本权利,是其刑事诉讼权利的核心。辩护权是辩护的法律依据,辩护则是辩护权得以实现的手段和方法。保障犯罪嫌疑人、被告人享有和充分行使辩护权,是在刑事诉讼中尊重和保障人权的直接的体现。

2. 刑事案件被告人享有辩护权

任何人在遭遇司法机关追究刑事责任时,都有权针对被指控的罪行进行无罪、罪轻,减轻或者免除处罚的辩解和辩论,这就是刑事辩护。

所谓辩护权,就是犯罪嫌疑人、被告人针对指控被控告、被追究的犯罪,从事实、证据、法律、处刑等诸方面进行申辩和辩解,说明自己无罪、罪轻或者认为应当减轻、从轻、免除处罚,以维护自己合法权益的权利。它是国家法律赋予刑事被告人的一项重要的诉讼权利。辩护权可以由犯罪嫌疑人、被告人自己行使,也可以依法委托辩护人帮助共同行使。

辩护权是犯罪嫌疑人、被告人在刑事诉讼中依法享有的最重要的诉讼权利,他们享有的其他诉讼权利,都同辩护权密切相关。辩护权如果得不到保障,其他诉讼权利的行使,也不可能得到保障。

《宪法》规定:"被告人有权获得辩护。"《刑事诉讼法》也规定:"被告人有权获得辩护,人民法院有义务保证被告人获得辩护。"

根据我国现有法律规定,犯罪嫌疑人、被告人辩护权主要在以下阶段行使:

(1)侦查起诉阶段。

公安机关、检察机关保证犯罪嫌疑人、被告人行使辩护权,主要应表现为:在侦查、起诉阶段应当允许犯罪嫌疑人、被告人进行申辩和解释,并应认真听取;从传讯犯罪嫌疑人时起,就应当告知他享有辩护权等诉讼权利;从案件移送侦查起诉之日起,人民检察院应当在法定期限内,告知犯罪嫌疑人有权委托辩护人。

(2)审判阶段。

人民法院在审判阶段保证被告人行使辩护权,主要应表现为:依法在开庭前将起诉书副本送达被告人,使被告人有足够时间准备辩护;告知被告人享有辩护权,并应告知可委托辩护人出庭为其辩护;依法应当为被告人指定辩护人时,必须依法指定;认真听取和研究被告

人及其辩护人的辩护，对其中正确的部分应当予以采纳。

3. 律师在刑事诉讼中的作用

辩护职能是指针对犯罪嫌疑或指控进行反驳，说明犯罪嫌疑或指控不存在、不成立，要求宣布犯罪嫌疑人、被告人无罪、罪轻或者从轻、减轻、免除刑罚处罚的职能。由犯罪嫌疑人、被告人行使，辩护人协助其行使。

辩护业务是律师办理刑事案件的主要业务，根据法律规定，律师在刑事案件中可以接受公诉或自诉案件被告人的聘请，为其提供法律咨询，代理申诉、控告，申请取保候审，接受犯罪嫌疑人、被告人的委托或者人民法院的指定，担任辩护人。

律师作为辩护人的责任则是根据法律和事实，提出犯罪嫌疑人、被告人无罪、罪轻或者减轻、免除其刑事责任的材料和意见，维护犯罪嫌疑人、被告人的诉讼权利和其他合法权益，使无罪的人不受刑事追究，罪轻的人不致重判。

辩护的目的则在于使被告人免受不公正的定罪和判刑，追求对被告人有利的诉讼结局。因此，辩护律师不得实施任何带有追诉性质的活动。各国均对律师从事带有追诉性质的活动作出了明确的禁止。这些禁止性法律规范主要包括：

（1）辩护律师在未取得被告人许可的情况下不得就其在履行职务期间获知的被告人秘密向法院作证。

（2）辩护律师在法庭审判中不得提出对被告人不利的证据、申请或主张，不得进行旨在使被告人遭受不利后果的论证和辩论。

（3）辩护律师不得从事任何旨在协助刑事追诉一方的活动，即使这种协助并不会使被告人遭受不利的诉讼结局。

三、法律援助

（一）我国法律援助制度

1. 法律援助的概念与特征

"法律援助"，在英文中为"Legal Aid"。在美国、英国和加拿大、澳大利亚等英美法系国家，往往以"Legal Service"，即"法律服务"来表述"民事法律援助"。

西方国家的现代法律援助是指国家（政府）对因经济困难无力支付或不能完全支付法律代理费用的公民给予免收费或者由当事人分担部分费用的法律帮助，以维护法律赋予公民的权益得以平等实现的一项司法保障制度。

在我国，法律援助，是由政府设立的法律援助机构组织法律援助人员和社会志愿人员，为某些经济困难的公民或特殊案件的当事人提供免费的法律帮助，以保障其合法权益得以实现的一项法律保障制度。我国法律援助的特征：

第一，"法律援助是政府的责任"（《法律援助条例》第三条），它体现了国家和政府对公民的应尽义务和责任。

第二，法律援助是法律化、制度化的国家保障司法公正的行为。

第三，法定的受援对象是作为自然人的公民。

第四，对受援者提供免费的法律帮助。（《法律援助条例》第二条，获得无偿法律服务）

第五，法律援助形式既包括诉讼法律援助服务，也包括非诉讼的法律援助服务；还包括法律咨询、法律信息资料的免费提供。（法院的"司法救助"不属法律援助）

第六，法律援助的实施者既包括专职法律援助律师、社会执业律师、基层法律服务工作者在内的法律援助（服务）人员，也包括社会团体、法律院校的法律援助志愿人员。（减免收费的公证人员不是法律援助主体）

2. 我国法律援助的主体

（1）法律援助的义务主体。

① 责任主体：各级政府及其设立的法律援助机构。

② 义务主体：按照法律援助机构的指派提供法律服务的人员，主要是律师。

目前，我国的法律援助的专业实施主体有律师、公证员、基层法律工作者。律师主要提供诉讼法律援助（包括刑事辩护、刑事代理和民事诉讼代理等）和非诉讼法律援助；公证员主要提供公证事项的法律援助；基层法律工作者主要提供法律咨询、代书、普通非诉讼事项的帮助等简易法律援助。

（2）法律援助的权利主体——法律援助的对象。

所谓法律援助的对象条件，就是指法律援助受援人的资格条件，是指什么人有权受益于现存的法律援助制度，以及经过什么程序来确定申请人的资格。

① 法律援助的一般受援人及其资格条件。

根据我国相关法律法规的规定，法律援助的一般受援人首先只能是作为自然人的公民，不包括组织体；其次，只有因经济困难无能力支付法律服务费用，有充分理由证明为保障自己的合法权益需要法律帮助的这部分公民才是合格的受援人。

我国《律师法》规定，公民在赡养、工伤、刑事诉讼、请求国家赔偿和请求依法发给抚恤金等方面需要获得律师帮助，但是无力支付律师费用的，可以按照国家规定获得法律援助。

② 法律援助的特殊对象：所谓法律援助的特殊对象，就是指具备法律援助的特殊条件而可以获得法律援助的人。这种特殊对象主要是刑事案件中的一些当事人。在我国就是《刑事诉讼法》第三十四条规定的两类情况：

第一，在公诉人出庭公诉的案件中因经济困难或其他原因没有委托辩护人的被告人，人民法院可以为其指定法律援助律师予以援助。

第二，盲、聋、哑或者未成年人或者是尚未完全丧失辨认或控制自己行为能力的精神病人为被告人，以及可能被判处死刑、无期徒刑的被告人，自己没有委托辩护人的，法院应当为其指定法律援助律师为其提供辩护。

3. 法律援助的范围

法律援助的范围，是指提供法律援助的案件和事项的具体领域，即根据法律规定，对哪些案件和事项可以提供法律援助。

根据《律师法》第四十一条、《法律援助条例》第十条至第十二条以及1997年5月10日司法部《关于开展法律援助工作的通知》等的规定，我国法律援助的范围包括：

（1）刑事案件。

第一，《刑事诉讼法》第三十四条规定的三类案件。

第二，《法律援助条例》第十一条规定的侦查帮助和刑事诉讼代理事务。

（2）行政诉讼案件、请求国家赔偿的诉讼案件。

（3）请求给付赡养费、抚育费、抚养费的法律事项。

（4）因公受伤害请求赔偿的法律事项。

（5）盲、聋、哑和其他残疾人、未成年人、老年人追索侵权赔偿的法律事项。

（6）请求发给抚恤金、救济金的法律事项。

（7）请求给予社会保险待遇或者最低生活保障待遇的法律事项。

（8）请求支付劳动报酬的法律事项。

（9）请求支付医疗费用的法律事项。

（10）主张因见义勇为行为产生的民事权益的法律事项。

（11）其他确需法律援助的法律事项。

4. 法律援助的实施程序

1）法律援助的申请和审查

（1）法律援助的申请。

在我国，法律援助案件主要来源于两个方面：一是基于当事人的申请；二是一部分刑事案件来源于法院的指定。

第一，申请人。一般来说，申请人应当是自然人，原则上是请求援助的本人。下列人员可以实行代为申请：无或限制民事行为能力人；身体障碍者（行动不便的病人和残疾人）；刑事被害人和在押的犯罪嫌疑人。

第二，申请的途径和渠道。申请人或代理人直接到有关的法律援助机构申请；通过有关机构向法律援助机构转交申请；律师事务所直接受理申请。（属地管辖原则）

第三，申请方式。原则上采用书面形式；确有困难者可以口头申请。

第四，申请材料。申请时应提交：身份证明；代理证明；经济困难证明；案件或法律事务材料。

（2）法律援助的审查。

第一，审查机构。各级专门的法律援助机构。

第二，审查内容和方式。内容在于本机构的受理权限和申请对象是否符合法律援助条件。方式在于收集申请人的材料和听取其陈述；从有关部门获取其经济条件的信息；从司法部门获取案件信息；调查证人等。

第三，拒绝及其申诉。法律援助机构经审查，认为不符合援助条件的，应当拒绝并书面告知申请人理由。申请人对拒绝有异议的，可以向确定该机构的司法行政部门提出申诉。司法行政部门受到异议后5日内审查并作出结论。

2）法律援助的实施

法律援助的实施一般包括指派律师等法律援助人员、法律援助案件的承办、法律援助案件费用的核算与支付、援助过程中发生的撤销援助、结案后案卷的归档和承办事项的验收、案件承办人费用的结算等。

（1）法律援助案件的指派。

法律援助机构在作出同意提供法律援助的决定后，应立即指派法律援助人员实施法律援助。根据《法律援助条例》第二十一条的规定，指派对象有三类：律师、法律援助机构的工作人员和有关社会组织所属人员。

（2）法律援助实施中的终止援助。

《法律援助条例》第二十三条规定，有下列情形之一可以终止援助：

第一，受援人的经济收入状况发生变化；

第二，案件终止审理或被撤销；

第三，受援人又自行委托代理人；

第四，受援人要求终止。

（二）我国律师与法律援助

1. 律师提供法律援助的依据

我国法律援助制度被诠释为："政府责任、律师义务、社会参与。"

首先，法律援助是为了实现"法律面前人人平等"的宪法原则而实施的司法人权保障制度。我国《律师法》规定："律师必须按照国家规定履行法律援助义务，尽职尽责地为受援人提供法律援助。"《法律援助条例》第六条规定："律师应当依照律师法和本条例的规定履行法律援助义务，为受援人提供符合标准的法律服务，依法维护受援人的合法权益，接受律师协会和司法行政部门的监督。"这两项规定是目前我国律师承担法律援助义务的基本法律依据。

《律师法》还规定，拒绝履行法律援助义务的律师，不仅仅只是受到道德上的谴责，而且将被政府司法行政部门给予警告，处五千元以下的罚款，情节严重的给予停止执业三个月以下的处罚。

其次，强制律师履行法律援助义务是我国国情的需要。我国经济与发达国家相比比较落后，东西部发展不均衡，法律援助的工作开展缺乏物质保障。我国公民利用法律维护权益的意识淡薄。法律援助的需求与法律援助资源差距较大。所以需要强制律师履行法律援助义务。

最后，律师职业责任的要求。律师的职业责任是维护民权、保障法律正确实施、维护社会公平和正义。法律援助的目标就是维护社会弱势群体的合法权益，追求社会的公平正义。

2. 律师在法律援助中的义务

（1）不得无故推脱，应当接受法律援助机构的指派无偿承办法律援助事项。

（2）律师接受指派之后，不得疏于应履行的职责，无正当理由不得拒绝、拖延或终止承办的法律援助事项。

（3）律师拒不履行法律援助义务，或疏于履行法律援助职责而导致受援人遭受重大损失的，法律援助机构可以建议司法行政机关不予年审注册或给予相应的处罚。

（4）受援人不遵守法律规定或者不按法律援助协议的规定予以必要合作，经法律援助机构批准，承办律师可以拒绝或终止提供法律援助。

3. 律师提供法律援助的形式

律师提供法律援助的形式多种多样，主要有法律咨询，代拟法律文书；刑事辩护和刑事代理；民事、行政诉讼代理；非诉讼法律事务代理等。

学习思考：

1. 法律救济的内涵和途径是什么？

2. 简述解决纠纷的非诉讼方式。
3. 简述人民调解、行政调解、法院调解的关系。
4. 简述仲裁的特点、适用范围和仲裁协议的法律效力。
5. 简述行政复议制度。
6. 诉讼的特点与种类是什么？
7. 民事诉讼、行政诉讼和刑事诉讼的主要区别包括哪些？
8. 公民的基本诉讼权利有哪些？
9. 简述诉讼的基本程序。
10. 简述诉讼证据的基本特征、种类及三大诉讼中的举证责任。
11. 简述律师的基本职责和业务范围。
12. 简述我国法律援助的主体、范围及实施程序。

参考文献

[1] 教育部普通高中思想政治课，课程标准实验教材编写组．生活中的法律常识[M]．北京：人民教育出版社，2012．
[2] 张文显．法理学（第四版）[M]．北京：高等教育出版社，2011．
[3] 许兵．社会主义法治理念读本[M]．北京：国家行政学院出版社，2011．
[4] 王利明，等．民法学（第三版）[M]．北京：法律出版社，2011．
[5] 法律出版社法规中心．民法学生常用法律手册（2014—2015 应试版）[M]．北京：法律出版社，2014．
[6] 殷智红，邱红．职业生涯规划[M]．北京：北京大学出版社，2010．
[7] 杨河清．职业生涯规划（第二版）[M]．北京：中国劳动社会保障出版社，2009．
[8] 徐智华．劳动合同法研究[M]．北京：北京大学出版社，2011．
[9] 孙智峰．劳动合同法风险防范与纠纷应对[M]．北京：法律出版，2009．
[10] 吴宏伟．消费者权益保护法[M]．北京：中国人民大学出版社，2014．
[11] 全国人大法制工作委员会民法室．中华人民共和国消费者权益保护法解读（2013）[M]．北京：中国法制出版社，2013．
[12] 邵建东，方小敏．案说反不正当竞争法（第二版）[M]．北京：知识产权出版社，2012．
[13] 房绍坤，等．婚姻家庭与继承法（第三版）[M]．北京：中国人民大学出版社，2013．
[14] 宋朝武．民事诉讼法学（第三版）[M]．北京：中国政法大学出版社，2012．
[15] 樊崇义．刑事诉讼法学（第三版）[M]．北京：法律出版社，2013．
[16] 张树义．行政诉讼法学[M]．北京：中国政法大学出版社，2007．
[17] 顾永忠．律师制度与律师实务[M]．北京：北京师范大学出版社，2010．
[18] 马栩生．当代中国法律援助：制度与理论的深层分析[M]．北京：人民出版社，2010．
[19] 赵中孚，汤欣，查松．论民法的生命力——纪念《中华人民共和国民法通则》颁布十周年[J]．法学家，1996（3）．

附 录

★ 中华人民共和国民法通则

（1986年4月12日第六届全国人民代表大会第四次会议通过，自1987年1月1日起施行。）

第一章 基本原则

第一条　为了保障公民、法人的合法的民事权益，正确调整民事关系，适应社会主义现代化建设事业发展的需要，根据宪法和我国实际情况，总结民事活动的实践经验，制定本法。

第二条　中华人民共和国民法调整平等主体的公民之间、法人之间、公民和法人之间的财产关系和人身关系。

第三条　当事人在民事活动中的地位平等。

第四条　民事活动应当遵循自愿、公平、等价有偿、诚实信用的原则。

第五条　公民、法人的合法的民事权益受法律保护，任何组织和个人不得侵犯。

第六条　民事活动必须遵守法律，法律没有规定的，应当遵守国家政策。

第七条　民事活动应当尊重社会公德，不得损害社会公共利益，破坏国家经济计划，扰乱社会经济秩序。

第八条　在中华人民共和国领域内的民事活动，适用中华人民共和国法律，法律另有规定的除外。

本法关于公民的规定，适用于在中华人民共和国领域内的外国人、无国籍人，法律另有规定的除外。

第二章 公民（自然人）

第一节 民事权利能力和民事行为能力

第九条　公民从出生时起到死亡时止，具有民事权利能力，依法享有民事权利，承担民事义务。

第十条　公民的民事权利能力一律平等。

第十一条　十八周岁以上的公民是成年人，具有完全民事行为能力，可以独立进行民事活动，是完全民事行为能力人。

十六周岁以上不满十八周岁的公民，以自己的劳动收入为主要生活来源的，视为完全民事行为能力人。

第十二条　十周岁以上的未成年人是限制民事行为能力人，可以进行与他的年龄、智力相适应的民事活动；其他民事活动由他的法定代理人代理，或者征得他的法定代理人的同意。

不满十周岁的未成年人是无民事行为能力人，由他的法定代理人代理民事活动。

第十三条　不能辨认自己行为的精神病人是无民事行为能力人，由他的法定代理人代理民事活动。

不能完全辨认自己行为的精神病人是限制民事行为能力人，可以进行与他的精神健康状况相适应的民事活动；其他民事活动由他的法定代理人代理，或者征得他的法定代理人的同意。

第十四条　无民事行为能力人、限制民事行为能力人的监护人是他的法定代理人。

第十五条　公民以他的户籍所在地的居住地为住所，经常居住地与住所不一致的，经常居住地视为住所。

第二节　监　护

第十六条　未成年人的父母是未成年人的监护人。

未成年人的父母已经死亡或者没有监护能力的，由下列人员中有监护能力的人担任监护人：

（一）祖父母、外祖父母；

（二）兄、姐；

（三）关系密切的其他亲属、朋友愿意承担监护责任，经未成年人的父、母的所在单位或者未成年人住所地的居民委员会、村民委员会同意的。

对担任监护人有争议的，由未成年人的父、母的所在单位或者未成年人住所地的居民委员会、村民委员会在近亲属中指定。对指定不服提起诉讼的，由人民法院裁决。

没有第一款、第二款规定的监护人的，由未成年人的父、母的所在单位或者未成年人住所地的居民委员会、村民委员会或者民政部门担任监护人。

第十七条　无民事行为能力或者限制民事行为能力的精神病人，由下列人员担任监护人：

（一）配偶；

（二）父母；

（三）成年子女；

（四）其他近亲属；

（五）关系密切的其他亲属、朋友愿意承担监护责任，经精神病人的所在单位或者住所地的居民委员会、村民委员会同意的。

对担任监护人有争议的，由精神病人的所在单位或者住所地的居民委员会、村民委员会在近亲属中指定。对指定不服提起诉讼的，由人民法院裁决。

没有第一款规定的监护人的，由精神病人的所在单位或者住所地的居民委员会、村民委员会或者民政部门担任监护人。

第十八条　监护人应当履行监护职责，保护被监护人的人身、财产及其他合法权益，除为被监护人的利益外，不得处理被监护人的财产。

监护人依法履行监护的权利，受法律保护。

监护人不履行监护职责或者侵害被监护人的合法权益的，应当承担责任；给被监护人造成财产损失的，应当赔偿损失。人民法院可以根据有关人员或者有关单位的申请，撤销监护人的资格。

第十九条　精神病人的利害关系人，可以向人民法院申请宣告精神病人为无民事行为能力人或者限制民事行为能力人。

被人民法院宣告为无民事行为能力人或者限制民事行为能力人的，根据他健康恢复的状况，经本人或者利害关系人申请，人民法院可以宣告他为限制民事行为能力人或者完全民事行为能力人。

第三节　宣告失踪和宣告死亡

第二十条　公民下落不明满二年的，利害关系人可以向人民法院申请宣告他为失踪人。

战争期间下落不明的，下落不明的时间从战争结束之日起计算。

第二十一条 失踪人的财产由他的配偶、父母、成年子女或者关系密切的其他亲属、朋友代管。代管有争议的，没有以上规定的人或者以上规定的人无能力代管的，由人民法院指定的人代管。

失踪人所欠税款、债务和应付的其他费用，由代管人从失踪人的财产中支付。

第二十二条 被宣告失踪的人重新出现或者确知他的下落，经本人或者利害关系人申请，人民法院应当撤销对他的失踪宣告。

第二十三条 公民有下列情形之一的，利害关系人可以向人民法院申请宣告他死亡：

（一）下落不明满四年的；

（二）因意外事故下落不明，从事故发生之日起满二年的。

战争期间下落不明的，下落不明的时间从战争结束之日起计算。

第二十四条 被宣告死亡的人重新出现或者确知他没有死亡，经本人或者利害关系人申请，人民法院应当撤销对他的死亡宣告。

有民事行为能力人在被宣告死亡期间实施的民事法律行为有效。

第二十五条 被撤销死亡宣告的人有权请求返还财产。依照继承法取得他的财产的公民或者组织，应当返还原物；原物不存在的，给予适当补偿。

第四节 个体工商户、农村承包经营户

第二十六条 公民在法律允许的范围内，依法经核准登记，从事工商业经营的，为个体工商户。个体工商户可以起字号。

第二十七条 农村集体经济组织的成员，在法律允许的范围内，按照承包合同规定从事商品经营的，为农村承包经营户。

第二十八条 个体工商户、农村承包经营户的合法权益，受法律保护。

第二十九条 个体工商户、农村承包经营户的债务，个人经营的，以个人财产承担；家庭经营的，以家庭财产承担。

第五节 个人合伙

第三十条 个人合伙是指两个以上公民按照协议，各自提供资金、实物、技术等，合伙经营、共同劳动。

第三十一条 合伙人应当对出资数额、盈余分配、债务承担、入伙、退伙、合伙终止等事项，订立书面协议。

第三十二条 合伙人投入的财产，由合伙人统一管理和使用。

合伙经营积累的财产，归合伙人共有。

第三十三条 个人合伙可以起字号，依法经核准登记，在核准登记的经营范围内从事经营。

第三十四条 个人合伙的经营活动，由合伙人共同决定，合伙人有执行和监督的权利。

合伙人可以推举负责人。合伙负责人和其他人员的经营活动，由全体合伙人承担民事责任。

第三十五条 合伙的债务，由合伙人按照出资比例或者协议的约定，以各自的财产承担清偿责任。

合伙人对合伙的债务承担连带责任，法律另有规定的除外。偿还合伙债务超过自己应当承担数额的合伙人，有权向其他合伙人追偿。

第三章 法　人

第一节　一般规定

第三十六条　法人是具有民事权利能力和民事行为能力,依法独立享有民事权利和承担民事义务的组织。

法人的民事权利能力和民事行为能力,从法人成立时产生,到法人终止时消灭。

第三十七条　法人应当具备下列条件:

(一)依法成立;

(二)有必要的财产或者经费;

(三)有自己的名称、组织机构和场所;

(四)能够独立承担民事责任。

第三十八条　依照法律或者法人组织章程规定,代表法人行使职权的负责人,是法人的法定代表人。

第三十九条　法人以它的主要办事机构所在地为住所。

第四十条　法人终止,应当依法进行清算,停止清算范围外的活动。

第二节　企业法人

第四十一条　全民所有制企业、集体所有制企业有符合国家规定的资金数额,有组织章程、组织机构和场所,能够独立承担民事责任,经主管机关核准登记,取得法人资格。

在中华人民共和国领域内设立的中外合资经营企业、中外合作经营企业和外资企业,具备法人条件的,依法经工商行政管理机关核准登记,取得中国法人资格。

第四十二条　企业法人应当在核准登记的经营范围内从事经营。

第四十三条　企业法人对它的法定代表人和其他工作人员的经营活动,承担民事责任。

第四十四条　企业法人分立、合并或者有其他重要事项变更,应当向登记机关办理登记并公告。

企业法人分立、合并,它的权利和义务由变更后的法人享有和承担。

第四十五条　企业法人由于下列原因之一终止:

(一)依法被撤销;

(二)解散;

(三)依法宣告破产;

(四)其他原因。

第四十六条　企业法人终止,应当向登记机关办理注销登记并公告。

第四十七条　企业法人解散,应当成立清算组织,进行清算。企业法人被撤销、被宣告破产的,应当由主管机关或者人民法院组织有关机关和有关人员成立清算组织,进行清算。

第四十八条　全民所有制企业法人以国家授予它经营管理的财产承担民事责任。集体所有制企业法人以企业所有的财产承担民事责任。中外合资经营企业法人、中外合作经营企业法人和外资企业法人以企业所有的财产承担民事责任,法律另有规定的除外。

第四十九条　企业法人有下列情形之一的,除法人承担责任外,对法定代表人可以给予行政处分、罚款,构成犯罪的,依法追究刑事责任:

(一)超出登记机关核准登记的经营范围从事非法经营的;

(二)向登记机关、税务机关隐瞒真实情况、弄虚作假的;

（三）抽逃资金、隐匿财产逃避债务的；

（四）解散、被撤销、被宣告破产后，擅自处理财产的；

（五）变更、终止时不及时申请办理登记和公告，使利害关系人遭受重大损失的；

（六）从事法律禁止的其他活动，损害国家利益或者社会公共利益的。

第三节 机关、事业单位和社会团体法人

第五十条 有独立经费的机关从成立之日起，具有法人资格。

具备法人条件的事业单位、社会团体，依法不需要办理法人登记的，从成立之日起，具有法人资格；依法需要办理法人登记的，经核准登记，取得法人资格。

第四节 联 营

第五十一条 企业之间或者企业、事业单位之间联营，组成新的经济实体，独立承担民事责任、具备法人条件的，经主管机关核准登记，取得法人资格。

第五十二条 企业之间或者企业、事业单位之间联营，共同经营、不具备法人条件的，由联营各方按照出资比例或者协议的约定，以各自所有的或者经营管理的财产承担民事责任。依照法律的规定或者协议的约定负连带责任的，承担连带责任。

第五十三条 企业之间或者企业、事业单位之间联营，按照合同的约定各自独立经营的，它的权利和义务由合同约定，各自承担民事责任。

第四章 民事法律行为和代理

第一节 民事法律行为

第五十四条 民事法律行为是公民或者法人设立、变更、终止民事权利和民事义务的合法行为。

第五十五条 民事法律行为应当具备下列条件：

（一）行为人具有相应的民事行为能力；

（二）意思表示真实；

（三）不违反法律或者社会公共利益。

第五十六条 民事法律行为可以采取书面形式、口头形式或者其他形式。法律规定是特定形式的，应当依照法律规定。

第五十七条 民事法律行为从成立时起具有法律约束力。行为人非依法律规定或者取得对方同意，不得擅自变更或者解除。

第五十八条 下列民事行为无效：

（一）无民事行为能力人实施的；

（二）限制民事行为能力人依法不能独立实施的；

（三）一方以欺诈、胁迫的手段或者乘人之危，使对方在违背真实意思的情况下所为的；

（四）恶意串通，损害国家、集体或者第三人利益的；

（五）违反法律或者社会公共利益的；

（六）经济合同违反国家指令性计划的；

（七）以合法形式掩盖非法目的的。

无效的民事行为，从行为开始起就没有法律约束力。

第五十九条　下列民事行为，一方有权请求人民法院或者仲裁机关予以变更或者撤销：

（一）行为人对行为内容有重大误解的；

（二）显失公平的。

被撤销的民事行为从行为开始起无效。

第六十条　民事行为部分无效，不影响其他部分的效力的，其他部分仍然有效。

第六十一条　民事行为被确认为无效或者被撤销后，当事人因该行为取得的财产，应当返还给受损失的一方。有过错的一方应当赔偿对方因此所受的损失，对方都有过错的，应当各自承担相应的责任。

双方恶意串通，实施民事行为损害国家的、集体的或者第三人的利益的，应当追缴双方取得的财产，收归国家、集体所有或者返还第三人。

第六十二条　民事法律行为可以附条件，附条件的民事法律行为在符合所附条件时生效。

第二节　代　理

第六十三条　公民、法人可以通过代理人实施民事法律行为。

代理人在代理权限内，以被代理人的名义实施民事法律行为。被代理人对代理人的代理行为，承担民事责任。

依照法律规定或者按照双方当事人约定，应当由本人实施的民事法律行为，不得代理。

第六十四条　代理包括委托代理、法定代理和指定代理。

委托代理人按照被代理人的委托行使代理权，法定代理人依照法律的规定行使代理权，指定代理人按照人民法院或者指定单位的指定行使代理权。

第六十五条　民事法律行为的委托代理，可以用书面形式，也可以用口头形式。法律规定用书面形式的，应当用书面形式。

书面委托代理的授权委托书应当载明代理人的姓名或者名称、代理事项、权限和期间，并由委托人签名或者盖章。

委托书授权不明的，被代理人应当向第三人承担民事责任，代理人负连带责任。

第六十六条　没有代理权、超越代理权或者代理权终止后的行为，只有经过被代理人的追认，被代理人才承担民事责任。未经追认的行为，由行为人承担民事责任。本人知道他人以本人名义实施民事行为而不作否认表示的，视为同意。

代理人不履行职责而给被代理人造成损害的，应当承担民事责任。

代理人和第三人串通，损害被代理人的利益的，由代理人和第三人负连带责任。

第三人知道行为人没有代理权、超越代理权或者代理权已终止还与行为人实施民事行为给他人造成损害的，由第三人和行为人负连带责任。

第六十七条　代理人知道被委托代理的事项违法仍然进行代理活动的，或者被代理人知道代理人的代理行为违法不表示反对的，由被代理人和代理人负连带责任。

第六十八条　委托代理人为被代理人的利益需要转托他人代理的，应当事先取得被代理人的同意。事先没有取得被代理人同意的，应当在事后及时告诉被代理人，如果被代理人不同意，由代理人对自己所转托的人的行为负民事责任，但在紧急情况下，为了保护被代理人的利益而转托他人代理的除外。

第六十九条　有下列情形之一的，委托代理终止：

（一）代理期间届满或者代理事务完成；

（二）被代理人取消委托或者代理人辞去委托；

（三）代理人死亡；

（四）代理人丧失民事行为能力；

（五）作为被代理人或者代理人的法人终止。

第七十条　有下列情形之一的，法定代理或者指定代理终止：

（一）被代理人取得或者恢复民事行为能力；

（二）被代理人或者代理人死亡；

（三）代理人丧失民事行为能力；

（四）指定代理的人民法院或者指定单位取消指定；

（五）由其他原因引起的被代理人和代理人之间的监护关系消灭。

第五章　民事权利

第一节　财产所有权和与财产所有权有关的财产权

第七十一条　财产所有权是指所有人依法对自己的财产享有占有、使用、收益和处分的权利。

第七十二条　财产所有权的取得，不得违反法律规定。

按照合同或者其他合法方式取得财产的，财产所有权从财产交付时起转移，法律另有规定或者当事人另有约定的除外。

第七十三条　国家财产属于全民所有。

国家财产神圣不可侵犯，禁止任何组织或者个人侵占、哄抢、私分、截留、破坏。

第七十四条　劳动群众集体组织的财产属于劳动群众集体所有，包括：

（一）法律规定为集体所有的土地和森林、山岭、草原、荒地、滩涂等；

（二）集体经济组织的财产；

（三）集体所有的建筑物、水库、农田水利设施和教育、科学、文化、卫生、体育等设施；

（四）集体所有的其他财产。

集体所有的土地依照法律属于村农民集体所有，由村农业生产合作社等农业集体经济组织或者村民委员会经营、管理。已经属于乡（镇）农民集体经济组织所有的，可以属于乡（镇）农民集体所有。

集体所有的财产受法律保护，禁止任何组织或者个人侵占、哄抢、私分、破坏或者非法查封、扣押、冻结、没收。

第七十五条　公民的个人财产，包括公民的合法收入、房屋、储蓄、生活用品、文物、图书资料、林木、牲畜和法律允许公民所有的生产资料以及其他合法财产。

公民的合法财产受法律保护，禁止任何组织或者个人侵占、哄抢、破坏或者非法查封、扣押、冻结、没收。

第七十六条　公民依法享有财产继承权。

第七十七条　社会团体包括宗教团体的合法财产受法律保护。

第七十八条　财产可以由两个以上的公民、法人共有。

共有分为按份共有和共同共有。按份共有人按照各自的份额，对共有财产分享权利，分担义务。共同共有人对共有财产享有权利，承担义务。

按份共有财产的每个共有人有权要求将自己的份额分出或者转让。但在出售时，其他共有人在同等条件下，有优先购买的权利。

第七十九条 所有人不明的埋藏物、隐藏物，归国家所有。接收单位应当对上缴的单位或者个人，给予表扬或者物质奖励。

拾得遗失物、漂流物或者失散的饲养动物，应当归还失主，因此而支出的费用由失主偿还。

第八十条 国家所有的土地，可以依法由全民所有制单位使用，也可以依法确定由集体所有制单位使用，国家保护它的使用、收益的权利；使用单位有管理、保护、合理利用的义务。

公民、集体依法对集体所有的或者国家所有由集体使用的土地的承包经营权，受法律保护。承包双方的权利和义务，依照法律由承包合同规定。

土地不得买卖、出租、抵押或者以其他形式非法转让。

第八十一条 国家所有的森林、山岭、草原、荒地、滩涂、水面等自然资源，可以依法由全民所有制单位使用，也可以依法确定由集体所有制单位使用，国家保护它的使用、收益的权利；使用单位有管理、保护、合理利用的义务。

国家所有的矿藏，可以依法由全民所有制单位和集体所有制单位开采，也可以依法由公民采挖。国家保护合法的采矿权。

公民、集体依法对集体所有的或者国家所有由集体使用的森林、山岭、草原、荒地、滩涂、水面的承包经营权，受法律保护。承包双方的权利和义务，依照法律由承包合同规定。

国家所有的矿藏、水流，国家所有的和法律规定属于集体所有的林地、山岭、草原、荒地、滩涂不得买卖、出租、抵押或者以其他形式非法转让。

第八十二条 全民所有制企业对国家授予它经营管理的财产依法享有经营权，受法律保护。

第八十三条 不动产的相邻各方，应当按照有利生产、方便生活、团结互助、公平合理的精神，正确处理截水、排水、通行、通风、采光等方面的相邻关系。给相邻方造成妨碍或者损失的，应当停止侵害，排除妨碍，赔偿损失。

第二节 债 权

第八十四条 债是按照合同的约定或者依照法律的规定，在当事人之间产生的特定的权利和义务关系，享有权利的人是债权人，负有义务的人是债务人。

债权人有权要求债务人按照合同的约定或者依照法律的规定履行义务。

第八十五条 合同是当事人之间设立、变更、终止民事关系的协议。依法成立的合同，受法律保护。

第八十六条 债权人为二人以上的，按照确定的份额分享权利。债务人为二人以上的，按照确定的份额分担义务。

第八十七条 债权人或者债务人一方人数为二人以上的，依照法律的规定或者当事人的约定，享有连带权利的每个债权人，都有权要求债务人履行义务；负有连带义务的每个债务人，都负有清偿全部债务的义务，履行了义务的人，有权要求其他负有连带义务的人偿付他应当承担的份额。

第八十八条 合同的当事人应当按照合同的约定，全部履行自己的义务。

合同中有关质量、期限、地点或者价款约定不明确，按照合同有关条款内容不能确定，当事人又不能通过协商达成协议的，适用下列规定：

（一）质量要求不明确的，按照国家质量标准履行，没有国家质量标准的，按照通常标准履行。

（二）履行期限不明确的，债务人可以随时向债权人履行义务，债权人也可以随时要求债务人履行义务，但应当给对方必要的准备时间。

（三）履行地点不明确，给付货币的，在接受给付一方的所在地履行，其他标的在履行义务一方的所在地履行。

（四）价款约定不明确的，按照国家规定的价格履行；没有国家规定价格的，参照市场价格或者同类物品的价格或者同类劳务的报酬标准履行。

合同对专利申请权没有约定的，完成发明创造的当事人享有申请权。

合同对科技成果的使用权没有约定的，当事人都有使用的权利。

第八十九条 依照法律的规定或者按照当事人的约定，可以采用下列方式担保债务的履行：

（一）保证人向债权人保证债务人履行债务，债务人不履行债务的，按照约定由保证人履行或者承担连带责任；保证人履行债务后，有权向债务人追偿。

（二）债务人或者第三人可以提供一定的财产作为抵押物。债务人不履行债务的，债权人有权依照法律的规定以抵押物折价或者以变卖抵押物的价款优先得到偿还。

（三）当事人一方在法律规定的范围内可以向对方给付定金。债务人履行债务后，定金应当抵作价款或者收回。给付定金的一方不履行债务的，无权要求返还定金；接受定金的一方不履行债务的，应当双倍返还定金。

（四）按照合同约定一方占有对方的财产，对方不按照合同给付应付款项超过约定期限的，占有人有权留置该财产，依照法律的规定以留置财产折价或者以变卖该财产的价款优先得到偿还。

第九十条 合法的借贷关系受法律保护。

第九十一条 合同一方将合同的权利、义务全部或者部分转让给第三人的，应当取得合同另一方的同意，并不得牟利。依照法律规定应当由国家批准的合同，需经原批准机关批准。但是，法律另有规定或者原合同另有约定的除外。

第九十二条 没有合法根据，取得不当利益，造成他人损失的，应当将取得的不当利益返还受损失的人。

第九十三条 没有法定的或者约定的义务，为避免他人利益受损失进行管理或者服务的，有权要求受益人偿付由此而支付的必要费用。

第三节 知识产权

第九十四条 公民、法人享有著作权（版权），依法有署名、发表、出版、获得报酬等权利。

第九十五条 公民、法人依法取得的专利权受法律保护。

第九十六条 法人、个体工商户、个人合伙依法取得的商标专用权受法律保护。

第九十七条 公民对自己的发现享有发现权。发现人有权申请领取发现证书、奖金或者其他奖励。

公民对自己的发明或者其他科技成果，有权申请领取荣誉证书、奖金或者其他奖励。

第四节 人身权

第九十八条 公民享有生命健康权。

第九十九条 公民享有姓名权，有权决定、使用和依照规定改变自己的姓名，禁止他人干涉、盗用、假冒。

法人、个体工商户、个人合伙享有名称权。企业法人、个体工商户、个人合伙有权使用、依法转让自己的名称。

第一百条 公民享有肖像权，未经本人同意，不得以营利为目的使用公民的肖像。

第一百零一条 公民、法人享有名誉权，公民的人格尊严受法律保护，禁止用侮辱、诽谤等方式损害公民、法人的名誉。

第一百零二条　公民、法人享有荣誉权，禁止非法剥夺公民、法人的荣誉称号。

第一百零三条　公民享有婚姻自主权，禁止买卖、包办婚姻和其他干涉婚姻自由的行为。

第一百零四条　婚姻、家庭、老人、母亲和儿童受法律保护。

残疾人的合法权益受法律保护。

第一百零五条　妇女享有同男子平等的民事权利。

第六章　民事责任

第一节　一般规定

第一百零六条　公民、法人违反合同或者不履行其他义务的，应当承担民事责任。

公民、法人由于过错侵害国家的、集体的财产，侵害他人财产、人身的，应当承担民事责任。

没有过错，但法律规定应当承担民事责任的，应当承担民事责任。

第一百零七条　因不可抗力不能履行合同或者造成他人损害的，不承担民事责任，法律另有规定的除外。

第一百零八条　债务应当清偿。暂时无力偿还的，经债权人同意或者人民法院裁决，可以由债务人分期偿还。有能力偿还拒不偿还的，由人民法院判决强制偿还。

第一百零九条　因防止、制止国家的、集体的财产或者他人的财产、人身遭受侵害而使自己受到损害的，由侵害人承担赔偿责任，受益人也可以给予适当的补偿。

第一百一十条　对承担民事责任的公民、法人需要追究行政责任的，应当追究行政责任；构成犯罪的，对公民、法人的法定代表人应当依法追究刑事责任。

第二节　违反合同的民事责任

第一百一十一条　当事人一方不履行合同义务或者履行合同义务不符合约定条件的，另一方有权要求履行或者采取补救措施，并有权要求赔偿损失。

第一百一十二条　当事人一方违反合同的赔偿责任，应当相当于另一方因此所受到的损失。

当事人可以在合同中约定，一方违反合同时，向另一方支付一定数额的违约金；也可以在合同中约定对于违反合同而产生的损失赔偿额的计算方法。

第一百一十三条　当事人双方都违反合同的，应当分别承担各自应负的民事责任。

第一百一十四条　当事人一方因另一方违反合同受到损失的，应当及时采取措施防止损失的扩大；没有及时采取措施致使损失扩大的，无权就扩大的损失要求赔偿。

第一百一十五条　合同的变更或者解除，不影响当事人要求赔偿损失的权利。

第一百一十六条　当事人一方由于上级机关的原因，不能履行合同义务的，应当按照合同约定向另一方赔偿损失或者采取其他补救措施，再由上级机关对它因此受到的损失负责处理。

第三节　侵权的民事责任

第一百一十七条　侵占国家的、集体的财产或者他人财产的，应当返还财产，不能返还财产的，应当折价赔偿。

损坏国家的、集体的财产或者他人财产的，应当恢复原状或者折价赔偿。

受害人因此遭受其他重大损失的，侵害人并应当赔偿损失。

第一百一十八条 公民、法人的著作权（版权）、专利权、商标专用权、发现权、发明权和其他科技成果权受到剽窃、篡改、假冒等侵害的，有权要求停止侵害，消除影响，赔偿损失。

第一百一十九条 侵害公民身体造成伤害的，应当赔偿医疗费、因误工减少的收入、残废者生活补助费等费用；造成死亡的，并应当支付丧葬费、死者生前扶养的人必要的生活费等费用。

第一百二十条 公民的姓名权、肖像权、名誉权、荣誉权受到侵害的，有权要求停止侵害，恢复名誉，消除影响，赔礼道歉，并可以要求赔偿损失。

法人的名称权、名誉权、荣誉权受到侵害的，适用前款规定。

第一百二十一条 国家机关或者国家机关工作人员在执行职务中，侵犯公民、法人的合法权益造成损害的，应当承担民事责任。

第一百二十二条 因产品质量不合格造成他人财产、人身损害的，产品制造者、销售者应当依法承担民事责任。运输者、仓储者对此负有责任的，产品制造者、销售者有权要求赔偿损失。

第一百二十三条 从事高空、高压、易燃、易爆、剧毒、放射性、高速运输工具等对周围环境有高度危险的作业造成他人损害的，应当承担民事责任；如果能够证明损害是由受害人故意造成的，不承担民事责任。

第一百二十四条 违反国家保护环境防止污染的规定，污染环境造成他人损害的，应当依法承担民事责任。

第一百二十五条 在公共场所、道旁或者通道上挖坑、修缮安装地下设施等，没有设置明显标志和采取安全措施造成他人损害的，施工人应当承担民事责任。

第一百二十六条 建筑物或者其他设施以及建筑物上的搁置物、悬挂物发生倒塌、脱落、坠落造成他人损害的，它的所有人或者管理人应当承担民事责任，但能够证明自己没有过错的除外。

第一百二十七条 饲养的动物造成他人损害的，动物饲养人或者管理人应当承担民事责任；由于受害人的过错造成损害的，动物饲养人或者管理人不承担民事责任；由于第三人的过错造成损害的，第三人应当承担民事责任。

第一百二十八条 因正当防卫造成损害的，不承担民事责任。正当防卫超过必要的限度，造成不应有的损害的，应当承担适当的民事责任。

第一百二十九条 因紧急避险造成损害的，由引起险情发生的人承担民事责任。如果危险是由自然原因引起的，紧急避险人不承担民事责任或者承担适当的民事责任。因紧急避险采取措施不当或者超过必要的限度，造成不应有的损害的，紧急避险人应当承担适当的民事责任。

第一百三十条 二人以上共同侵权造成他人损害的，应当承担连带责任。

第一百三十一条 受害人对于损害的发生也有过错的，可以减轻侵害人的民事责任。

第一百三十二条 当事人对造成损害都没有过错的，可以根据实际情况，由当事人分担民事责任。

第一百三十三条 无民事行为能力人、限制民事行为能力人造成他人损害的，由监护人承担民事责任。监护人尽了监护责任的，可以适当减轻他的民事责任。

有财产的无民事行为能力人、限制民事行为能力人造成他人损害的，从本人财产中支付赔偿费用。不足部分，由监护人适当赔偿，但单位担任监护人的除外。

第四节 承担民事责任的方式

第一百三十四条 承担民事责任的方式主要有：

（一）停止侵害；

（二）排除妨碍；
（三）消除危险；
（四）返还财产；
（五）恢复原状；
（六）修理、重作、更换；
（七）赔偿损失；
（八）支付违约金；
（九）消除影响、恢复名誉；
（十）赔礼道歉。

以上承担民事责任的方式，可以单独适用，也可以合并适用。

人民法院审理民事案件，除适用上述规定外，还可以予以训诫、责令具结悔过、收缴进行非法活动的财物和非法所得，并可以依照法律规定处以罚款、拘留。

第七章 诉讼时效

第一百三十五条 向人民法院请求保护民事权利的诉讼时效期间为二年，法律另有规定的除外。

第一百三十六条 下列的诉讼时效期间为一年：
（一）身体受到伤害要求赔偿的；
（二）出售质量不合格的商品未声明的；
（三）延付或者拒付租金的；
（四）寄存财物被丢失或者损毁的。

第一百三十七条 诉讼时效期间从知道或者应当知道权利被侵害时起计算。但是，从权利被侵害之日起超过二十年的，人民法院不予保护。有特殊情况的，人民法院可以延长诉讼时效期间。

第一百三十八条 超过诉讼时效期间，当事人自愿履行的，不受诉讼时效限制。

第一百三十九条 在诉讼时效期间的最后六个月内，因不可抗力或者其他障碍不能行使请求权的，诉讼时效中止。从中止时效的原因消除之日起，诉讼时效期间继续计算。

第一百四十条 诉讼时效因提起诉讼、当事人一方提出要求或者同意履行义务而中断。从中断时起，诉讼时效期间重新计算。

第一百四十一条 法律对诉讼时效另有规定的，依照法律规定。

第八章 涉外民事关系的法律适用

第一百四十二条 涉外民事关系的法律适用，依照本章的规定确定。

中华人民共和国缔结或者参加的国际条约同中华人民共和国的民事法律有不同规定的，适用国际条约的规定，但中华人民共和国声明保留的条款除外。

中华人民共和国法律和中华人民共和国缔结或者参加的国际条约没有规定的，可以适用国际惯例。

第一百四十三条 中华人民共和国公民定居国外的，他的民事行为能力可以适用定居国法律。

第一百四十四条 不动产的所有权，适用不动产所在地法律。

第一百四十五条 涉外合同的当事人可以选择处理合同争议所适用的法律，法律另有规定的除外。

涉外合同的当事人没有选择的,适用与合同有最密切联系的国家的法律。

第一百四十六条　侵权行为的损害赔偿,适用侵权行为地法律。当事人双方国籍相同或者在同一国家有住所的,也可以适用当事人本国法律或者住所地法律。

中华人民共和国法律不认为在中华人民共和国领域外发生的行为是侵权行为的,不作为侵权行为处理。

第一百四十七条　中华人民共和国公民和外国人结婚适用婚姻缔结地法律,离婚适用受理案件的法院所在地法律。

第一百四十八条　扶养适用与被扶养人有最密切联系的国家的法律。

第一百四十九条　遗产的法定继承,动产适用被继承人死亡时住所地法律,不动产适用不动产所在地法律。

第一百五十条　依照本章规定适用外国法律或者国际惯例的,不得违背中华人民共和国的社会公共利益。

第九章　附　则

第一百五十一条　民族自治地方的人民代表大会可以根据本法规定的原则,结合当地民族的特点,制定变通的或者补充的单行条例或者规定。自治区人民代表大会制定的,依照法律规定报全国人民代表大会常务委员会批准或者备案;自治州、自治县人民代表大会制定的,报省、自治区人民代表大会常务委员会批准。

第一百五十二条　本法生效以前,经省、自治区、直辖市以上主管机关批准开办的全民所有制企业,已经向工商行政管理机关登记的,可以不再办理法人登记,即具有法人资格。

第一百五十三条　本法所称的"不可抗力",是指不能预见、不能避免并不能克服的客观情况。

第一百五十四条　民法所称的期间按照公历年、月、日、小时计算。

规定按照小时计算期间的,从规定时开始计算。规定按照日、月、年计算期间的,开始的当天不算入,从下一天开始计算。

期间的最后一天是星期日或者其他法定休假日的,以休假日的次日为期间的最后一天。

期间的最后一天的截止时间为二十四点。有业务时间的,到停止业务活动的时间截止。

第一百五十五条　民法所称的"以上"、"以下"、"以内"、"届满",包括本数;所称的"不满"、"以外",不包括本数。

第一百五十六条　本法自一九八七年一月一日起施行。

★　中华人民共和国物权法

(2007年3月16日第十届全国人民代表大会第五次会议通过,自2007年10月1日起施行。)

第一编　总　则

第一章　基本原则

第一条　为了维护国家基本经济制度,维护社会主义市场经济秩序,明确物的归属,发挥物的效用,保护权利人的物权,根据宪法,制定本法。

第二条　因物的归属和利用而产生的民事关系,适用本法。

本法所称物,包括不动产和动产。法律规定权利作为物权客体的,依照其规定。

本法所称物权,是指权利人依法对特定的物享有直接支配和排他的权利,包括所有权、用益物权和担保物权。

第三条　国家在社会主义初级阶段,坚持公有制为主体、多种所有制经济共同发展的基本经济制度。

国家巩固和发展公有制经济,鼓励、支持和引导非公有制经济的发展。

国家实行社会主义市场经济,保障一切市场主体的平等法律地位和发展权利。

第四条　国家、集体、私人的物权和其他权利人的物权受法律保护,任何单位和个人不得侵犯。

第五条　物权的种类和内容,由法律规定。

第六条　不动产物权的设立、变更、转让和消灭,应当依照法律规定登记。动产物权的设立和转让,应当依照法律规定交付。

第七条　物权的取得和行使,应当遵守法律,尊重社会公德,不得损害公共利益和他人合法权益。

第八条　其他相关法律对物权另有特别规定的,依照其规定。

第二章　物权的设立、变更、转让和消灭

第一节　不动产登记

第九条　不动产物权的设立、变更、转让和消灭,经依法登记,发生效力;未经登记,不发生效力,但法律另有规定的除外。

依法属于国家所有的自然资源,所有权可以不登记。

第十条　不动产登记,由不动产所在地的登记机构办理。

国家对不动产实行统一登记制度。统一登记的范围、登记机构和登记办法,由法律、行政法规规定。

第十一条　当事人申请登记,应当根据不同登记事项提供权属证明和不动产界址、面积等必要材料。

第十二条　登记机构应当履行下列职责:

(一)查验申请人提供的权属证明和其他必要材料;

(二)就有关登记事项询问申请人;

(三)如实、及时登记有关事项;

(四)法律、行政法规规定的其他职责。

申请登记的不动产的有关情况需要进一步证明的,登记机构可以要求申请人补充材料,必要时可以实地查看。

第十三条　登记机构不得有下列行为:

(一)要求对不动产进行评估;

(二)以年检等名义进行重复登记;

(三)超出登记职责范围的其他行为。

第十四条　不动产物权的设立、变更、转让和消灭,依照法律规定应当登记的,自记载于不动产登记簿时发生效力。

第十五条　当事人之间订立有关设立、变更、转让和消灭不动产物权的合同,除法律另有规定或者

合同另有约定外，自合同成立时生效；未办理物权登记的，不影响合同效力。

第十六条　不动产登记簿是物权归属和内容的根据。不动产登记簿由登记机构管理。

第十七条　不动产权属证书是权利人享有该不动产物权的证明。不动产权属证书记载的事项，应当与不动产登记簿一致；记载不一致的，除有证据证明不动产登记簿确有错误外，以不动产登记簿为准。

第十八条　权利人、利害关系人可以申请查询、复制登记资料，登记机构应当提供。

第十九条　权利人、利害关系人认为不动产登记簿记载的事项错误的，可以申请更正登记。不动产登记簿记载的权利人书面同意更正或者有证据证明登记确有错误的，登记机构应当予以更正。

不动产登记簿记载的权利人不同意更正的，利害关系人可以申请异议登记。登记机构予以异议登记的，申请人在异议登记之日起十五日内不起诉，异议登记失效。异议登记不当，造成权利人损害的，权利人可以向申请人请求损害赔偿。

第二十条　当事人签订买卖房屋或者其他不动产物权的协议，为保障将来实现物权，按照约定可以向登记机构申请预告登记。预告登记后，未经预告登记的权利人同意，处分该不动产的，不发生物权效力。

预告登记后，债权消灭或者自能够进行不动产登记之日起三个月内未申请登记的，预告登记失效。

第二十一条　当事人提供虚假材料申请登记，给他人造成损害的，应当承担赔偿责任。

因登记错误，给他人造成损害的，登记机构应当承担赔偿责任。登记机构赔偿后，可以向造成登记错误的人追偿。

第二十二条　不动产登记费按件收取，不得按照不动产的面积、体积或者价款的比例收取。具体收费标准由国务院有关部门会同价格主管部门规定。

第二节　动产交付

第二十三条　动产物权的设立和转让，自交付时发生效力，但法律另有规定的除外。

第二十四条　船舶、航空器和机动车等物权的设立、变更、转让和消灭，未经登记，不得对抗善意第三人。

第二十五条　动产物权设立和转让前，权利人已经依法占有该动产的，物权自法律行为生效时发生效力。

第二十六条　动产物权设立和转让前，第三人依法占有该动产的，负有交付义务的人可以通过转让请求第三人返还原物的权利代替交付。

第二十七条　动产物权转让时，双方又约定由出让人继续占有该动产的，物权自该约定生效时发生效力。

第三节　其他规定

第二十八条　因人民法院、仲裁委员会的法律文书或者人民政府的征收决定等，导致物权设立、变更、转让或者消灭的，自法律文书或者人民政府的征收决定等生效时发生效力。

第二十九条　因继承或者受遗赠取得物权的，自继承或者受遗赠开始时发生效力。

第三十条　因合法建造、拆除房屋等事实行为设立或者消灭物权的，自事实行为成就时发生效力。

第三十一条　依照本法第二十八条至第三十条规定享有不动产物权的，处分该物权时，依照法律规定需要办理登记的，未经登记，不发生物权效力。

第三章 物权的保护

第三十二条 物权受到侵害的，权利人可以通过和解、调解、仲裁、诉讼等途径解决。

第三十三条 因物权的归属、内容发生争议的，利害关系人可以请求确认权利。

第三十四条 无权占有不动产或者动产的，权利人可以请求返还原物。

第三十五条 妨害物权或者可能妨害物权的，权利人可以请求排除妨害或者消除危险。

第三十六条 造成不动产或者动产毁损的，权利人可以请求修理、重作、更换或者恢复原状。

第三十七条 侵害物权，造成权利人损害的，权利人可以请求损害赔偿，也可以请求承担其他民事责任。

第三十八条 本章规定的物权保护方式，可以单独适用，也可以根据权利被侵害的情形合并适用。

侵害物权，除承担民事责任外，违反行政管理规定的，依法承担行政责任；构成犯罪的，依法追究刑事责任。

第二编 所有权

第四章 一般规定

第三十九条 所有权人对自己的不动产或者动产，依法享有占有、使用、收益和处分的权利。

第四十条 所有权人有权在自己的不动产或者动产上设立用益物权和担保物权。用益物权人、担保物权人行使权利，不得损害所有权人的权益。

第四十一条 法律规定专属于国家所有的不动产和动产，任何单位和个人不能取得所有权。

第四十二条 为了公共利益的需要，依照法律规定的权限和程序可以征收集体所有的土地和单位、个人的房屋及其他不动产。

征收集体所有的土地，应当依法足额支付土地补偿费、安置补助费、地上附着物和青苗的补偿费等费用，安排被征地农民的社会保障费用，保障被征地农民的生活，维护被征地农民的合法权益。

征收单位、个人的房屋及其他不动产，应当依法给予拆迁补偿，维护被征收人的合法权益；征收个人住宅的，还应当保障被征收人的居住条件。

任何单位和个人不得贪污、挪用、私分、截留、拖欠征收补偿费等费用。

第四十三条 国家对耕地实行特殊保护，严格限制农用地转为建设用地，控制建设用地总量。不得违反法律规定的权限和程序征收集体所有的土地。

第四十四条 因抢险、救灾等紧急需要，依照法律规定的权限和程序可以征用单位、个人的不动产或者动产。被征用的不动产或者动产使用后，应当返还被征用人。单位、个人的不动产或者动产被征用或者征用后毁损、灭失的，应当给予补偿。

第五章 国家所有权和集体所有权、私人所有权

第四十五条 法律规定属于国家所有的财产，属于国家所有即全民所有。

国有财产由国务院代表国家行使所有权；法律另有规定的，依照其规定。

第四十六条 矿藏、水流、海域属于国家所有。

第四十七条 城市的土地，属于国家所有。法律规定属于国家所有的农村和城市郊区的土地，属于

国家所有。

第四十八条 森林、山岭、草原、荒地、滩涂等自然资源，属于国家所有，但法律规定属于集体所有的除外。

第四十九条 法律规定属于国家所有的野生动植物资源，属于国家所有。

第五十条 无线电频谱资源属于国家所有。

第五十一条 法律规定属于国家所有的文物，属于国家所有。

第五十二条 国防资产属于国家所有。

铁路、公路、电力设施、电信设施和油气管道等基础设施，依照法律规定为国家所有的，属于国家所有。

第五十三条 国家机关对其直接支配的不动产和动产，享有占有、使用以及依照法律和国务院的有关规定处分的权利。

第五十四条 国家举办的事业单位对其直接支配的不动产和动产，享有占有、使用以及依照法律和国务院的有关规定收益、处分的权利。

第五十五条 国家出资的企业，由国务院、地方人民政府依照法律、行政法规规定分别代表国家履行出资人职责，享有出资人权益。

第五十六条 国家所有的财产受法律保护，禁止任何单位和个人侵占、哄抢、私分、截留、破坏。

第五十七条 履行国有财产管理、监督职责的机构及其工作人员，应当依法加强对国有财产的管理、监督，促进国有财产保值增值，防止国有财产损失；滥用职权，玩忽职守，造成国有财产损失的，应当依法承担法律责任。

违反国有财产管理规定，在企业改制、合并分立、关联交易等过程中，低价转让、合谋私分、擅自担保或者以其他方式造成国有财产损失的，应当依法承担法律责任。

第五十八条 集体所有的不动产和动产包括：

（一）法律规定属于集体所有的土地和森林、山岭、草原、荒地、滩涂；

（二）集体所有的建筑物、生产设施、农田水利设施；

（三）集体所有的教育、科学、文化、卫生、体育等设施；

（四）集体所有的其他不动产和动产。

第五十九条 农民集体所有的不动产和动产，属于本集体成员集体所有。

下列事项应当依照法定程序经本集体成员决定：

（一）土地承包方案以及将土地发包给本集体以外的单位或者个人承包；

（二）个别土地承包经营权人之间承包地的调整；

（三）土地补偿费等费用的使用、分配办法；

（四）集体出资的企业的所有权变动等事项；

（五）法律规定的其他事项。

第六十条 对于集体所有的土地和森林、山岭、草原、荒地、滩涂等，依照下列规定行使所有权：

（一）属于村农民集体所有的，由村集体经济组织或者村民委员会代表集体行使所有权；

（二）分别属于村内两个以上农民集体所有的，由村内各该集体经济组织或者村民小组代表集体行使所有权；

（三）属于乡镇农民集体所有的，由乡镇集体经济组织代表集体行使所有权。

第六十一条 城镇集体所有的不动产和动产，依照法律、行政法规的规定由本集体享有占有、使用、收益和处分的权利。

第六十二条　集体经济组织或者村民委员会、村民小组应当依照法律、行政法规以及章程、村规民约向本集体成员公布集体财产的状况。

第六十三条　集体所有的财产受法律保护，禁止任何单位和个人侵占、哄抢、私分、破坏。

集体经济组织、村民委员会或者其负责人作出的决定侵害集体成员合法权益的，受侵害的集体成员可以请求人民法院予以撤销。

第六十四条　私人对其合法的收入、房屋、生活用品、生产工具、原材料等不动产和动产享有所有权。

第六十五条　私人合法的储蓄、投资及其收益受法律保护。

国家依照法律规定保护私人的继承权及其他合法权益。

第六十六条　私人的合法财产受法律保护，禁止任何单位和个人侵占、哄抢、破坏。

第六十七条　国家、集体和私人依法可以出资设立有限责任公司、股份有限公司或者其他企业。国家、集体和私人所有的不动产或者动产，投到企业的，由出资人按照约定或者出资比例享有资产收益、重大决策以及选择经营管理者等权利并履行义务。

第六十八条　企业法人对其不动产和动产依照法律、行政法规以及章程享有占有、使用、收益和处分的权利。

企业法人以外的法人，对其不动产和动产的权利，适用有关法律、行政法规以及章程的规定。

第六十九条　社会团体依法所有的不动产和动产，受法律保护。

第六章　业主的建筑物区分所有权

第七十条　业主对建筑物内的住宅、经营性用房等专有部分享有所有权，对专有部分以外的共有部分享有共有和共同管理的权利。

第七十一条　业主对其建筑物专有部分享有占有、使用、收益和处分的权利。业主行使权利不得危及建筑物的安全，不得损害其他业主的合法权益。

第七十二条　业主对建筑物专有部分以外的共有部分，享有权利，承担义务；不得以放弃权利不履行义务。

业主转让建筑物内的住宅、经营性用房，其对共有部分享有的共有和共同管理的权利一并转让。

第七十三条　建筑区划内的道路，属于业主共有，但属于城镇公共道路的除外。建筑区划内的绿地，属于业主共有，但属于城镇公共绿地或者明示属于个人的除外。建筑区划内的其他公共场所、公用设施和物业服务用房，属于业主共有。

第七十四条　建筑区划内，规划用于停放汽车的车位、车库应当首先满足业主的需要。

建筑区划内，规划用于停放汽车的车位、车库的归属，由当事人通过出售、附赠或者出租等方式约定。

占用业主共有的道路或者其他场地用于停放汽车的车位，属于业主共有。

第七十五条　业主可以设立业主大会，选举业主委员会。

地方人民政府有关部门应当对设立业主大会和选举业主委员会给予指导和协助。

第七十六条　下列事项由业主共同决定：

（一）制定和修改业主大会议事规则；

（二）制定和修改建筑物及其附属设施的管理规约；

（三）选举业主委员会或者更换业主委员会成员；

（四）选聘和解聘物业服务企业或者其他管理人；

（五）筹集和使用建筑物及其附属设施的维修资金；

（六）改建、重建建筑物及其附属设施；

（七）有关共有和共同管理权利的其他重大事项。

决定前款第五项和第六项规定的事项，应当经专有部分占建筑物总面积三分之二以上的业主且占总人数三分之二以上的业主同意。决定前款其他事项，应当经专有部分占建筑物总面积过半数的业主且占总人数过半数的业主同意。

第七十七条　业主不得违反法律、法规以及管理规约，将住宅改变为经营性用房。业主将住宅改变为经营性用房的，除遵守法律、法规以及管理规约外，应当经有利害关系的业主同意。

第七十八条　业主大会或者业主委员会的决定，对业主具有约束力。

业主大会或者业主委员会作出的决定侵害业主合法权益的，受侵害的业主可以请求人民法院予以撤销。

第七十九条　建筑物及其附属设施的维修资金，属于业主共有。经业主共同决定，可以用于电梯、水箱等共有部分的维修。维修资金的筹集、使用情况应当公布。

第八十条　建筑物及其附属设施的费用分摊、收益分配等事项，有约定的，按照约定；没有约定或者约定不明确的，按照业主专有部分占建筑物总面积的比例确定。

第八十一条　业主可以自行管理建筑物及其附属设施，也可以委托物业服务企业或者其他管理人管理。

对建设单位聘请的物业服务企业或者其他管理人，业主有权依法更换。

第八十二条　物业服务企业或者其他管理人根据业主的委托管理建筑区划内的建筑物及其附属设施，并接受业主的监督。

第八十三条　业主应当遵守法律、法规以及管理规约。

业主大会和业主委员会，对任意弃置垃圾、排放污染物或者噪声、违反规定饲养动物、违章搭建、侵占通道、拒付物业费等损害他人合法权益的行为，有权依照法律、法规以及管理规约，要求行为人停止侵害、消除危险、排除妨害、赔偿损失。业主对侵害自己合法权益的行为，可以依法向人民法院提起诉讼。

第七章　相邻关系

第八十四条　不动产的相邻权利人应当按照有利生产、方便生活、团结互助、公平合理的原则，正确处理相邻关系。

第八十五条　法律、法规对处理相邻关系有规定的，依照其规定；法律、法规没有规定的，可以按照当地习惯。

第八十六条　不动产权利人应当为相邻权利人用水、排水提供必要的便利。

对自然流水的利用，应当在不动产的相邻权利人之间合理分配。对自然流水的排放，应当尊重自然流向。

第八十七条　不动产权利人对相邻权利人因通行等必须利用其土地的，应当提供必要的便利。

第八十八条　不动产权利人因建造、修缮建筑物以及铺设电线、电缆、水管、暖气和燃气管线等必须利用相邻土地、建筑物的，该土地、建筑物的权利人应当提供必要的便利。

第八十九条　建造建筑物，不得违反国家有关工程建设标准，妨碍相邻建筑物的通风、采光和日照。

第九十条　不动产权利人不得违反国家规定弃置固体废物，排放大气污染物、水污染物、噪声、光、电磁波辐射等有害物质。

第九十一条　不动产权利人挖掘土地、建造建筑物、铺设管线以及安装设备等，不得危及相邻不动产的安全。

第九十二条　不动产权利人因用水、排水、通行、铺设管线等利用相邻不动产的，应当尽量避免对相邻的不动产权利人造成损害；造成损害的，应当给予赔偿。

第八章　共　有

第九十三条　不动产或者动产可以由两个以上单位、个人共有。共有包括按份共有和共同共有。

第九十四条　按份共有人对共有的不动产或者动产按照其份额享有所有权。

第九十五条　共同共有人对共有的不动产或者动产共同享有所有权。

第九十六条　共有人按照约定管理共有的不动产或者动产；没有约定或者约定不明确的，各共有人都有管理的权利和义务。

第九十七条　处分共有的不动产或者动产以及对共有的不动产或者动产作重大修缮的，应当经占份额三分之二以上的按份共有人或者全体共同共有人同意，但共有人之间另有约定的除外。

第九十八条　对共有物的管理费用以及其他负担，有约定的，按照约定；没有约定或者约定不明确的，按份共有人按照其份额负担，共同共有人共同负担。

第九十九条　共有人约定不得分割共有的不动产或者动产，以维持共有关系的，应当按照约定，但共有人有重大理由需要分割的，可以请求分割；没有约定或者约定不明确的，按份共有人可以随时请求分割，共同共有人在共有的基础丧失或者有重大理由需要分割时可以请求分割。因分割对其他共有人造成损害的，应当给予赔偿。

第一百条　共有人可以协商确定分割方式。达不成协议，共有的不动产或者动产可以分割并且不会因分割减损价值的，应当对实物予以分割；难以分割或者因分割会减损价值的，应当对折价或者拍卖、变卖取得的价款予以分割。

共有人分割所得的不动产或者动产有瑕疵的，其他共有人应当分担损失。

第一百零一条　按份共有人可以转让其享有的共有的不动产或者动产份额。其他共有人在同等条件下享有优先购买的权利。

第一百零二条　因共有的不动产或者动产产生的债权债务，在对外关系上，共有人享有连带债权、承担连带债务，但法律另有规定或者第三人知道共有人不具有连带债权债务关系的除外；在共有人内部关系上，除共有人另有约定外，按份共有人按照份额享有债权、承担债务，共同共有人共同享有债权、承担债务。偿还债务超过自己应当承担份额的按份共有人，有权向其他共有人追偿。

第一百零三条　共有人对共有的不动产或者动产没有约定为按份共有或者共同共有，或者约定不明确的，除共有人具有家庭关系等外，视为按份共有。

第一百零四条　按份共有人对共有的不动产或者动产享有的份额，没有约定或者约定不明确的，按照出资额确定；不能确定出资额的，视为等额享有。

第一百零五条　两个以上单位、个人共同享有用益物权、担保物权的，参照本章规定。

第九章　所有权取得的特别规定

第一百零六条　无处分权人将不动产或者动产转让给受让人的，所有权人有权追回；除法律另有规定外，符合下列情形的，受让人取得该不动产或者动产的所有权：

（一）受让人受让该不动产或者动产时是善意的；

（二）以合理的价格转让；

（三）转让的不动产或者动产依照法律规定应当登记的已经登记，不需要登记的已经交付给受让人。

受让人依照前款规定取得不动产或者动产的所有权的，原所有权人有权向无处分权人请求赔偿损失。

当事人善意取得其他物权的，参照前两款规定。

第一百零七条　所有权人或者其他权利人有权追回遗失物。该遗失物通过转让被他人占有的，权利人有权向无处分权人请求损害赔偿，或者自知道或者应当知道受让人之日起二年内向受让人请求返还原物，但受让人通过拍卖或者向具有经营资格的经营者购得该遗失物的，权利人请求返还原物时应当支付受让人所付的费用。权利人向受让人支付所付费用后，有权向无处分权人追偿。

第一百零八条　善意受让人取得动产后，该动产上的原有权利消灭，但善意受让人在受让时知道或者应当知道该权利的除外。

第一百零九条　拾得遗失物，应当返还权利人。拾得人应当及时通知权利人领取，或者送交公安等有关部门。

第一百一十条　有关部门收到遗失物，知道权利人的，应当及时通知其领取；不知道的，应当及时发布招领公告。

第一百一十一条　拾得人在遗失物送交有关部门前，有关部门在遗失物被领取前，应当妥善保管遗失物。因故意或者重大过失致使遗失物毁损、灭失的，应当承担民事责任。

第一百一十二条　权利人领取遗失物时，应当向拾得人或者有关部门支付保管遗失物等支出的必要费用。

权利人悬赏寻找遗失物的，领取遗失物时应当按照承诺履行义务。

拾得人侵占遗失物的，无权请求保管遗失物等支出的费用，也无权请求权利人按承诺履行义务。

第一百一十三条　遗失物自发布招领公告之日起六个月内无人认领的，归国家所有。

第一百一十四条　拾得漂流物、发现埋藏物或者隐藏物的，参照拾得遗失物的有关规定。文物保护法等法律另有规定的，依照其规定。

第一百一十五条　主物转让的，从物随主物转让，但当事人另有约定的除外。

第一百一十六条　天然孳息，由所有权人取得；既有所有权人又有用益物权人的，由用益物权人取得。当事人另有约定的，按照约定。

法定孳息，当事人有约定的，按照约定取得；没有约定或者约定不明确的，按照交易习惯取得。

第三编　用益物权

第十章　一般规定

第一百一十七条　用益物权人对他人所有的不动产或者动产，依法享有占有、使用和收益的权利。

第一百一十八条　国家所有或者国家所有由集体使用以及法律规定属于集体所有的自然资源，单位、个人依法可以占有、使用和收益。

第一百一十九条 国家实行自然资源有偿使用制度,但法律另有规定的除外。

第一百二十条 用益物权人行使权利,应当遵守法律有关保护和合理开发利用资源的规定。所有权人不得干涉用益物权人行使权利。

第一百二十一条 因不动产或者动产被征收、征用致使用益物权消灭或者影响用益物权行使的,用益物权人有权依照本法第四十二条、第四十四条的规定获得相应补偿。

第一百二十二条 依法取得的海域使用权受法律保护。

第一百二十三条 依法取得的探矿权、采矿权、取水权和使用水域、滩涂从事养殖、捕捞的权利受法律保护。

第十一章 土地承包经营权

第一百二十四条 农村集体经济组织实行家庭承包经营为基础、统分结合的双层经营体制。

农民集体所有和国家所有由农民集体使用的耕地、林地、草地以及其他用于农业的土地,依法实行土地承包经营制度。

第一百二十五条 土地承包经营权人依法对其承包经营的耕地、林地、草地等享有占有、使用和收益的权利,有权从事种植业、林业、畜牧业等农业生产。

第一百二十六条 耕地的承包期为三十年。草地的承包期为三十年至五十年。林地的承包期为三十年至七十年;特殊林木的林地承包期,经国务院林业行政主管部门批准可以延长。

前款规定的承包期届满,由土地承包经营权人按照国家有关规定继续承包。

第一百二十七条 土地承包经营权自土地承包经营权合同生效时设立。

县级以上地方人民政府应当向土地承包经营权人发放土地承包经营权证、林权证、草原使用权证,并登记造册,确认土地承包经营权。

第一百二十八条 土地承包经营权人依照农村土地承包法的规定,有权将土地承包经营权采取转包、互换、转让等方式流转。流转的期限不得超过承包期的剩余期限。未经依法批准,不得将承包地用于非农建设。

第一百二十九条 土地承包经营权人将土地承包经营权互换、转让,当事人要求登记的,应当向县级以上地方人民政府申请土地承包经营权变更登记;未经登记,不得对抗善意第三人。

第一百三十条 承包期内发包人不得调整承包地。

因自然灾害严重毁损承包地等特殊情形,需要适当调整承包的耕地和草地的,应当依照农村土地承包法等法律规定办理。

第一百三十一条 承包期内发包人不得收回承包地。农村土地承包法等法律另有规定的,依照其规定。

第一百三十二条 承包地被征收的,土地承包经营权人有权依照本法第四十二条第二款的规定获得相应补偿。

第一百三十三条 通过招标、拍卖、公开协商等方式承包荒地等农村土地,依照农村土地承包法等法律和国务院的有关规定,其土地承包经营权可以转让、入股、抵押或者以其他方式流转。

第一百三十四条 国家所有的农用地实行承包经营的,参照本法的有关规定。

第十二章　建设用地使用权

第一百三十五条　建设用地使用权人依法对国家所有的土地享有占有、使用和收益的权利，有权利用该土地建造建筑物、构筑物及其附属设施。

第一百三十六条　建设用地使用权可以在土地的地表、地上或者地下分别设立。新设立的建设用地使用权，不得损害已设立的用益物权。

第一百三十七条　设立建设用地使用权，可以采取出让或者划拨等方式。

工业、商业、旅游、娱乐和商品住宅等经营性用地以及同一土地有两个以上意向用地者的，应当采取招标、拍卖等公开竞价的方式出让。

严格限制以划拨方式设立建设用地使用权。采取划拨方式的，应当遵守法律、行政法规关于土地用途的规定。

第一百三十八条　采取招标、拍卖、协议等出让方式设立建设用地使用权的，当事人应当采取书面形式订立建设用地使用权出让合同。

建设用地使用权出让合同一般包括下列条款：

（一）当事人的名称和住所；

（二）土地界址、面积等；

（三）建筑物、构筑物及其附属设施占用的空间；

（四）土地用途；

（五）使用期限；

（六）出让金等费用及其支付方式；

（七）解决争议的方法。

第一百三十九条　设立建设用地使用权的，应当向登记机构申请建设用地使用权登记。建设用地使用权自登记时设立。登记机构应当向建设用地使用权人发放建设用地使用权证书。

第一百四十条　建设用地使用权人应当合理利用土地，不得改变土地用途；需要改变土地用途的，应当依法经有关行政主管部门批准。

第一百四十一条　建设用地使用权人应当依照法律规定以及合同约定支付出让金等费用。

第一百四十二条　建设用地使用权人建造的建筑物、构筑物及其附属设施的所有权属于建设用地使用权人，但有相反证据证明的除外。

第一百四十三条　建设用地使用权人有权将建设用地使用权转让、互换、出资、赠与或者抵押，但法律另有规定的除外。

第一百四十四条　建设用地使用权转让、互换、出资、赠与或者抵押的，当事人应当采取书面形式订立相应的合同。使用期限由当事人约定，但不得超过建设用地使用权的剩余期限。

第一百四十五条　建设用地使用权转让、互换、出资或者赠与的，应当向登记机构申请变更登记。

第一百四十六条　建设用地使用权转让、互换、出资或者赠与的，附着于该土地上的建筑物、构筑物及其附属设施一并处分。

第一百四十七条　建筑物、构筑物及其附属设施转让、互换、出资或者赠与的，该建筑物、构筑物及其附属设施占用范围内的建设用地使用权一并处分。

第一百四十八条　建设用地使用权期间届满前，因公共利益需要提前收回该土地的，应当依照本法第四十二条的规定对该土地上的房屋及其他不动产给予补偿，并退还相应的出让金。

第一百四十九条　住宅建设用地使用权期间届满的，自动续期。

非住宅建设用地使用权期间届满后的续期，依照法律规定办理。该土地上的房屋及其他不动产的归属，有约定的，按照约定；没有约定或者约定不明确的，依照法律、行政法规的规定办理。

第一百五十条　建设用地使用权消灭的，出让人应当及时办理注销登记。登记机构应当收回建设用地使用权证书。

第一百五十一条　集体所有的土地作为建设用地的，应当依照土地管理法等法律规定办理。

第十三章　宅基地使用权

第一百五十二条　宅基地使用权人依法对集体所有的土地享有占有和使用的权利，有权依法利用该土地建造住宅及其附属设施。

第一百五十三条　宅基地使用权的取得、行使和转让，适用土地管理法等法律和国家有关规定。

第一百五十四条　宅基地因自然灾害等原因灭失的，宅基地使用权消灭。对失去宅基地的村民，应当重新分配宅基地。

第一百五十五条　已经登记的宅基地使用权转让或者消灭的，应当及时办理变更登记或者注销登记。

第十四章　地役权

第一百五十六条　地役权人有权按照合同约定，利用他人的不动产，以提高自己的不动产的效益。前款所称他人的不动产为供役地，自己的不动产为需役地。

第一百五十七条　设立地役权，当事人应当采取书面形式订立地役权合同。

地役权合同一般包括下列条款：

（一）当事人的姓名或者名称和住所；
（二）供役地和需役地的位置；
（三）利用目的和方法；
（四）利用期限；
（五）费用及其支付方式；
（六）解决争议的方法。

第一百五十八条　地役权自地役权合同生效时设立。当事人要求登记的，可以向登记机构申请地役权登记；未经登记，不得对抗善意第三人。

第一百五十九条　供役地权利人应当按照合同约定，允许地役权人利用其土地，不得妨害地役权人行使权利。

第一百六十条　地役权人应当按照合同约定的利用目的和方法利用供役地，尽量减少对供役地权利人物权的限制。

第一百六十一条　地役权的期限由当事人约定，但不得超过土地承包经营权、建设用地使用权等用益物权的剩余期限。

第一百六十二条　土地所有权人享有地役权或者负担地役权的，设立土地承包经营权、宅基地使用权时，该土地承包经营权人、宅基地使用权人继续享有或者负担已设立的地役权。

第一百六十三条　土地上已设立土地承包经营权、建设用地使用权、宅基地使用权等权利的，未经用益物权人同意，土地所有权人不得设立地役权。

第一百六十四条　地役权不得单独转让。土地承包经营权、建设用地使用权等转让的，地役权一并转让，但合同另有约定的除外。

第一百六十五条　地役权不得单独抵押。土地承包经营权、建设用地使用权等抵押的，在实现抵押权时，地役权一并转让。

第一百六十六条　需役地以及需役地上的土地承包经营权、建设用地使用权部分转让时，转让部分涉及地役权的，受让人同时享有地役权。

第一百六十七条　供役地以及供役地上的土地承包经营权、建设用地使用权部分转让时，转让部分涉及地役权的，地役权对受让人具有约束力。

第一百六十八条　地役权人有下列情形之一的，供役地权利人有权解除地役权合同，地役权消灭：

（一）违反法律规定或者合同约定，滥用地役权；

（二）有偿利用供役地，约定的付款期间届满后在合理期限内经两次催告未支付费用。

第一百六十九条　已经登记的地役权变更、转让或者消灭的，应当及时办理变更登记或者注销登记。

第四编　担保物权

第十五章　一般规定

第一百七十条　担保物权人在债务人不履行到期债务或者发生当事人约定的实现担保物权的情形，依法享有就担保财产优先受偿的权利，但法律另有规定的除外。

第一百七十一条　债权人在借贷、买卖等民事活动中，为保障实现其债权，需要担保的，可以依照本法和其他法律的规定设立担保物权。

第三人为债务人向债权人提供担保的，可以要求债务人提供反担保。反担保适用本法和其他法律的规定。

第一百七十二条　设立担保物权，应当依照本法和其他法律的规定订立担保合同。担保合同是主债权债务合同的从合同。主债权债务合同无效，担保合同无效，但法律另有规定的除外。

担保合同被确认无效后，债务人、担保人、债权人有过错的，应当根据其过错各自承担相应的民事责任。

第一百七十三条　担保物权的担保范围包括主债权及其利息、违约金、损害赔偿金、保管担保财产和实现担保物权的费用。当事人另有约定的，按照约定。

第一百七十四条　担保期间，担保财产毁损、灭失或者被征收等，担保物权人可以就获得的保险金、赔偿金或者补偿金等优先受偿。被担保债权的履行期未届满的，也可以提存该保险金、赔偿金或者补偿金等。

第一百七十五条　第三人提供担保，未经其书面同意，债权人允许债务人转移全部或者部分债务的，担保人不再承担相应的担保责任。

第一百七十六条　被担保的债权既有物的担保又有人的担保的，债务人不履行到期债务或者发生当事人约定的实现担保物权的情形，债权人应当按照约定实现债权；没有约定或者约定不明确，债务人自己提供物的担保的，债权人应当先就该物的担保实现债权；第三人提供物的担保的，债权人可以就物的担保实现债权，也可以要求保证人承担保证责任。提供担保的第三人承担担保责任后，有权向债务人追偿。

第一百七十七条 有下列情形之一的，担保物权消灭：

（一）主债权消灭；

（二）担保物权实现；

（三）债权人放弃担保物权；

（四）法律规定担保物权消灭的其他情形。

第一百七十八条 担保法与本法的规定不一致的，适用本法。

第十六章 抵押权

第一节 一般抵押权

第一百七十九条 为担保债务的履行，债务人或者第三人不转移财产的占有，将该财产抵押给债权人的，债务人不履行到期债务或者发生当事人约定的实现抵押权的情形，债权人有权就该财产优先受偿。

前款规定的债务人或者第三人为抵押人，债权人为抵押权人，提供担保的财产为抵押财产。

第一百八十条 债务人或者第三人有权处分的下列财产可以抵押：

（一）建筑物和其他土地附着物；

（二）建设用地使用权；

（三）以招标、拍卖、公开协商等方式取得的荒地等土地承包经营权；

（四）生产设备、原材料、半成品、产品；

（五）正在建造的建筑物、船舶、航空器；

（六）交通运输工具；

（七）法律、行政法规未禁止抵押的其他财产。

抵押人可以将前款所列财产一并抵押。

第一百八十一条 经当事人书面协议，企业、个体工商户、农业生产经营者可以将现有的以及将有的生产设备、原材料、半成品、产品抵押，债务人不履行到期债务或者发生当事人约定的实现抵押权的情形，债权人有权就实现抵押权时的动产优先受偿。

第一百八十二条 以建筑物抵押的，该建筑物占用范围内的建设用地使用权一并抵押。以建设用地使用权抵押的，该土地上的建筑物一并抵押。

抵押人未依照前款规定一并抵押的，未抵押的财产视为一并抵押。

第一百八十三条 乡镇、村企业的建设用地使用权不得单独抵押。以乡镇、村企业的厂房等建筑物抵押的，其占用范围内的建设用地使用权一并抵押。

第一百八十四条 下列财产不得抵押：

（一）土地所有权；

（二）耕地、宅基地、自留地、自留山等集体所有的土地使用权，但法律规定可以抵押的除外；

（三）学校、幼儿园、医院等以公益为目的的事业单位、社会团体的教育设施、医疗卫生设施和其他社会公益设施；

（四）所有权、使用权不明或者有争议的财产；

（五）依法被查封、扣押、监管的财产；

（六）法律、行政法规规定不得抵押的其他财产。

第一百八十五条 设立抵押权，当事人应当采取书面形式订立抵押合同。

抵押合同一般包括下列条款：
（一）被担保债权的种类和数额；
（二）债务人履行债务的期限；
（三）抵押财产的名称、数量、质量、状况、所在地、所有权归属或者使用权归属；
（四）担保的范围。

第一百八十六条　抵押权人在债务履行期届满前，不得与抵押人约定债务人不履行到期债务时抵押财产归债权人所有。

第一百八十七条　以本法第一百八十条第一款第一项至第三项规定的财产或者第五项规定的正在建造的建筑物抵押的，应当办理抵押登记。抵押权自登记时设立。

第一百八十八条　以本法第一百八十条第一款第四项、第六项规定的财产或者第五项规定的正在建造的船舶、航空器抵押的，抵押权自抵押合同生效时设立；未经登记，不得对抗善意第三人。

第一百八十九条　企业、个体工商户、农业生产经营者以本法第一百八十一条规定的动产抵押的，应当向抵押人住所地的工商行政管理部门办理登记。抵押权自抵押合同生效时设立；未经登记，不得对抗善意第三人。

依照本法第一百八十一条规定抵押的，不得对抗正常经营活动中已支付合理价款并取得抵押财产的买受人。

第一百九十条　订立抵押合同前抵押财产已出租的，原租赁关系不受该抵押权的影响。抵押权设立后抵押财产出租的，该租赁关系不得对抗已登记的抵押权。

第一百九十一条　抵押期间，抵押人经抵押权人同意转让抵押财产的，应当将转让所得的价款向抵押权人提前清偿债务或者提存。转让的价款超过债权数额的部分归抵押人所有，不足部分由债务人清偿。

抵押期间，抵押人未经抵押权人同意，不得转让抵押财产，但受让人代为清偿债务消灭抵押权的除外。

第一百九十二条　抵押权不得与债权分离而单独转让或者作为其他债权的担保。债权转让的，担保该债权的抵押权一并转让，但法律另有规定或者当事人另有约定的除外。

第一百九十三条　抵押人的行为足以使抵押财产价值减少的，抵押权人有权要求抵押人停止其行为。抵押财产价值减少的，抵押权人有权要求恢复抵押财产的价值，或者提供与减少的价值相应的担保。抵押人不恢复抵押财产的价值也不提供担保的，抵押权人有权要求债务人提前清偿债务。

第一百九十四条　抵押权人可以放弃抵押权或者抵押权的顺位。抵押权人与抵押人可以协议变更抵押权顺位以及被担保的债权数额等内容，但抵押权的变更，未经其他抵押权人书面同意，不得对其他抵押权人产生不利影响。

债务人以自己的财产设定抵押，抵押权人放弃该抵押权、抵押权顺位或者变更抵押权的，其他担保人在抵押权人丧失优先受偿权益的范围内免除担保责任，但其他担保人承诺仍然提供担保的除外。

第一百九十五条　债务人不履行到期债务或者发生当事人约定的实现抵押权的情形，抵押权人可以与抵押人协议以抵押财产折价或者以拍卖、变卖该抵押财产所得的价款优先受偿。协议损害其他债权人利益的，其他债权人可以在知道或者应当知道撤销事由之日起一年内请求人民法院撤销该协议。

抵押权人与抵押人未就抵押权实现方式达成协议的，抵押权人可以请求人民法院拍卖、变卖抵押财产。

抵押财产折价或者变卖的，应当参照市场价格。

第一百九十六条　依照本法第一百八十一条规定设定抵押的，抵押财产自下列情形之一发生时确定：
（一）债务履行期届满，债权未实现；
（二）抵押人被宣告破产或者被撤销；

（三）当事人约定的实现抵押权的情形；

（四）严重影响债权实现的其他情形。

第一百九十七条　债务人不履行到期债务或者发生当事人约定的实现抵押权的情形,致使抵押财产被人民法院依法扣押的,自扣押之日起抵押权人有权收取该抵押财产的天然孳息或者法定孳息,但抵押权人未通知应当清偿法定孳息的义务人的除外。

前款规定的孳息应当先充抵收取孳息的费用。

第一百九十八条　抵押财产折价或者拍卖、变卖后,其价款超过债权数额的部分归抵押人所有,不足部分由债务人清偿。

第一百九十九条　同一财产向两个以上债权人抵押的,拍卖、变卖抵押财产所得的价款依照下列规定清偿：

（一）抵押权已登记的,按照登记的先后顺序清偿；顺序相同的,按照债权比例清偿；

（二）抵押权已登记的先于未登记的受偿；

（三）抵押权未登记的,按照债权比例清偿。

第二百条　建设用地使用权抵押后,该土地上新增的建筑物不属于抵押财产。该建设用地使用权实现抵押权时,应当将该土地上新增的建筑物与建设用地使用权一并处分,但新增建筑物所得的价款,抵押权人无权优先受偿。

第二百零一条　依照本法第一百八十条第一款第三项规定的土地承包经营权抵押的,或者依照本法第一百八十三条规定以乡镇、村企业的厂房等建筑物占用范围内的建设用地使用权一并抵押的,实现抵押权后,未经法定程序,不得改变土地所有权的性质和土地用途。

第二百零二条　抵押权人应当在主债权诉讼时效期间行使抵押权；未行使的,人民法院不予保护。

第二节　最高额抵押权

第二百零三条　为担保债务的履行,债务人或者第三人对一定期间内将要连续发生的债权提供担保财产的,债务人不履行到期债务或者发生当事人约定的实现抵押权的情形,抵押权人有权在最高债权额限度内就该担保财产优先受偿。

最高额抵押权设立前已经存在的债权,经当事人同意,可以转入最高额抵押担保的债权范围。

第二百零四条　最高额抵押担保的债权确定前,部分债权转让的,最高额抵押权不得转让,但当事人另有约定的除外。

第二百零五条　最高额抵押担保的债权确定前,抵押权人与抵押人可以通过协议变更债权确定的期间、债权范围以及最高债权额,但变更的内容不得对其他抵押权人产生不利影响。

第二百零六条　有下列情形之一的,抵押权人的债权确定：

（一）约定的债权确定期间届满；

（二）没有约定债权确定期间或者约定不明确,抵押权人或者抵押人自最高额抵押权设立之日起满二年后请求确定债权；

（三）新的债权不可能发生；

（四）抵押财产被查封、扣押；

（五）债务人、抵押人被宣告破产或者被撤销；

（六）法律规定债权确定的其他情形。

第二百零七条　最高额抵押权除适用本节规定外,适用本章第一节一般抵押权的规定。

第十七章 质 权

第一节 动产质权

第二百零八条 为担保债务的履行，债务人或者第三人将其动产出质给债权人占有的，债务人不履行到期债务或者发生当事人约定的实现质权的情形，债权人有权就该动产优先受偿。

前款规定的债务人或者第三人为出质人，债权人为质权人，交付的动产为质押财产。

第二百零九条 法律、行政法规禁止转让的动产不得出质。

第二百一十条 设立质权，当事人应当采取书面形式订立质权合同。

质权合同一般包括下列条款：

（一）被担保债权的种类和数额；
（二）债务人履行债务的期限；
（三）质押财产的名称、数量、质量、状况；
（四）担保的范围；
（五）质押财产交付的时间。

第二百一十一条 质权人在债务履行期届满前，不得与出质人约定债务人不履行到期债务时质押财产归债权人所有。

第二百一十二条 质权自出质人交付质押财产时设立。

第二百一十三条 质权人有权收取质押财产的孳息，但合同另有约定的除外。

前款规定的孳息应当先充抵收取孳息的费用。

第二百一十四条 质权人在质权存续期间，未经出质人同意，擅自使用、处分质押财产，给出质人造成损害的，应当承担赔偿责任。

第二百一十五条 质权人负有妥善保管质押财产的义务；因保管不善致使质押财产毁损、灭失的，应当承担赔偿责任。

质权人的行为可能使质押财产毁损、灭失的，出质人可以要求质权人将质押财产提存，或者要求提前清偿债务并返还质押财产。

第二百一十六条 因不能归责于质权人的事由可能使质押财产毁损或者价值明显减少，足以危害质权人权利的，质权人有权要求出质人提供相应的担保；出质人不提供的，质权人可以拍卖、变卖质押财产，并与出质人通过协议将拍卖、变卖所得的价款提前清偿债务或者提存。

第二百一十七条 质权人在质权存续期间，未经出质人同意转质，造成质押财产毁损、灭失的，应当向出质人承担赔偿责任。

第二百一十八条 质权人可以放弃质权。债务人以自己的财产出质，质权人放弃该质权的，其他担保人在质权人丧失优先受偿权益的范围内免除担保责任，但其他担保人承诺仍然提供担保的除外。

第二百一十九条 债务人履行债务或者出质人提前清偿所担保的债权的，质权人应当返还质押财产。

债务人不履行到期债务或者发生当事人约定的实现质权的情形，质权人可以与出质人协议以质押财产折价，也可以就拍卖、变卖质押财产所得的价款优先受偿。

质押财产折价或者变卖的，应当参照市场价格。

第二百二十条 出质人可以请求质权人在债务履行期届满后及时行使质权；质权人不行使的，出质人可以请求人民法院拍卖、变卖质押财产。

出质人请求质权人及时行使质权，因质权人怠于行使权利造成损害的，由质权人承担赔偿责任。

第二百二十一条　质押财产折价或者拍卖、变卖后，其价款超过债权数额的部分归出质人所有，不足部分由债务人清偿。

第二百二十二条　出质人与质权人可以协议设立最高额质权。

最高额质权除适用本节有关规定外，参照本法第十六章第二节最高额抵押权的规定。

第二节　权利质权

第二百二十三条　债务人或者第三人有权处分的下列权利可以出质：

（一）汇票、支票、本票；

（二）债券、存款单；

（三）仓单、提单；

（四）可以转让的基金份额、股权；

（五）可以转让的注册商标专用权、专利权、著作权等知识产权中的财产权；

（六）应收账款；

（七）法律、行政法规规定可以出质的其他财产权利。

第二百二十四条　以汇票、支票、本票、债券、存款单、仓单、提单出质的，当事人应当订立书面合同。质权自权利凭证交付质权人时设立；没有权利凭证的，质权自有关部门办理出质登记时设立。

第二百二十五条　汇票、支票、本票、债券、存款单、仓单、提单的兑现日期或者提货日期先于主债权到期的，质权人可以兑现或者提货，并与出质人协议将兑现的价款或者提取的货物提前清偿债务或者提存。

第二百二十六条　以基金份额、股权出质的，当事人应当订立书面合同。以基金份额、证券登记结算机构登记的股权出质的，质权自证券登记结算机构办理出质登记时设立；以其他股权出质的，质权自工商行政管理部门办理出质登记时设立。

基金份额、股权出质后，不得转让，但经出质人与质权人协商同意的除外。出质人转让基金份额、股权所得的价款，应当向质权人提前清偿债务或者提存。

第二百二十七条　以注册商标专用权、专利权、著作权等知识产权中的财产权出质的，当事人应当订立书面合同。质权自有关主管部门办理出质登记时设立。

知识产权中的财产权出质后，出质人不得转让或者许可他人使用，但经出质人与质权人协商同意的除外。出质人转让或者许可他人使用出质的知识产权中的财产权所得的价款，应当向质权人提前清偿债务或者提存。

第二百二十八条　以应收账款出质的，当事人应当订立书面合同。质权自信贷征信机构办理出质登记时设立。

应收账款出质后，不得转让，但经出质人与质权人协商同意的除外。出质人转让应收账款所得的价款，应当向质权人提前清偿债务或者提存。

第二百二十九条　权利质权除适用本节规定外，适用本章第一节动产质权的规定。

第十八章　留置权

第二百三十条　债务人不履行到期债务，债权人可以留置已经合法占有的债务人的动产，并有权就该动产优先受偿。

前款规定的债权人为留置权人，占有的动产为留置财产。

第二百三十一条　债权人留置的动产，应当与债权属于同一法律关系，但企业之间留置的除外。

第二百三十二条　法律规定或者当事人约定不得留置的动产，不得留置。

第二百三十三条　留置财产为可分物的，留置财产的价值应当相当于债务的金额。

第二百三十四条　留置权人负有妥善保管留置财产的义务；因保管不善致使留置财产毁损、灭失的，应当承担赔偿责任。

第二百三十五条　留置权人有权收取留置财产的孳息。

前款规定的孳息应当先充抵收取孳息的费用。

第二百三十六条　留置权人与债务人应当约定留置财产后的债务履行期间；没有约定或者约定不明确的，留置权人应当给债务人两个月以上履行债务的期间，但鲜活易腐等不易保管的动产除外。债务人逾期未履行的，留置权人可以与债务人协议以留置财产折价，也可以就拍卖、变卖留置财产所得的价款优先受偿。

留置财产折价或者变卖的，应当参照市场价格。

第二百三十七条　债务人可以请求留置权人在债务履行期届满后行使留置权；留置权人不行使的，债务人可以请求人民法院拍卖、变卖留置财产。

第二百三十八条　留置财产折价或者拍卖、变卖后，其价款超过债权数额的部分归债务人所有，不足部分由债务人清偿。

第二百三十九条　同一动产上已设立抵押权或者质权，该动产又被留置的，留置权人优先受偿。

第二百四十条　留置权人对留置财产丧失占有或者留置权人接受债务人另行提供担保的，留置权消灭。

第五编　占　有

第十九章　占　有

第二百四十一条　基于合同关系等产生的占有，有关不动产或者动产的使用、收益、违约责任等，按照合同约定；合同没有约定或者约定不明确的，依照有关法律规定。

第二百四十二条　占有人因使用占有的不动产或者动产，致使该不动产或者动产受到损害的，恶意占有人应当承担赔偿责任。

第二百四十三条　不动产或者动产被占有人占有的，权利人可以请求返还原物及其孳息，但应当支付善意占有人因维护该不动产或者动产支出的必要费用。

第二百四十四条　占有的不动产或者动产毁损、灭失，该不动产或者动产的权利人请求赔偿的，占有人应当将因毁损、灭失取得的保险金、赔偿金或者补偿金等返还给权利人；权利人的损害未得到足够弥补的，恶意占有人还应当赔偿损失。

第二百四十五条　占有的不动产或者动产被侵占的，占有人有权请求返还原物；对妨害占有的行为，占有人有权请求排除妨害或者消除危险；因侵占或者妨害造成损害的，占有人有权请求损害赔偿。

占有人返还原物的请求权，自侵占发生之日起一年内未行使的，该请求权消灭。

附　则

第二百四十六条　法律、行政法规对不动产统一登记的范围、登记机构和登记办法作出规定前，地方性法规可以依照本法有关规定作出规定。

第二百四十七条　本法自 2007 年 10 月 1 日起施行。

★　中华人民共和国合同法

（1999 年 3 月 15 日第九届全国人民代表大会第二次会议通过，自 1999 年 10 月 1 日起施行。）

总　则

第一章　一般规定

第一条　为了保护合同当事人的合法权益，维护社会经济秩序，促进社会主义现代化建设，制定本法。

第二条　本法所称合同是平等主体的自然人、法人、其他组织之间设立、变更、终止民事权利义务关系的协议。婚姻、收养、监护等有关身份关系的协议，适用其他法律的规定。

第三条　合同当事人的法律地位平等，一方不得将自己的意志强加给另一方。

第四条　当事人依法享有自愿订立合同的权利，任何单位和个人不得非法干预。

第五条　当事人应当遵循公平原则确定各方的权利和义务。

第六条　当事人行使权利、履行义务应当遵循诚实信用原则。

第七条　当事人订立、履行合同，应当遵守法律、行政法规，尊重社会公德，不得扰乱社会经济秩序，损害社会公共利益。

第八条　依法成立的合同，对当事人具有法律约束力。当事人应当按照约定履行自己的义务，不得擅自变更或者解除合同。依法成立的合同，受法律保护。

第二章　合同的订立

第九条　当事人订立合同，应当具有相应的民事权利能力和民事行为能力。当事人依法可以委托代理人订立合同。

第十条　当事人订立合同，有书面形式、口头形式和其他形式。法律、行政法规规定采用书面形式的，应当采用书面形式。当事人约定采用书面形式的，应当采用书面形式。

第十一条　书面形式是指合同书、信件和数据电文（包括电报、电传、传真、电子数据交换和电子邮件）等可以有形地表现所载内容的形式。

第十二条　合同的内容由当事人约定，一般包括以下条款：

（一）当事人的名称或者姓名和住所；

（二）标的；

（三）数量；

（四）质量；

（五）价款或者报酬；

（六）履行期限、地点和方式；

（七）违约责任；

（八）解决争议的方法。当事人可以参照各类合同的示范文本订立合同。

第十三条　当事人订立合同，采取要约、承诺方式。

第十四条　要约是希望和他人订立合同的意思表示，该意思表示应当符合下列规定：

（一）内容具体确定；

（二）表明经受要约人承诺，要约人即受该意思表示约束。

第十五条　要约邀请是希望他人向自己发出要约的意思表示。寄送的价目表、拍卖公告、招标公告、招股说明书、商业广告等为要约邀请。商业广告的内容符合要约规定的，视为要约。

第十六条　要约到达受要约人时生效。

采用数据电文形式订立合同，收件人指定特定系统接收数据电文的，该数据电文进入该特定系统的时间，视为到达时间；未指定特定系统的，该数据电文进入收件人的任何系统的首次时间，视为到达时间。

第十七条　要约可以撤回。撤回要约的通知应当在要约到达受要约人之前或者与要约同时到达受要约人。

第十八条　要约可以撤销。撤销要约的通知应当在受要约人发出承诺通知之前到达受要约人。

第十九条　有下列情形之一的，要约不得撤销：

（一）要约人确定了承诺期限或者以其他形式明示要约不可撤销；

（二）受要约人有理由认为要约是不可撤销的，并已经为履行合同作了准备工作。

第二十条　有下列情形之一的，要约失效：

（一）拒绝要约的通知到达要约人；

（二）要约人依法撤销要约；

（三）承诺期限届满，受要约人未作出承诺；

（四）受要约人对要约的内容作出实质性变更。

第二十一条　承诺是受要约人同意要约的意思表示。

第二十二条　承诺应当以通知的方式作出，但根据交易习惯或者要约表明可以通过行为作出承诺的除外。

第二十三条　承诺应当在要约确定的期限内到达要约人。要约没有确定承诺期限的，承诺应当依照下列规定到达：

（一）要约以对话方式作出的，应当即时作出承诺，但当事人另有约定的除外；

（二）要约以非对话方式作出的，承诺应当在合理期限内到达。

第二十四条　要约以信件或者电报作出的，承诺期限自信件载明的日期或者电报交发之日开始计算。信件未载明日期的，自投寄该信件的邮戳日期开始计算。要约以电话、传真等快速通讯方式作出的，承诺期限自要约到达受要约人时开始计算。

第二十五条　承诺生效时合同成立。

第二十六条　承诺通知到达要约人时生效。承诺不需要通知的，根据交易习惯或者要约的要求作出承诺的行为时生效。

采用数据电文形式订立合同的，承诺到达的时间适用本法第十六条第二款的规定。

第二十七条　承诺可以撤回。撤回承诺的通知应当在承诺通知到达要约人之前或者与承诺通知同时到达要约人。

第二十八条　受要约人超过承诺期限发出承诺的，除要约人及时通知受要约人该承诺有效的以外，为新要约。

第二十九条　受要约人在承诺期限内发出承诺，按照通常情形能够及时到达要约人，但因其他原因承诺到达要约人时超过承诺期限的，除要约人及时通知受要约人因承诺超过期限不接受该承诺的以外，该承诺有效。

第三十条　承诺的内容应当与要约的内容一致。受要约人对要约的内容作出实质性变更的，为新要约。有关合同标的、数量、质量、价款或者报酬、履行期限、履行地点和方式、违约责任和解决争议方法等的变更，是对要约内容的实质性变更。

第三十一条　承诺对要约的内容作出非实质性变更的，除要约人及时表示反对或者要约表明承诺不得对要约的内容作出任何变更的以外，该承诺有效，合同的内容以承诺的内容为准。

第三十二条　当事人采用合同书形式订立合同的，自双方当事人签字或者盖章时合同成立。

第三十三条　当事人采用信件、数据电文等形式订立合同的，可以在合同成立之前要求签订确认书。签订确认书时合同成立。

第三十四条　承诺生效的地点为合同成立的地点。

采用数据电文形式订立合同的，收件人的主营业地为合同成立的地点；没有主营业地，其经常居住地为合同成立的地点。当事人另有约定的，按照其约定。

第三十五条　当事人采用合同书形式订立合同的，双方当事人签字或者盖章的地点为合同成立的地点。

第三十六条　法律、行政法规规定或者当事人约定采用书面形式订立合同，当事人未采用书面形式但一方已经履行主要义务，对方接受的，该合同成立。

第三十七条　采用合同书形式订立合同，在签字或者盖章之前，当事人一方已经履行主要义务，对方接受的，该合同成立。

第三十八条　国家根据需要下达指令性任务或者国家订货任务的，有关法人、其他组织之间应当依照有关法律、行政法规规定的权利和义务订立合同。

第三十九条　采用格式条款订立合同的，提供格式条款的一方应当遵循公平原则确定当事人之间的权利和义务，并采取合理的方式提请对方注意免除或者限制其责任的条款，按照对方的要求，对该条款予以说明。

格式条款是当事人为了重复使用而预先拟定，并在订立合同时未与对方协商的条款。

第四十条　格式条款具有本法第五十二条和第五十三条规定情形的，或者提供格式条款一方免除其责任、加重对方责任、排除对方主要权利的，该条款无效。

第四十一条　对格式条款的理解发生争议的，应当按照通常理解予以解释。对格式条款有两种以上解释的，应当作出不利于提供格式条款一方的解释。格式条款和非格式条款不一致的，应当采用非格式条款。

第四十二条　当事人在订立合同过程中有下列情形之一，给对方造成损失的，应当承担损害赔偿责任：

（一）假借订立合同，恶意进行磋商；

（二）故意隐瞒与订立合同有关的重要事实或者提供虚假情况；

（三）有其他违背诚实信用原则的行为。

第四十三条　当事人在订立合同过程中知悉的商业秘密，无论合同是否成立，不得泄露或者不正当地使用。泄露或者不正当地使用该商业秘密给对方造成损失的，应当承担损害赔偿责任。

第三章　合同的效力

第四十四条　依法成立的合同，自成立时生效。

法律、行政法规规定应当办理批准、登记等手续生效的，依照其规定。

第四十五条　当事人对合同的效力可以约定附条件。附生效条件的合同，自条件成就时生效。附解除条件的合同，自条件成就时失效。

当事人为自己的利益不正当地阻止条件成就的，视为条件已成就；不正当地促成条件成就的，视为条件不成就。

第四十六条　当事人对合同的效力可以约定附期限。附生效期限的合同，自期限届至时生效。附终止期限的合同，自期限届满时失效。

第四十七条　限制民事行为能力人订立的合同，经法定代理人追认后，该合同有效，但纯获利益的合同或者与其年龄、智力、精神健康状况相适应而订立的合同，不必经法定代理人追认。

相对人可以催告法定代理人在一个月内予以追认。法定代理人未作表示的，视为拒绝追认。合同被追认之前，善意相对人有撤销的权利。撤销应当以通知的方式作出。

第四十八条　行为人没有代理权、超越代理权或者代理权终止后以被代理人名义订立的合同，未经被代理人追认，对被代理人不发生效力，由行为人承担责任。

相对人可以催告被代理人在一个月内予以追认。被代理人未作表示的，视为拒绝追认。合同被追认之前，善意相对人有撤销的权利。撤销应当以通知的方式作出。

第四十九条　行为人没有代理权、超越代理权或者代理权终止后以被代理人名义订立合同，相对人有理由相信行为人有代理权的，该代理行为有效。

第五十条　法人或者其他组织的法定代表人、负责人超越权限订立的合同，除相对人知道或者应当知道其超越权限的以外，该代表行为有效。

第五十一条　无处分权的人处分他人财产，经权利人追认或者无处分权的人订立合同后取得处分权的，该合同有效。

第五十二条　有下列情形之一的，合同无效：

（一）一方以欺诈、胁迫的手段订立合同，损害国家利益；

（二）恶意串通，损害国家、集体或者第三人利益；

（三）以合法形式掩盖非法目的；

（四）损害社会公共利益；

（五）违反法律、行政法规的强制性规定。

第五十三条　合同中的下列免责条款无效：

（一）造成对方人身伤害的；

（二）因故意或者重大过失造成对方财产损失的。

第五十四条　下列合同，当事人一方有权请求人民法院或者仲裁机构变更或者撤销：

（一）因重大误解订立的；

（二）在订立合同时显失公平的。

一方以欺诈、胁迫的手段或者乘人之危，使对方在违背真实意思的情况下订立的合同，受损害方有权请求人民法院或者仲裁机构变更或者撤销。

当事人请求变更的，人民法院或者仲裁机构不得撤销

第五十五条　有下列情形之一的，撤销权消灭：

（一）具有撤销权的当事人自知道或者应当知道撤销事由之日起一年内没有行使撤销权；

（二）具有撤销权的当事人知道撤销事由后明确表示或者以自己的行为放弃撤销权。

第五十六条　无效的合同或者被撤销的合同自始没有法律约束力。合同部分无效，不影响其他部分效力的，其他部分仍然有效。

第五十七条　合同无效、被撤销或者终止的，不影响合同中独立存在的有关解决争议方法的条款的效力

第五十八条　合同无效或者被撤销后，因该合同取得的财产，应当予以返还；不能返还或者没有必要返还的，应当折价补偿。有过错的一方应当赔偿对方因此所受到的损失，双方都有过错的，应当各自承担相应的责任。

第五十九条　当事人恶意串通，损害国家、集体或者第三人利益的，因此取得的财产收归国家所有或者返还集体、第三人。

第四章　合同的履行

第六十条　当事人应当按照约定全面履行自己的义务。

当事人应当遵循诚实信用原则，根据合同的性质、目的和交易习惯履行通知、协助、保密等义务。

第六十一条　合同生效后，当事人就质量、价款或者报酬、履行地点等内容没有约定或者约定不明确的，可以协议补充；不能达成补充协议的，按照合同有关条款或者交易习惯确定。

第六十二条　当事人就有关合同内容约定不明确，依照本法第六十一条的规定仍不能确定的，适用下列规定：

（一）质量要求不明确的，按照国家标准、行业标准履行；没有国家标准、行业标准的，按照通常标准或者符合合同目的的特定标准履行。

（二）价款或者报酬不明确的，按照订立合同时履行地的市场价格履行；依法应当执行政府定价或者政府指导价的，按照规定履行。

（三）履行地点不明确，给付货币的，在接受货币一方所在地履行；交付不动产的，在不动产所在地履行；其他标的，在履行义务一方所在地履行。

（四）履行期限不明确的，债务人可以随时履行，债权人也可以随时要求履行，但应当给对方必要的准备时间。

（五）履行方式不明确的，按照有利于实现合同目的的方式履行。

（六）履行费用的负担不明确的，由履行义务一方负担。

第六十三条　执行政府定价或者政府指导价的，在合同约定的交付期限内政府价格调整时，按照交付时的价格计价。逾期交付标的物的，遇价格上涨时，按照原价格执行；价格下降时，按照新价格执行。逾期提取标的物或者逾期付款的，遇价格上涨时，按照新价格执行；价格下降时，按照原价格执行。

第六十四条　当事人约定由债务人向第三人履行债务的，债务人未向第三人履行债务或者履行债务

不符合约定，应当向债权人承担违约责任。

第六十五条　当事人约定由第三人向债权人履行债务的，第三人不履行债务或者履行债务不符合约定，债务人应当向债权人承担违约责任。

第六十六条　当事人互负债务，没有先后履行顺序的，应当同时履行。一方在对方履行之前有权拒绝其履行要求。一方在对方履行债务不符合约定时，有权拒绝其相应的履行要求。

第六十七条　当事人互负债务，有先后履行顺序，先履行一方未履行的，后履行一方有权拒绝其履行要求。先履行一方履行债务不符合约定的，后履行一方有权拒绝其相应的履行要求。

第六十八条　应当先履行债务的当事人，有确切证据证明对方有下列情形之一的，可以中止履行：

（一）经营状况严重恶化；

（二）转移财产、抽逃资金，以逃避债务；

（三）丧失商业信誉；

（四）有丧失或者可能丧失履行债务能力的其他情形。

当事人没有确切证据中止履行的，应当承担违约责任。

第六十九条　当事人依照本法第六十八条的规定中止履行的，应当及时通知对方。对方提供适当担保时，应当恢复履行。中止履行后，对方在合理期限内未恢复履行能力并且未提供适当担保的，中止履行的一方可以解除合同。

第七十条　债权人分立、合并或者变更住所没有通知债务人，致使履行债务发生困难的，债务人可以中止履行或者将标的物提存。

第七十一条　债权人可以拒绝债务人提前履行债务，但提前履行不损害债权人利益的除外。债务人提前履行债务给债权人增加的费用，由债务人负担。

第七十二条　债权人可以拒绝债务人部分履行债务，但部分履行不损害债权人利益的除外。债务人部分履行债务给债权人增加的费用，由债务人负担。

第七十三条　因债务人怠于行使其到期债权，对债权人造成损害的，债权人可以向人民法院请求以自己的名义代位行使债务人的债权，但该债权专属于债务人自身的除外。

代位权的行使范围以债权人的债权为限。债权人行使代位权的必要费用，由债务人负担。

第七十四条　因债务人放弃其到期债权或者无偿转让财产，对债权人造成损害的，债权人可以请求人民法院撤销债务人的行为。债务人以明显不合理的低价转让财产，对债权人造成损害，并且受让人知道该情形的，债权人也可以请求人民法院撤销债务人的行为。

撤销权的行使范围以债权人的债权为限。债权人行使撤销权的必要费用，由债务人负担。

第七十五条　撤销权自债权人知道或者应当知道撤销事由之日起一年内行使。自债务人的行为发生之日起五年内没有行使撤销权的，该撤销权消灭。

第七十六条　合同生效后，当事人不得因姓名、名称的变更或者法定代表人、负责人、承办人的变动而不履行合同义务。

第五章　合同的变更和转让

第七十七条　当事人协商一致，可以变更合同。

法律、行政法规规定变更合同应当办理批准、登记等手续的，依照其规定。

第七十八条　当事人对合同变更的内容约定不明确的，推定为未变更。

第七十九条　债权人可以将合同的权利全部或者部分转让给第三人,但有下列情形之一的除外:
(一)根据合同性质不得转让;
(二)按照当事人约定不得转让;
(三)依照法律规定不得转让。

第八十条　债权人转让权利的,应当通知债务人。未经通知,该转让对债务人不发生效力。
债权人转让权利的通知不得撤销,但经受让人同意的除外。

第八十一条　债权人转让权利的,受让人取得与债权有关的从权利,但该从权利专属于债权人自身的除外。

第八十二条　债务人接到债权转让通知后,债务人对让与人的抗辩,可以向受让人主张。

第八十三条　债务人接到债权转让通知时,债务人对让与人享有债权,并且债务人的债权先于转让的债权到期或者同时到期的,债务人可以向受让人主张抵销。

第八十四条　债务人将合同的义务全部或者部分转移给第三人的,应当经债权人同意。

第八十五条　债务人转移义务的,新债务人可以主张原债务人对债权人的抗辩。

第八十六条　债务人转移义务的,新债务人应当承担与主债务有关的从债务,但该从债务专属于原债务人自身的除外。

第八十七条　法律、行政法规规定转让权利或者转移义务应当办理批准、登记等手续的,依照其规定。

第八十八条　当事人一方经对方同意,可以将自己在合同中的权利和义务一并转让给第三人。

第八十九条　权利和义务一并转让的,适用本法第七十九条、第八十一条至第八十三条、第八十五条至第八十七条的规定。

第九十条　当事人订立合同后合并的,由合并后的法人或者其他组织行使合同权利,履行合同义务。当事人订立合同后分立的,除债权人和债务人另有约定的以外,由分立的法人或者其他组织对合同的权利和义务享有连带债权,承担连带债务。

第六章　合同的权利义务终止

第九十一条　有下列情形之一的,合同的权利义务终止:
(一)债务已经按照约定履行;
(二)合同解除;
(三)债务相互抵销;
(四)债务人依法将标的物提存;
(五)债权人免除债务;
(六)债权债务同归于一人;
(七)法律规定或者当事人约定终止的其他情形。

第九十二条　合同的权利义务终止后,当事人应当遵循诚实信用原则,根据交易习惯履行通知、协助、保密等义务。

第九十三条　当事人协商一致,可以解除合同。
当事人可以约定一方解除合同的条件。解除合同的条件成就时,解除权人可以解除合同。

第九十四条　有下列情形之一的,当事人可以解除合同:

（一）因不可抗力致使不能实现合同目的；

（二）在履行期限届满之前，当事人一方明确表示或者以自己的行为表明不履行主要债务；

（三）当事人一方迟延履行主要债务，经催告后在合理期限内仍未履行；

（四）当事人一方迟延履行债务或者有其他违约行为致使不能实现合同目的；

（五）法律规定的其他情形。

第九十五条　法律规定或者当事人约定解除权行使期限，期限届满当事人不行使的，该权利消灭。

法律没有规定或者当事人没有约定解除权行使期限，经对方催告后在合理期限内不行使的，该权利消灭。

第九十六条　当事人一方依照本法第九十三条第二款、第九十四条的规定主张解除合同的，应当通知对方。合同自通知到达对方时解除。对方有异议的，可以请求人民法院或者仲裁机构确认解除合同的效力。

法律、行政法规规定解除合同应当办理批准、登记等手续的，依照其规定。

第九十七条　合同解除后，尚未履行的，终止履行；已经履行的，根据履行情况和合同性质，当事人可以要求恢复原状、采取其他补救措施，并有权要求赔偿损失。

第九十八条　合同的权利义务终止，不影响合同中结算和清理条款的效力。

第九十九条　当事人互负到期债务，该债务的标的物种类、品质相同的，任何一方可以将自己的债务与对方的债务抵销，但依照法律规定或者按照合同性质不得抵销的除外。

当事人主张抵销的，应当通知对方。通知自到达对方时生效。抵销不得附条件或者附期限。

第一百条　当事人互负债务，标的物种类、品质不相同的，经双方协商一致，也可以抵销。

第一百零一条　有下列情形之一，难以履行债务的，债务人可以将标的物提存：

（一）债权人无正当理由拒绝受领；

（二）债权人下落不明；

（三）债权人死亡未确定继承人或者丧失民事行为能力未确定监护人；

（四）法律规定的其他情形。

标的物不适于提存或者提存费用过高的，债务人依法可以拍卖或者变卖标的物，提存所得的价款。

第一百零二条　标的物提存后，除债权人下落不明的以外，债务人应当及时通知债权人或者债权人的继承人、监护人。

第一百零三条　标的物提存后，毁损、灭失的风险由债权人承担。提存期间，标的物的孳息归债权人所有。提存费用由债权人负担。

第一百零四条　债权人可以随时领取提存物，但债权人对债务人负有到期债务的，在债权人未履行债务或者提供担保之前，提存部门根据债务人的要求应当拒绝其领取提存物。

债权人领取提存物的权利，自提存之日起五年内不行使而消灭，提存物扣除提存费用后归国家所有。

第一百零五条　债权人免除债务人部分或者全部债务的，合同的权利义务部分或者全部终止。

第一百零六条　债权和债务同归于一人的，合同的权利义务终止，但涉及第三人利益的除外。

第七章　违约责任

第一百零七条　当事人一方不履行合同义务或者履行合同义务不符合约定的，应当承担继续履行、采取补救措施或者赔偿损失等违约责任。

第一百零八条 当事人一方明确表示或者以自己的行为表明不履行合同义务的,对方可以在履行期限届满之前要求其承担违约责任。

第一百零九条 当事人一方未支付价款或者报酬的,对方可以要求其支付价款或者报酬。

第一百一十条 当事人一方不履行非金钱债务或者履行非金钱债务不符合约定的,对方可以要求履行,但有下列情形之一的除外:

(一)法律上或者事实上不能履行;

(二)债务的标的不适于强制履行或者履行费用过高;

(三)债权人在合理期限内未要求履行。

第一百一十一条 质量不符合约定的,应当按照当事人的约定承担违约责任。对违约责任没有约定或者约定不明确,依照本法第六十一条的规定仍不能确定的,受损害方根据标的性质以及损失的大小,可以合理选择要求对方承担修理、更换、重作、退货、减少价款或者报酬等违约责任。

第一百一十二条 当事人一方不履行合同义务或者履行合同义务不符合约定的,在履行义务或者采取补救措施后,对方还有其他损失的,应当赔偿损失。

第一百一十三条 当事人一方不履行合同义务或者履行合同义务不符合约定,给对方造成损失的,损失赔偿额应当相当于因违约所造成的损失,包括合同履行后可以获得的利益,但不得超过违反合同一方订立合同时预见到或者应当预见到的因违反合同可能造成的损失。

经营者对消费者提供商品或者服务有欺诈行为的,依照《中华人民共和国消费者权益保护法》的规定承担损害赔偿责任。

第一百一十四条 当事人可以约定一方违约时应当根据违约情况向对方支付一定数额的违约金,也可以约定因违约产生的损失赔偿额的计算方法。

约定的违约金低于造成的损失的,当事人可以请求人民法院或者仲裁机构予以增加;约定的违约金过分高于造成的损失的,当事人可以请求人民法院或者仲裁机构予以适当减少。

当事人就迟延履行约定违约金的,违约方支付违约金后,还应当履行债务。

第一百一十五条 当事人可以依照《中华人民共和国担保法》约定一方向对方给付定金作为债权的担保。债务人履行债务后,定金应当抵作价款或者收回。给付定金的一方不履行约定的债务的,无权要求返还定金;收受定金的一方不履行约定的债务的,应当双倍返还定金。

第一百一十六条 当事人既约定违约金,又约定定金的,一方违约时,对方可以选择适用违约金或者定金条款。

第一百一十七条 因不可抗力不能履行合同的,根据不可抗力的影响,部分或者全部免除责任,但法律另有规定的除外。当事人迟延履行后发生不可抗力的,不能免除责任。

本法所称不可抗力,是指不能预见、不能避免并不能克服的客观情况。

第一百一十八条 当事人一方因不可抗力不能履行合同的,应当及时通知对方,以减轻可能给对方造成的损失,并应当在合理期限内提供证明。

第一百一十九条 当事人一方违约后,对方应当采取适当措施防止损失的扩大;没有采取适当措施致使损失扩大的,不得就扩大的损失要求赔偿。

当事人因防止损失扩大而支出的合理费用,由违约方承担。

第一百二十条 当事人双方都违反合同的,应当各自承担相应的责任。

第一百二十一条 当事人一方因第三人的原因造成违约的,应当向对方承担违约责任。当事人一方和第三人之间的纠纷,依照法律规定或者按照约定解决。

第一百二十二条　因当事人一方的违约行为，侵害对方人身、财产权益的，受损害方有权选择依照本法要求其承担违约责任或者依照其他法律要求其承担侵权责任。

第八章　其他规定

第一百二十三条　其他法律对合同另有规定的，依照其规定。

第一百二十四条　本法分则或者其他法律没有明文规定的合同，适用本法总则的规定，并可以参照本法分则或者其他法律最相类似的规定。

第一百二十五条　当事人对合同条款的理解有争议的，应当按照合同所使用的词句、合同的有关条款、合同的目的、交易习惯以及诚实信用原则，确定该条款的真实意思。

合同文本采用两种以上文字订立并约定具有同等效力的，对各文本使用的词句推定具有相同含义。各文本使用的词句不一致的，应当根据合同的目的予以解释。

第一百二十六条　涉外合同的当事人可以选择处理合同争议所适用的法律，但法律另有规定的除外。涉外合同的当事人没有选择的，适用与合同有最密切联系的国家的法律。

在中华人民共和国境内履行的中外合资经营企业合同、中外合作经营企业合同、中外合作勘探开发自然资源合同，适用中华人民共和国法律。

第一百二十七条　工商行政管理部门和其他有关行政主管部门在各自的职权范围内，依照法律、行政法规的规定，对利用合同危害国家利益、社会公共利益的违法行为，负责监督处理；构成犯罪的，依法追究刑事责任。

第一百二十八条　当事人可以通过和解或者调解解决合同争议。

当事人不愿和解、调解或者和解、调解不成的，可以根据仲裁协议向仲裁机构申请仲裁。涉外合同的当事人可以根据仲裁协议向中国仲裁机构或者其他仲裁机构申请仲裁。当事人没有订立仲裁协议或者仲裁协议无效的，可以向人民法院起诉。当事人应当履行发生法律效力的判决、仲裁裁决、调解书；拒不履行的，对方可以请求人民法院执行。

第一百二十九条　因国际货物买卖合同和技术进出口合同争议提起诉讼或者申请仲裁的期限为四年，自当事人知道或者应当知道其权利受到侵害之日起计算。因其他合同争议提起诉讼或者申请仲裁的期限，依照有关法律的规定。

分　　则

第九章　买卖合同

第一百三十条　买卖合同是出卖人转移标的物的所有权于买受人，买受人支付价款的合同。

第一百三十一条　买卖合同的内容除依照本法第十二条的规定以外，还可以包括包装方式、检验标准和方法、结算方式、合同使用的文字及其效力等条款。

第一百三十二条　出卖的标的物，应当属于出卖人所有或者出卖人有权处分。

法律、行政法规禁止或者限制转让的标的物，依照其规定。

第一百三十三条　标的物的所有权自标的物交付时起转移，但法律另有规定或者当事人另有约定的除外。

第一百三十四条　当事人可以在买卖合同中约定买受人未履行支付价款或者其他义务的，标的物的所有权属于出卖人。

第一百三十五条　出卖人应当履行向买受人交付标的物或者交付提取标的物的单证，并转移标的物所有权的义务。

第一百三十六条　出卖人应当按照约定或者交易习惯向买受人交付提取标的物单证以外的有关单证和资料。

第一百三十七条　出卖具有知识产权的计算机软件等标的物的，除法律另有规定或者当事人另有约定的以外，该标的物的知识产权不属于买受人。

第一百三十八条　出卖人应当按照约定的期限交付标的物。约定交付期间的，出卖人可以在该交付期间内的任何时间交付。

第一百三十九条　当事人没有约定标的物的交付期限或者约定不明确的，适用本法第六十一条、第六十二条第四项的规定。

第一百四十条　标的物在订立合同之前已为买受人占有的，合同生效的时间为交付时间。

第一百四十一条　出卖人应当按照约定的地点交付标的物。

当事人没有约定交付地点或者约定不明确，依照本法第六十一条的规定仍不能确定的，适用下列规定：

（一）标的物需要运输的，出卖人应当将标的物交付给第一承运人以运交给买受人；

（二）标的物不需要运输，出卖人和买受人订立合同时知道标的物在某一地点的，出卖人应当在该地点交付标的物；不知道标的物在某一地点的，应当在出卖人订立合同时的营业地交付标的物。

第一百四十二条　标的物毁损、灭失的风险，在标的物交付之前由出卖人承担，交付之后由买受人承担，但法律另有规定或者当事人另有约定的除外。

第一百四十三条　因买受人的原因致使标的物不能按照约定的期限交付的，买受人应当自违反约定之日起承担标的物毁损、灭失的风险。

第一百四十四条　出卖人出卖交由承运人运输的在途标的物，除当事人另有约定的以外，毁损、灭失的风险自合同成立时起由买受人承担。

第一百四十五条　当事人没有约定交付地点或者约定不明确，依照本法第一百四十一条第二款第一项的规定标的物需要运输的，出卖人将标的物交付给第一承运人后，标的物毁损、灭失的风险由买受人承担。

第一百四十六条　出卖人按照约定或者依照本法第一百四十一条第二款第二项的规定将标的物置于交付地点，买受人违反约定没有收取的，标的物毁损、灭失的风险自违反约定之日起由买受人承担。

第一百四十七条　出卖人按照约定未交付有关标的物的单证和资料的，不影响标的物毁损、灭失风险的转移。

第一百四十八条　因标的物质量不符合质量要求，致使不能实现合同目的的，买受人可以拒绝接受标的物或者解除合同。买受人拒绝接受标的物或者解除合同的，标的物毁损、灭失的风险由出卖人承担。

第一百四十九条　标的物毁损、灭失的风险由买受人承担的，不影响因出卖人履行债务不符合约定，买受人要求其承担违约责任的权利。

第一百五十条　出卖人就交付的标的物，负有保证第三人不得向买受人主张任何权利的义务，但法律另有规定的除外。

第一百五十一条　买受人订立合同时知道或者应当知道第三人对买卖的标的物享有权利的，出卖人不承担本法第一百五十条规定的义务。

第一百五十二条　买受人有确切证据证明第三人可能就标的物主张权利的，可以中止支付相应的价款，但出卖人提供适当担保的除外。

第一百五十三条　出卖人应当按照约定的质量要求交付标的物。出卖人提供有关标的物质量说明的，交付的标的物应当符合该说明的质量要求。

第一百五十四条　当事人对标的物的质量要求没有约定或者约定不明确，依照本法第六十一条的规定仍不能确定的，适用本法第六十二条第一项的规定。

第一百五十五条　出卖人交付的标的物不符合质量要求的，买受人可以依照本法第一百一十一条的规定要求承担违约责任。

第一百五十六条　出卖人应当按照约定的包装方式交付标的物。对包装方式没有约定或者约定不明确，依照本法第六十一条的规定仍不能确定的，应当按照通用的方式包装，没有通用方式的，应当采取足以保护标的物的包装方式。

第一百五十七条　买受人收到标的物时应当在约定的检验期间内检验。没有约定检验期间的，应当及时检验。

第一百五十八条　当事人约定检验期间的，买受人应当在检验期间内将标的物的数量或者质量不符合约定的情形通知出卖人。买受人怠于通知的，视为标的物的数量或者质量符合约定。

当事人没有约定检验期间的，买受人应当在发现或者应当发现标的物的数量或者质量不符合约定的合理期间内通知出卖人。买受人在合理期间内未通知或者自标的物收到之日起两年内未通知出卖人的，视为标的物的数量或者质量符合约定，但对标的物有质量保证期的，适用质量保证期，不适用该两年的规定。

出卖人知道或者应当知道提供的标的物不符合约定的，买受人不受前两款规定的通知时间的限制。

第一百五十九条　买受人应当按照约定的数额支付价款。对价款没有约定或者约定不明确的，适用本法第六十一条、第六十二条第二项的规定。

第一百六十条　买受人应当按照约定的地点支付价款。对支付地点没有约定或者约定不明确，依照本法第六十一条的规定仍不能确定的，买受人应当在出卖人的营业地支付，但约定支付价款以交付标的物或者交付提取标的物单证为条件的，在交付标的物或者交付提取标的物单证的所在地支付。

第一百六十一条　买受人应当按照约定的时间支付价款。对支付时间没有约定或者约定不明确，依照本法第六十一条的规定仍不能确定的，买受人应当在收到标的物或者提取标的物单证的同时支付。

第一百六十二条　出卖人多交标的物的，买受人可以接收或者拒绝接收多交的部分。买受人接收多交部分的，按照合同的价格支付价款；买受人拒绝接收多交部分的，应当及时通知出卖人。

第一百六十三条　标的物在交付之前产生的孳息，归出卖人所有，交付之后产生的孳息，归买受人所有

第一百六十四条　因标的物的主物不符合约定而解除合同的，解除合同的效力及于从物。因标的物的从物不符合约定被解除的，解除的效力不及于主物。

第一百六十五条　标的物为数物，其中一物不符合约定的，买受人可以就该物解除，但该物与他物分离使标的物的价值显受损害的，当事人可以就数物解除合同。

第一百六十六条　出卖人分批交付标的物的，出卖人对其中一批标的物不交付或者交付不符合约定，致使该批标的物不能实现合同目的的，买受人可以就该批标的物解除。

出卖人不交付其中一批标的物或者交付不符合约定，致使今后其他各批标的物的交付不能实现合同

目的的,买受人可以就该批以及今后其他各批标的物解除。

买受人如果就其中一批标的物解除,该批标的物与其他各批标的物相互依存的,可以就已经交付和未交付的各批标的物解除。

第一百六十七条　分期付款的买受人未支付到期价款的金额达到全部价款的五分之一的,出卖人可以要求买受人支付全部价款或者解除合同。

出卖人解除合同的,可以向买受人要求支付该标的物的使用费。

第一百六十八条　凭样品买卖的当事人应当封存样品,并可以对样品质量予以说明。出卖人交付的标的物应当与样品及其说明的质量相同。

第一百六十九条　凭样品买卖的买受人不知道样品有隐蔽瑕疵的,即使交付的标的物与样品相同,出卖人交付的标的物的质量仍然应当符合同种物的通常标准。

第一百七十条　试用买卖的当事人可以约定标的物的试用期间。对试用期间没有约定或者约定不明确,依照本法第六十一条的规定仍不能确定的,由出卖人确定。

第一百七十一条　试用买卖的买受人在试用期内可以购买标的物,也可以拒绝购买。试用期间届满,买受人对是否购买标的物未作表示的,视为购买。

第一百七十二条　招标投标买卖的当事人的权利和义务以及招标投标程序等,依照有关法律、行政法规的规定。

第一百七十三条　拍卖的当事人的权利和义务以及拍卖程序等,依照有关法律、行政法规的规定。

第一百七十四条　法律对其他有偿合同有规定的,依照其规定;没有规定的,参照买卖合同的有关规定。

第一百七十五条　当事人约定易货交易,转移标的物的所有权的,参照买卖合同的有关规定。

第十章　供用电、水、气、热力合同

第一百七十六条　供用电合同是供电人向用电人供电,用电人支付电费的合同。

第一百七十七条　供用电合同的内容包括供电的方式、质量、时间,用电容量、地址、性质,计量方式,电价、电费的结算方式,供用电设施的维护责任等条款。

第一百七十八条　供用电合同的履行地点,按照当事人约定;当事人没有约定或者约定不明确的,供电设施的产权分界处为履行地点。

第一百七十九条　供电人应当按照国家规定的供电质量标准和约定安全供电。供电人未按照国家规定的供电质量标准和约定安全供电,造成用电人损失的,应当承担损害赔偿责任。

第一百八十条　供电人因供电设施计划检修、临时检修、依法限电或者用电人违法用电等原因,需要中断供电时,应当按照国家有关规定事先通知用电人。未事先通知用电人中断供电,造成用电人损失的,应当承担损害赔偿责任。

第一百八十一条　因自然灾害等原因断电,供电人应当按照国家有关规定及时抢修。未及时抢修,造成用电人损失的,应当承担损害赔偿责任。

第一百八十二条　用电人应当按照国家有关规定和当事人的约定及时交付电费。用电人逾期不交付电费的,应当按照约定支付违约金。经催告用电人在合理期限内仍不交付电费和违约金的,供电人可以按照国家规定的程序中止供电。

第一百八十三条　用电人应当按照国家有关规定和当事人的约定安全用电。用电人未按照国家有关规定和当事人的约定安全用电，造成供电人损失的，应当承担损害赔偿责任。

第一百八十四条　供用水、供用气、供用热力合同，参照供用电合同的有关规定。

第十一章　赠与合同

第一百八十五条　赠与合同是赠与人将自己的财产无偿给予受赠人，受赠人表示接受赠与的合同。

第一百八十六条　赠与人在赠与财产的权利转移之前可以撤销赠与。

具有救灾、扶贫等社会公益、道德义务性质的赠与合同或者经过公证的赠与合同，不适用前款规定。

第一百八十七条　赠与的财产依法需要办理登记等手续的，应当办理有关手续。

第一百八十八条　具有救灾、扶贫等社会公益、道德义务性质的赠与合同或者经过公证的赠与合同，赠与人不交付赠与的财产的，受赠人可以要求交付。

第一百八十九条　因赠与人故意或者重大过失致使赠与的财产毁损、灭失的，赠与人应当承担损害赔偿责任。

第一百九十条　赠与可以附义务。

赠与附义务的，受赠人应当按照约定履行义务。

第一百九十一条　赠与的财产有瑕疵的，赠与人不承担责任。附义务的赠与，赠与的财产有瑕疵的，赠与人在附义务的限度内承担与出卖人相同的责任。

赠与人故意不告知瑕疵或者保证无瑕疵，造成受赠人损失的，应当承担损害赔偿责任。

第一百九十二条　受赠人有下列情形之一的，赠与人可以撤销赠与：

（一）严重侵害赠与人或者赠与人的近亲属；

（二）对赠与人有扶养义务而不履行；

（三）不履行赠与合同约定的义务。

赠与人的撤销权，自知道或者应当知道撤销原因之日起一年内行使。

第一百九十三条　因受赠人的违法行为致使赠与人死亡或者丧失民事行为能力的，赠与人的继承人或者法定代理人可以撤销赠与。

赠与人的继承人或者法定代理人的撤销权，自知道或者应当知道撤销原因之日起六个月内行使。

第一百九十四条　撤销权人撤销赠与的，可以向受赠人要求返还赠与的财产。

第一百九十五条　赠与人的经济状况显著恶化，严重影响其生产经营或者家庭生活的，可以不再履行赠与义务。

第十二章　借款合同

第一百九十六条　借款合同是借款人向贷款人借款，到期返还借款并支付利息的合同。

第一百九十七条　借款合同采用书面形式，但自然人之间借款另有约定的除外。借款合同的内容包括借款种类、币种、用途、数额、利率、期限和还款方式等条款。

第一百九十八条　订立借款合同，贷款人可以要求借款人提供担保。担保依照《中华人民共和国担保法》的规定。

第一百九十九条　订立借款合同，借款人应当按照贷款人的要求提供与借款有关的业务活动和财务状况的真实情况。

第二百条　借款的利息不得预先在本金中扣除。利息预先在本金中扣除的，应当按照实际借款数额返还借款并计算利息。

第二百零一条　贷款人未按照约定的日期、数额提供借款，造成借款人损失的，应当赔偿损失。

借款人未按照约定的日期、数额收取借款的，应当按照约定的日期、数额支付利息。

第二百零二条　贷款人按照约定可以检查、监督借款的使用情况。借款人应当按照约定向贷款人定期提供有关财务会计报表等资料。

第二百零三条　借款人未按照约定的借款用途使用借款的，贷款人可以停止发放借款、提前收回借款或者解除合同。

第二百零四条　办理贷款业务的金融机构贷款的利率，应当按照中国人民银行规定的贷款利率的上下限确定。

第二百零五条　借款人应当按照约定的期限支付利息。对支付利息的期限没有约定或者约定不明确，依照本法第六十一条的规定仍不能确定，借款期间不满一年的，应当在返还借款时一并支付；借款期间一年以上的，应当在每届满一年时支付，剩余期间不满一年的，应当在返还借款时一并支付。

第二百零六条　借款人应当按照约定的期限返还借款。对借款期限没有约定或者约定不明确，依照本法第六十一条的规定仍不能确定的，借款人可以随时返还；贷款人可以催告借款人在合理期限内返还。

第二百零七条　借款人未按照约定的期限返还借款的，应当按照约定或者国家有关规定支付逾期利息。

第二百零八条　借款人提前偿还借款的，除当事人另有约定以外，应当按照实际借款的期间计算利息

第二百零九条　借款人可以在还款期限届满之前向贷款人申请展期。贷款人同意的，可以展期。

第二百一十条　自然人之间的借款合同，自贷款人提供借款时生效。

第二百一十一条　自然人之间的借款合同对支付利息没有约定或者约定不明确的，视为不支付利息。

自然人之间的借款合同约定支付利息的，借款的利率不得违反国家有关限制借款利率的规定。

第十三章　租赁合同

第二百一十二条　租赁合同是出租人将租赁物交付承租人使用、收益，承租人支付租金的合同。

第二百一十三条　租赁合同的内容包括租赁物的名称、数量、用途、租赁期限、租金及其支付期限和方式、租赁物维修等条款。

第二百一十四条　租赁期限不得超过二十年。超过二十年的，超过部分无效。租赁期间届满，当事人可以续订租赁合同，但约定的租赁期限自续订之日起不得超过二十年。

第二百一十五条　租赁期限六个月以上的，应当采用书面形式。当事人未采用书面形式的，视为不定期租赁。

第二百一十六条　出租人应当按照约定将租赁物交付承租人，并在租赁期间保持租赁物符合约定的用途

第二百一十七条　承租人应当按照约定的方法使用租赁物。对租赁物的使用方法没有约定或者约定不明确，依照本法第六十一条的规定仍不能确定的，应当按照租赁物的性质使用。

第二百一十八条　承租人按照约定的方法或者租赁物的性质使用租赁物，致使租赁物受到损耗的，不承担损害赔偿责任。

第二百一十九条　承租人未按照约定的方法或者租赁物的性质使用租赁物，致使租赁物受到损失的，出租人可以解除合同并要求赔偿损失。

第二百二十条　出租人应当履行租赁物的维修义务，但当事人另有约定的除外。

第二百二十一条　承租人在租赁物需要维修时可以要求出租人在合理期限内维修。出租人未履行维修义务的，承租人可以自行维修，维修费用由出租人负担。因维修租赁物影响承租人使用的，应当相应减少租金或者延长租期。

第二百二十二条　承租人应当妥善保管租赁物，因保管不善造成租赁物毁损、灭失的，应当承担损害赔偿责任。

第二百二十三条　承租人经出租人同意，可以对租赁物进行改善或者增设他物。

承租人未经出租人同意，对租赁物进行改善或者增设他物的，出租人可以要求承租人恢复原状或者赔偿损失。

第二百二十四条　承租人经出租人同意，可以将租赁物转租给第三人。承租人转租的，承租人与出租人之间的租赁合同继续有效，第三人对租赁物造成损失的，承租人应当赔偿损失。承租人未经出租人同意转租的，出租人可以解除合同。

第二百二十五条　在租赁期间因占有、使用租赁物获得的收益，归承租人所有，但当事人另有约定的除外。

第二百二十六条　承租人应当按照约定的期限支付租金。对支付期限没有约定或者约定不明确，依照本法第六十一条的规定仍不能确定，租赁期间不满一年的，应当在租赁期间届满时支付；租赁期间一年以上的，应当在每届满一年时支付，剩余期间不满一年的，应当在租赁期间届满时支付。

第二百二十七条　承租人无正当理由未支付或者迟延支付租金的，出租人可以要求承租人在合理期限内支付。承租人逾期不支付的，出租人可以解除合同。

第二百二十八条　因第三人主张权利，致使承租人不能对租赁物使用、收益的，承租人可以要求减少租金或者不支付租金。

第三人主张权利的，承租人应当及时通知出租人。

第二百二十九条　租赁物在租赁期间发生所有权变动的，不影响租赁合同的效力。

第二百三十条　出租人出卖租赁房屋的，应当在出卖之前的合理期限内通知承租人，承租人享有以同等条件优先购买的权利。

第二百三十一条　因不可归责于承租人的事由，致使租赁物部分或者全部毁损、灭失的，承租人可以要求减少租金或者不支付租金；因租赁物部分或者全部毁损、灭失，致使不能实现合同目的的，承租人可以解除合同。

第二百三十二条　当事人对租赁期限没有约定或者约定不明确，依照本法第六十一条的规定仍不能确定的，视为不定期租赁。当事人可以随时解除合同，但出租人解除合同应当在合理期限之前通知承租人。

第二百三十三条　租赁物危及承租人的安全或者健康的，即使承租人订立合同时明知该租赁物质量不合格，承租人仍然可以随时解除合同。

第二百三十四条　承租人在房屋租赁期间死亡的，与其生前共同居住的人可以按照原租赁合同租赁该房屋。

第二百三十五条　租赁期间届满，承租人应当返还租赁物。返还的租赁物应当符合按照约定或者租赁物的性质使用后的状态。

第二百三十六条　租赁期间届满，承租人继续使用租赁物，出租人没有提出异议的，原租赁合同继续有效，但租赁期限为不定期。

第十四章　融资租赁合同

第二百三十七条　融资租赁合同是出租人根据承租人对出卖人、租赁物的选择，向出卖人购买租赁物，提供给承租人使用，承租人支付租金的合同。

第二百三十八条　融资租赁合同的内容包括租赁物名称、数量、规格、技术性能、检验方法、租赁期限、租金构成及其支付期限和方式、币种、租赁期间届满租赁物的归属等条款。

融资租赁合同应当采用书面形式。

第二百三十九条　出租人根据承租人对出卖人、租赁物的选择订立的买卖合同，出卖人应当按照约定向承租人交付标的物，承租人享有与受领标的物有关的买受人的权利。

第二百四十条　出租人、出卖人、承租人可以约定，出卖人不履行买卖合同义务的，由承租人行使索赔的权利。承租人行使索赔权利的，出租人应当协助。

第二百四十一条　出租人根据承租人对出卖人、租赁物的选择订立的买卖合同，未经承租人同意，出租人不得变更与承租人有关的合同内容。

第二百四十二条　出租人享有租赁物的所有权。承租人破产的，租赁物不属于破产财产。

第二百四十三条　融资租赁合同的租金，除当事人另有约定的以外，应当根据购买租赁物的大部分或者全部成本以及出租人的合理利润确定。

第二百四十四条　租赁物不符合约定或者不符合使用目的的，出租人不承担责任，但承租人依赖出租人的技能确定租赁物或者出租人干预选择租赁物的除外。

第二百四十五条　出租人应当保证承租人对租赁物的占有和使用。

第二百四十六条　承租人占有租赁物期间，租赁物造成第三人的人身伤害或者财产损害，出租人不承担责任。

第二百四十七条　承租人应当妥善保管、使用租赁物。承租人应当履行占有租赁物期间的维修义务。

第二百四十八条　承租人应当按照约定支付租金。承租人经催告后在合理期限内仍不支付租金的，出租人可以要求支付全部租金；也可以解除合同，收回租赁物。

第二百四十九条　当事人约定租赁期间届满租赁物归承租人所有，承租人已经支付大部分租金，但无力支付剩余租金，出租人因此解除合同收回租赁物的，收回的租赁物的价值超过承租人欠付的租金以及其他费用的，承租人可以要求部分返还。

第二百五十条　出租人和承租人可以约定租赁期间届满租赁物的归属。对租赁物的归属没有约定或者约定不明确，依照本法第六十一条的规定仍不能确定的，租赁物的所有权归出租人。

第十五章　承揽合同

第二百五十一条　承揽合同是承揽人按照定作人的要求完成工作，交付工作成果，定作人给付报酬的合同。

承揽包括加工、定作、修理、复制、测试、检验等工作。

第二百五十二条　承揽合同的内容包括承揽的标的、数量、质量、报酬、承揽方式、材料的提供、履行期限、验收标准和方法等条款。

第二百五十三条　承揽人应当以自己的设备、技术和劳力，完成主要工作，但当事人另有约定的除外。

承揽人将其承揽的主要工作交由第三人完成的，应当就该第三人完成的工作成果向定作人负责；未经定作人同意的，定作人也可以解除合同。

第二百五十四条　承揽人可以将其承揽的辅助工作交由第三人完成。承揽人将其承揽的辅助工作交由第三人完成的，应当就该第三人完成的工作成果向定作人负责。

第二百五十五条　承揽人提供材料的，承揽人应当按照约定选用材料，并接受定作人检验。

第二百五十六条　定作人提供材料的，定作人应当按照约定提供材料。承揽人对定作人提供的材料，应当及时检验，发现不符合约定时，应当及时通知定作人更换、补齐或者采取其他补救措施。

承揽人不得擅自更换定作人提供的材料，不得更换不需要修理的零部件。

第二百五十七条　承揽人发现定作人提供的图纸或者技术要求不合理的，应当及时通知定作人。因定作人怠于答复等原因造成承揽人损失的，应当赔偿损失。

第二百五十八条　定作人中途变更承揽工作的要求，造成承揽人损失的，应当赔偿损失。

第二百五十九条　承揽工作需要定作人协助的，定作人有协助的义务。定作人不履行协助义务致使承揽工作不能完成的，承揽人可以催告定作人在合理期限内履行义务，并可以顺延履行期限；定作人逾期不履行的，承揽人可以解除合同。

第二百六十条　承揽人在工作期间，应当接受定作人必要的监督检验。定作人不得因监督检验妨碍承揽人的正常工作。

第二百六十一条　承揽人完成工作的，应当向定作人交付工作成果，并提交必要的技术资料和有关质量证明。定作人应当验收该工作成果。

第二百六十二条　承揽人交付的工作成果不符合质量要求的，定作人可以要求承揽人承担修理、重作、减少报酬、赔偿损失等违约责任。

第二百六十三条　定作人应当按照约定的期限支付报酬。对支付报酬的期限没有约定或者约定不明确，依照本法第六十一条的规定仍不能确定的，定作人应当在承揽人交付工作成果时支付；工作成果部分交付的，定作人应当相应支付。

第二百六十四条　定作人未向承揽人支付报酬或者材料费等价款的，承揽人对完成的工作成果享有留置权，但当事人另有约定的除外。

第二百六十五条　承揽人应当妥善保管定作人提供的材料以及完成的工作成果，因保管不善造成毁损、灭失的，应当承担损害赔偿责任。

第二百六十六条　承揽人应当按照定作人的要求保守秘密，未经定作人许可，不得留存复制品或者技术资料。

第二百六十七条　共同承揽人对定作人承担连带责任，但当事人另有约定的除外。

第二百六十八条　定作人可以随时解除承揽合同，造成承揽人损失的，应当赔偿损失。

第十六章　建设工程合同

第二百六十九条　建设工程合同是承包人进行工程建设，发包人支付价款的合同。建设工程合同包括工程勘察、设计、施工合同。

第二百七十条　建设工程合同应当采用书面形式。

第二百七十一条　建设工程的招标投标活动，应当依照有关法律的规定公开、公平、公正进行。

第二百七十二条　发包人可以与总承包人订立建设工程合同，也可以分别与勘察人、设计人、施工人订立勘察、设计、施工承包合同。发包人不得将应当由一个承包人完成的建设工程肢解成若干部分发包给几个承包人。

总承包人或者勘察、设计、施工承包人经发包人同意，可以将自己承包的部分工作交由第三人完成。第三人就其完成的工作成果与总承包人或者勘察、设计、施工承包人向发包人承担连带责任。承包人不得将其承包的全部建设工程转包给第三人或者将其承包的全部建设工程肢解以后以分包的名义分别转包给第三人。

禁止承包人将工程分包给不具备相应资质条件的单位。禁止分包单位将其承包的工程再分包。建设工程主体结构的施工必须由承包人自行完成。

第二百七十三条　国家重大建设工程合同，应当按照国家规定的程序和国家批准的投资计划、可行性研究报告等文件订立。

第二百七十四条　勘察、设计合同的内容包括提交有关基础资料和文件（包括概预算）的期限、质量要求、费用以及其他协作条件等条款。

第二百七十五条　施工合同的内容包括工程范围、建设工期、中间交工工程的开工和竣工时间、工程质量、工程造价、技术资料交付时间、材料和设备供应责任、拨款和结算、竣工验收、质量保修范围和质量保证期、双方相互协作等条款。

第二百七十六条　建设工程实行监理的，发包人应当与监理人采用书面形式订立委托监理合同。发包人与监理人的权利和义务以及法律责任,应当依照本法委托合同以及其他有关法律、行政法规的规定。

第二百七十七条　发包人在不妨碍承包人正常作业的情况下，可以随时对作业进度、质量进行检查。

第二百七十八条　隐蔽工程在隐蔽以前，承包人应当通知发包人检查。发包人没有及时检查的，承包人可以顺延工程日期，并有权要求赔偿停工、窝工等损失。

第二百七十九条　建设工程竣工后，发包人应当根据施工图纸及说明书、国家颁发的施工验收规范和质量检验标准及时进行验收。验收合格的，发包人应当按照约定支付价款，并接收该建设工程。建设工程竣工经验收合格后，方可交付使用；未经验收或者验收不合格的，不得交付使用。

第二百八十条　勘察、设计的质量不符合要求或者未按照期限提交勘察、设计文件拖延工期，造成发包人损失的，勘察人、设计人应当继续完善勘察、设计，减收或者免收勘察、设计费并赔偿损失。

第二百八十一条　因施工人的原因致使建设工程质量不符合约定的，发包人有权要求施工人在合理期限内无偿修理或者返工、改建。经过修理或者返工、改建后，造成逾期交付的，施工人应当承担违约责任。

第二百八十二条　因承包人的原因致使建设工程在合理使用期限内造成人身和财产损害的，承包人应当承担损害赔偿责任。

第二百八十三条　发包人未按照约定的时间和要求提供原材料、设备、场地、资金、技术资料的，承包人可以顺延工程日期，并有权要求赔偿停工、窝工等损失。

第二百八十四条　因发包人的原因致使工程中途停建、缓建的，发包人应当采取措施弥补或者减少损失，赔偿承包人因此造成的停工、窝工、倒运、机械设备调迁、材料和构件积压等损失和实际费用。

第二百八十五条　因发包人变更计划，提供的资料不准确，或者未按照期限提供必需的勘察、设计工作条件而造成勘察、设计的返工、停工或者修改设计，发包人应当按照勘察人、设计人实际消耗的工作量增付费用。

第二百八十六条　发包人未按照约定支付价款的，承包人可以催告发包人在合理期限内支付价款。发包人逾期不支付的，除按照建设工程的性质不宜折价、拍卖的以外，承包人可以与发包人协议将该工程折价，也可以申请人民法院将该工程依法拍卖。建设工程的价款就该工程折价或者拍卖的价款优先受偿。

第二百八十七条　本章没有规定的，适用承揽合同的有关规定。

第十七章　运输合同

第一节　一般规定

第二百八十八条　运输合同是承运人将旅客或者货物从起运地点运输到约定地点，旅客、托运人或者收货人支付票款或者运输费用的合同。

第二百八十九条　从事公共运输的承运人不得拒绝旅客、托运人通常、合理的运输要求。

第二百九十条　承运人应当在约定期间或者合理期间内将旅客、货物安全运输到约定地点。

第二百九十一条　承运人应当按照约定的或者通常的运输路线将旅客、货物运输到约定地点。

第二百九十二条　旅客、托运人或者收货人应当支付票款或者运输费用。承运人未按照约定路线或者通常路线运输增加票款或者运输费用的，旅客、托运人或者收货人可以拒绝支付增加部分的票款或者运输费用。

第二节　客运合同

第二百九十三条　客运合同自承运人向旅客交付客票时成立，但当事人另有约定或者另有交易习惯的除外。

第二百九十四条　旅客应当持有效客票乘运。旅客无票乘运、超程乘运、越级乘运或者持失效客票乘运的，应当补交票款，承运人可以按照规定加收票款。旅客不交付票款的，承运人可以拒绝运输。

第二百九十五条　旅客因自己的原因不能按照客票记载的时间乘坐的，应当在约定的时间内办理退票或者变更手续。逾期办理的，承运人可以不退票款，并不再承担运输义务。

第二百九十六条　旅客在运输中应当按照约定的限量携带行李。超过限量携带行李的，应当办理托运手续。

第二百九十七条　旅客不得随身携带或者在行李中夹带易燃、易爆、有毒、有腐蚀性、有放射性以及有可能危及运输工具上人身和财产安全的危险物品或者其他违禁物品。

旅客违反前款规定的，承运人可以将违禁物品卸下、销毁或者送交有关部门。旅客坚持携带或者夹带违禁物品的，承运人应当拒绝运输。

第二百九十八条　承运人应当向旅客及时告知有关不能正常运输的重要事由和安全运输应当注意的事项。

第二百九十九条　承运人应当按照客票载明的时间和班次运输旅客。承运人迟延运输的，应当根据旅客的要求安排改乘其他班次或者退票。

第三百条　承运人擅自变更运输工具而降低服务标准的，应当根据旅客的要求退票或者减收票款；提高服务标准的，不应当加收票款。

第三百零一条　承运人在运输过程中，应当尽力救助患有急病、分娩、遇险的旅客。

第三百零二条　承运人应当对运输过程中旅客的伤亡承担损害赔偿责任，但伤亡是旅客自身健康原因造成的或者承运人证明伤亡是旅客故意、重大过失造成的除外。

前款规定适用于按照规定免票、持优待票或者经承运人许可搭乘的无票旅客。

第三百零三条　在运输过程中旅客自带物品毁损、灭失，承运人有过错的，应当承担损害赔偿责任。旅客托运的行李毁损、灭失的，适用货物运输的有关规定。

第三节　货运合同

第三百零四条　托运人办理货物运输，应当向承运人准确表明收货人的名称或者姓名或者凭指示的收货人，货物的名称、性质、重量、数量，收货地点等有关货物运输的必要情况。

因托运人申报不实或者遗漏重要情况，造成承运人损失的，托运人应当承担损害赔偿责任。

第三百零五条　货物运输需要办理审批、检验等手续的，托运人应当将办理完有关手续的文件提交承运人。

第三百零六条　托运人应当按照约定的方式包装货物。对包装方式没有约定或者约定不明确的，适用本法第一百五十六条的规定。

托运人违反前款规定的，承运人可以拒绝运输。

第三百零七条　托运人托运易燃、易爆、有毒、有腐蚀性、有放射性等危险物品的，应当按照国家有关危险物品运输的规定对危险物品妥善包装，作出危险物标志和标签，并将有关危险物品的名称、性质和防范措施的书面材料提交承运人。

托运人违反前款规定的，承运人可以拒绝运输，也可以采取相应措施以避免损失的发生，因此产生的费用由托运人承担。

第三百零八条　在承运人将货物交付收货人之前，托运人可以要求承运人中止运输、返还货物、变更到达地或者将货物交给其他收货人，但应当赔偿承运人因此受到的损失。

第三百零九条　货物运输到达后，承运人知道收货人的，应当及时通知收货人，收货人应当及时提货。收货人逾期提货的，应当向承运人支付保管费等费用。

第三百一十条　收货人提货时应当按照约定的期限检验货物。对检验货物的期限没有约定或者约定不明确，依照本法第六十一条的规定仍不能确定的，应当在合理期限内检验货物。收货人在约定的期限或者合理期限内对货物的数量、毁损等未提出异议的，视为承运人已经按照运输单证的记载交付的初步证据。

第三百一十一条　承运人对运输过程中货物的毁损、灭失承担损害赔偿责任，但承运人证明货物的毁损、灭失是因不可抗力、货物本身的自然性质或者合理损耗以及托运人、收货人的过错造成的，不承担损害赔偿责任。

第三百一十二条　货物的毁损、灭失的赔偿额，当事人有约定的，按照其约定；没有约定或者约定不明确，依照本法第六十一条的规定仍不能确定的，按照交付或者应当交付时货物到达地的市场价格计算。法律、行政法规对赔偿额的计算方法和赔偿限额另有规定的，依照其规定。

第三百一十三条　两个以上承运人以同一运输方式联运的，与托运人订立合同的承运人应当对全程运输承担责任。损失发生在某一运输区段的，与托运人订立合同的承运人和该区段的承运人承担连带责任。

第三百一十四条　货物在运输过程中因不可抗力灭失，未收取运费的，承运人不得要求支付运费；已收取运费的，托运人可以要求返还。

第三百一十五条　托运人或者收货人不支付运费、保管费以及其他运输费用的，承运人对相应的运输货物享有留置权，但当事人另有约定的除外。

第三百一十六条　收货人不明或者收货人无正当理由拒绝受领货物的，依照本法第一百零一条的规定，承运人可以提存货物。

第四节　多式联运合同

第三百一十七条　多式联运经营人负责履行或者组织履行多式联运合同，对全程运输享有承运人的权利，承担承运人的义务。

第三百一十八条　多式联运经营人可以与参加多式联运的各区段承运人就多式联运合同的各区段运输约定相互之间的责任，但该约定不影响多式联运经营人对全程运输承担的义务。

第三百一十九条　多式联运经营人收到托运人交付的货物时，应当签发多式联运单据。按照托运人的要求，多式联运单据可以是可转让单据，也可以是不可转让单据。

第三百二十条　因托运人托运货物时的过错造成多式联运经营人损失的，即使托运人已经转让多式联运单据，托运人仍然应当承担损害赔偿责任。

第三百二十一条　货物的毁损、灭失发生于多式联运的某一运输区段的，多式联运经营人的赔偿责任和责任限额，适用调整该区段运输方式的有关法律规定。货物毁损、灭失发生的运输区段不能确定的，依照本章规定承担损害赔偿责任。

第十八章　技术合同

第一节　一般规定

第三百二十二条　技术合同是当事人就技术开发、转让、咨询或者服务订立的确立相互之间权利和义务的合同。

第三百二十三条　订立技术合同，应当有利于科学技术的进步，加速科学技术成果的转化、应用和推广。

第三百二十四条　技术合同的内容由当事人约定，一般包括以下条款：

（一）项目名称；

（二）标的的内容、范围和要求；

（三）履行的计划、进度、期限、地点、地域和方式；

（四）技术情报和资料的保密；

（五）风险责任的承担；

（六）技术成果的归属收益的分成办法；

（七）验收标准和方法；

（八）价款、报酬或者使用费及其支付方式；

（九）违约金或者损失赔偿的计算方法；

（十）解决争议的方法；

（十一）名词和术语的解释。

与履行合同有关的技术背景资料、可行性论证和技术评价报告、项目任务书和计划书、技术标准、技术规范、原始设计和工艺文件，以及其他技术文档，按照当事人的约定可以作为合同的组成部分。

技术合同涉及专利的，应当注明发明创造的名称、专利申请人和专利权人、申请日期、申请号、专利号以及专利权的有效期限。

第三百二十五条 技术合同价款、报酬或者使用费的支付方式由当事人约定，可以采取一次总算、一次总付或者一次总算、分期支付，也可以采取提成支付或者提成支付附加预付入门费的方式。

约定提成支付的，可以按照产品价格、实施专利和使用技术秘密后新增的产值、利润或者产品销售额的一定比例提成，也可以按照约定的其他方式计算。提成支付的比例可以采取固定比例、逐年递增比例或者逐年递减比例。约定提成支付的，当事人应当在合同中约定查阅有关会计账目的办法。

第三百二十六条 职务技术成果的使用权、转让权属于法人或者其他组织的，法人或者其他组织可以就该项职务技术成果订立技术合同。法人或者其他组织应当从使用和转让该项职务技术成果所取得的收益中提取一定比例，对完成该项职务技术成果的个人给予奖励或者报酬。法人或者其他组织订立技术合同转让职务技术成果时，职务技术成果的完成人享有以同等条件优先受让的权利。

职务技术成果是执行法人或者其他组织的工作任务，或者主要是利用法人或者其他组织的物质技术条件所完成的技术成果。

第三百二十七条 非职务技术成果的使用权、转让权属于完成技术成果的个人，完成技术成果的个人可以就该项非职务技术成果订立技术合同。

第三百二十八条 完成技术成果的个人有在有关技术成果文件上写明自己是技术成果完成者的权利和取得荣誉证书、奖励的权利。

第三百二十九条 非法垄断技术、妨碍技术进步或者侵害他人技术成果的技术合同无效。

第二节 技术开发合同

第三百三十条 技术开发合同是指当事人之间就新技术、新产品、新工艺或者新材料及其系统的研究开发所订立的合同。

技术开发合同包括委托开发合同和合作开发合同。

技术开发合同应当采用书面形式。当事人之间就具有产业应用价值的科技成果实施转化订立的合同，参照技术开发合同的规定。

第三百三十一条 委托开发合同的委托人应当按照约定支付研究开发经费和报酬；提供技术资料、原始数据；完成协作事项；接受研究开发成果。

第三百三十二条 委托开发合同的研究开发人应当按照约定制定和实施研究开发计划；合理使用研究开发经费；按期完成研究开发工作，交付研究开发成果，提供有关的技术资料和必要的技术指导，帮助委托人掌握研究开发成果。

第三百三十三条 委托人违反约定造成研究开发工作停滞、延误或者失败的，应当承担违约责任。

第三百三十四条 研究开发人违反约定造成研究开发工作停滞、延误或者失败的，应当承担违约责任。

第三百三十五条 合作开发合同的当事人应当按照约定进行投资，包括以技术进行投资；分工参与研究开发工作；协作配合研究开发工作。

第三百三十六条 合作开发合同的当事人违反约定造成研究开发工作停滞、延误或者失败的，应当承担违约责任。

第三百三十七条 因作为技术开发合同标的的技术已经由他人公开，致使技术开发合同的履行没有意义的,当事人可以解除合同。

第三百三十八条 在技术开发合同履行过程中,因出现无法克服的技术困难,致使研究开发失败或者部分失败的,该风险责任由当事人约定。没有约定或者约定不明确,依照本法第六十一条的规定仍不能确定的,风险责任由当事人合理分担。

当事人一方发现前款规定的可能致使研究开发失败或者部分失败的情形时,应当及时通知另一方并采取适当措施减少损失。没有及时通知并采取适当措施,致使损失扩大的,应当就扩大的损失承担责任。

第三百三十九条 委托开发完成的发明创造,除当事人另有约定的以外,申请专利的权利属于研究开发人。研究开发人取得专利权的,委托人可以免费实施该专利。

研究开发人转让专利申请权的,委托人享有以同等条件优先受让的权利。

第三百四十条 合作开发完成的发明创造,除当事人另有约定的以外,申请专利的权利属于合作开发的当事人共有。当事人一方转让其共有的专利申请权的,其他各方享有以同等条件优先受让的权利。

合作开发的当事人一方声明放弃其共有的专利申请权的,可以由另一方单独申请或者由其他各方共同申请。申请人取得专利权的,放弃专利申请权的一方可以免费实施该专利。

合作开发的当事人一方不同意申请专利的,另一方或者其他各方不得申请专利。

第三百四十一条 委托开发或者合作开发完成的技术秘密成果的使用权、转让权以及利益的分配办法,由当事人约定。没有约定或者约定不明确,依照本法第六十一条的规定仍不能确定的,当事人均有使用和转让的权利,但委托开发的研究开发人不得在向委托人交付研究开发成果之前,将研究开发成果转让给第三人。

第三节 技术转让合同

第三百四十二条 技术转让合同包括专利权转让、专利申请权转让、技术秘密转让、专利实施许可合同、技术转让合同应当采用书面形式。

第三百四十三条 技术转让合同可以约定让与人和受让人实施专利或者使用技术秘密的范围,但不得限制技术竞争和技术发展。

第三百四十四条 专利实施许可合同只在该专利权的存续期间内有效。专利权有效期限届满或者专利权被宣布无效的,专利权人不得就该专利与他人订立专利实施许可合同。

第三百四十五条 专利实施许可合同的让与人应当按照约定许可受让人实施专利,交付实施专利有关的技术资料,提供必要的技术指导。

第三百四十六条 专利实施许可合同的受让人应当按照约定实施专利,不得许可约定以外的第三人实施该专利;并按照约定支付使用费。

第三百四十七条 技术秘密转让合同的让与人应当按照约定提供技术资料,进行技术指导,保证技术的实用性、可靠性,承担保密义务。

第三百四十八条 技术秘密转让合同的受让人应当按照约定使用技术,支付使用费,承担保密义务。

第三百四十九条 技术转让合同的让与人应当保证自己是所提供的技术的合法拥有者,并保证所提供的技术完整、无误、有效,能够达到约定的目标。

第三百五十条 技术转让合同的受让人应当按照约定的范围和期限,对让与人提供的技术中尚未公开的秘密部分,承担保密义务。

第三百五十一条 让与人未按照约定转让技术的,应当返还部分或者全部使用费,并应当承担违约责任;实施专利或者使用技术秘密超越约定的范围的,违反约定擅自许可第三人实施 该项专利或者使用该项技术秘密的,应当停止违约行为,承担违约责任;违反约定的保密义务的,应当承担违约责任。

第三百五十二条　受让人未按照约定支付使用费的,应当补交使用费并按照约定支付违约金;不补交使用费或者支付违约金的,应当停止实施专利或者使用技术秘密,交还技术资料,承担违约责任;实施专利或者使用技术秘密超越约定的范围的,未经让与人同意擅自许可第三人实施该专利或者使用该技术秘密的,应当停止违约行为,承担违约责任;违反约定的保密义务的,应当承担违约责任。

第三百五十三条　受让人按照约定实施专利、使用技术秘密侵害他人合法权益的,由让与人承担责任,但当事人另有约定的除外。

第三百五十四条　当事人可以按照互利的原则,在技术转让合同中约定实施专利、使用技术秘密后续改进的技术成果的分享办法。没有约定或者约定不明确,依照本法第六十一条的规定仍不能确定的,一方后续改进的技术成果,其他各方无权分享。

第三百五十五条　法律、行政法规对技术进出口合同或者专利、专利申请合同另有规定的,依照其规定。

第四节　技术咨询合同和技术服务合同

第三百五十六条　技术咨询合同包括就特定技术项目提供可行性论证、技术预测、专题技术调查、分析评价报告等合同。

技术服务合同是指当事人一方以技术知识为另一方解决特定技术问题所订立的合同,不包括建设工程合同和承揽合同。

第三百五十七条　技术咨询合同的委托人应当按照约定阐明咨询的问题,提供技术背景材料及有关技术资料、数据;接受受托人的工作成果,支付报酬。

第三百五十八条　技术咨询合同的受托人应当按照约定的期限完成咨询报告或者解答问题;提出的咨询报告应当达到约定的要求。

第三百五十九条　技术咨询合同的委托人未按照约定提供必要的资料和数据,影响工作进度和质量,不接受或者逾期接受工作成果的,支付的报酬不得追回,未支付的报酬应当支付。

技术咨询合同的受托人未按期提出咨询报告或者提出的咨询报告不符合约定的,应当承担减收或者免收报酬等违约责任。

技术咨询合同的委托人按照受托人符合约定要求的咨询报告和意见作出决策所造成的损失,由委托人承担,但当事人另有约定的除外。

第三百六十条　技术服务合同的委托人应当按照约定提供工作条件,完成配合事项;接受工作成果并支付报酬。

第三百六十一条　技术服务合同的受托人应当按照约定完成服务项目,解决技术问题,保证工作质量,并传授解决技术问题的知识。

第三百六十二条　技术服务合同的委托人不履行合同义务或者履行合同义务不符合约定,影响工作进度和质量,不接受或者逾期接受工作成果的,支付的报酬不得追回,未支付的报酬应当支付。技术服务合同的受托人未按照合同约定完成服务工作的,应当承担免收报酬等违约责任。

第三百六十三条　在技术咨询合同、技术服务合同履行过程中,受托人利用委托人提供的技术资料和工作条件完成的新的技术成果,属于受托人。委托人利用受托人的工作成果完成的新的技术成果,属于委托人。当事人另有约定的,按照其约定。

第三百六十四条　法律、行政法规对技术中介合同、技术培训合同另有规定的,依照其规定。

第十九章　保管合同

第三百六十五条　保管合同是保管人保管寄存人交付的保管物,并返还该物的合同。

第三百六十六条　寄存人应当按照约定向保管人支付保管费。

当事人对保管费没有约定或者约定不明确,依照本法第六十一条的规定仍不能确定的,保管是无偿的。

第三百六十七条　保管合同自保管物交付时成立,但当事人另有约定的除外。

第三百六十八条　寄存人向保管人交付保管物的,保管人应当给付保管凭证,但另有交易习惯的除外。

第三百六十九条　保管人应当妥善保管保管物。

当事人可以约定保管场所或者方法。除紧急情况或者为了维护寄存人利益的以外,不得擅自改变保管场所或者方法。

第三百七十条　寄存人交付的保管物有瑕疵或者按照保管物的性质需要采取特殊保管措施的,寄存人应当将有关情况告知保管人。寄存人未告知,致使保管物受损失的,保管人不承担损害赔偿责任;保管人因此受损失的,除保管人知道或者应当知道并且未采取补救措施的以外,寄存人应当承担损害赔偿责任。

第三百七十一条　保管人不得将保管物转交第三人保管,但当事人另有约定的除外。

保管人违反前款规定,将保管物转交第三人保管,对保管物造成损失的,应当承担损害赔偿责任。

第三百七十二条　保管人不得使用或者许可第三人使用保管物,但当事人另有约定的除外。

第三百七十三条　第三人对保管物主张权利的,除依法对保管物采取保全或者执行的以外,保管人应当履行向寄存人返还保管物的义务。

第三人对保管人提起诉讼或者对保管物申请扣押的,保管人应当及时通知寄存人。

第三百七十四条　保管期间,因保管人保管不善造成保管物毁损、灭失的,保管人应当承担损害赔偿责任,但保管是无偿的,保管人证明自己没有重大过失的,不承担损害赔偿责任。

第三百七十五条　寄存人寄存货币、有价证券或者其他贵重物品的,应当向保管人声明,由保管人验收或者封存。寄存人未声明的,该物品毁损、灭失后,保管人可以按照一般物品予以赔偿。

第三百七十六条　寄存人可以随时领取保管物。

当事人对保管期间没有约定或者约定不明确的,保管人可以随时要求寄存人领取保管物;约定保管期间的,保管人无特别事由,不得要求寄存人提前领取保管物。

第三百七十七条　保管期间届满或者寄存人提前领取保管物的,保管人应当将原物及其孳息归还寄存人。

第三百七十八条　保管人保管货币的,可以返还相同种类、数量的货币。保管其他可替代物的,可以按照约定返还相同种类、品质、数量的物品。

第三百七十九条　有偿的保管合同,寄存人应当按照约定的期限向保管人支付保管费。当事人对支付期限没有约定或者约定不明确,依照本法第六十一条的规定仍不能确定的,应当在领取保管物的同时支付。

第三百八十条　寄存人未按照约定支付保管费以及其他费用的,保管人对保管物享有留置权,但当事人另有约定的除外。

第二十章 仓储合同

第三百八十一条　仓储合同是保管人储存存货人交付的仓储物，存货人支付仓储费的合同。

第三百八十二条　仓储合同自成立时生效。

第三百八十三条　储存易燃、易爆、有毒、有腐蚀性、有放射性等危险物品或者易变质物品，存货人应当说明该物品的性质，提供有关资料。

存货人违反前款规定的，保管人可以拒收仓储物，也可以采取相应措施以避免损失的发生，因此产生的费用由存货人承担。

保管人储存易燃、易爆、有毒、有腐蚀性、有放射性等危险物品的，应当具备相应的保管条件。

第三百八十四条　保管人应当按照约定对入库仓储物进行验收。保管人验收时发现入库仓储物与约定不符合的，应当及时通知存货人。保管人验收后，发生仓储物的品种、数量、质量不符合约定的，保管人应当承担损害赔偿责任。

第三百八十五条　存货人交付仓储物的，保管人应当给付仓单。

第三百八十六条　保管人应当在仓单上签字或者盖章。仓单包括下列事项：

（一）存货人的名称或者姓名和住所；
（二）仓储物的品种、数量、质量、包装、件数和标记；
（三）仓储物的损耗标准；
（四）储存场所；
（五）储存期间；
（六）仓储费；
（七）仓储物已经办理保险的，其保险金额、期间以及保险人的名称；
（八）填发人、填发地和填发日期。

第三百八十七条　仓单是提取仓储物的凭证。存货人或者仓单持有人在仓单上背书并经保管人签字或者盖章的，可以转让提取仓储物的权利。

第三百八十八条　保管人根据存货人或者仓单持有人的要求，应当同意其检查仓储物或者提取样品。

第三百八十九条　保管人对入库仓储物发现有变质或者其他损坏的，应当及时通知存货人或者仓单持有人。

第三百九十条　保管人对入库仓储物发现有变质或者其他损坏，危及其他仓储物的安全和正常保管的，应当催告存货人或者仓单持有人作出必要的处置。因情况紧急，保管人可以作出必要的处置，但事后应当将该情况及时通知存货人或者仓单持有人。

第三百九十一条　当事人对储存期间没有约定或者约定不明确的，存货人或者仓单持有人可以随时提取仓储物，保管人也可以随时要求存货人或者仓单持有人提取仓储物，但应当给予必要的准备时间。

第三百九十二条　储存期间届满，存货人或者仓单持有人应当凭仓单提取仓储物。存货人或者仓单持有人逾期提取的，应当加收仓储费；提前提取的，不减收仓储费。

第三百九十三条　储存期间届满，存货人或者仓单持有人不提取仓储物的，保管人可以催告其在合理期限内提取，逾期不提取的，保管人可以提存仓储物。

第三百九十四条　储存期间，因保管人保管不善造成仓储物毁损、灭失的，保管人应当承担损害赔偿责任。因储存物的性质、包装不符合约定或者超过有效储存期造成仓储物变质、损坏的，保管人不承担损害赔偿责任。

第三百九十五条 本章没有规定的，适用保管合同的有关规定。

第二十一章 委托合同

第三百九十六条 委托合同是委托人和受托人约定，由受托人处理委托人事务的合同。

第三百九十七条 委托人可以特别委托受托人处理一项或者数项事务，也可以概括委托受托人处理一切事务。

第三百九十八条 委托人应当预付处理委托事务的费用。受托人为处理委托事务垫付的必要费用，委托人应当偿还该费用及其利息。

第三百九十九条 受托人应当按照委托人的指示处理委托事务。需要变更委托人指示的，应当经委托人同意；因情况紧急，难以和委托人取得联系的，受托人应当妥善处理委托事务，但事后应当将该情况及时报告委托人。

第四百条 受托人应当亲自处理委托事务。经委托人同意，受托人可以转委托。转委托经同意的，委托人可以就委托事务直接指示转委托的第三人，受托人仅就第三人的选任及其对第三人的指示承担责任。转委托未经同意的，受托人应当对转委托的第三人的行为承担责任，但在紧急情况下受托人为维护委托人的利益需要转委托的除外。

第四百零一条 受托人应当按照委托人的要求，报告委托事务的处理情况。委托合同终止时，受托人应当报告委托事务的结果。

第四百零二条 受托人以自己的名义，在委托人的授权范围内与第三人订立的合同，第三人在订立合同时知道受托人与委托人之间的代理关系的，该合同直接约束委托人和第三人，但有确切证据证明该合同只约束受托人和第三人的除外。

第四百零三条 受托人以自己的名义与第三人订立合同时，第三人不知道受托人与委托人之间的代理关系的，受托人因第三人的原因对委托人不履行义务，受托人应当向委托人披露 第三人，委托人因此可以行使受托人对第三人的权利，但第三人与受托人订立合同时如果知道该委托人就不会订立合同的除外。

受托人因委托人的原因对第三人不履行义务，受托人应当向第三人披露委托人，第三人因此可以选择受托人或者委托人作为相对人主张其权利，但第三人不得变更选定的相对人。委托人行使受托人对第三人的权利的，第三人可以向委托人主张其对受托人的抗辩。第三人选定委托人作为其相对人的，委托人可以向第三人主张其对受托人的抗辩 以及受托人对第三人的抗辩。

第四百零四条 受托人处理委托事务取得的财产，应当转交给委托人。

第四百零五条 受托人完成委托事务的，委托人应当向其支付报酬。因不可归责于受托人的事由，委托合同解除或者委托事务不能完成的，委托人应当向受托人支付相应的报酬。当事人另有约定的，按照其约定。

第四百零六条 有偿的委托合同，因受托人的过错给委托人造成损失的，委托人可以要求赔偿损失。无偿的委托合同，因受托人的故意或者重大过失给委托人造成损失的，委托人可以要求赔偿损失。

受托人超越权限给委托人造成损失的，应当赔偿损失。

第四百零七条 受托人处理委托事务时，因不可归责于自己的事由受到损失的，可以向委托人要求赔偿损失。

第四百零八条 委托人经受托人同意，可以在受托人之外委托第三人处理委托事务。因此给受托人造成损失的，受托人可以向委托人要求赔偿损失。

第四百零九条　两个以上的受托人共同处理委托事务的，对委托人承担连带责任。

第四百一十条　委托人或者受托人可以随时解除委托合同。因解除合同给对方造成损失的，除不可归责于该当事人的事由以外，应当赔偿损失。

第四百一十一条　委托人或者受托人死亡、丧失民事行为能力或者破产的，委托合同终止，但当事人另有约定或者根据委托事务的性质不宜终止的除外。

第四百一十二条　因委托人死亡、丧失民事行为能力或者破产，致使委托合同终止将损害委托人利益的，在委托人的继承人、法定代理人或者清算组织承受委托事务之前，受托人应当继续处理委托事务。

第四百一十三条　因受托人死亡、丧失民事行为能力或者破产，致使委托合同终止的，受托人的继承人、法定代理人或者清算组织应当及时通知委托人。因委托合同终止将损害委托人利益的，在委托人作出善后处理之前，受托人的继承人、法定代理人或者清算组织应当采取必要措施。

第二十二章　行纪合同

第四百一十四条　行纪合同是行纪人以自己的名义为委托人从事贸易活动，委托人支付报酬的合同。

第四百一十五条　行纪人处理委托事务支出的费用，由行纪人负担，但当事人另有约定的除外。

第四百一十六条　行纪人占有委托物的，应当妥善保管委托物。

第四百一十七条　委托物交付给行纪人时有瑕疵或者容易腐烂、变质的，经委托人同意，行纪人可以处分该物；和委托人不能及时取得联系的，行纪人可以合理处分。

第四百一十八条　行纪人低于委托人指定的价格卖出或者高于委托人指定的价格买入的，应当经委托人同意。未经委托人同意，行纪人补偿其差额的，该买卖对委托人发生效力。

行纪人高于委托人指定的价格卖出或者低于委托人指定的价格买入的，可以按照约定增加报酬。没有约定或者约定不明确，依照本法第六十一条的规定仍不能确定的，该利益属于委托人。

委托人对价格有特别指示的，行纪人不得违背该指示卖出或者买入。

第四百一十九条　行纪人卖出或者买入具有市场定价的商品，除委托人有相反的意思表示以外，行纪人自己可以作为买受人或者出卖人。

行纪人有前款规定情形的，仍然可以要求委托人支付报酬。

第四百二十条　行纪人按照约定买入委托物，委托人应当及时受领。经行纪人催告，委托人无正当理由拒绝受领的，行纪人依照本法第一百零一条的规定可以提存委托物。

委托物不能卖出或者委托人撤回出卖，经行纪人催告，委托人不取回或者不处分该物的，行纪人依照本法第一百零一条的规定可以提存委托物。

第四百二十一条　行纪人与第三人订立合同的，行纪人对该合同直接享有权利、承担义务。

第三人不履行义务致使委托人受到损害的，行纪人应当承担损害赔偿责任，但行纪人与委托人另有约定的除外。

第四百二十二条　行纪人完成或者部分完成委托事务的，委托人应当向其支付相应的报酬。委托人逾期不支付报酬的，行纪人对委托物享有留置权，但当事人另有约定的除外。

第四百二十三条　本章没有规定的，适用委托合同的有关规定。

第二十三章 居间合同

第四百二十四条 居间合同是居间人向委托人报告订立合同的机会或者提供订立合同的媒介服务,委托人支付报酬的合同。

第四百二十五条 居间人应当就有关订立合同的事项向委托人如实报告。居间人故意隐瞒与订立合同有关的重要事实或者提供虚假情况,损害委托人利益的,不得要求支付报酬并应当承担损害赔偿责任。

第四百二十六条 居间人促成合同成立的,委托人应当按照约定支付报酬。对居间人的报酬没有约定或者约定不明确,依照本法第六十一条的规定仍不能确定的,根据居间人的劳务合理确定。因居间人提供订立合同的媒介服务而促成合同成立的,由该合同的当事人平均负担居间人的报酬。

居间人促成合同成立的,居间活动的费用,由居间人负担。

第四百二十七条 居间人未促成合同成立的,不得要求支付报酬,但可以要求委托人支付从事居间活动支出的必要费用。

附 则

第四百二十八条 本法自1999年10月1日起施行,《中华人民共和国经济合同法》、《中华人民共和国涉外经济合同法》、《中华人民共和国技术合同法》同时废止。

★ 中华人民共和国劳动合同法

(2007年6月29日第十届全国人民代表大会常务委员会第二十八次会议通过,2012年12月28日第十一届全国人民代表大会常务委员会第三十次会议修订,2013年7月1日起施行。)

第一章 总 则

第一条 为了完善劳动合同制度,明确劳动合同双方当事人的权利和义务,保护劳动者的合法权益,构建和发展和谐稳定的劳动关系,制定本法。

第二条 中华人民共和国境内的企业、个体经济组织、民办非企业单位等组织(以下称用人单位)与劳动者建立劳动关系,订立、履行、变更、解除或者终止劳动合同,适用本法。

国家机关、事业单位、社会团体和与其建立劳动关系的劳动者,订立、履行、变更、解除或者终止劳动合同,依照本法执行。

第三条 订立劳动合同,应当遵循合法、公平、平等自愿、协商一致、诚实信用的原则。

依法订立的劳动合同具有约束力,用人单位与劳动者应当履行劳动合同约定的义务。

第四条 用人单位应当依法建立和完善劳动规章制度,保障劳动者享有劳动权利、履行劳动义务。

用人单位在制定、修改或者决定有关劳动报酬、工作时间、休息休假、劳动安全卫生、保险福利、职工培训、劳动纪律以及劳动定额管理等直接涉及劳动者切身利益的规章制度或者重大事项时,应当经职工代表大会或者全体职工讨论,提出方案和意见,与工会或者职工代表平等协商确定。

在规章制度和重大事项决定实施过程中，工会或者职工认为不适当的，有权向用人单位提出，通过协商予以修改完善。

用人单位应当将直接涉及劳动者切身利益的规章制度和重大事项决定公示，或者告知劳动者。

第五条　县级以上人民政府劳动行政部门会同工会和企业方面代表，建立健全协调劳动关系三方机制，共同研究解决有关劳动关系的重大问题。

第六条　工会应当帮助、指导劳动者与用人单位依法订立和履行劳动合同，并与用人单位建立集体协商机制，维护劳动者的合法权益。

第二章　劳动合同的订立

第七条　用人单位自用工之日起即与劳动者建立劳动关系。用人单位应当建立职工名册备查。

第八条　用人单位招用劳动者时，应当如实告知劳动者工作内容、工作条件、工作地点、职业危害、安全生产状况、劳动报酬，以及劳动者要求了解的其他情况；用人单位有权了解劳动者与劳动合同直接相关的基本情况，劳动者应当如实说明。

第九条　用人单位招用劳动者，不得扣押劳动者的居民身份证和其他证件，不得要求劳动者提供担保或者以其他名义向劳动者收取财物。

第十条　建立劳动关系，应当订立书面劳动合同。

已建立劳动关系，未同时订立书面劳动合同的，应当自用工之日起一个月内订立书面劳动合同。

用人单位与劳动者在用工前订立劳动合同的，劳动关系自用工之日起建立。

第十一条　用人单位未在用工的同时订立书面劳动合同，与劳动者约定的劳动报酬不明确的，新招用的劳动者的劳动报酬按照集体合同规定的标准执行；没有集体合同或者集体合同未规定的，实行同工同酬。

第十二条　劳动合同分为固定期限劳动合同、无固定期限劳动合同和以完成一定工作任务为期限的劳动合同。

第十三条　固定期限劳动合同，是指用人单位与劳动者约定合同终止时间的劳动合同。

用人单位与劳动者协商一致，可以订立固定期限劳动合同。

第十四条　无固定期限劳动合同，是指用人单位与劳动者约定无确定终止时间的劳动合同。

用人单位与劳动者协商一致，可以订立无固定期限劳动合同。有下列情形之一，劳动者提出或者同意续订、订立劳动合同的，除劳动者提出订立固定期限劳动合同外，应当订立无固定期限劳动合同：

（一）劳动者在该用人单位连续工作满十年的；

（二）用人单位初次实行劳动合同制度或者国有企业改制重新订立劳动合同时，劳动者在该用人单位连续工作满十年且距法定退休年龄不足十年的；

（三）连续订立二次固定期限劳动合同，且劳动者没有本法第三十九条和第四十条第一项、第二项规定的情形，续订劳动合同的。

用人单位自用工之日起满一年不与劳动者订立书面劳动合同的，视为用人单位与劳动者已订立无固定期限劳动合同。

第十五条　以完成一定工作任务为期限的劳动合同，是指用人单位与劳动者约定以某项工作的完成为合同期限的劳动合同。

用人单位与劳动者协商一致，可以订立以完成一定工作任务为期限的劳动合同。

第十六条　劳动合同由用人单位与劳动者协商一致，并经用人单位与劳动者在劳动合同文本上签字或者盖章生效。

劳动合同文本由用人单位和劳动者各执一份。

第十七条　劳动合同应当具备以下条款：

（一）用人单位的名称、住所和法定代表人或者主要负责人；

（二）劳动者的姓名、住址和居民身份证或者其他有效身份证件号码；

（三）劳动合同期限；

（四）工作内容和工作地点；

（五）工作时间和休息休假；

（六）劳动报酬；

（七）社会保险；

（八）劳动保护、劳动条件和职业危害防护；

（九）法律、法规规定应当纳入劳动合同的其他事项。

劳动合同除前款规定的必备条款外，用人单位与劳动者可以约定试用期、培训、保守秘密、补充保险和福利待遇等其他事项。

第十八条　劳动合同对劳动报酬和劳动条件等标准约定不明确，引发争议的，用人单位与劳动者可以重新协商；协商不成的，适用集体合同规定；没有集体合同或者集体合同未规定劳动报酬的，实行同工同酬；没有集体合同或者集体合同未规定劳动条件等标准的，适用国家有关规定。

第十九条　劳动合同期限三个月以上不满一年的，试用期不得超过一个月；劳动合同期限一年以上不满三年的，试用期不得超过二个月；三年以上固定期限和无固定期限的劳动合同，试用期不得超过六个月。

同一用人单位与同一劳动者只能约定一次试用期。

以完成一定工作任务为期限的劳动合同或者劳动合同期限不满三个月的，不得约定试用期。

试用期包含在劳动合同期限内。劳动合同仅约定试用期的，试用期不成立，该期限为劳动合同期限。

第二十条　劳动者在试用期的工资不得低于本单位相同岗位最低档工资或者劳动合同约定工资的百分之八十，并不得低于用人单位所在地的最低工资标准。

第二十一条　在试用期中，除劳动者有本法第三十九条和第四十条第一项、第二项规定的情形外，用人单位不得解除劳动合同。用人单位在试用期解除劳动合同的，应当向劳动者说明理由。

第二十二条　用人单位为劳动者提供专项培训费用，对其进行专业技术培训的，可以与该劳动者订立协议，约定服务期。

劳动者违反服务期约定的，应当按照约定向用人单位支付违约金。违约金的数额不得超过用人单位提供的培训费用。用人单位要求劳动者支付的违约金不得超过服务期尚未履行部分所应分摊的培训费用。

用人单位与劳动者约定服务期的，不影响按照正常的工资调整机制提高劳动者在服务期期间的劳动报酬。

第二十三条　用人单位与劳动者可以在劳动合同中约定保守用人单位的商业秘密和与知识产权相关的保密事项。

对负有保密义务的劳动者，用人单位可以在劳动合同或者保密协议中与劳动者约定竞业限制条款，并约定在解除或者终止劳动合同后，在竞业限制期限内按月给予劳动者经济补偿。劳动者违反竞业限制约定的,应当按照约定向用人单位支付违约金。

第二十四条　竞业限制的人员限于用人单位的高级管理人员、高级技术人员和其他负有保密义务的人员。竞业限制的范围、地域、期限由用人单位与劳动者约定,竞业限制的约定不得违反法律、法规的规定。

在解除或者终止劳动合同后,前款规定的人员到与本单位生产或者经营同类产品、从事同类业务的有竞争关系的其他用人单位,或者自己开业生产或者经营同类产品、从事同类业务的竞业限制期限,不得超过二年。

第二十五条　除本法第二十二条和第二十三条规定的情形外,用人单位不得与劳动者约定由劳动者承担违约金。

第二十六条　下列劳动合同无效或者部分无效:
(一)以欺诈、胁迫的手段或者乘人之危,使对方在违背真实意思的情况下订立或者变更劳动合同的;
(二)用人单位免除自己的法定责任、排除劳动者权利的;
(三)违反法律、行政法规强制性规定的。

对劳动合同的无效或者部分无效有争议的,由劳动争议仲裁机构或者人民法院确认。

第二十七条　劳动合同部分无效,不影响其他部分效力的,其他部分仍然有效。

第二十八条　劳动合同被确认无效,劳动者已付出劳动的,用人单位应向劳动者支付劳动报酬。劳动报酬的数额,参照本单位相同或者相近岗位劳动者的劳动报酬确定。

第三章　劳动合同的履行和变更

第二十九条　用人单位与劳动者应当按照劳动合同的约定,全面履行各自的义务。

第三十条　用人单位应当按照劳动合同约定和国家规定,向劳动者及时足额支付劳动报酬。

用人单位拖欠或者未足额支付劳动报酬的,劳动者可以依法向当地人民法院申请支付令,人民法院应当依法发出支付令。

第三十一条　用人单位应当严格执行劳动定额标准,不得强迫或者变相强迫劳动者加班。用人单位安排加班的,应当按照国家有关规定向劳动者支付加班费。

第三十二条　劳动者拒绝用人单位管理人员违章指挥、强令冒险作业的,不视为违反劳动合同。

劳动者对危害生命安全和身体健康的劳动条件,有权对用人单位提出批评、检举和控告。

第三十三条　用人单位变更名称、法定代表人、主要负责人或者投资人等事项,不影响劳动合同的履行。

第三十四条　用人单位发生合并或者分立等情况,原劳动合同继续有效,劳动合同由承继其权利和义务的用人单位继续履行。

第三十五条　用人单位与劳动者协商一致,可以变更劳动合同约定的内容。变更劳动合同,应当采用书面形式。

变更后的劳动合同文本由用人单位和劳动者各执一份。

第四章　劳动合同的解除和终止

第三十六条　用人单位与劳动者协商一致,可以解除劳动合同。

第三十七条　劳动者提前三十日以书面形式通知用人单位，可以解除劳动合同。劳动者在试用期内提前三日通知用人单位，可以解除劳动合同。

第三十八条　用人单位有下列情形之一的，劳动者可以解除劳动合同：

（一）未按照劳动合同约定提供劳动保护或者劳动条件的；

（二）未及时足额支付劳动报酬的；

（三）未依法为劳动者缴纳社会保险费的；

（四）用人单位的规章制度违反法律、法规的规定，损害劳动者权益的；

（五）因本法第二十六条第一款规定的情形致使劳动合同无效的；

（六）法律、行政法规规定劳动者可以解除劳动合同的其他情形。

用人单位以暴力、威胁或者非法限制人身自由的手段强迫劳动者劳动的，或者用人单位违章指挥、强令冒险作业危及劳动者人身安全的，劳动者可以立即解除劳动合同，不需事先告知用人单位。

第三十九条　劳动者有下列情形之一的，用人单位可以解除劳动合同：

（一）在试用期间被证明不符合录用条件的；

（二）严重违反用人单位的规章制度的；

（三）严重失职，营私舞弊，给用人单位造成重大损害的；

（四）劳动者同时与其他用人单位建立劳动关系，对完成本单位的工作任务造成严重影响，或者经用人单位提出，拒不改正的；

（五）因本法第二十六条第一款第一项规定的情形致使劳动合同无效的；

（六）被依法追究刑事责任的。

第四十条　有下列情形之一的，用人单位提前三十日以书面形式通知劳动者本人或者额外支付劳动者一个月工资后，可以解除劳动合同：

（一）劳动者患病或者非因工负伤，在规定的医疗期满后不能从事原工作，也不能从事由用人单位另行安排的工作的；

（二）劳动者不能胜任工作，经过培训或者调整工作岗位，仍不能胜任工作的；

（三）劳动合同订立时所依据的客观情况发生重大变化，致使劳动合同无法履行，经用人单位与劳动者协商，未能就变更劳动合同内容达成协议的。

第四十一条　有下列情形之一，需要裁减人员二十人以上或者裁减不足二十人但占企业职工总数百分之十以上的，用人单位提前三十日向工会或者全体职工说明情况，听取工会或者职工的意见后，裁减人员方案经向劳动行政部门报告，可以裁减人员：

（一）依照企业破产法规定进行重整的；

（二）生产经营发生严重困难的；

（三）企业转产、重大技术革新或者经营方式调整，经变更劳动合同后，仍需裁减人员的；

（四）其他因劳动合同订立时所依据的客观经济情况发生重大变化，致使劳动合同无法履行的。

裁减人员时，应当优先留用下列人员：

（一）与本单位订立较长期限的固定期限劳动合同的；

（二）与本单位订立无固定期限劳动合同的；

（三）家庭无其他就业人员，有需要扶养的老人或者未成年人的。

用人单位依照本条第一款规定裁减人员，在六个月内重新招用人员的，应当通知被裁减的人员，并在同等条件下优先招用被裁减的人员。

第四十二条　劳动者有下列情形之一的，用人单位不得依照本法第四十条、第四十一条的规定解除劳动合同：

（一）从事接触职业病危害作业的劳动者未进行离岗前职业健康检查，或者疑似职业病病人在诊断或者医学观察期间的；

（二）在本单位患职业病或者因工负伤并被确认丧失或者部分丧失劳动能力的；

（三）患病或者非因工负伤，在规定的医疗期内的；

（四）女职工在孕期、产期、哺乳期的；

（五）在本单位连续工作满十五年，且距法定退休年龄不足五年的；

（六）法律、行政法规规定的其他情形。

第四十三条　用人单位单方解除劳动合同，应当事先将理由通知工会。用人单位违反法律、行政法规规定或者劳动合同约定的，工会有权要求用人单位纠正。用人单位应当研究工会的意见，并将处理结果书面通知工会。

第四十四条　有下列情形之一的，劳动合同终止：

（一）劳动合同期满的；

（二）劳动者开始依法享受基本养老保险待遇的；

（三）劳动者死亡，或者被人民法院宣告死亡或者宣告失踪的；

（四）用人单位被依法宣告破产的；

（五）用人单位被吊销营业执照、责令关闭、撤销或者用人单位决定提前解散的；

（六）法律、行政法规规定的其他情形。

第四十五条　劳动合同期满，有本法第四十二条规定情形之一的，劳动合同应当续延至相应的情形消失时终止。但是，本法第四十二条第二项规定丧失或者部分丧失劳动能力劳动者的劳动合同的终止，按照国家有关工伤保险的规定执行。

第四十六条　有下列情形之一的，用人单位应当向劳动者支付经济补偿：

（一）劳动者依照本法第三十八条规定解除劳动合同的；

（二）用人单位依照本法第三十六条规定向劳动者提出解除劳动合同并与劳动者协商一致解除劳动合同的；

（三）用人单位依照本法第四十条规定解除劳动合同的；

（四）用人单位依照本法第四十一条第一款规定解除劳动合同的；

（五）除用人单位维持或者提高劳动合同约定条件续订劳动合同，劳动者不同意续订的情形外，依照本法第四十四条第一项规定终止固定期限劳动合同的；

（六）依照本法第四十四条第四项、第五项规定终止劳动合同的；

（七）法律、行政法规规定的其他情形。

第四十七条　经济补偿按劳动者在本单位工作的年限，每满一年支付一个月工资的标准向劳动者支付。六个月以上不满一年的，按一年计算；不满六个月的，向劳动者支付半个月工资的经济补偿。

劳动者月工资高于用人单位所在直辖市、设区的市级人民政府公布的本地区上年度职工月平均工资三倍的，向其支付经济补偿的标准按职工月平均工资三倍的数额支付，向其支付经济补偿的年限最高不超过十二年。

本条所称月工资是指劳动者在劳动合同解除或者终止前十二个月的平均工资。

第四十八条　用人单位违反本法规定解除或者终止劳动合同，劳动者要求继续履行劳动合同的，用人单位应当继续履行；劳动者不要求继续履行劳动合同或者劳动合同已经不能继续履行的，用人单位应当依照本法第八十七条规定支付赔偿金。

第四十九条　国家采取措施，建立健全劳动者社会保险关系跨地区转移接续制度。

第五十条　用人单位应当在解除或者终止劳动合同时出具解除或者终止劳动合同的证明，并在十五日内为劳动者办理档案和社会保险关系转移手续。

劳动者应当按照双方约定，办理工作交接。用人单位依照本法有关规定应当向劳动者支付经济补偿的，在办结工作交接时支付。

用人单位对已经解除或者终止的劳动合同的文本，至少保存二年备查。

第五章　特别规定

第一节　集体合同

第五十一条　企业职工一方与用人单位通过平等协商，可以就劳动报酬、工作时间、休息休假、劳动安全卫生、保险福利等事项订立集体合同。集体合同草案应当提交职工代表大会或者全体职工讨论通过。

集体合同由工会代表企业职工一方与用人单位订立；尚未建立工会的用人单位，由上级工会指导劳动者推举的代表与用人单位订立。

第五十二条　企业职工一方与用人单位可以订立劳动安全卫生、女职工权益保护、工资调整机制等专项集体合同。

第五十三条　在县级以下区域内，建筑业、采矿业、餐饮服务业等行业可以由工会与企业方面代表订立行业性集体合同，或者订立区域性集体合同。

第五十四条　集体合同订立后，应当报送劳动行政部门；劳动行政部门自收到集体合同文本之日起十五日内未提出异议的，集体合同即行生效。

依法订立的集体合同对用人单位和劳动者具有约束力。行业性、区域性集体合同对当地本行业、本区域的用人单位和劳动者具有约束力。

第五十五条　集体合同中劳动报酬和劳动条件等标准不得低于当地人民政府规定的最低标准；用人单位与劳动者订立的劳动合同中劳动报酬和劳动条件等标准不得低于集体合同规定的标准。

第五十六条　用人单位违反集体合同，侵犯职工劳动权益的，工会可以依法要求用人单位承担责任；因履行集体合同发生争议，经协商解决不成的，工会可以依法申请仲裁、提起诉讼。

第二节　劳务派遣

第五十七条　经营劳务派遣业务应当具备下列条件：

（一）注册资本不得少于人民币二百万元；

（二）有与开展业务相适应的固定的经营场所和设施；

（三）有符合法律、行政法规规定的劳务派遣管理制度；

（四）法律、行政法规规定的其他条件。

经营劳务派遣业务，应当向劳动行政部门依法申请行政许可；经许可的，依法办理相应的公司登记。

未经许可，任何单位和个人不得经营劳务派遣业务。

第五十八条 劳务派遣单位是本法所称用人单位，应当履行用人单位对劳动者的义务。劳务派遣单位与被派遣劳动者订立的劳动合同，除应当载明本法第十七条规定的事项外，还应当载明被派遣劳动者的用工单位以及派遣期限、工作岗位等情况。

劳务派遣单位应当与被派遣劳动者订立二年以上的固定期限劳动合同，按月支付劳动报酬；被派遣劳动者在无工作期间，劳务派遣单位应当按照所在地人民政府规定的最低工资标准，向其按月支付报酬。

第五十九条 劳务派遣单位派遣劳动者应当与接受以劳务派遣形式用工的单位（以下称用工单位）订立劳务派遣协议。劳务派遣协议应当约定派遣岗位和人员数量、派遣期限、劳动报酬和社会保险费的数额与支付方式以及违反协议的责任。

用工单位应当根据工作岗位的实际需要与劳务派遣单位确定派遣期限，不得将连续用工期限分割订立数个短期劳务派遣协议。

第六十条 劳务派遣单位应当将劳务派遣协议的内容告知被派遣劳动者。

劳务派遣单位不得克扣用工单位按照劳务派遣协议支付给被派遣劳动者的劳动报酬。

劳务派遣单位和用工单位不得向被派遣劳动者收取费用。

第六十一条 劳务派遣单位跨地区派遣劳动者的，被派遣劳动者享有的劳动报酬和劳动条件，按照用工单位所在地的标准执行。

第六十二条 用工单位应当履行下列义务：

（一）执行国家劳动标准，提供相应的劳动条件和劳动保护；

（二）告知被派遣劳动者的工作要求和劳动报酬；

（三）支付加班费、绩效奖金，提供与工作岗位相关的福利待遇；

（四）对在岗被派遣劳动者进行工作岗位所必需的培训；

（五）连续用工的，实行正常的工资调整机制。

用工单位不得将被派遣劳动者再派遣到其他用人单位。

第六十三条 被派遣劳动者享有与用工单位的劳动者同工同酬的权利。用工单位应当按照同工同酬原则，对被派遣劳动者与本单位同类岗位的劳动者实行相同的劳动报酬分配办法。用工单位无同类岗位劳动者的，参照用工单位所在地相同或者相近岗位劳动者的劳动报酬确定。

劳务派遣单位与被派遣劳动者订立的劳动合同和与用工单位订立的劳务派遣协议，载明或者约定的向被派遣劳动者支付的劳动报酬应当符合前款规定。

第六十四条 被派遣劳动者有权在劳务派遣单位或者用工单位依法参加或者组织工会，维护自身的合法权益。

第六十五条 被派遣劳动者可以依照本法第三十六条、第三十八条的规定与劳务派遣单位解除劳动合同。

被派遣劳动者有本法第三十九条和第四十条第一项、第二项规定情形的，用工单位可以将劳动者退回劳务派遣单位，劳务派遣单位依照本法有关规定，可以与劳动者解除劳动合同。

第六十六条 劳动合同用工是我国的企业基本用工形式。劳务派遣用工是补充形式，只能在临时性、辅助性或者替代性的工作岗位上实施。

前款规定的临时性工作岗位是指存续时间不超过六个月的岗位；辅助性工作岗位是指为主营业务岗位提供服务的非主营业务岗位；替代性工作岗位是指用工单位的劳动者因脱产学习、休假等原因无法工作的一定期间内，可以由其他劳动者替代工作的岗位。

用工单位应当严格控制劳务派遣用工数量，不得超过其用工总量的一定比例，具体比例由国务院劳动行政部门规定。

第六十七条　用人单位不得设立劳务派遣单位向本单位或者所属单位派遣劳动者。

第三节　非全日制用工

第六十八条　非全日制用工，是指以小时计酬为主，劳动者在同一用人单位一般平均每日工作时间不超过四小时，每周工作时间累计不超过二十四小时的用工形式。

第六十九条　非全日制用工双方当事人可以订立口头协议。

从事非全日制用工的劳动者可以与一个或者一个以上用人单位订立劳动合同；但是，后订立的劳动合同不得影响先订立的劳动合同的履行。

第七十条　非全日制用工双方当事人不得约定试用期。

第七十一条　非全日制用工双方当事人任何一方都可以随时通知对方终止用工。终止用工，用人单位不向劳动者支付经济补偿。

第七十二条　非全日制用工小时计酬标准不得低于用人单位所在地人民政府规定的最低小时工资标准。

非全日制用工劳动报酬结算支付周期最长不得超过十五日。

第六章　监督检查

第七十三条　国务院劳动行政部门负责全国劳动合同制度实施的监督管理。

县级以上地方人民政府劳动行政部门负责本行政区域内劳动合同制度实施的监督管理。

县级以上各级人民政府劳动行政部门在劳动合同制度实施的监督管理工作中，应当听取工会、企业方面代表以及有关行业主管部门的意见。

第七十四条　县级以上地方人民政府劳动行政部门依法对下列实施劳动合同制度的情况进行监督检查：

（一）用人单位制定直接涉及劳动者切身利益的规章制度及其执行的情况；

（二）用人单位与劳动者订立和解除劳动合同的情况；

（三）劳务派遣单位和用工单位遵守劳务派遣有关规定的情况；

（四）用人单位遵守国家关于劳动者工作时间和休息休假规定的情况；

（五）用人单位支付劳动合同约定的劳动报酬和执行最低工资标准的情况；

（六）用人单位参加各项社会保险和缴纳社会保险费的情况；

（七）法律、法规规定的其他劳动监察事项。

第七十五条　县级以上地方人民政府劳动行政部门实施监督检查时，有权查阅与劳动合同、集体合同有关的材料，有权对劳动场所进行实地检查，用人单位和劳动者都应当如实提供有关情况和材料。

劳动行政部门的工作人员进行监督检查，应当出示证件，依法行使职权，文明执法。

第七十六条　县级以上人民政府建设、卫生、安全生产监督管理等有关主管部门在各自职责范围内，对用人单位执行劳动合同制度的情况进行监督管理。

第七十七条　劳动者合法权益受到侵害的，有权要求有关部门依法处理，或者依法申请仲裁、提起诉讼。

第七十八条　工会依法维护劳动者的合法权益，对用人单位履行劳动合同、集体合同的情况进行监督。用人单位违反劳动法律、法规和劳动合同、集体合同的，工会有权提出意见或者要求纠正；劳动者申请仲裁、提起诉讼的，工会依法给予支持和帮助。

第七十九条　任何组织或者个人对违反本法的行为都有权举报，县级以上人民政府劳动行政部门应当及时核实、处理，并对举报有功人员给予奖励。

第七章　法律责任

第八十条　用人单位直接涉及劳动者切身利益的规章制度违反法律、法规规定的，由劳动行政部门责令改正，给予警告；给劳动者造成损害的，应当承担赔偿责任。

第八十一条　用人单位提供的劳动合同文本未载明本法规定的劳动合同必备条款或者用人单位未将劳动合同文本交付劳动者的，由劳动行政部门责令改正；给劳动者造成损害的，应当承担赔偿责任。

第八十二条　用人单位自用工之日起超过一个月不满一年未与劳动者订立书面劳动合同的，应当向劳动者每月支付二倍的工资。

用人单位违反本法规定不与劳动者订立无固定期限劳动合同的，自应当订立无固定期限劳动合同之日起向劳动者每月支付二倍的工资。

第八十三条　用人单位违反本法规定与劳动者约定试用期的，由劳动行政部门责令改正；违法约定的试用期已经履行的，由用人单位以劳动者试用期满月工资为标准，按已经履行的超过法定试用期的期间向劳动者支付赔偿金。

第八十四条　用人单位违反本法规定，扣押劳动者居民身份证等证件的，由劳动行政部门责令限期退还劳动者本人，并依照有关法律规定给予处罚。

用人单位违反本法规定，以担保或者其他名义向劳动者收取财物的，由劳动行政部门责令限期退还劳动者本人，并以每人五百元以上二千元以下的标准处以罚款；给劳动者造成损害的，应当承担赔偿责任。

劳动者依法解除或者终止劳动合同，用人单位扣押劳动者档案或者其他物品的，依照前款规定处罚。

第八十五条　用人单位有下列情形之一的，由劳动行政部门责令限期支付劳动报酬、加班费或者经济补偿；劳动报酬低于当地最低工资标准的，应当支付其差额部分；逾期不支付的，责令用人单位按应付金额百分之五十以上百分之一百以下的标准向劳动者加付赔偿金：

（一）未按照劳动合同的约定或者国家规定及时足额支付劳动者劳动报酬的；

（二）低于当地最低工资标准支付劳动者工资的；

（三）安排加班不支付加班费的；

（四）解除或者终止劳动合同，未依照本法规定向劳动者支付经济补偿的。

第八十六条　劳动合同依照本法第二十六条规定被确认无效，给对方造成损害的，有过错的一方应当承担赔偿责任。

第八十七条　用人单位违反本法规定解除或者终止劳动合同的，应当依照本法第四十七条规定的经济补偿标准的二倍向劳动者支付赔偿金。

第八十八条　用人单位有下列情形之一的，依法给予行政处罚；构成犯罪的，依法追究刑事责任；给劳动者造成损害的，应当承担赔偿责任：

（一）以暴力、威胁或者非法限制人身自由的手段强迫劳动的；

（二）违章指挥或者强令冒险作业危及劳动者人身安全的；

（三）侮辱、体罚、殴打、非法搜查或者拘禁劳动者的；

（四）劳动条件恶劣、环境污染严重，给劳动者身心健康造成严重损害的。

第八十九条　用人单位违反本法规定未向劳动者出具解除或者终止劳动合同的书面证明，由劳动行政部门责令改正；给劳动者造成损害的，应当承担赔偿责任。

第九十条　劳动者违反本法规定解除劳动合同，或者违反劳动合同中约定的保密义务或者竞业限制，给用人单位造成损失的，应当承担赔偿责任。

第九十一条　用人单位招用与其他用人单位尚未解除或者终止劳动合同的劳动者，给其他用人单位造成损失的，应当承担连带赔偿责任。

第九十二条　违反本法规定，未经许可，擅自经营劳务派遣业务的，由劳动行政部门责令停止违法行为，没收违法所得，并处违法所得一倍以上五倍以下的罚款；没有违法所得的，可以处五万元以下的罚款。

劳务派遣单位、用工单位违反本法有关劳务派遣规定的，由劳动行政部门责令限期改正；逾期不改正的，以每人五千元以上一万元以下的标准处以罚款，对劳务派遣单位，吊销其劳务派遣业务经营许可证。用工单位给被派遣劳动者造成损害的，劳务派遣单位与用工单位承担连带赔偿责任。

第九十三条　对不具备合法经营资格的用人单位的违法犯罪行为，依法追究法律责任；劳动者已经付出劳动的，该单位或者其出资人应当依照本法有关规定向劳动者支付劳动报酬、经济补偿、赔偿金；给劳动者造成损害的，应当承担赔偿责任。

第九十四条　个人承包经营违反本法规定招用劳动者，给劳动者造成损害的，发包的组织与个人承包经营者承担连带赔偿责任。

第九十五条　劳动行政部门和其他有关主管部门及其工作人员玩忽职守、不履行法定职责，或者违法行使职权，给劳动者或者用人单位造成损害的，应当承担赔偿责任；对直接负责的主管人员和其他直接责任人员，依法给予行政处分；构成犯罪的，依法追究刑事责任。

第八章　附　则

第九十六条　事业单位与实行聘用制的工作人员订立、履行、变更、解除或者终止劳动合同，法律、行政法规或者国务院另有规定的，依照其规定；未作规定的，依照本法有关规定执行。

第九十七条　本法施行前已依法订立且在本法施行之日存续的劳动合同，继续履行；本法第十四条第二款第三项规定连续订立固定期限劳动合同的次数，自本法施行后续订固定期限劳动合同时开始计算。

本法施行前已建立劳动关系，尚未订立书面劳动合同的，应当自本法施行之日起一个月内订立。

本法施行之日存续的劳动合同在本法施行后解除或者终止，依照本法第四十六条规定应当支付经济补偿的，经济补偿年限自本法施行之日起计算；本法施行前按照当时有关规定，用人单位应当向劳动者支付经济补偿的，按照当时有关规定执行。

第九十八条　本法自 2008 年 1 月 1 日起施行。

★　中华人民共和国劳动争议调解仲裁法

（2007 年 12 月 29 日第十届全国人民代表大会常务委员会第三十一次会议通过，自 2008 年 5 月 1

日起施行。）

第一章　总　则

第一条　为了公正及时解决劳动争议，保护当事人合法权益，促进劳动关系和谐稳定，制定本法。

第二条　中华人民共和国境内的用人单位与劳动者发生的下列劳动争议，适用本法：

（一）因确认劳动关系发生的争议；

（二）因订立、履行、变更、解除和终止劳动合同发生的争议；

（三）因除名、辞退和辞职、离职发生的争议；

（四）因工作时间、休息休假、社会保险、福利、培训以及劳动保护发生的争议；

（五）因劳动报酬、工伤医疗费、经济补偿或者赔偿金等发生的争议；

（六）法律、法规规定的其他劳动争议。

第三条　解决劳动争议，应当根据事实，遵循合法、公正、及时、着重调解的原则，依法保护当事人的合法权益。

第四条　发生劳动争议，劳动者可以与用人单位协商，也可以请工会或者第三方共同与用人单位协商，达成和解协议。

第五条　发生劳动争议，当事人不愿协商、协商不成或者达成和解协议后不履行的，可以向调解组织申请调解；不愿调解、调解不成或者达成调解协议后不履行的，可以向劳动争议仲裁委员会申请仲裁；对仲裁裁决不服的，除本法另有规定的外，可以向人民法院提起诉讼。

第六条　发生劳动争议，当事人对自己提出的主张，有责任提供证据。与争议事项有关的证据属于用人单位掌握管理的，用人单位应当提供；用人单位不提供的，应当承担不利后果。

第七条　发生劳动争议的劳动者一方在十人以上，并有共同请求的，可以推举代表参加调解、仲裁或者诉讼活动。

第八条　县级以上人民政府劳动行政部门会同工会和企业方面代表建立协调劳动关系三方机制，共同研究解决劳动争议的重大问题。

第九条　用人单位违反国家规定，拖欠或者未足额支付劳动报酬，或者拖欠工伤医疗费、经济补偿或者赔偿金的，劳动者可以向劳动行政部门投诉，劳动行政部门应当依法处理。

第二章　调　解

第十条　发生劳动争议，当事人可以到下列调解组织申请调解：

（一）企业劳动争议调解委员会；

（二）依法设立的基层人民调解组织；

（三）在乡镇、街道设立的具有劳动争议调解职能的组织。

企业劳动争议调解委员会由职工代表和企业代表组成。职工代表由工会成员担任或者由全体职工推举产生，企业代表由企业负责人指定。企业劳动争议调解委员会主任由工会成员或者双方推举的人员担任。

第十一条　劳动争议调解组织的调解员应当由公道正派、联系群众、热心调解工作，并具有一定法律知识、政策水平和文化水平的成年公民担任。

第十二条　当事人申请劳动争议调解可以书面申请，也可以口头申请。口头申请的，调解组织应当当场记录申请人基本情况、申请调解的争议事项、理由和时间。

第十三条　调解劳动争议，应当充分听取双方当事人对事实和理由的陈述，耐心疏导，帮助其达成协议。

第十四条　经调解达成协议的，应当制作调解协议书。

调解协议书由双方当事人签名或者盖章，经调解员签名并加盖调解组织印章后生效，对双方当事人具有约束力，当事人应当履行。

自劳动争议调解组织收到调解申请之日起十五日内未达成调解协议的，当事人可以依法申请仲裁。

第十五条　达成调解协议后，一方当事人在协议约定期限内不履行调解协议的，另一方当事人可以依法申请仲裁。

第十六条　因支付拖欠劳动报酬、工伤医疗费、经济补偿或者赔偿金事项达成调解协议，用人单位在协议约定期限内不履行的，劳动者可以持调解协议书依法向人民法院申请支付令。人民法院应当依法发出支付令。

第三章　仲　裁

第一节　一般规定

第十七条　劳动争议仲裁委员会按照统筹规划、合理布局和适应实际需要的原则设立。省、自治区人民政府可以决定在市、县设立；直辖市人民政府可以决定在区、县设立。直辖市、设区的市也可以设立一个或者若干个劳动争议仲裁委员会。劳动争议仲裁委员会不按行政区划层层设立。

第十八条　国务院劳动行政部门依照本法有关规定制定仲裁规则。省、自治区、直辖市人民政府劳动行政部门对本行政区域的劳动争议仲裁工作进行指导。

第十九条　劳动争议仲裁委员会由劳动行政部门代表、工会代表和企业方面代表组成。劳动争议仲裁委员会组成人员应当是单数。

劳动争议仲裁委员会依法履行下列职责：

（一）聘任、解聘专职或者兼职仲裁员；

（二）受理劳动争议案件；

（三）讨论重大或者疑难的劳动争议案件；

（四）对仲裁活动进行监督。

劳动争议仲裁委员会下设办事机构，负责办理劳动争议仲裁委员会的日常工作。

第二十条　劳动争议仲裁委员会应当设仲裁员名册。

仲裁员应当公道正派并符合下列条件之一：

（一）曾任审判员的；

（二）从事法律研究、教学工作并具有中级以上职称的；

（三）具有法律知识、从事人力资源管理或者工会等专业工作满五年的；

（四）律师执业满三年的。

第二十一条　劳动争议仲裁委员会负责管辖本区域内发生的劳动争议。

劳动争议由劳动合同履行地或者用人单位所在地的劳动争议仲裁委员会管辖。双方当事人分别向劳动合同履行地和用人单位所在地的劳动争议仲裁委员会申请仲裁的，由劳动合同履行地的劳动争议仲裁委员会管辖。

第二十二条　发生劳动争议的劳动者和用人单位为劳动争议仲裁案件的双方当事人。

劳务派遣单位或者用工单位与劳动者发生劳动争议的，劳务派遣单位和用工单位为共同当事人。

第二十三条　与劳动争议案件的处理结果有利害关系的第三人，可以申请参加仲裁活动或者由劳动争议仲裁委员会通知其参加仲裁活动。

第二十四条　当事人可以委托代理人参加仲裁活动。委托他人参加仲裁活动，应当向劳动争议仲裁委员会提交有委托人签名或者盖章的委托书，委托书应当载明委托事项和权限。

第二十五条　丧失或者部分丧失民事行为能力的劳动者，由其法定代理人代为参加仲裁活动；无法定代理人的，由劳动争议仲裁委员会为其指定代理人。劳动者死亡的，由其近亲属或者代理人参加仲裁活动。

第二十六条　劳动争议仲裁公开进行，但当事人协议不公开进行或者涉及国家秘密、商业秘密和个人隐私的除外。

第二节　申请和受理

第二十七条　劳动争议申请仲裁的时效期间为一年。仲裁时效期间从当事人知道或者应当知道其权利被侵害之日起计算。

前款规定的仲裁时效，因当事人一方向对方当事人主张权利，或者向有关部门请求权利救济，或者对方当事人同意履行义务而中断。从中断时起，仲裁时效期间重新计算。

因不可抗力或者有其他正当理由，当事人不能在本条第一款规定的仲裁时效期间申请仲裁的，仲裁时效中止。从中止时效的原因消除之日起，仲裁时效期间继续计算。

劳动关系存续期间因拖欠劳动报酬发生争议的，劳动者申请仲裁不受本条第一款规定的仲裁时效期间的限制；但是，劳动关系终止的，应当自劳动关系终止之日起一年内提出。

第二十八条　申请人申请仲裁应当提交书面仲裁申请，并按照被申请人人数提交副本。

仲裁申请书应当载明下列事项：

（一）劳动者的姓名、性别、年龄、职业、工作单位和住所，用人单位的名称、住所和法定代表人或者主要负责人的姓名、职务；

（二）仲裁请求和所根据的事实、理由；

（三）证据和证据来源、证人姓名和住所。

书写仲裁申请确有困难的，可以口头申请，由劳动争议仲裁委员会记入笔录，并告知对方当事人。

第二十九条　劳动争议仲裁委员会收到仲裁申请之日起五日内，认为符合受理条件的，应当受理，并通知申请人；认为不符合受理条件的，应当书面通知申请人不予受理，并说明理由。对劳动争议仲裁委员会不予受理或者逾期未作出决定的，申请人可以就该劳动争议事项向人民法院提起诉讼。

第三十条　劳动争议仲裁委员会受理仲裁申请后，应当在五日内将仲裁申请书副本送达被申请人。

被申请人收到仲裁申请书副本后，应当在十日内向劳动争议仲裁委员会提交答辩书。劳动争议仲裁委员会收到答辩书后，应当在五日内将答辩书副本送达申请人。被申请人未提交答辩书的，不影响仲裁程序的进行。

第三节　开庭和裁决

第三十一条　劳动争议仲裁委员会裁决劳动争议案件实行仲裁庭制。仲裁庭由三名仲裁员组成，设首席仲裁员。简单劳动争议案件可以由一名仲裁员独任仲裁。

第三十二条　劳动争议仲裁委员会应当在受理仲裁申请之日起五日内将仲裁庭的组成情况书面通知当事人。

第三十三条　仲裁员有下列情形之一，应当回避，当事人也有权以口头或者书面方式提出回避申请：

（一）是本案当事人或者当事人、代理人的近亲属的；

（二）与本案有利害关系的；

（三）与本案当事人、代理人有其他关系，可能影响公正裁决的；

（四）私自会见当事人、代理人，或者接受当事人、代理人的请客送礼的。

劳动争议仲裁委员会对回避申请应当及时作出决定，并以口头或者书面方式通知当事人。

第三十四条　仲裁员有本法第三十三条第四项规定情形，或者有索贿受贿、徇私舞弊、枉法裁决行为的，应当依法承担法律责任。劳动争议仲裁委员会应当将其解聘。

第三十五条　仲裁庭应当在开庭五日前，将开庭日期、地点书面通知双方当事人。当事人有正当理由的，可以在开庭三日前请求延期开庭。是否延期，由劳动争议仲裁委员会决定。

第三十六条　申请人收到书面通知，无正当理由拒不到庭或者未经仲裁庭同意中途退庭的，可以视为撤回仲裁申请。

被申请人收到书面通知，无正当理由拒不到庭或者未经仲裁庭同意中途退庭的，可以缺席裁决。

第三十七条　仲裁庭对专门性问题认为需要鉴定的，可以交由当事人约定的鉴定机构鉴定；当事人没有约定或者无法达成约定的，由仲裁庭指定的鉴定机构鉴定。

根据当事人的请求或者仲裁庭的要求，鉴定机构应当派鉴定人参加开庭。当事人经仲裁庭许可，可以向鉴定人提问。

第三十八条　当事人在仲裁过程中有权进行质证和辩论。质证和辩论终结时，首席仲裁员或者独任仲裁员应当征询当事人的最后意见。

第三十九条　当事人提供的证据经查证属实的，仲裁庭应当将其作为认定事实的根据。

劳动者无法提供由用人单位掌握管理的与仲裁请求有关的证据，仲裁庭可以要求用人单位在指定期限内提供。用人单位在指定期限内不提供的，应当承担不利后果。

第四十条　仲裁庭应当将开庭情况记入笔录。当事人和其他仲裁参加人认为对自己陈述的记录有遗漏或者差错的，有权申请补正。如果不予补正，应当记录该申请。

笔录由仲裁员、记录人员、当事人和其他仲裁参加人签名或者盖章。

第四十一条　当事人申请劳动争议仲裁后，可以自行和解。达成和解协议的，可以撤回仲裁申请。

第四十二条　仲裁庭在作出裁决前，应当先行调解。

调解达成协议的，仲裁庭应当制作调解书。

调解书应当写明仲裁请求和当事人协议的结果。调解书由仲裁员签名，加盖劳动争议仲裁委员会印章，送达双方当事人。调解书经双方当事人签收后，发生法律效力。

调解不成或者调解书送达前，一方当事人反悔的，仲裁庭应当及时作出裁决。

第四十三条　仲裁庭裁决劳动争议案件，应当自劳动争议仲裁委员会受理仲裁申请之日起四十五日内结束。案情复杂需要延期的，经劳动争议仲裁委员会主任批准，可以延期并书面通知当事人，但是延长期限不得超过十五日。逾期未作出仲裁裁决的，当事人可以就该劳动争议事项向人民法院提起诉讼。

仲裁庭裁决劳动争议案件时，其中一部分事实已经清楚，可以就该部分先行裁决。

第四十四条　仲裁庭对追索劳动报酬、工伤医疗费、经济补偿或者赔偿金的案件，根据当事人的申请，可以裁决先予执行，移送人民法院执行。

仲裁庭裁决先予执行的，应当符合下列条件：

（一）当事人之间权利义务关系明确；

（二）不先予执行将严重影响申请人的生活。

劳动者申请先予执行的，可以不提供担保。

第四十五条　裁决应当按照多数仲裁员的意见作出，少数仲裁员的不同意见应当记入笔录。仲裁庭不能形成多数意见时，裁决应当按照首席仲裁员的意见作出。

第四十六条　裁决书应当载明仲裁请求、争议事实、裁决理由、裁决结果和裁决日期。裁决书由仲裁员签名，加盖劳动争议仲裁委员会印章。对裁决持不同意见的仲裁员，可以签名，也可以不签名。

第四十七条　下列劳动争议，除本法另有规定的外，仲裁裁决为终局裁决，裁决书自作出之日起发生法律效力：

（一）追索劳动报酬、工伤医疗费、经济补偿或者赔偿金，不超过当地月最低工资标准十二个月金额的争议；

（二）因执行国家的劳动标准在工作时间、休息休假、社会保险等方面发生的争议。

第四十八条　劳动者对本法第四十七条规定的仲裁裁决不服的，可以自收到仲裁裁决书之日起十五日内向人民法院提起诉讼。

第四十九条　用人单位有证据证明本法第四十七条规定的仲裁裁决有下列情形之一的，可以自收到仲裁裁决书之日起三十日内向劳动争议仲裁委员会所在地的中级人民法院申请撤销裁决：

（一）适用法律、法规确有错误的；

（二）劳动争议仲裁委员会无管辖权的；

（三）违反法定程序的；

（四）裁决所根据的证据是伪造的；

（五）对方当事人隐瞒了足以影响公正裁决的证据的；

（六）仲裁员在仲裁该案时有索贿受贿、徇私舞弊、枉法裁决行为的。

人民法院经组成合议庭审查核实裁决有前款规定情形之一的，应当裁定撤销。

仲裁裁决被人民法院裁定撤销的，当事人可以自收到裁定书之日起十五日内就该劳动争议事项向人民法院提起诉讼。

第五十条　当事人对本法第四十七条规定以外的其他劳动争议案件的仲裁裁决不服的，可以自收到仲裁裁决书之日起十五日内向人民法院提起诉讼；期满不起诉的，裁决书发生法律效力。

第五十一条　当事人对发生法律效力的调解书、裁决书，应当依照规定的期限履行。一方当事人逾期不履行的，另一方当事人可以依照民事诉讼法的有关规定向人民法院申请执行。受理申请的人民法院应当依法执行。

第四章　附　则

第五十二条　事业单位实行聘用制的工作人员与本单位发生劳动争议的，依照本法执行；法律、行政法规或者国务院另有规定的，依照其规定。

第五十三条　劳动争议仲裁不收费。劳动争议仲裁委员会的经费由财政予以保障。

第五十四条　本法自2008年5月1日起施行。

★ 中华人民共和国婚姻法

（1980年9月10日第五届全国人民代表大会第三次会议通过，根据2001年4月28日第九届全国人民代表大会常务委员会第二十一次会议《关于修改〈中华人民共和国婚姻法〉的决定》修正，自2001年4月28日起施行。）

第一章 总 则

第一条　本法是婚姻家庭关系的基本准则。

第二条　实行婚姻自由、一夫一妻、男女平等的婚姻制度。保护妇女、儿童和老人的合法权益。实行计划生育。

第三条　禁止包办、买卖婚姻和其他干涉婚姻自由的行为。禁止借婚姻索取财物。

禁止重婚。禁止有配偶者与他人同居。禁止家庭暴力。禁止家庭成员间的虐待和遗弃。

第四条　夫妻应当互相忠实，互相尊重；家庭成员间应当敬老爱幼，互相帮助，维护平等、和睦、文明的婚姻家庭关系。

第二章 结 婚

第五条　结婚必须男女双方完全自愿，不许任何一方对他方加以强迫或任何第三者加以干涉。

第六条　结婚年龄，男不得早于二十二周岁，女不得早于二十周岁。晚婚晚育应予鼓励。

第七条　有下列情形之一的，禁止结婚：

（一）直系血亲和三代以内的旁系血亲；

（二）患有医学上认为不应当结婚的疾病。

第八条　要求结婚的男女双方必须亲自到婚姻登记机关进行结婚登记。符合本法规定的，予以登记，发给结婚证。取得结婚证，即确立夫妻关系。未办理结婚登记的，应当补办登记。

第九条　登记结婚后，根据男女双方约定，女方可以成为男方家庭的成员，男方可以成为女方家庭的成员。

第十条　有下列情形之一的，婚姻无效：

（一）重婚的；

（二）有禁止结婚的亲属关系的；

（三）婚前患有医学上认为不应当结婚的疾病，婚后尚未治愈的；

（四）未到法定婚龄的。

第十一条　因胁迫结婚的，受胁迫的一方可以向婚姻登记机关或人民法院请求撤销该婚姻。受胁迫的一方撤销婚姻的请求，应当自结婚登记之日起一年内提出。被非法限制人身自由的当事人请求撤销婚姻的，应当自恢复人身自由之日起一年内提出。

第十二条　无效或被撤销的婚姻，自始无效。当事人不具有夫妻的权利和义务。同居期间所得的财产，由当事人协议处理；协议不成时，由人民法院根据照顾无过错方的原则判决。对重婚导致的婚姻无效的财产处理，不得侵害合法婚姻当事人的财产权益。当事人所生的子女，适用本法有关父母子女的规定。

第三章　家庭关系

第十三条　夫妻在家庭中地位平等。

第十四条　夫妻双方都有各用自己姓名的权利。

第十五条　夫妻双方都有参加生产、工作、学习和社会活动的自由，一方不得对他方加以限制或干涉。

第十六条　夫妻双方都有实行计划生育的义务。

第十七条　夫妻在婚姻关系存续期间所得的下列财产，归夫妻共同所有：

（一）工资、奖金；

（二）生产、经营的收益；

（三）知识产权的收益；

（四）继承或赠与所得的财产，但本法第十八条第三项规定的除外；

（五）其他应当归共同所有的财产。

夫妻对共同所有的财产，有平等的处理权。

第十八条　有下列情形之一的，为夫妻一方的财产：

（一）一方的婚前财产；

（二）一方因身体受到伤害获得的医疗费、残疾人生活补助费等费用；

（三）遗嘱或赠与合同中确定只归夫或妻一方的财产；

（四）一方专用的生活用品；

（五）其他应当归一方的财产。

第十九条　夫妻可以约定婚姻关系存续期间所得的财产以及婚前财产归各自所有、共同所有或部分各自所有、部分共同所有。约定应当采用书面形式。没有约定或约定不明确的，适用本法第十七条、第十八条的规定。

夫妻对婚姻关系存续期间所得的财产以及婚前财产的约定，对双方具有约束力。

夫妻对婚姻关系存续期间所得的财产约定归各自所有的，夫或妻一方对外所负的债务，第三人知道该约定的，以夫或妻一方所有的财产清偿。

第二十条　夫妻有互相扶养的义务。

一方不履行扶养义务时，需要扶养的一方，有要求对方付给扶养费的权利。

第二十一条　父母对子女有抚养教育的义务；子女对父母有赡养扶助的义务。

父母不履行抚养义务时，未成年的或不能独立生活的子女，有要求父母付给抚养费的权利。

子女不履行赡养义务时，无劳动能力的或生活困难的父母，有要求子女付给赡养费的权利。

禁止溺婴、弃婴和其他残害婴儿的行为。

第二十二条　子女可以随父姓，可以随母姓。

第二十三条　父母有保护和教育未成年子女的权利和义务。在未成年子女对国家、集体或他人造成损害时，父母有承担民事责任的义务。

第二十四条　夫妻有相互继承遗产的权利。父母和子女有相互继承遗产的权利。

第二十五条　非婚生子女享有与婚生子女同等的权利，任何人不得加以危害和歧视。

不直接抚养非婚生子女的生父或生母，应当负担子女的生活费和教育费，直至子女能独立生活为止。

第二十六条　国家保护合法的收养关系。养父母和养子间的权利和义务，适用本法对父母子女关系的有关规定。

养子女和生父母间的权利和义务，因收养关系的成立而消除。

第二十七条　继父母与继子女间，不得虐待或歧视。

继父或继母和受其抚养教育的继子女间的权利和义务，适用本法对父母子女关系的有关规定。

第二十八条　有负担能力的祖父母、外祖父母，对于父母已经死亡或父母无力抚养的未成年的孙子女、外孙子女，有抚养的义务。有负担能力的孙子女、外孙子女，对于子女已经死亡或子女无力赡养的祖父母、外祖父母，有赡养的义务。

第二十九条　有负担能力的兄、姐，对于父母已经死亡或父母无力抚养的未成年的弟、妹，有扶养的义务。由兄、姐扶养长大的有负担能力的弟、妹，对于缺乏劳动能力又缺乏生活来源的兄、姐，有扶养的义务。

第三十条　子女应当尊重父母的婚姻权利，不得干涉父母再婚以及婚后的生活。子女对父母的赡养义务，不因父母的婚姻关系变化而终止。

第四章　离　婚

第三十一条　男女双方自愿离婚的，准予离婚。双方必须到婚姻登记机关申请离婚。婚姻登记机关查明双方确实是自愿并对子女和财产问题已有适当处理时，发给离婚证。

第三十二条　男女一方要求离婚的，可由有关部门进行调解或直接向人民法院提出离婚诉讼。

人民法院审理离婚案件，应当进行调解；如感情确已破裂，调解无效，应准予离婚。

有下列情形之一，调解无效的，应准予离婚：

（一）重婚或有配偶者与他人同居的；

（二）实施家庭暴力或虐待、遗弃家庭成员的；

（三）有赌博、吸毒等恶习屡教不改的；

（四）因感情不和分居满二年的；

（五）其他导致夫妻感情破裂的情形。

一方被宣告失踪，另一方提出离婚诉讼的，应准予离婚。

第三十三条　现役军人的配偶要求离婚，须得军人同意，但军人一方有重大过错的除外。

第三十四条　女方在怀孕期间、分娩后一年内或中止妊娠后六个月内，男方不得提出离婚。女方提出离婚的，或人民法院认为确有必要受理男方离婚请求的，不在此限。

第三十五条　离婚后，男女双方自愿恢复夫妻关系的，必须到婚姻登记机关进行复婚登记。

第三十六条　父母与子女间的关系，不因父母离婚而消除。离婚后，子女无论由父或母直接抚养，仍是父母双方的子女。

离婚后，父母对于子女仍有抚养和教育的权利和义务。

离婚后，哺乳期内的子女，以随哺乳的母亲抚养为原则。哺乳期后的子女，如双方因抚养问题发生争执不能达成协议时，由人民法院根据子女的权益和双方的具体情况判决。

第三十七条　离婚后，一方抚养的子女，另一方应负担必要的生活费和教育费的一部分或全部，负担费用的多少和期限的长短，由双方协议；协议不成时，由人民法院判决。

关于子女生活费和教育费的协议或判决，不妨碍子女在必要时向父母任何一方提出超过协议或判决原定数额的合理要求。

第三十八条　离婚后，不直接抚养子女的父或母，有探望子女的权利，另一方有协助的义务。

行使探望权利的方式、时间由当事人协议；协议不成时，由人民法院判决。

父或母探望子女，不利于子女身心健康的，由人民法院依法中止探望的权利；中止的事由消失后，应当恢复探望的权利。

第三十九条　离婚时，夫妻的共同财产由双方协议处理；协议不成时，由人民法院根据财产的具体情况，照顾子女和女方权益的原则判决。

夫或妻在家庭土地承包经营中享有的权益等，应当依法予以保护。

第四十条　夫妻书面约定婚姻关系存续期间所得的财产归各自所有，一方因抚育子女、照料老人、协助另一方工作等付出较多义务的，离婚时有权向另一方请求补偿，另一方应当予以补偿。

第四十一条　离婚时，原为夫妻共同生活所负的债务，应当共同偿还。共同财产不足清偿的，或财产归各自所有的，由双方协议清偿；协议不成时，由人民法院判决。

第四十二条　离婚时，如一方生活困难，另一方应从其住房等个人财产中给予适当帮助。具体办法由双方协议；协议不成时，由人民法院判决。

第五章　救助措施与法律责任

第四十三条　实施家庭暴力或虐待家庭成员，受害人有权提出请求，居民委员会、村民委员会以及所在单位应当予以劝阻、调解。

对正在实施的家庭暴力，受害人有权提出请求，居民委员会、村民委员会应当予以劝阻；公安机关应当予以制止。

实施家庭暴力或虐待家庭成员，受害人提出请求的，公安机关应当依照治安管理处罚的法律规定予以行政处罚。

第四十四条　对遗弃家庭成员，受害人有权提出请求，居民委员会、村民委员会以及所在单位应当予以劝阻、调解。

对遗弃家庭成员，受害人提出请求的，人民法院应当依法作出支付扶养费、抚养费、赡养费的判决。

第四十五条　对重婚的，对实施家庭暴力或虐待、遗弃家庭成员构成犯罪的，依法追究刑事责任。受害人可以依照刑事诉讼法的有关规定，向人民法院自诉；公安机关应当依法侦查，人民检察院应当依法提起公诉。

第四十六条　有下列情形之一，导致离婚的，无过错方有权请求损害赔偿：

（一）重婚的；

（二）有配偶者与他人同居的；

（三）实施家庭暴力的；

（四）虐待、遗弃家庭成员的。

第四十七条　离婚时，一方隐藏、转移、变卖、毁损夫妻共同财产，或伪造债务企图侵占另一方财产的，分割夫妻共同财产时，对隐藏、转移、变卖、毁损夫妻共同财产或伪造债务的一方，可以少分或不分。离婚后，另一方发现有上述行为的，可以向人民法院提起诉讼，请求再次分割夫妻共同财产。

人民法院对前款规定的妨害民事诉讼的行为，依照民事诉讼法的规定予以制裁。

第四十八条　对拒不执行有关扶养费、抚养费、赡养费、财产分割、遗产继承、探望子女等判决或裁定的，由人民法院依法强制执行。有关个人和单位应负协助执行的责任。

第四十九条 其他法律对有关婚姻家庭的违法行为和法律责任另有规定的,依照其规定。

第六章 附 则

第五十条 民族自治地方的人民代表大会有权结合当地民族婚姻家庭的具体情况,制定变通规定。自治州、自治县制定的变通规定,报省、自治区、直辖市人民代表大会常务委员会批准后生效。自治区制定的变通规定,报全国人民代表大会常务委员会批准后生效。

第五十一条 本法自 1981 年 1 月 1 日起施行。

1950 年 5 月 1 日颁行的《中华人民共和国婚姻法》,自本法施行之日起废止。